21世纪普通高等院校系列规划教材

新编国际贸易理论与实务

XINBIAN GUOJI MAOYI LILUN YU SHIWU

左世翔 编著

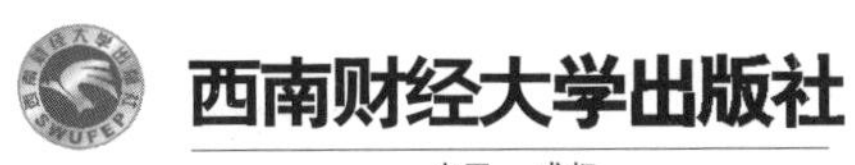

中国·成都

21世纪普通高等院校系列规划教材

编　委　会

总 序

为推进中国高等教育事业可持续发展，经国务院批准，教育部、财政部启动实施了“高等学校本科教学质量与教学改革工程”（下面简称“本科质量工程”），《国家教育中长期发展规划纲要（2010—2020）》也强调全面实施“高等学校本科教学质量与教学改革工程”的重要性。这是落实“把高等教育的工作重点放在提高质量上”的战略部署，在新时期实施的一项意义重大的本科教学改革举措。“本科质量工程”以提高高等学校本科教学质量为目标，以推进改革和实现优质资源共享为手段，按照“分类指导、鼓励特色、重在改革”的原则，对推进课程建设、优化专业结构、改革培养模式、提高培养质量发挥了重要的作用。为满足本科层次经济类、管理类教学改革与发展的需求，培养具有国际视野、批判精神、创新意识和精湛业务的高素质应用型和复合型人才，迫切需要普通本科院校经管类学院开展深度合作，加强信息交流。在此背景下，我们协调和组织部分高等院校特别是四川的高校，通过定期召开普通本科院校经济管理学院院长联席会议，就学术前沿、教育教学改革、人才培养、学科建设、师资建设和社会科学研究等方面的问题进行广泛交流、研讨和合作。

为了切实推进“本科质量工程”，2008年的第一次联席会议将“精品课程、教材建设与资源共享”作为讨论、落实的重点。与会人员对普通本科的教材内容建设问题进行了深入探讨并认为，在高等教育进入大众化教育的新时期，各普通高校使用的教材与其分类人才培养模式脱节，除少数985高校定位于培养创新拔尖型和学术型人才外，大多数高校定位于培养复合型和应用型经管人才，而现有的经管类教材存在理论性较深、实践性不强、针对性不够等问题，需要编写一套满足复合型和应用型人才培养要求的高质量的普通本科教材，以促进人才培养和课程体系的合理构建，推动教学内容和教学方法的改革创新，形成指向明确、定位清晰和特色鲜明的课程体系，奋力推进经济管理类高等教育质量的稳步提高。与会人员一致认为，共同打造符合高教改革潮流、深刻把握普通本科教育内涵特征、满足教学需求的系列规划教材，非常必要。鉴于此，本编委会与西南财经大学出版社合作，组织了三十余所普通本科院校的经济学类、管理学类的学院教师共同编写本系列规划教材。

本系列规划教材编写的指导思想是：在适度的基础知识与理论体系覆盖下，针对普通本科院校学生的特点，夯实基础，强化实训。编写时，一是注重教材的科学性和前沿性，二是注重教材的基础性，三是注重教材的实践性，力争使本系列教材做到“教师易教、学生乐学、方便实用”。

本系列规划教材以立体化、系列化和精品化为特色。一是除纸质教材外，还建设课件、视频、案例、习题等数字化教学资源；二是力争做到“基础课横向广覆盖，专业课纵向成系统”；三是力争把每种教材都打造成精品，让多数教材能成为省级精品课教材、部分教材成为国家级精品课教材。

为了编好本系列教材，在西南财经大学出版社的协调下，经过多次磋商和讨论，成立了首届编委会，首届编委会主任委员由西华大学管理学院院长章道云教授担任。2017 年由于相关学院院长职务变动，经协商调整了编委会的构成。调整后的编委会由西南财经大学副校长张邦富教授任名誉主任，蒋远胜教授任主任，李成文教授、张华教授、周佩教授、赵鹏程教授、傅江景教授、董洪清教授任副主任，二十余所院校经济管理及相关学院院长或教授任编委会委员。

在编委会的组织、协调下，该系列教材由各院校具有丰富教学经验并有教授或副教授职称的教师担任主编，由各书主编拟订大纲，经编委会审核后再编写。同时，每一种教材均吸收多所院校的教师参加编写，以集众家之长。自 2008 年启动以来，经过近十年的打造，现在已出版了公共基础、工商管理、财务与会计、旅游管理、电子商务、国际商务、专业实训、金融经济、综合类九大系列近百种教材。该系列教材出版后，社会反响好，师生认可度高。截至 2017 年年底，已有 30 多种图书获评四川省“十二五”规划教材，多个品种成为省级精品课程教材，教材在西南地区甚至全国普通高校的影响力也在不断增强。

当前，中国特色社会主义进入了新时代，我们要建设教育强国，习近平总书记在党的十九大报告对高等教育提出明确要求，加快一流大学和一流学科（简称“双一流”）建设，实现高等教育内涵式发展。“双一流”建设的核心是提升学校自身的办学水平，关键是提高人才培养质量和学科建设水平，同时办学声誉得到国际社会的认可。为此，高等学校要更新教育思想观念，遵循教育教学规律，坚持内涵发展，进一步深化本科人才培养模式改革。而教材是体现高校教学内容和方法的知识载体，是高等院校教学中最基本的工具，也是高校人才培养的基础，因此，高校必须加强教材建设。

为适应“双一流”建设的需要，全面提升高校人才培养质量，构建学术型人才和应用型人才分类、通识教育和专业教育结合的培养制度，满足普通本科院校教师和学生需求，需要对已出版的教材进行升级换代。一是结合教学需要对现有教材进行精心打造。具体而言，贯穿厚基础、重双创的理念，突出创新性、应用性、操作性的特色，反映新知识、新技术和新成果的学科前沿；利用数字技术平台，加快数字化教材建设，打造立体化的优质教学资源库，嵌入可供学生自主学习和个性化学习的网络资源模块；二是根据学科发展的需要，不断补充新的教材，特别是规划旅游类、实训类、应用型教材。

我们希望，通过编委会、主编和编写人员及使用教材的师生共同努力，将此系列教材打造成适应新时期普通本科院校需要的高质量教材。在此，我们对各经济管理学院领导的大力支持、各位作者的智力成果以及西南财经大学出版社的辛勤劳动表示衷心的感谢！

21 世纪普通高等院校系列规划教材编委会

2018 年 5 月

前　言

世界经济的全球化为国际贸易的发展创造了良好的外部环境。随着中国社会主义市场经济体制的完善与发展，中国的涉外经济与贸易活动也更加活跃。今天的中国已成为世界贸易大国，回顾对外贸易的发展历程，中国的国际贸易事业在短短几十年间取得了令世人瞩目的成就和长足的进步。随着中国对外开放战略的不断深入，中国对外贸人才的需求量也进一步增大。面对世界贸易发展的新形势、新机遇和新挑战，学好国际贸易理论与实务课程已是当务之急。笔者编著《新编国际贸易理论与实务》教材正是为了满足我国普通高等学校新时代人才培养的迫切需要，为培养更多既掌握国际贸易理论知识、又懂得国际贸易实务操作的复合型、应用型、创新型外贸人才提供帮助。

本教材共十七章，第一章至第八章为国际贸易理论部分，第九章至第十七章为国际贸易实务部分。国际贸易理论部分突出了理论知识的科学性、理论体系的完整性、理论分析的严谨性及理论发展的动态性，重点阐述了国际贸易的概念与特点、国际贸易的经典理论、关税与非关税政策措施、区域经济一体化与世界贸易组织、建设“一带一路”倡议、国际无形贸易与跨境电子商务等。国际贸易实务部分突出了实务环节的操作性、贸易合同的完整性、法规惯例的严谨性及具体业务的灵活性，重点讲述了国际贸易术语、国际贸易商品、国际贸易运输与保险、国际货款的收付、国际贸易合同的磋商与履行等。

本教材内容充实、结构严谨、定位准确，使用了最新的文献资料、法规惯例及数据图表，适合国际经济与贸易、国际商务、国际金融、经济学、跨境电子商务、跨国企业管理、国际市场营销等专业或课程的学生学习，也可作为外贸从业人员、经济管理干部、工商企业职员及自主创业人员的自修教材和参考资料。

本教材的编著者左世翔，毕业于西南财经大学，是管理学博士，现为西华大学经济学院副教授、硕士生导师，从事国际贸易理论与实务教学多年，研究方向为企业国际化。

为方便教师备课和学生学习，本教材还在智慧树网站、中国慕课网同步开设了《新编国际贸易理论与实务》等在线课程（详情可扫描下方二维码），教师和学生可以借助慕课与翻转课堂等现代教育技术手段开展线上线下相结合的教学和学习活动。

在线课堂二维码

左世翔

2019 年 11 月

目 录

第一部分　国际贸易理论

第二部分　国际贸易实务

第一部分

国际贸易理论

GUOJI MAOYI LILUN

第一章

国际贸易概述

学习目标

XUEXI MUBIAO

掌握国际贸易的基本概念、相应的分类及特点。

学习重点

XUEXI ZHONGDIAN

国际贸易的概念，对外贸易额与对外贸易量，对外贸易差额，贸易条件，对外贸易依存度，国际贸易与国内贸易的区别。

第一节　有关国际贸易的基本概念

一、国际贸易的概念

国际贸易（International Trade）又被称为世界贸易（World Trade），是指在世界各国之间进行的商品、服务及技术的交换活动。国际贸易以世界各国的劳动分工为基础，反映了各贸易国在经济交往中的相互关系。国际贸易可以调节国内外生产要素的分配、改善国际的供求关系、增加国家与企业的经济收入，还是拉动一个国家宏观经济增长的重要力量。出口、消费、投资就常常被称为拉动经济增长的“三驾马车”。

二、国际贸易与对外贸易

对外贸易（Foreign Trade）是指一个国家或地区同其他国家或地区所开展的商品、服务及技术的交换活动。从世界的角度出发，对外贸易的实际内容等同于国际贸易。在一些面积较小的海岛国家或地区，对外贸易常常被称为海外贸易（Oversea Trade），如英国、日本、新加坡等。这反映了这些国家或地区的早期贸易形式是以海上贸易为主的。

三、对外贸易额与对外贸易量

对外贸易额也被称为对外贸易值（Value of Foreign Trade），是指以本国货币或国际通用的美元表示的一个国家或地区在一定时期内的出口贸易额与进口贸易额的总和（公式1-1）。由于这一指标反映了一个国家或地区对外贸易的总体规模，因而是一项受到各国政府及海关高度重视的国际贸易统计指标。同时，对外贸易额可以划分为进口贸易总额和出口贸易总额两项。由于一国或地区的进口贸易对应着另一国或地区的出口贸易，因此，为了消除重复计算，只需要将世界上所有国家或地区的进口贸易总额或出口贸易总额按照同一货币单位相加，即可得出全世界的国际贸易总额。需要特别说明的是，按照国际惯例，由于各个国家或地区均以离岸价 FOB（Free On Board，仅包含货物的价格）来计算出口贸易额，以到岸价 CIF（Cost Insurance and Freight，包含货物的价格、运输费用及保险费用）来计算进口贸易额，因而世界出口贸易总额总是小于世界进口贸易总额。

公式 1-1：对外贸易额=出口贸易额+进口贸易额

对外贸易量（Quantum of Foreign Trade）是反映一个国家或地区一定时期内对外贸易总体规模的统计量。一般而言，一国或地区对外贸易额的增加或减少，会受到国内外的经济、社会等多重因素的影响，为了更加有效地度量一个国家或地区的对外贸易规模，人们开始使用对外贸易量这一概念。在计算方法上，对外贸易量是用当期的进口额或出口额除以一个以某个固定年份作为基期来计算的进口或出口价格指数，从而得到一个按照不变价格计算的进口额或出口额（公式 1-2）。显然，相较于对外贸易额，对外贸易量剔除了价格变动因素对贸易额的扭曲影响，因而对实际贸易规模的反映更加准确。另外，如果将不同时期的对外贸易额全部计算成固定基期的对外贸易量，则更便于进行比较分析和动态研究。

公式 1-2：$对外贸易量=\frac{对外贸易额}{基期价格指数}$

四、对外贸易差额

对外贸易差额（Balance of Foreign Trade）是指一定时期内一个国家或地区出口贸易总额与进口贸易总额之间的差额。如果差额为正，即出口贸易总额大于进口贸易总额，则被称为贸易出超（Trade Surplus）或贸易顺差（Favourable Balance of Trade）；如果差额为负，即出口贸易总额小于进口贸易总额，则被称为贸易入超（Trade Deficit）或贸易逆差（Unfavourable Balance of Trade）；如果为零，即出口贸易总额等于进口贸易总额，则被称为对外贸易平衡（Trade Balance）。由于进出口贸易收支是一个国家或地区国际收支经常账户的重要内容，因而对外贸易差额是对一个国家或地区国际收支状况的重要反映。同时，贸易顺差意味着一个国家或地区的出口商品在国际市场上拥有明显的竞争优势，与之相对的贸易逆差则反映了一定的竞争劣势，可见对外贸易差额也是衡量一个国家或地区国际贸易竞争力的重要指标之一。我国的对外贸易差额情况见表 1-1、图 1-1。

表 1-1　2013—2018 年我国对外贸易差额情况

年份	出口额（亿元）	进口额（亿元）	对外贸易差额	备注
2013 年	137 170	121 097	16 073	顺差

表1-1(续)

年份	出口额（亿元）	进口额（亿元）	对外贸易差额	备注
2014 年	143 912	120 423	23 489	顺差
2015 年	141 255	104 485	36 770	顺差
2016 年	138 455	104 932	33 523	顺差
2017 年	153 321	124 602	28 719	顺差
2018 年	164 177	140 874	23 303	顺差

数据来源：根据国家统计局历年统计公报整理。

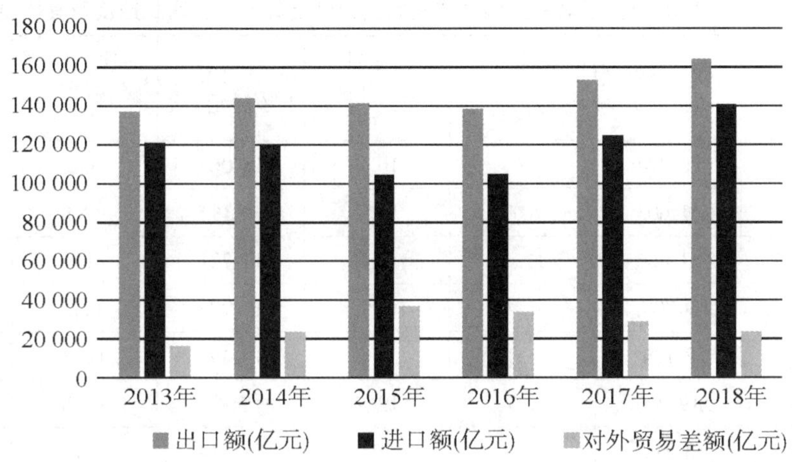

图 1-1　2013—2018 年我国对外贸易差额情况

五、对外贸易商品结构与国际贸易商品结构

对外贸易商品结构（Composition of Foreign Merchandise Trade）是指在一定时期内，在一个国家或地区的进出口贸易总额中，各类商品所占的比重或构成，即各类商品的贸易额占这一国家或地区进出口贸易总额的比例。在各国的对外贸易总量中，由于来自不同产业门类、拥有不同劳动附加值和不同科技含量的贸易商品比例各异，因而这一指标能够较好地反映这一国家或地区的产业结构状态、经济发展状况和科技发展水平等。

国际贸易商品结构（Composition of International Merchandise Trade）是指在一定时期内，各类商品的贸易额在国际贸易额中所占的比重或构成，即各类商品的贸易额占世界贸易总额的比例。在全世界的贸易总量中，由于来自不同国家或地区、拥有不同产业背景和不同竞争优势的贸易商品比例各异，因而这一指标能够较好地反映世界各国的产业链分工情况、综合经济实力和国际竞争力水平等。

值得注意的是，这里的分类既可以按照商品大类来划分，又可以按照某类具体商品来统计。目前，联合国的《国际贸易标准分类》（*Standard International Trade Classifica*，SITC）是世界各国普遍采用的国际贸易商品结构分类标准，在国际上得到了广泛应用。

六、对外贸易地理方向与国际贸易地理方向

对外贸易地理方向（Direction of Foreign Trade）又被称为对外贸易地区分布（Foreign Trade by Regions）或国别结构，是指一定时期内各个国家或国家集团在一个国家或地区的对外贸易中所占的地位，常常表现为一个国家或地区一年的进出口贸易总额在不同贸易伙伴

之间的分配情况。对外贸易地理方向指明了一个国家或地区出口商品的去向和进口商品的来源，从而反映了这个国家或地区同世界其他国家或地区之间的经济贸易往来情况。通常情况下，一个国家或地区的对外贸易地理方向会受到经济互补性、国际产业链分工及对外贸易政策等因素的影响，从而带有明显的国际经济环境特点和自身经济发展方向特点。

国际贸易地理方向（Direction of International Trade）又被称为国际贸易地区分布（International Trade by Regions），用来表示世界各国或国家集团在国际贸易中所占的地位，常常表现为世界贸易额在不同国家和地区间的分布情况。这一指标可以用来观察和比较各个国家或地区在世界贸易整体格局中的分工与位置，对于判断和分析对外贸易竞争力亦有积极意义。2018 年我国对外贸易地理方向见表 1-2。

表 1-2　2018 年我国对主要国家和地区货物进出口金额、增长速度及其比重

国家和地区	出口额（亿元）	比上年增长（%）	占全部出口比重（%）	进口额（亿元）	比上年增长（%）	占全部进口比重（%）
欧盟	26 974	7	16.4	18 067	9.2	12.8
美国	31 603	8.6	19.2	10 195	-2.3	7.2
东盟	21 066	11.3	12.8	17 722	11	12.6
日本	9 709	4.4	5.9	11 906	6.2	8.5
韩国	7 174	3.1	4.4	13 495	12.3	9.6
中国香港	19 966	5.7	12.2	564	13.8	0.4
中国台湾	3 212	7.9	2	11 714	11	8.3
巴西	2 214	12.9	1.3	5 119	28.2	3.6
俄罗斯	3 167	9.1	1.9	3 909	39.4	2.8
印度	5 054	9.5	3.1	1 242	12.2	0.9
南非	1 072	6.9	0.7	1 799	8.9	1.3

数据来源：国家统计局《2018 年国民经济和社会发展统计公报》。

七、贸易条件

贸易条件（Terms of Trade，TOT）是指在一定时期内一个国家或地区每出口一个单位的商品可以换回多少个单位的外国商品的比例，因而又被称为交换比价。贸易条件表现为一定时期内的出口商品价格与进口商品价格的比较关系，常常使用该时期内的出口价格指数与进口价格指数之比来度量。贸易条件的价值在于可以衡量一定时期内一个国家或地区的出口相对于进口的盈利能力和贸易利益，进而反映了该国或地区的对外贸易优劣状况。这一概念对于分析双边贸易尤为重要。一般而言，贸易条件可以计算为一项系数（公式 1-3）。

公式 1-3：$\text{贸易条件系数} = \dfrac{\text{出口价格指数}}{\text{进口价格指数}} \times 100\%$

如果某国的贸易条件系数大于 100%，则说明这一时期的出口价格相对进口价格上涨，该国每出口一个单位商品能换回比以往更多的进口商品，贸易条件改善。

如果某国的贸易条件系数小于 100%，则说明这一时期的出口价格相对进口价格下降，该国每出口一个单位商品能换回比以往更少的进口商品，贸易条件恶化。

国际贸易理论一般认为，出口导向型的贸易增长会使一个国家或地区的贸易条件恶化，而进口导向型的贸易增长则会使一个国家或地区的贸易条件改善。

八、对外贸易依存度

对外贸易依存度（Ratio of Dependence on Foreign Trade）又被称为对外贸易比率或对外贸易系数，是指一个国家或地区的对外贸易总额与国内生产总值（GDP）的比值（公式 1-4）。

$$公式1-4：对外贸易依存度=\frac{对外贸易总额}{国内生产总值}\times 100\%$$

如果将对外贸易总额划分为进口贸易总额和出口贸易总额，对外贸易依存度还可以分为进口贸易依存度和出口贸易依存度两种类型。这类依存度的概念不仅反映了一个国家或地区的经济发展对贸易发展的依赖程度，也表明了对外贸易对这一国家或地区经济发展的贡献程度。同时，对外贸易依存度还体现了这一国家或地区参与国际经济活动的深度与广度。通常情况下，以外向型经济为主的小国才会拥有较高的对外贸易依存度，如新加坡、韩国、巴拿马等，但是随着国际产业链分工的扩大和深化，一些发展中大国的对外贸易依存度也出现了较大幅度的提高。如何看待和分析这一现象，一度成为相关贸易研究的热点之一。我国对外贸易依存度情况见表 1-3、图 1-2。

表 1-3　2013—2018 年我国对外贸易依存度情况

年份	进出口总额（亿元）	国内生产总值（亿元）	外贸依存度
2013 年	25 8267	568 845	45.40%
2014 年	26 4334	636 463	41.53%
2015 年	24 5741	676 708	36.31%
2016 年	243 386	744 127	32.71%
2017 年	277 923	827 122	33.60%
2018 年	305 050	900 309	33.88%

数据来源：根据国家统计局历年统计公报整理。

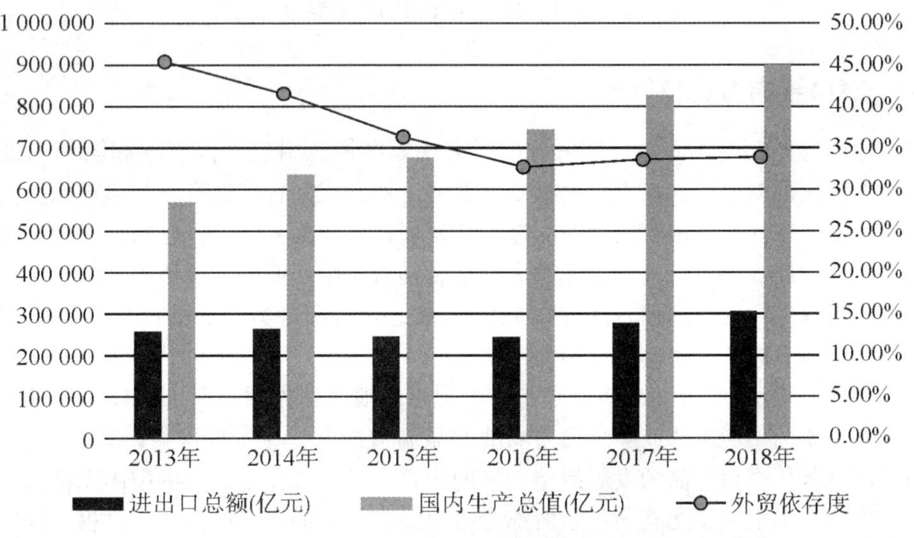

图 1-2　2013—2018 年我国对外贸易依存度情况

九、贸易竞争力指数

贸易竞争力指数（Trade Competitiveness，TC）是一种测度国际贸易竞争能力强弱的常用指标。这一指标的内涵是测度一个国家或地区的对外贸易差额占其国际贸易总额的比重（公式 1-5）。

公式 1-5：TC 指数 $= \frac{出口额 - 进口额}{出口额 + 进口额} \times 100\%$

这一指标表现为一个“相对比较值”，始终介于-1～1，因而无论这个国家或地区的进出口贸易的绝对量是多少，该指标总能剔除通货膨胀、价格变动等宏观经济因素所引起的国际贸易波动，从而客观反映国际贸易竞争力的总体水平。

如果一个国家或地区的贸易竞争力指数的值越接近 0，表示该国或地区的国际贸易越接近贸易平衡，其贸易竞争力也越接近世界平均水平；如果这一指数为-1，则表示该国或地区只进口不出口；这一指数越接近-1，表示该国或地区的国际贸易竞争力越薄弱；如果这一指数为 1，则表示该国或地区只出口不进口，越接近 1，则表示该国或地区的国际贸易竞争力越强。我国的贸易竞争力指数见图 1-3。

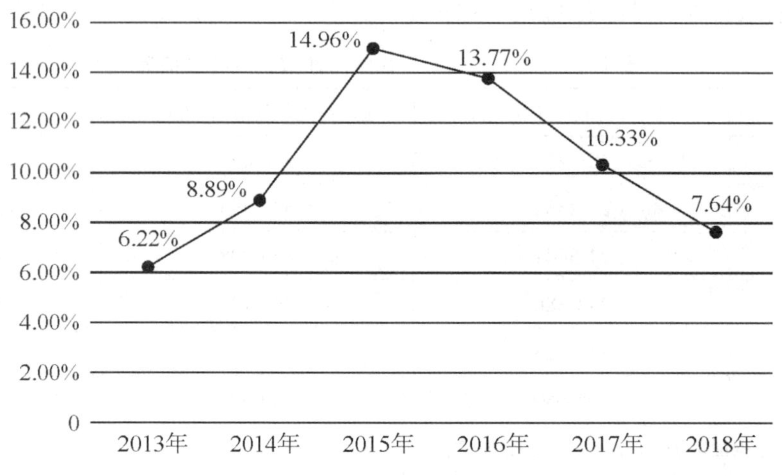

图 1-3　2013—2018 年我国的贸易竞争力指数

十、出口导向与进口替代

出口导向（Export Leading）是指一个国家或地区通过引进外国资本和国外先进的生产技术来发展本国的制造业，在出口贸易中以新的工业制成品替代原有的初级产品，进而以出口贸易为抓手，带动整个国家或产业的进一步发展。一般而言，出口导向是发展中国家常常采用的工业化发展战略措施之一，尤其多见于劳动密集型产业的发展历程。由于工业制成品或半制成品具有更高的附加值，因而发展中国家更容易从这类产品的出口贸易中获得外汇收入并持续推进本国的产业升级与结构调整。

进口替代（Import Substitution）是指一个国家或地区首先通过引进国外的先进生产技术和设备，发展本国不能生产或竞争力薄弱的产品制造产业，在实现这类产品的国产化之后，再以国产产品替代进口产品的发展战略。一般而言，进口替代也是发展中国家常常采用的工业化发展战略措施之一，尤其多见于对那些进口需求较大的产品的国产化过程。发展中国家在进口替代战略中逐步实现重要工业产品的国产化，进而在带动经济发展、扶持幼稚产业、弥补贸易逆差并逐步实现工业化等方面产生良好效果。

实际上，出口导向与进口替代都属于一个国家或地区依托对外贸易的发展来推进工业化发展的战略措施，并无优劣之分。世界上的各个国家，尤其是发展中国家应当根据自身国情和国际经济环境正确选择或组合这两种发展战略。

第二节 有关国际贸易的分类

一、进口贸易、出口贸易与过境贸易

按照国际贸易商品或服务的流向不同，国际贸易可以划分为进口贸易、出口贸易与过境贸易三种贸易类型。

进口贸易又被称为输入贸易（Import Trade），是指一个国家或地区从他国或地区买进商品或服务，并将其应用于国内市场的贸易业务。一般而言，进口贸易既可以表现为直接地将外国商品输入本国市场销售，也可以表现为间接地将国内半成品或原材料先输往国外加工生产之后的再进口。需要区别的是，如果商品在输往国外后，由于质量、价格等问题未能完成销售，可以在未经加工的前提下以免征关税的形式运回国内，这类特殊的进口被称为复进口（Re-Import Trade）。

出口贸易又称为输出贸易（Export Trade），是指一个国家或地区向他国或地区卖出商品或服务，并将其应用于国外市场的贸易业务。一般而言，出口贸易既可以表现为直接地将本国生产或加工的商品输往国外市场销售，也可以表现为间接地将国外半成品或原材料先输入国内加工生产之后的再出口。同样需要区别的是，如果从外国输入本国的商品在未经加工的前提下再次向国外输出，这类特殊的出口就被称为复出口（Re-Export Trade）。对于转口贸易而言，复出口不仅是一种常见的贸易形式，更是一种具有重要经济价值的贸易手段。

过境贸易（Transit Trade）是指在国际贸易过程当中，商品经过了除进口国和出口国之外的其他国家或地区，对其途经的国家或地区而言，这种贸易就被称为过境贸易。通常过境贸易还可被进一步划分为直接过境贸易和间接过境贸易两种类型。前者是指外贸商品并未经过海关管理的全套程序而直接运往国外，多见于不存放海关保税仓库或不经过运输工具装卸的直接运输出境方式；后者则是指外贸商品在入境之后，先要存放在海关的保税仓库，在未经加工的情况下再择机运往国外的贸易方式。

二、有形贸易与无形贸易

按照国际贸易商品的具体形态不同，国际贸易可以划分为有形贸易与无形贸易两种贸易类型。

有形贸易（Visible Trade）是指以实物形态的商品作为贸易标的物的贸易类型，习惯上也被称为货物贸易（Goods Trade）。众所周知，国际货物贸易拥有悠久的历史和广泛的影响，历来都是各国政府与海关的重点管理对象。由于国际贸易有形商品的种类繁多，联合国秘书处于20世纪50年代出版了《国际贸易标准分类》（*Standard International Trade Classification*, SITC），以便于对国际贸易货物的统计、管理和征税。20世纪80年代，海关合作理事会（现名世界海关组织）又主持制定了《商品名称及编码协调制度》（*The Harmonized Commodity Description and Coding System*, HS）。这也是一套方便海关统计及管理进出口货物的商品分类编码体系。总之，有形贸易是国际贸易的传统类型和主要形式，受到世界各国的高度重视。

无形贸易（InvisibleTrade）与有形贸易相对应，是指以非实物形态的商品作为贸易标的

物的贸易类型。服务贸易（Service Trade）就是典型的无形贸易。非实物商品主要包括服务和劳务，如运输、保险、金融、旅游、教育、咨询及技术等服务，劳务的输出与输入等。除此之外，无形贸易还包含了因资本的国际流动而产生的收益项目，如利润、利息、股息、租金等，几乎包含了除货物贸易之外的其他一切收支。

实际上，随着现代国际贸易的不断发展，有形贸易与无形贸易已渐渐成为一个不可分割的整体。例如，出口成套设备就必然伴随相关的金融与技术服务；进口大宗产品也必然伴随国际运输与货运保险等服务。因此，可见的商品与不可见的服务往往是一同被买卖的，二者相互区别又紧密联系，都被列入一国国际贸易的管理与统计范畴。

三、直接贸易与间接贸易

按照国际贸易关系的不同，国际贸易可以划分为直接贸易与间接贸易两种贸易类型。

直接贸易（Direct Trade）是指进出口贸易的双方直接开展国际贸易，进口方就是商品的消费国，出口方就是商品的生产国。这种贸易形式的最大特点表现为商品的国际交换过程不通过第三国，即商品将直接由生产国运输到消费国进行消费。在通常情况下，直接贸易关系简单、程序明确，商品的跨国流动是一次性的、单向的。

间接贸易（Indirect Trade）与直接贸易相对，是指进出口贸易的双方需要通过第三国或更多的中间国来完成国际贸易。在这一贸易类型中，商品的生产国和消费国之间往往有其他国家一起来参与贸易活动。间接贸易的最主要形式就是转口贸易（Entrepot Trade）。转口贸易既可以表现为国际贸易的商品先从生产国运往第三国，在第三国只停留、不加工，再由第三国运往消费国；也可以表现为国际贸易的商品不通过第三国而直接由生产国运往消费国，但必须由第三国作为中间商分别与生产国和消费国产生贸易关系。

在现实中，贸易壁垒一般会阻碍进出口国家间的直接贸易，而以转口贸易为代表的间接贸易则常常成为相关企业规避风险、减少障碍的有效方法。

四、双边贸易与多边贸易

按照国际贸易参与国家或地区的数量不同，国际贸易可以划分为双边贸易与多边贸易两种贸易类型。

双边贸易（Bilateral Trade）是指在两个国家或地区之间的贸易往来。双边贸易也指两个国家或地区之间相互保持收支平衡的贸易，即一国的出口和进口分别对应着另一国的进口和出口，贸易收支与商品交易紧密联系。通常情况下，开展双边贸易的国家或地区需要签订政府间的贸易协议，明确双边贸易以双边收支平衡为基础，从而为本国解决对外支付困难、平衡外汇收支及促进经贸发展提供帮助。

多边贸易（Multilateral Trade）是指在三个或三个以上的国家或地区之间开展的贸易往来。与双边贸易类似，多边贸易也指多个国家或地区之间相互保持收支平衡的贸易，即如果将多个国家或地区视为一个整体，在这一整体内部，贸易与收支能够实现平衡。各国可以用针对某些国家的顺差来支付针对另一些国家的逆差，在多边支付的条件下实现整体的贸易平衡。通常情况下，开展多边贸易的国家同样需要签订政府间的贸易条约或协定。例如，在世界贸易组织中，各个成员经济体间的国际贸易就属于典型的多边贸易。

五、水平贸易与垂直贸易

按照国际贸易参与国家或地区的经济发展水平不同，国际贸易可以划分为水平贸易与垂直贸易两种贸易类型。

所谓经济发展水平，通常是指一个国家或地区经济发展的规模、速度和所达到的水准。

其一般可以用国民生产总值、国民收入、人均国民收入、经济发展速度、经济增长速度等指标来加以度量。习惯上，我们按照经济发展水平的不同可以将世界上的国家划分为发达国家与发展中国家两个大类。

水平贸易（Horizontal Trade）是指在经济发展水平相近的国家或地区之间开展的国际贸易。例如，发达国家之间的贸易或发展中国家之间的贸易就是水平贸易。处于相同经济发展水平的国家往往拥有相似的经济模式和贸易政策，贸易活动一般具有较强的同步性和协调性，因而更容易在贸易合作中实现互利互赢。

垂直贸易（Vertical Trade）与水平贸易相对，是指在经济发展水平相差较大的国家或地区之间开展的国际贸易。例如，发达国家同发展中国家之间的贸易。由于国际贸易参与国的经济发展水平差异明显，经济实力与贸易政策又各不相同，因而更容易产生贸易不平衡的问题。特别是近年来，随着国际产业链分工的深入，垂直贸易的优势凸显，各国纷纷开始重视对这一贸易类型的发展与创新。

六、有证贸易与无证贸易

按照国际贸易过程中是否使用单证，国际贸易可以划分为有证贸易与无证贸易两种贸易类型。

有证贸易（Documentary Trade）是指在国际贸易过程中必须通过一系列单证的交换才能完成货款收付的贸易类型。所谓单证，是指票据、单据与证件等商业文件。常见的票据有汇票、本票及支票等，常见的单据有发票、提单、运单及保险单等，常见的证件有信用证、商检证书及完税证明等。国际贸易往往路途遥远、过程复杂，使得“一手交钱、一手交货”变得困难重重，因而以单据买卖为代表的象征性交货就成了国际贸易的重要方式，进而形成了有证贸易。

无证贸易（Electronic Data Interchange）与有证贸易截然相反，是一种基于计算机网络技术和国际贸易统一惯例的新型贸易类型。无证贸易强调了对电子数据信息的交换与储存，将整个贸易过程中的合同、运输、保险、商检及海关等信息汇总处理，从而实现了无纸化、全程化和信息化。目前，无证贸易正在对传统贸易产生深刻影响，其高速、精确、远程和巨量的技术性能正在改变着现有的商业模式和贸易习惯。可以预测，无证贸易代表了贸易发展的一种方向，完全有可能成为未来的主要贸易类型。

七、易货贸易与现汇贸易

按照国际贸易过程中所使用的清偿工具不同，国际贸易可以划分为易货贸易与现汇贸易两种贸易类型。

顾名思义，易货贸易（Barter Trade）就是指以货物交换的形式来进行的国际贸易。采用这类贸易方式时，进出口双方按事先约定货物的计价标准，采用以货换货的结算方式来完成贸易活动。易货贸易很好地弥补了一些国家或企业缺乏外汇的问题，不仅可以使国际贸易能够在外汇不足的情况下正常进行，还能够通过货物的交换加深进出口国家或地区间的经贸关系，因而是一种受到发展中国家青睐的贸易类型。另外，易货贸易还常见于边境贸易当中。

现汇贸易（Spot Exchange Trade）又被称为自由结汇贸易（Free-Liquidation Trade），是指在国际贸易的结算中使用外汇作为清偿工具的贸易活动。可用于国际支付的外汇必须是国际通用的货币，例如美元、欧元、英镑、日元及港元等（表 1-4）。在传统国际贸易中，现汇贸易是最受欢迎的贸易类型之一。

表 1-4　世界主要外汇及部分国家货币举例

国家或地区	货币中文名称	货币英文名称	货币符号
美国	美元	U. S. Dollar	USD
欧洲货币联盟	欧元	Euro	EUR
日本	日元	Japanese Yen	JPY
英国	英镑	Pound	GBP
澳大利亚	澳大利亚元	Australian Dollar	AUD
加拿大	加元	Canadian Dollar	CAD
新加坡	新加坡元	Singapore Dollar	SGD
瑞士	瑞士法郎	Swiss Franc	CHF
中国	人民币元	Renminbi Yuan	CNY
中国香港	港元	HongKong Dollar	HKD
印度	卢比	Indian Rupee	INR
俄罗斯	卢布	Russian Ruble	RUB
韩国	韩元	Won	KRW
埃及	埃及镑	Egyptian Pound	EGP

资料来源：根据国家外汇管理局网站资料整理。

第三节　国际贸易的特点

同国内贸易相比较，国际贸易仍然是商品和劳务的交换活动。二者在社会再生产中的地位相同，所要交换商品的运行方式类似，都要按照商品经济的一般规律来运行。然而，由于国际贸易具有跨国属性，因而在经济社会环境当中的特殊性也将更加明显。

一、国际贸易的环节较多

（一）国际贸易合同的达成过程较为复杂

签订贸易合同是进出口双方开展国际贸易的前提，但是达成贸易协议或合同的过程并不简单，往往会涉及国际商务谈判的诸多环节。一般而言，签订贸易合同的过程包括三个步骤，分别是交易前的准备、正式的交易磋商及贸易合同的订立。例如，在交易之前，进出口双方需要选择目标市场、目标客户，尤其是进口商需要做好资金准备、出口商需要做好商品准备。在交易磋商阶段，进出口双方又会经历询盘、发盘、还盘和接受等各个具体环节，最终达成一致。在贸易合同的订立阶段，进出口双方还要确定合同的具体形式与内容，特别是要对双方的“责”“权”“利”进行最后的确定。可见，签订一份正式的贸易合同是一项复杂而且具体的工作。

（二）国际贸易合同的履行过程较为复杂

每一份贸易合同的履行，从签订到了结都是一个复杂且漫长的过程。站在进出口商各自的角度，贸易合同的履行又可分为出口合同的履行和进口合同的履行两个方面。以出口合同为例，履行过程就包含了“货”“证”“运”“款”“赔”五个环节。货是指出口货物，出口商需要及时备货并向海关和商检报验；证是信用证，出口商为了后续收款的安全，必须联系银行完成催证、审证及改证等手续；运是指国际货物运输，相应的租船订舱、购买保险等工作也要及时完成；款即收取货款，出口商需要严格按照合同及信用证的要求方能顺利制单结汇；赔是指索赔环节，如果发生损失，出口商还需要向相应的保险人、承运人、肇事人等索赔。进口合同的履行与之类似。可见，贸易合同的履行是一项严谨且系统的工作。

（三）国际贸易的业务关系方众多

国际贸易货物往往需要进行跨国的长途运输，货物的进出口手续又较为复杂，因此不是一项仅仅依靠进出口双方就能完成的简单工作。一般而言，国际贸易会涉及国内外的大量关系人，除了进口商与出口商之外，常见的还有海关、商检机构、银行、保险人、承运人及中间人等。加之各个关系人又可能分布于世界各地，相应工作的开展必然是比较困难的。事实上，从国际贸易的常用单证中也能看出不同关系方的具体作用。例如，信用证来自进口地银行，海运提单来自国际承运人，保险单来自保险公司，商业发票来自出口商，商检证书来自商检机构，完税证明来自海关，等等。因此，众多的业务关系方也从另一个角度体现了国际贸易程序的复杂性。

二、国际贸易的不确定因素较多

（一）来自自然环境的不确定因素

自然的力量从来不依赖于人的主观意志。在国际贸易过程当中，由于商品是在国家与国家、国家与地区之间运输，因而运输距离通常较远，需要面对的风险也较多。商品的仓储与物流会随时随地受到大自然的影响，从而产生出以自然灾害（Natural Calamities）为代表的自然风险。常见的自然灾害包括恶劣的气候、雷电、洪水、海啸及地震等。自然风险的总体特征表现为不可控、有周期、危害大和涉及面广，因此，自然风险也是保险人承保最多的风险类型。需要说明的是，一般的自然灾害可以通过购买运输保险来加以防控，但极端的自然灾害往往属于不可抗力的范畴，需要进出口双方在贸易合同中予以界定并作为免责条款来订立。可见，在国际贸易中，保险只能补偿一部分自然风险，想要彻底消除自然风险是办不到的。

（二）来自商业环境的不确定因素

从世界范围来看，各国的商业环境同样复杂多变，其中产生的商业风险、信用风险、汇率风险和价格风险是国际贸易需要面对的主要风险。

其一，商业风险是指因商业活动的特殊变化而引起经济损失的客观可能性。在现实经济环境中，商品交易的商业风险无处不在，比如商品价格的跌落、交货质量的变更及结汇单证的不符等。

其二，信用风险是指贸易合同的当事人因种种原因不愿意或无能力继续履行合同所规定的义务，从而致使贸易对方或其他相关关系方遭受经济损失的可能性。信用风险也被称为违约风险，常常是因为贸易中的资金链断裂、货源丧失或运输紧张等原因，也是一种常见的国际贸易不确定因素。

其三，汇率风险是指贸易商在运用外币进行计价收付的环节中，因外汇汇率的非预期性变动而蒙受损失的可能性。国际贸易的计价货币和支付货币常常使用外币，从签订合同到完成收款往往又要经历一段较长的时间，在此期间汇率时刻处于变动之中，为此，贸易商就需要使用一定的金融工具来规避汇率风险。

其四，价格风险是指进出口双方在签订贸易合同之后，因商品价格波动而对贸易中的一方产生经济损失的可能性。众所周知，国际市场上的商品价格受到多种因素的影响，价格的涨跌现象极为常见。为了防范这类风险，进出口商需要选择合理的定价方法和策略，尽可能

消除这一不确定因素对自身的不利影响。

（三）来自其他方面的不确定因素

由于国际贸易涉及不同的国家或地区，进出口企业还需要面对来自一些国家或地区的政策法律风险。所谓政策法律风险，是指因为一些国家或地区出现了贸易政策变化、法律法规修改或者外交关系变更等情况，从而给正在进行国际贸易的进出口企业带来产生经济损失的可能性。政策法律风险有时候甚至会上升为更加严重的政治风险，例如，外国政府采取的没收、征用、国有化等干预经贸活动的强制措施，外国发生战争、动荡和暴力冲突等。由于此类风险难以预测、不易补救，因而进出口企业在同世界上一些高风险国家或敏感地区进行国际贸易时要特别注意。

三、国际贸易的困难较多

（一）语言不同带来的困难

全世界拥有近两百个国家和地区，不同的语言更是达到数千种。其中，国际常用语言就有英语、汉语、西班牙语、阿拉伯语、葡萄牙语、日语、德语及俄语等。然而，迄今为止并没有任何一种语言可以在全世界范围内做到完全通用，而从事国际贸易又必然会和形形色色的外国人展开交流，所以掌握并使用至少一门外语就成了开展国际贸易的起码要求。在实践中，配备精通外语的翻译人员是克服国内外语言障碍的常见方法，而其他环节的业务人员也应当至少具备掌握一门外语的能力。

（二）制度惯例不同带来的困难

世界各国在法律法规、商业惯例（Commercial Practice）、货币与度量衡等方面存在的不同也会使国际贸易的开展困难重重。在法律法规方面，世界范围内有国际法，各国有国内法，各个层次的法规、法令、条例等难免会出现相互冲突的情况。国际贸易的每一个环节都必须做到合法合规才能顺利完成。在商业惯例方面，很多国家或地区已在长期的交易活动中形成了特定的习惯，其中有些做法甚至逐渐成为得到所有参与交易的贸易商公认并遵行的习惯做法。这些惯例的重要性仅次于法律，在一定范围内具有强制性，因而外来的贸易商必须要了解并使用这些惯例。在货币与度量衡方面，国际贸易货款的计价和支付需要在不同货币之间换算，贸易货物的数量也需要在不同度量衡之间换算，来自货币和度量衡的差异也会增加国际贸易的难度。除此之外，各国的海关制度、税收制度以及商业管理制度等都存在一定差异，这些都有可能成为开展国际贸易的障碍和挑战。

（三）社会文化差异带来的困难

目前，全世界拥有的人口超过了 70 亿，民族数量超过了 2 000 个。不同国家和民族在社会、经济及文化等方面存在着较大的差异，如何在国际贸易过程中适应差异、规避禁忌，这又是一项影响贸易成败的重要因素。一般而言，社会文化差异的来源可以划分为社会因素和文化因素两个方面。社会因素包括社会制度、社会关系、交往互动、道德规范及风俗习惯等。文化因素则包括教育程度、宗教信仰、共同语言、价值观念及消费习惯等。它们广泛地存在于贸易对象所在的国家或地区，其影响力是持续的、强烈的和难以改变的。所以，无论是在国内还是在国际上开展国际贸易活动，相关企业和业务人员都必须要了解并尊重不同国家的社会文化差异，要在经过认真分析和策划之后，制定出切实可行的国际贸易营销方案。

本章小结

本章主要讲述了三个方面的内容。

第一，有关国际贸易类的基本概念，包括国际贸易与对外贸易、对外贸易额与对外贸易量、对外贸易差额、对外贸易商品结构与国际贸易商品结构、对外贸易地理方向与国际贸易地理方向、贸易条件、对外贸易依存度、贸易竞争力指数、出口导向与进口替代。我们在把握每种概念的内涵的同时，需注意相应的应用范围，避免混用、错用贸易概念。

第二，有关国际贸易的分类，包括进口贸易、出口贸易与过境贸易、有形贸易与无形贸易、直接贸易与间接贸易、双边贸易与多边贸易、水平贸易与垂直贸易、有证贸易与无证贸易、易货贸易与现汇贸易。我们在掌握分类方法与相应类型的同时，需注意各种分类的意义与用途。

第三，国际贸易的特点，包括国际贸易的环节较多、国际贸易的不确定因素较多、国际贸易的困难较多。我们要注意辨析国际贸易与国内贸易的异同。

思考题

1. 请简述贸易顺差与贸易逆差的概念，并结合中国对外贸易概况进行阐述。
2. 请简述国际贸易的分类方法，并举例说明相应分类的目的与意义。
3. 试论述提高国际贸易竞争力的途径，并结合一定的衡量指标来加以说明。
4. 试论述有形贸易与无形贸易的概念、异同与联系。
5. 试论述国际贸易与国内贸易的相同点和不同点。

第二章

国际贸易经典理论

学习目标

XUEXI MUBIAO

熟悉国际贸易的基本理论，掌握相应经济思想和理论观点的发展脉络，能够阐述与分析现代国际贸易理论的发展趋势。

学习重点

XUEXI ZHONGDIAN

重商主义思想，绝对优势理论，比较优势理论，保护贸易理论，要素禀赋理论。各个主要理论的背景、代表人物、内容以及评述等。

第一节　重商主义思想

顾名思义，重商主义（Mercantilism）就是一种强调“商业”“资本”以及“财富”在一国对外经济活动中具有重要意义的理论思想。究其历史，重商主义是一种产生于 15 世纪至 17 世纪的西方经济思想，它产生于西方封建社会逐渐瓦解和资本主义逐步发展的原始积累阶段，反映了当时的理论动向与政策变迁。关于重商主义的出处，一般认为是由亚当·斯密（Adam Smith）在其重要著作《国民财富的性质和原因的研究》，即《国富论》一书中提出的，而在此之后，人们对于国际贸易的思考与研究可以说都是从重商主义出发的。

一、重商主义的经济思想

重商主义认为，一个国家的经济发展必须建立在对货币财富的大量积累之上。这意味着在以金银等贵金属为货币的时代，一个国家的金银储备越多，国民经济也就越发达。按照这样的逻辑，重商主义主张政府应加强对经济的干预，特别是要强化对国际贸易的管控。一个国家要尽可能地增大出口而减少进口，即通过扩大贸易顺差来实现对财富和资本的不断积累。

重商主义的发展可以被划分为早期重商主义和晚期重商主义两大阶段。

早期重商主义又被称为“货币差额论”，形成于15至16世纪，研究者以英国的威廉·斯塔福（William Staffor）和约翰·海尔斯（John Hales）为代表。在这一时期，人们普遍认为财富就是货币，货币就是金银，主张严格限制贵金属货币的向外输出，尤其是在国际贸易中，应当通过政府的行政政策来主动实现多出口、少进口或不进口，从而形成所谓的“货币平衡”。在货币差额论的影响下，政府开始干预经济和贸易，货币、资本及商品的自由流动被人为限制，甚至连外国商人的经营活动也被管理起来。在这一思想的作用下，国家的货币看似得到了积累，但国际贸易尤其是自由贸易的优势却并没有得到应有的重视。

晚期重商主义也被称为“贸易差额论”，形成于16至17世纪，研究者以英国的托马斯·孟（Thomas Mun）为代表。在这一时期，人们开始意识到片面强调在每一笔国际贸易中都要实现货币财富的净流入是狭隘的和错误的，政府在继续强调争取顺差、积累金银的同时，开始允许一些企业向外国输出资本，因为只要做到总的贸易收支是货币流入大于货币流出的，那么一个国家仍然能够实现所谓的“贸易平衡”。在贸易差额论的指导下，当时的英国、法国及德国等资本主义国家陆续开始实行货币限制、奖出限入及贸易垄断等政策，在鼓励输出货币的过程中获得了更多的输入货币，最终从其殖民地市场掠夺到了大量的财富，完成了西方资本主义的原始积累。

重商主义思想经历了从货币差额论到贸易差额论的发展，体现了早期研究者对国际贸易与经济发展相互关系的最初认识，也反映了商业资本在不同历史时期的影响与作用。事实上，亚当·斯密在研究重商主义之时，已经对其进行了批判和反驳，并在其基础之上提出了后来的国际贸易绝对优势理论。

二、重商主义的政策体系

（一）限制金银货币的流出

既然金银货币代表了资本财富，那么政府必然制定政策来限制贵金属货币的跨国自由流动。按照重商主义的基本思想，货币政策的重点是严格管制货币的向外流出，具体表现为对国际贸易收支的严格管理，即只能有金银流入的顺差，不能有金银流出的逆差。例如，在历史上，英国、西班牙等国甚至制定了严苛的法律来惩罚将金银输出到国外的个人和企业。

（二）强化国际贸易的垄断

由于金银货币的主要来源是国际贸易顺差，实行重商主义的国家自然也要实行国际贸易的垄断政策。特别是当西方资本主义逐渐进入殖民主义时代之后，西欧各国不断强化对海外殖民地市场的贸易垄断，并利用国际贸易中原材料和制成品之间的价格剪刀差，独占并持续掠夺了大量海外财富，从而形成了不断积累的“垄断顺差”。

（三）推行奖出限入的政策

重商主义与贸易保护主义可谓密切关联，主张重商主义的国家必然采取贸易保护政策。奖出限入政策就是运用政策工具鼓励出口并限制进口的一般做法。具体而言，政府可以一方面通过采用出口退税、出口补贴及贸易奖励等政策手段尽可能地鼓励本国商品对外出口，另一方面又通过采用加征关税、进口配额及进口禁令等政策措施尽可能地限制外国商品向内进口。当然，限制进口的措施并没有绝对执行，对于生产性的设备原料和非生产性的消费品还是有所区别的。例如，历史上的英国就曾经颁布专门的法令来禁止国内个人和企业进口海外奢侈品，并以补贴进口原材料的方法来保护本国产业的生存与成长。

（四）促进本国航运的发展

国际货物运输是国际贸易的重要环节，人们很早就已经意识到国际航运对于一个国家发展贸易的关键作用。对于实行重商主义的国家而言，海上贸易的通畅与否更关系着货币财富能否持续流入这一核心问题，因而受到各个国家的高度重视。特别是随着世界地理大发现和新航线的不断开通，早期西方资本主义国家间的海上竞争也愈发激烈起来。为此，在历史上，相应国家纷纷制定政策，既要限制外国承运人来经营本国的航运业务，又要鼓励本国承运人去积极拓展国际运输业务。例如，英国就曾经规定，有关英国的国际贸易运输必须使用英国公司的船舶。

（五）鼓励本国工业的成长

重商主义的主要观点是强调贸易顺差，顺差的前提又是拥有大量畅销的外贸商品。当西方国家进入资本主义生产方式之后，工业品成了主要的出口商品。为此，各国政府以提高出口商品的国际竞争力为目标，制定了各种政策来发展工业。例如，针对工矿企业，政府可以发放低息贷款；针对技术工人，政府可以给予高薪待遇；针对机器设备，政府还可以免征关税等。可以说，后来的重商主义渐渐从单一的促进出口政策转向了更为多元化的鼓励工业成长政策。

综上所述，以上各项措施构成了重商主义思想的基本政策体系，虽然并不完美，但在历史上促进了西方资本主义生产方式的最终形成。

三、对重商主义的评述

重商主义是特定历史时期的理论探索，它的历史局限性是不容置疑的。其经济思想的特点主要是强调了货币与财富的重要意义，其政策主张的特征是重视国家对经济贸易的主观干预。

有学者曾指出，重商主义是对西方封建主义经济思维的一次重大突破，人们从重商主义开始，进行了围绕商业资本的世俗化的经济研究，并渐渐看清了从货币到商品再到货币的资本生产过程。就这一点而言，重商主义还是有一定的理论和实践价值的。

然而，重商主义却存在着明显的瑕疵。比如，重商主义对社会财富的认知是片面的、错误的。金银、货币、资本及财富是一组既相互联系又相互区别的概念，决不能简单地画上等号。同时，重商主义对于世界财富的认知也是静态的、固化的。事实上，后来的贸易理论已经证明，国际贸易并非零和博弈，世界财富完全可以在贸易中被创造、被增加。

当然，诞生于数百年前的重商主义并没有消亡，甚至还在发展，后来还出现了“新重商主义”。其中的某些政策主张至今仍然存在并依然具有一定的现实意义。特别是对于发展中国家而言，在面对如何提高工业产品的国际竞争优势，如何应对发达国家的贸易保护主义，以及如何保护本国的幼稚产业等难题时，重商主义仍然具有参考价值。

第二节 绝对优势理论

绝对优势理论产生于 17 至 18 世纪，是一种强调绝对成本优势的国际贸易理论。当时的欧洲经历了从英国到法国的资产阶级革命，资本主义的发展进入了全新的阶段。与此同时，人们对于经济贸易的观点也在不断进步，重商主义思想开始衰落，而自由贸易理论逐渐兴起。

绝对优势这一概念仍然是由英国古典经济学家亚当·斯密在其《国富论》一书中提出

的。以他为代表的学者认为，国际贸易产生的原因在于各国之间生产成本的价格差异。具体而言，对于某项商品，只有拥有较低绝对成本的国家才具有生产这项商品的绝对优势，也只有这类国家才可以出口该项商品；反之，一个国家若没有某项商品的绝对成本优势，则只能选择进口该类商品，而放弃生产与出口。按照这样的逻辑，世界各国都应该重新评估本国的生产成本与出口优势，并按照绝对优势进行国际分工。世界贸易的最优模式是各国仅仅出口本国的绝对优势商品，而进口绝对劣势商品，从而实现所谓的新的“自由贸易”格局。

一、绝对优势理论的内涵

重商主义思想仅仅强调了国际贸易的结果是要扩大顺差，并没有系统解释国际贸易产生的原因是什么。随着17世纪西欧各国的资本主义生产方式得到了巩固与发展，扩大贸易和自由贸易已迫在眉睫。此时，处于产业革命前夜的经济学家们开始思考，国际贸易的根本动因和条件是什么呢？为此，以亚当·斯密为代表的学者提出了绝对优势理论，他们不但批评了重商主义的故步自封，倡导了自由贸易的势不可挡，更概括出了国际贸易的基本原理——绝对成本学说。

按照绝对优势理论的观点，在国际贸易中，绝对成本带来了绝对优势，绝对优势创造了绝对利益。因此，参与国际贸易的国家应当充分认知本国的绝对成本，并凭借这一成本优势从对外贸易中实现获利。然而，绝对成本优势又从何而来呢？围绕这一问题，亚当·斯密等学者展开了一系列的研究，并重新解析了一条从自然禀赋到财富积累的绝对优势形成路径。

（一）财富积累来自发展生产

绝对优势理论并不赞同重商主义的财富观，认为金银货币仅仅是社会财富的表现而非本质。所谓社会财富，是指社会劳动者通过生产活动所创造出来的有价值的劳动产品。一般而言，使用价值和交换价值是社会财富的两项基本特征。亚当·斯密认为，一个国家生产各类商品的能力是其能否长期富有的关键。只有当剩余商品的数量和质量能够满足跨国交换的需要时，国际贸易才能顺利开展。因此，以商品为代表的物质财富才是换取货币财富的基础，而生产商品的能力才是积累财富的源泉。

（二）发展生产来自劳动分工

一个国家生产能力的提高主要体现为劳动生产率的提高，而提高劳动生产率的最佳方法就是进行劳动分工。在管理学中，劳动分工是组织生产的一种常用方法，科学合理的分工能够提高劳动生产者的熟练程度，从而节约生产过程中的时间成本、培训成本及转换成本等。亚当·斯密在其著作《国富论》中提出并阐述了劳动分工对于发展生产的重要价值，在他看来，劳动分工是人类从事生产和交换活动的自然倾向，分工的结果必然是对生产数量和生产效率的大幅提升。例如，在分工前，一名工人每日可生产20枚针，而分工后，平均每名工人每日可生产4 800枚针，劳动生产率发生了巨变。

（三）劳动分工来自自然禀赋

绝对优势理论将劳动分工上升为了国际分工，认为国家与国家之间也可以按照贸易商品的生产类型进行分工。从概念上讲，国际分工（International Division of Labor）是社会劳动分工的高级形式，它使得各国的生产活动更加紧密地联系在一起，并最终成为世界市场形成并发展的重要特征之一。亚当·斯密指出，国际分工的基础是各国先天的自然禀赋或后天的要素获得。自然禀赋包括气候、土壤、物产、资源及地理条件等，要素获得则包含技术研发、设备引进及劳动力培养等。按照禀赋的具体情况，国际分工也有不同的类型，例如，按照禀赋的“有与无”，贸易国家可分为生产出口国和依赖进口国；按照禀赋的“多与少”，贸易国家可分为大量出口国和大量进口国；按照禀赋的“轻与重”，贸易国家可分为自由贸易国和垄断贸易国。需要指出的是，尽管后来的研究已经表明，禀赋论并不完全正确，但其在解释自然资源条件下的国际分工时仍然具有独特的说服力。因此，依据禀赋开展分工是各国参与国际贸易的最优选择。

（四）自然禀赋决定了绝对优势

自然禀赋赋予了一个国家生产某项商品的绝对成本优势。例如，拥有肥沃土地和良好自然环境的国家更有可能生产出品质优良的农产品；拥有大量熟练掌握生产技艺的手工劳动者的国家更有可能制造出价格低廉的纺织品。显而易见，这些有利条件可以使一国生产的商品成本更低、质量更高、数量更多，从而具备参与国际市场竞争的绝对优势。时至今日，由禀赋创造出优势的例子仍然比比皆是，例如，泰国出口大米、俄罗斯出口石油、中国出口服装……可以说，自然禀赋优势不仅提升了商品的生产条件，而且改善了商品的交换条件，更为国际贸易的进行提供了更优的可选择方案。

综上所述，绝对优势理论阐述了“财富—生产—分工—禀赋”这一国际贸易绝对优势的形成路径，将研究国际贸易的理论推向了更深层次。亚当·斯密在批评重商主义限制贸易政策的同时，在绝对优势理论中提倡了自由贸易政策。在他看来，如果世界上的每一个国家都能专注于生产并出口本国的绝对优势商品，而完全进口本国的绝对劣势商品，那么世界贸易的整体效果将会提升，各国人民的经济福利也会增加。

二、绝对优势理论分析

按照绝对优势理论的分析思路，我们首先做出如下假设：

第一，世界上有两个国家，假设为 A 国和 B 国。

第二，每个国家只生产两种商品，假设为工业品和农产品。

第三，生产投入只需一种要素，假设为劳动力，并且各国的劳动力无差异。

第四，生产要素在国内行业之间自由流动，但不能跨国流动。

第五，生产的商品可以在国家间自由贸易。

第六，假设国家间的运输成本、时间成本、中间环节费用等为零。

第七，假设生产技术和生产成本保持不变。

第八，不考虑外汇因素，假设为易货贸易。

基于以上假设，继续假定 A 国和 B 国的具体生产情况（表 2-1）。可见，A 国在工业品的生产领域具有绝对优势，B 国在农产品的生产领域具有绝对优势。

表 2-1 国际分工之前的生产可能性

国家	每人每天的劳动产出
A 国	8 单位工业品或 12 单位农产品
B 国	5 单位工业品或 16 单位农产品

按照绝对优势理论，既然 A、B 两国各自拥有一项绝对优势、一项绝对劣势，那么两国国家完全可以通过国际分工，各自专注于优势商品的生产与出口，而完全进口处于成本劣势的商品。于是，在经过国际分工之后，各国和世界的生产情况发生了变化（表 2-2）。显然，世界的工业品和农产品总产量得到了提高，国际贸易分工创造了新的世界财富。

表 2-2 国际分工之后按照绝对优势的生产情况

国家	按照绝对劣势生产		按照绝对优势生产	
A 国	0 单位工业品	12 单位农产品	+8 单位工业品	-12 单位农产品

表2-2(续)

国家	按照绝对劣势生产		按照绝对优势生产	
B 国	5 单位工业品	0 单位农产品	-5 单位工业品	+16 单位农产品
世界	5 单位工业品	12 单位农产品	+3 单位工业品	+4 单位农产品

三、对绝对优势理论的评述

相比于重商主义思想，绝对优势理论有了明显的进步，特别是对于劳动生产率和国际分工的阐述较好地解释了国际贸易的基本原理，有关自由贸易的政策主张更是对当时资本主义生产力的发展起到了推动作用。绝对优势理论不但解释了不同禀赋的国家如何通过分工和交换实现双赢的问题，更描绘了一幅各个国家凭借各自优势在国际贸易中创造财富的美好图景。

然而，绝对优势理论依然存在着明显的局限性。例如，其将分工视为交换的发展倾向，从而忽略了分工早于交换这一生产关系发展的历史事实，因此是片面的、错误的。更有学者指出，绝对成本优势只是国际贸易中的一个特例，因为在现实中，能够引发国际贸易的优势既不是绝对的，也不是不变的。正如后来的比较优势理论是这样假设的：如果一个国家在各方面都处于绝对优势，而另一个国家在各方面则处于绝对劣势，那么，它们还有可能开展国际贸易吗？显然，绝对优势理论并不能回答，这一理论当然也就不能作为国际贸易的普遍规律。

第三节　比较优势理论

比较优势理论产生于19世纪，代表人物为英国经济学家大卫·李嘉图。他在《政治经济学及赋税原理》一书中指出，产生国际贸易的原因是各国生产技术的相对差别及相对成本优势，从而在修正绝对优势理论错误的同时，将针对国际贸易基本原理的研究推向一个新的高度。

一、比较优势理论的内涵

所谓比较优势（Comparative Advantage），是指在国际贸易中，劳动生产率既存在着国家间的差异，也存在着国内商品间的差异。在没有绝对优势的情况下，每个国家仍然可以按照“两利相权取其重，两弊相权取其轻”的原则，专注于生产和出口在本国国内拥有相对较高劳动生产率的商品，从而在国际竞争当中发挥出比较优势。由于比较优势理论大大提高了国际分工与劳动生产率对于国际贸易的解释力，较为清晰地阐述了国际贸易的动因与基础，因而也被视为对绝对优势理论的一次重大创新。

大卫·李嘉图的比较优势理论其实是在亚当·斯密的绝对成本理论的基础上发展而来的。按照绝对优势理论，世界各国必须按照禀赋情况进行国际分工，一国的所有出口商品都要是绝对优势商品，而进口商品全部是绝对劣势商品。很显然，这样的观点是片面的，大卫·李嘉图意识到了这一点并重新进行了表述，即各个国家只需生产那些利益相对较大、风险相对较小的商品即可获益，从而扩大了国际分工的范围、提高了国际贸易的可行性。

回顾历史，比较优势理论其实是19世纪英国资产阶级为争取自由贸易政策而进行的理论探索。1815年至1846年，英国政府为了保护地主阶级的经济利益，颁布并实施了著名的

"谷物法"（Corn Laws）。此项法案强行限制谷物进口，导致出现国内农产品价格上涨、工人工资提高及企业利润下滑等不利情况。"谷物法"名为防止外国低廉谷物对国内市场的冲击，实则严重伤害了产业资本家及其企业的经济利益。因此，围绕"谷物法"的存废，英国工业资产阶级同地主阶级展开了斗争，他们迫切需要找到一种支持自由贸易学说的理论依据。大卫·李嘉图的比较优势理论正是在这样的历史背景下提出的，并在这场斗争中成为国际贸易的普遍原理。在他看来，由于英国生产工业品的优势要明显高于生产农产品的优势，所以英国不仅可以大量进口外国农产品，还可以专门进行对工业品的生产。英国完全可以通过工业品出口来弥补农产品进口，这样既提高了总体产量，又获取了国际贸易中的"比较利益"。事实上，当"谷物法"在英国被最终废除时，产业资本代替了农业土地，贸易自由取代了贸易限制，英国资本主义的发展才真正打开了自由贸易的大门。

二、比较优势理论分析

与绝对优势理论类似，按照比较优势理论的分析思路，我们首先做出如下假设：

第一，世界上有两个国家，假设为 A 国和 B 国。

第二，每个国家只生产两种商品，假设为工业品和农产品。

第三，生产投入只需一种要素，假设为充分就业的劳动力，并且各国无差异，没有规模经济。

第四，生产要素在国内行业之间自由流动，但不能跨国流动。

第五，生产的商品可以在国家间自由贸易。

第六，假设国家间的运输成本、时间成本、中间环节费用等为零。

第七，假设生产技术和生产成本不变。

第八，不考虑外汇因素，假设为易货贸易。

第九，没有技术进步、资本积累及经济发展。

基于以上假设，继续假定 A 国和 B 国在一个生产周期内的具体生产情况如表 2-3 所示。可见，A 国在工业品的生产领域和农产品的生产领域均具有绝对优势，而 B 国在两项生产领域都处于绝对劣势。

表 2-3 国际分工之前的生产可能性

国家	生产 1 单位工业品	生产 1 单位农产品	产量
A 国	80 个劳动力	70 个劳动力	2 单位
B 国	100 个劳动力	150 个劳动力	2 单位

按照比较优势理论，既然 A 国拥有绝对优势，B 国处于绝对劣势，那么两个国家还有可能开展国际贸易吗？仔细观察不难发现，一方面，对 A 国而言，生产 1 单位工业品所需的劳动力 80 人多于生产 1 单位农产品所需的劳动力 70 人，因而其生产农产品的能力更强，比较优势更大。另一方面，对 B 国而言，生产 1 单位工业品所需的劳动力 100 人少于生产 1 单位农产品所需的劳动力 150 人，因而其生产工业品的能力更强，比较劣势更小。所以，两个国家完全可以通过国际分工，各自专注于相对优势更大的产品的生产与出口，同时完全进口另一种产品。于是，在经过国际分工之后，各国和世界的生产情况发生了变化（表 2-4），A 国生产出了 2. 14 单位的农产品，B 国生产出了 2. 5 单位工业品，两个国家在没有增加劳动力数量的情况下都扩大了产量。显然，世界的工业品和农产品总产量得到了提高，国际贸易分工在比较优势理论的指导下创造出了新的世界财富，两国均能获利。

表 2-4 国际分工之后按照比较优势的生产情况

国家	生产 1 单位工业品	生产 1 单位农产品	产量
A 国	0 个劳动力	150 个劳动力	2.14 单位
B 国	250 个劳动力	0 个劳动力	2.5 单位

三、对比较优势理论的评述

相比于绝对优势理论，比较优势理论的解释力更具普遍性和实践性。这一理论揭示了比较成本这一客观规律，并触碰到了产生国际贸易的真正原因。在比较优势理论的指引下，处于不同经济发展水平的国家都可以参与国际分工并开展国际贸易，自由贸易的众多好处开始得到世界各国的认可和分享。

然而，比较优势理论并不完美，仍然具有历史的片面性。第一，同绝对优势理论类似，比较优势理论也是建立在大量假设的基础之上的，这些假设描绘了一个过于简单、抽象且没有变化的世界，使得一切研究都是静态分析。如果考虑到从短期到长期利益变化、技术创新、知识学习及经验积累等因素，比较优势完全是动态的、变化的。后来的动态比较优势理论就对此进行了补充。第二，比较优势理论虽然解释了国际贸易产生的原因，但并没有阐述国际分工的成因。后来的学者就指出，国际分工与生产关系密切相关。与简单分析成本优势相比，现实中的国际分工要复杂得多、困难得多。第三，比较优势理论对于国际贸易条件的研究显得不足。决定两个国家能否开展国际贸易的临界点到底是什么，大卫·李嘉图等并没有说明。甚至有学者发现，比较优势理论还存在着不能解释的特例，例如，“等优势或等劣势贸易模型”（Equal Advantage or Equal Disadvantage Model）。当然，总体而言，比较优势理论作为国际贸易的核心理论是毋庸置疑的。今天，有关比较优势的研究还在继续，新的观点和实践也正在补充和发展这一经典理论。

第四节 保护贸易理论

保护贸易理论即幼稚产业保护理论（Infant Industry Theory），这一理论的产生以 19 世纪的欧洲产业革命为背景，出发点是保护当时在欧美各国方兴未艾的资本主义新兴产业。所谓幼稚产业，是指那些刚刚兴办，虽然在短期内没有国际竞争力，但从长期看具备发展潜力的产业。保护贸易理论的最早提出者是美国财政部长亚历山大·汉密尔顿（Alexander Hanmilton），在经过后来的学者弗里德里希·李斯特（Friedrich List）的继续研究后，它成为影响世界贸易的重要政策理论。

一、汉密尔顿的经济思想

美国于 1776 年独立，那时的美国刚刚经历战争，工农业的发展情况相比于西欧各国还很落后，如何发展经济成为摆在美国政府面前的一道难题。当时的美国有两种选择：第一种是实行自由贸易政策，在国际分工中选择传统的低端产业，继续像独立前的英国殖民地一样向西欧各国出口原材料、农产品；第二种是推行保护贸易政策，在国际分工中培养更优的高端产业，重点保护和发展新兴的工业，从而减轻甚至摆脱对西欧各国工业品的进口依赖。在当时的美国，北方工业资产阶级的产业能力还很薄弱，而南方农业庄园主的产业已积累多年，第一种选择似乎更容易实现。然而，作为美国政府第一届财政部长的汉密尔顿却提出，美国必须要发展工业生产，并于1791年代表美国工业企业家向国会提交了著名的《关于制造业的报告》，从而拉开了美国政府干预国际贸易和保护幼稚产业的政策序幕。

汉密尔顿在对美国的经济、社会、地理及自然情况进行分析之后，得出结论：美国是一个工业基础薄弱、生产技术落后及生产成本较高的缺乏绝对优势的国家，自由贸易理论并不适用于美国。美国一旦实行自由贸易政策，整个国家将会逐渐沦为工业落后的农业国，这不符合美国经济发展的长远战略。汉密尔顿进一步指出，一个国家想要实现工业化并非易事，特别是在工业化的早期阶段，想要营造良好的产业培育环境就必须排除外来的干扰。一国政府完全可以通过限制对外国同类商品的进口，达到封闭国内市场、保护国内幼稚产业的目的。

对于制造业，汉密尔顿也做出了阐述。在他看来，制造业是国民经济的重要产业，尽管当时美国的制造业还很弱小，但发展的前景十分美好。例如，发展制造业就会带动生产设备与工业技术的进步，这又会加速专业化分工并大幅提高劳动生产率；发展制造业需要消耗大量的原材料与中间产品，从而带动全产业链的形成与扩展；发展制造业还可以扩大就业人口的总体规模，这为美国进一步吸引移民、建设城镇带来了好处；发展制造业还能够促进农业等其他行业的发展，使美国社会和个人都能从中获益。汉密尔顿将一个不但政治独立，而且经济独立的未来美国描绘了出来，并具体提出了实现这一愿景的“保护幼稚产业”政策措施，为美国经济的后来居上奠定了政策理论基础。

汉密尔顿在给国会的报告中提出了一系列的保护贸易措施，主要包括：第一，开征保护关税，利用关税措施抵消国外商品的价格优势；第二，对重要工业原材料进行贸易管制，限制出口并鼓励进口；第三，对机器设备，尤其是先进设备进行贸易进行管制；第四，向工商企业提供政府贷款，促进工业企业的快速发展；第五，政府通过津贴、奖金等手段来刺激工业必需品的生产；第六，设立专门的商品检查制度和机构，保证工业产品的质量。就总体思路而言，其政策主张的核心是强化政府干预。虽然这些措施并未被国会全部批准，但美国却从中获益匪浅，汉密尔顿的经济思想更是对后来的世界经贸发展产生了深远的影响。

汉密尔顿是幼稚产业保护思想的早期提出者，他的思想是继重商主义之后的又一个和自由贸易理论相对立的理论思想，既印证了当时的西欧工业强国因在世界范围内推行自由贸易政策而遇到的阻力，又反映了一些经济发展相对落后的国家对于发展本国产业或民族工业的要求和愿望。可以说，这一思想代表了国际贸易理论发展的两面性、矛盾性。然而，汉密尔顿的保护贸易学说主要体现在其递交给国会的报告之中，其理论基础较为薄弱、逻辑体系亦不够完善，尚且存在着一定的不足。后来，诸如李斯特等学者通过继续研究，补充并完善了这一经济理论，逐渐形成了更为完整和系统的幼稚产业保护理论。

二、李斯特的系统阐述

在汉密尔顿提出贸易保护思想近50年后，德国经济学家李斯特在他的著作《政治经济学的国民体系》一书中进一步对幼稚产业保护理论进行了系统阐述，并提出了更多、更具体的政策措施。纵观李斯特的人生经历及其学术生涯，可谓波澜起伏、大器晚成，特别是当他旅居美国之后，所见所闻令他有所反思。在他从赞成自由贸易向主张保护贸易的转变过程中，汉密尔顿的经济思想对他的影响很大。类似美国、德国这样的大量出口工业原材料并进口工业制成品的国家，如何才能找到一条自主工业化的快速道路？保护幼稚产业成了当时唯一的可行路径。

（一）经济发展阶段学说

李斯特在系统阐述幼稚产业保护理论之前，提出了“经济发展阶段学说”，认为一个国家的贸易制度一定要和国家的发展阶段相适应。具体而言，一个国家在经济社会发展的第一阶段，应当实行自由贸易政策，从而在国际贸易中向先进国家学习生产技术和管理手段，重点发展农业；在经济社会发展的第二阶段，应当实行商业限制等保护贸易政策，保护并培育新兴产业，重点发展制造业、运输业和国际贸易等；在经济社会发展的第三阶段，再次实行自由贸易政策，将已经成熟的工农业商品推向世界市场，凭借对财富与资本的积累在国际竞争中赢得有利地位，使得各个行业全面发展。结合当时的世界状况，李斯特指出，西班牙和葡萄牙处于第一阶段，德国和美国处于第二阶段，而英国已经处于第三阶段。除了三阶段论，李斯特还提出过五阶段论，即原始未开化时期、畜牧时期、农业时期、农工业时期和农工商时期五个阶段。类似的，自由贸易政策只适用于前面的初级阶段和最后的最高阶段，因为在这些阶段，国际竞争对国内经济的危害不大。而在中间的农工业时期，国家正处于经济加速发展与转型的关键时期，此时利用保护贸易政策来防御国际竞争的效果最佳，对于各项幼稚产业培育的促进作用也最为明显。一个国家应当根据自身经济发展的状况来合理选择自由贸易政策和保护贸易政策的适用范围，从而使国家的干预能够最有利于经济社会的全面发展。可以说，经济发展阶段学说清晰地解释了保护贸易政策的作用过程，进一步奠定了幼稚产业保护理论的思想基础。

（二）保护贸易政策具有灵活性

李斯特的保护贸易政策并非无条件的绝对保护，在他看来，政策只是国家管理经济的一种手段而绝非最终目的。李斯特并不否认比较优势理论的普遍性和正确性，他在承认一国能够在国际分工和自由贸易中获利的同时，对贸易所涉及的产业或商品进一步加以区分。有的产业适用自由贸易政策，比如一般的农业、工业，需要自由地进口重要原材料和机器设备；而有的产业却不行，比如纺织业等关系国计民生的工业产业和新兴产业。另外，关于保护贸易政策的时间，李斯特也做出了规定，最佳的情况是当国内产业具备国际竞争力了，即国内商品的出口价格低于或等于同类商品的进口价格时，保护政策即可终止。最坏的情况是国内产业的发展在保护政策下仍然长期停滞，则可放弃保护，保护政策也可终止。他还进一步指出，贸易保护政策是一把双刃剑，运用得好可以发展产业，运用得不好则会破坏产业。例如，保护性关税措施，如果长期实行而不调整，不但限制了国内外企业的相互学习与竞争，更会滋生企业在技术改良、扩大生产及营销创新等方面的发展惰性。

（三）主张国家管理经济并发展生产力

在比较优势理论中，自由贸易使得各个国家专注于生产与出口具有禀赋优势的商品，同时大量进口价格相对更低的外国商品。在李斯特看来，这种机械而静态的分析模式并不正确，因为它对国际贸易和国际分工原因的描述是天生的和被动的。李斯特进一步指出，一个国家生产财富的能力远比财富本身要重要。具体而言，一个国家工业生产力的强弱代表了这个国家综合国力的强弱，是这个国家经济崛起的关键动力。从短期来看，进口外国廉价商品似乎有利可图，在其背后却是对国内相关产业的忽视和放弃。从长期来看，保护幼稚产业表面上维护了商品的高成本、高价格，但是对新增生产力的形成和发展却有着重要作用。因此，发展生产力应被视为一个国家的战略目标。与此同时，一国政府在发展生产力的过程中也扮演了重要角色，因为政府是特殊的保护贸易政策的制定者和执行者。李斯特赞同国家对于经济贸易的主观干预，认为好的政策不仅能使个人和企业增加利益，更能使社会整体利益有所增加，从而将宏观层面的国家发展与微观层面的个人发展更加合理地联系了起来。后来的实践也证明，国家管理经济并发展生产力的做法对于落后国家的工业化发展十分有效。

李斯特也提出了一系列保护幼稚产业的具体政策措施，主要包括：第一，确定保护贸易政策的适用对象和保护目的，比如哪些产业是本国的幼稚产业、保护政策的实施步骤及对国内竞争的影响等；第二，选择保护贸易政策的具体手段，比如关税措施如何应用等；第三，区分保护贸易政策的实施程度，例如，对贸易产品按照不同类型进行不同程度的管理等。总之，这一政策理论体系的形成，标志着保护贸易理论的完整确立。从历史的角度来看，这些政策措施的出现不仅代表了国际贸易在理论层面的再次发展，在实践层面更反映了像德国、美国这样的工业落后国家力图追赶英国等工业强国的愿望与行动。

三、对保护贸易理论的简单评述

从汉密尔顿到李斯特，贸易保护理论完成了从提出到系统化的发展过程，并在整个国际贸易理论的发展史上确立了具有里程碑意义的重要地位。一个国家的经济发展不仅具有阶段性，而且具有潜在性，保护幼稚产业的实质就是保护并发展尚且弱小的生产力。一国政府完全可以通过贸易保护政策有目标、有条件、有计划、有办法地逐渐改变自身的经济发展阶段，并最终在国际分工中发挥后发优势。纵观世界经济的发展史，德国和美国正是通过实行保护贸易政策成功超越了英国，相继进入具备发达工业实力的资本主义强国行列。在进入20世纪之后，又有大量发展中国家继续推行幼稚产业保护政策，并纷纷取得了经济发展、产业进步和社会繁荣的良好成就。可以说，保护贸易理论对世界贸易和各国经济的发展是有历史贡献的。当然，亦有学者在后续研究中指出了保护贸易理论的种种缺陷，例如，效率问题、反作用问题等。最为特殊的一种情况是，如果实行保护贸易政策的结果导致了幼稚产业的发展停滞甚至倒退，那产生问题的原因究竟是对幼稚产业的认定不恰当，还是制定与执行政策出现了问题，这一理论并不能自圆其说。换言之，一项产业获取国际竞争力的来源究竟是什么？是不是所有幼稚产业都可以通过一段时间的“暂时性”保护而成长起来，贸易保护理论并没有回答。因此，对于保护贸易理论的理解与应用，各个国家还是要根据自身情况来综合考虑，保护贸易政策的作用仍然是有限的。

第五节　要素禀赋理论

要素禀赋理论（Factor Proportion Theory）又被称为赫克歇尔-俄林理论（Heckscher-Ohlin Theory），是一种关于要素禀赋差异的国际贸易解释理论。这一理论由瑞典经济学家赫克歇尔于1919年首创，之后由其学生奥林于1933年在著作《地区间贸易与国际贸易》中进一步完善。到20世纪40~50年代，美国经济学家萨缪尔森又通过提出要素价格均等化定理等研究进一步发展了这一理论，使其更加完善和具有说服力。在他们看来，一国的生产要素禀赋决定了该国参与国际贸易竞争的比较优势，即生产商品的资本、土地及劳动力等要素的差异与配置才是引起国际贸易的主要原因。两个国家之间只要存在生产要素差异或产品价格差异，国际贸易就会产生并发展，直至这种差异彻底消失为止。按照这一理论逻辑，各个国家应该首先分析自身的要素禀赋特征，而后在国际贸易中主要出口那些由本国相对充裕的生产要素所生产的商品，进口那些由本国相对稀缺的生产要素所生产的商品。这一策略所带来的好处会一直持续到各国生产要素的价格差异趋于均等之时。由于重新阐述了国际贸易理论的格局、条件及利益问题，发展了古典国际贸易理论的假设前提与分析方法，因而要素禀赋理论也被称为新古典国际贸易理论。

一、要素禀赋理论的内容

要素禀赋理论由要素比例学说（Factor Proportions Theory）和要素价格均等化理论（Factor-Price Equalization Theory）两个部分组成。前者立足于对价格体系的理论分析，以生产要素的丰缺程度来解释国际贸易的原因和类型。后者则着眼于数学推导，探讨了国际贸易对于要素价格的反作用，认为国际贸易必将促使各国生产要素的价格和进出口商品的价格趋于均等化。

要素禀赋理论指出，生产要素（Factor of Production）是影响国际贸易的重要因素。从经济学的角度定义，生产要素是指在各项生产活动当中必须投入或使用的资源因素。常见的生产要素包括劳动力、土地、资本、技术、信息及人的管理才能等。同时，生产要素还具有价值性、流动性及周期性等特征。要素价格（Factor Price）是生产要素在社会生产经营活动中的货币价值表现，例如，劳动力的价格是工资，土地的使用费用是租金，资本的回报是利息，管理的收益是利润等。国际贸易实质上是各国生产要素及其价格体系的一种互动表现，货物的跨国流动促进了生产要素的国际流动，而贸易的最终结果是使世界范围内的资源配置达到最优化。

生产要素对于国际贸易的作用主要体现为两个方面：一方面是要素禀赋，另一方面是要素比例。

在要素禀赋方面，一个国家各类生产要素的数量不尽相同，有的国家丰富，有的国家匮乏。于是，人们就用要素丰裕度（Factor Abundance）这一概念来衡量一个国家某种生产要素的多与少。要素禀赋是否丰裕，又有两种衡量方法：一种是总量衡量法，即某一生产要素在一个国家的供给比例越高，则越丰裕；另一种则是价格衡量法，即某一生产要素在一个国家的相对价格越低，则越丰富。一般认为，总量衡量法只考虑了供给因素，因而比较简单，而价格衡量法涉及了供给与需求两个角度，因而更为合理。实践也表明，一个国家的产业状况与其要素禀赋密切相关，要素禀赋还进一步决定了一个国家对外贸易的主要模式。例如，英国、法国等西欧工业发达国家往往凭借其丰裕的资本要素生产和出口工业品，这些国家的制造业占比很高；而印度尼西亚、泰国等东南亚国家常常依托其丰裕的资源要素生产和出口工业原材料，这些国家的初级产业占比较高。要素禀赋概念既符合比较优势理论的观点，又进一步加强了对现实问题的解释力，因而更趋成熟。

在要素比例方面，这一比例也被称为要素密集度（Factor Intensity），是指在生产某种产品时所投入的各类生产要素的比例大小。对于一种生产要素而言，此项比例越大则密集度越高，反之越低。由此可将国际贸易的产业或商品划分为劳动密集型、土地密集型、资本密集型、技术密集型及资源密集型等不同类型。例如，纺织业所需的劳动力数量较多，属于劳动密集型产业；农业生产需要大面积的耕地，属于土地密集型产业；航空业需要购进大量价格昂贵的飞机，属于资本密集型产业；智能机器人产业需要大量先进技术和创新知识，属于技术密集型产业；而原油、天然气及矿产开采业依托于自然资源，属于资源密集型产业。需要注意的是，要素密集度只是一个暂时的相对概念，随着生产技术的进步、管理理念的更新和劳动力素质的提升，不同密集度类型的产业及其产品会相互转变。这种现象的背后伴随着生产要素价格的不断变化。

俄林等学者进一步指出，国际分工与国际贸易必然导致生产要素价格的国别差异逐渐缩小并最终均等。在开放经济环境中，生产要素的跨国流动会导致其价格的直接均等化，同时，国际贸易中的商品交换也会引起生产要素价格的间接均等化。由萨缪尔森提出的价格均等化定理更是对此观点进行了严谨的数学推导。简单来说，在进行国际贸易之前，两国商品的比较成本优势来自本国要素禀赋的差异，即某一生产要素越丰裕，则密集使用该要素所生产的产品价格越低廉。在开展国际贸易之后，随着本国低价产品的大量出口和外国低价产品的大量进口，出口行业中密集使用的低价生产要素的报酬会逐渐提高，而进口行业中密集使用的高价生产要素的报酬会逐渐降低，从而在一段时间后，各国之间的生产要素价格达到均等。

要素禀赋理论得出一个结论，一个国家开展国际贸易的最佳选择是生产和出口那些密集使用本国丰裕要素的商品，因为这类商品的价格更低、优势更大；同时，进口那些密集使用本国稀缺要素的商品，因为这类商品的国内价格较高、处于劣势。国际贸易其实就是各国在依托各自的禀赋优势进行国际分工后所进行的廉价商品的交换过程。

二、里昂惕夫之谜

在第二次世界大战结束后，世界经济与贸易形势发生了很大变化。在科技进步和经济全球化的背景下，世界各国之间的国际贸易与国际投资飞速增长，大量新现象、新问题不断出现，以要素禀赋理论为代表的传统国际贸易理论的解释力不断受到挑战，现代国际贸易理论研究由此进入了一个全新的阶段。

里昂惕夫之谜也被称为里昂惕夫悖论（The Leontief Paradox），是美国经济学家里昂惕夫（V. W . Leontief）提出的一项理论。1953 年里昂惕夫在费城的美国哲学协会上宣读了他的论文《国内生产与对外贸易：美国资本状况的重新检验》，从而拉开了围绕比较优势理论与要素禀赋理论的激烈讨论。众所周知，按照要素禀赋理论，当时的美国工业基础扎实、商业资本雄厚，理应在国际分工中占据高端位置。在国际贸易中，美国应当发挥比较优势，出口资本密集型商品，同时进口劳动密集型商品。然而，里昂惕夫在选取 1947 年美国的 200 个行业资料进行研究后，以充分的调查研究数据为支撑，得出一个惊人的结论：美国在国际贸易中大量出口的是劳动密集型商品，而大量进口的是资本密集型商品。这一违背要素禀赋理论的事实就被称为里昂惕夫之谜，并被视为现代国际贸易理论研究的重要转折点。

那么，美国为什么会出口大量使用国内稀缺要素的商品而进口大量使用国内丰裕要素的商品呢？里昂惕夫后来也做出了解释。事实上，这一悖论并没有违背要素禀赋理论，只是在对生产要素丰裕或稀缺的判断上出现了问题。在里昂惕夫看来，由于美国劳动力的生产效率比其他国家要高很多，所以在衡量美国的劳动力要素时，不仅要考虑数量因素，还要结合质量因素。这样一来，美国就成了一个劳动力资源丰富、资本相对稀缺的国家，进出口商品的要素密集度差异就并不矛盾了。这一解释即后来的劳动熟练说（Skilled Labor Theory）。

除此之外，其他学者也对里昂惕夫之谜做出了不同解释，最具代表性的有自然资源说（Natural Resources Theory）、贸易壁垒说（Trade Barriers Theory）、人力资本说（Human Capital Theory）、技术差距说（Theory of Technological Gap）、产品周期说（Theory of Product Cycle）、需求偏好相似说（Theory of Demand Preference Simi-larlty）及产业内贸易说（Intra-industry Trade Theory）等。

总之，里昂惕夫之谜是对要素禀赋理论的一次大挑战。除了悖论本身的理论价值之外，围绕解答这一“谜题”而引发的一系列理论研究更是有力地推动了现代国际贸易与国际分工理论的大发展。也是从里昂惕夫开始，经济理论、数学方法和统计工具相结合的研究模式逐渐兴起，经济学研究走向了真正意义上的理论与实际相结合。后续研究也进一步弥补了传统贸易理论的不足，为我们今天更好地理解要素禀赋理论提供了帮助。

三、对要素禀赋理论的简单评述

赫克歇尔、俄林的要素禀赋理论和萨缪尔森的要素价格均等化学说是继国际贸易比较优势理论之后的又一次进步，被视为现代国际贸易理论的基础和开端。要素禀赋理论从进出口商品的价格差异深入到了生产要素的价格差异，从而进一步论证了国际贸易产生的原因是不同国家之间要素禀赋的差异。要素禀赋理论从生产要素的数量与种类扩展到了生产要素的丰裕程度，从而进一步揭示了开展国际贸易的条件是商品价格比例中的比较优势。要素禀赋理论从生产要素的国际流动联想到外贸商品的国际流动，从而进一步阐明了国际贸易的重要作用是实现对世界资源的有效配置。可以说，要素禀赋理论在继承古典贸易理论的同时，发展并创新了相应观点，使其成为一种理论性与实用性都更强的国际贸易理论。

当然，任何理论都有一定局限性，要素禀赋理论也不例外。其一，对于生产要素的观点存在问题。以马克思为代表的政治经济学反驳了要素禀赋理论中关于劳动、资本和土地的要素组合观点，认为只有劳动者的劳动才是创造价值的唯一来源。由于要素禀赋研究的结论忽视了劳动收入和财产收入的根本区别，因而被视为一种掩盖了资本家和地主对劳动者进行剥削的资产阶级贸易理论。其二，对于科学技术的作用不够重视。自 17 世纪以来，科学技术呈现出了加速发展的趋势，国际贸易与国际分工深受科技进步的影响，以至于世界经济与贸易格局每隔数十年就有一次较大的调整。而要素禀赋理论依然采用静态的分析方法，从而忽视了各国要素禀赋的动态变化，这必然导致其解释力的逐渐下降和“里昂惕夫之谜”的不断出现。其三，要素价格均等化理论难以真正实现。世界贸易的具体情况表明，贸易商品的价格成因非常复杂，类似贸易壁垒、技术条件及各国的其他贸易政策等因素都有可能影响贸易商品的价格，因而所谓的商品价格和要素价格的最终均等化是很难实现的。这一观点因过于理想化而并不完全符合世界贸易的实际。

本章小结

本章主要讲述了五种经典的国际贸易理论。

第一，重商主义思想。重商主义产生于 15 世纪至 17 世纪，是一种强调“商业”“资本”及“财富”在一国对外经济活动中具有重要意义的理论思想。代表人物为亚当·斯密。

第二，绝对优势理论。绝对优势理论产生于 17 至 18 世纪，是一种强调绝对成本优势的国际贸易理论。该理论认为世界贸易的最优模式是各国仅仅出口本国的绝对优势商品，进口绝对劣势商品，从而实现所谓的新的“自由贸易”格局。代表人物亦是亚当·斯密。

第三，比较优势理论。比较优势理论产生于 19 世纪，认为在没有绝对优势的情况下，每个国家仍然可以通过专注于生产和出口在本国国内拥有相对较高劳动生产率的商品而获益，从而在国际竞争当中发挥出“比较优势”。代表人物为大卫·李嘉图。

第四，保护贸易理论。保护贸易理论产生于 19 世纪，认为一个国家的经济发展不仅具有阶段性，而且具有潜在性，一国政府完全可以通过贸易保护政策有目标、有条件、有计划、有办法地逐渐改变自身的经济发展阶段，并最终在国际分工中发挥出后发优势。代表人物为汉密尔顿和李斯特。

第五，要素禀赋理论。要素禀赋理论产生于 20 世纪初，是一种关于要素禀赋差异的国际贸易解释理论。该理论认为各个国家应该首先分析自身的要素禀赋特征，而后在国际贸易中主要出口那些由本国相对充裕的生产要素所生产的商品，进口那些由本国相对稀缺的生产要素所生产的商品。代表人物为赫克歇尔、俄林等。

以上五种贸易理论代表了国际贸易理论的发展历程。

思考题

1. 请简述重商主义思想的主要内容，并分析其理论局限。
2. 请简述保护贸易理论的主要思想，并结合具体政策论证保护幼稚产业的意义。
3. 试论述从绝对优势理论到比较优势理论的发展过程，并比较两者的异同。
4. 试论述要素禀赋理论的主要观点，并评述其局限性。
5. 试论述里昂惕夫之谜的内容，并对此悖论进行解释。

第三章

关税政策与措施

学习目标

XUEXI MUBIAO

掌握关税的基本概念，相应的分类及经济效应，能够对各类关税政策的效果做出一定的分析和评价。

学习重点

XUEXI ZHONGDIAN

关税的概念、特征及作用，进口税、出口税及过境税，从量税、从价税、混合税及差价税，普通税、特惠税、普惠制税及最惠国待遇税，正税与附加税，名义关税与有效关税，关税的价格效应、国内经济效应及贸易条件效应。

第一节 关税概述

一、关税的概念

关税（Customs Duties，Tariff）是指一个国家或地区的海关对出入关境的商品征收的税款。关税不仅是一个国家或地区财政收入的重要来源，而且往往成为一个国家或地区管理进出口贸易的重要政策手段。

关税的历史非常悠久，早在古希腊时期就有所记载，古代中国也出现过类似海关的“市舶司”，并由其来征收往来货物的税款。英国于1640年建立起了统一的关税制度，从而开启了近代关税制度从创立到完善的历史进程。随后，法国、比利时、荷兰等国相继建立关税制度，并逐渐发展为今天的被世界各国所普遍采用的现代海关制度。随着世界贸易的全球化发展，关税的作用愈发突出。由于关税很容易造成商品成本和价格的上升，从而削弱商品在国际市场上的竞争力，因此，关税措施也常常被称为关税壁垒（Tariff Barrier，Tariff Wall），并成为一国实施保护贸易政策的重要手段之一。

二、关税的特征

（一）强制性、无偿性与预定性

作为一种国家税收，关税具有一般税收的基本特征。所谓强制性是指关税由国家立法、强制征收，企业或个人必须依法依规向海关申报并缴纳关税，并不存在讨价还价或自愿不自愿的情况。所谓无偿性是指国家对于关税的征收是单向的，国家并不需要给予某个具体的纳税人任何报酬或补偿，关税将直接进入国家的财政收入之中。所谓预定性也被称为固定性，是指国家以法律法规等形式预先规定了海关征税的对象、种类、税率及方法等事项，并在一定时期内保持不变。这一特征保证了关税政策的连续性和稳定性，即使国际市场发生变化，相关的税收调整也具有可预见性。

（二）征税主体是进出口商人

关税的纳税人是从事进出口贸易的企业或个人。在国际贸易的众多关系方中，出口商、进口商及中间商是主要关系人，商品的跨国运输、国际贸易合同的具体履行都是由他们操办并完成的。尽管按照不同的贸易术语或合同要求，申报并缴纳关税事项的经办人有所不同，但这一环节的最后完成者还是出口商或者进口商。

（三）征税客体是进出口货物

关税是针对国际贸易中的货物来计算和征收的。例如，在海关税则中就明确规定了贸易商品的名称、征税的标准、计税的单位及税率等。绝大多数关税税种都没有脱离进出口商品的基本范畴，例如，常见的从量税、从价税、反倾销税等。总体而言，除了国家经济层面的宏观考虑，具体的关税还是围绕商品这一国际贸易标的物的品名、品质、数量及价格等特征来征收的。

（四）征税机构是海关

海关（Customs）是一个国家或地区行使进出口监督管理职权的行政机关。历史上的政府“关卡”与货物“通行费”就被视为海关和关税的历史源头。因此，各国海关都是征收关税的最主要执行者。除此之外，现代海关还发挥着监管国际贸易、查禁非法走私、统计贸易数据及维护经贸秩序等重要职能，是有关国际贸易的重要部门之一。

（五）征税依据是海关税则

海关税则（Customs Tariff）是一个国家或地区所制定的征收关税的法律依据。其主要内容包括税则号列、商品名称、征税标准、计税单位以及税率等。海关税则的最大作用在于说明了一个国家或地区的关税章程，并形成了一张系统划分应税商品、免税商品及禁止进口商品的一览表，从而明确并提升了该国国际贸易的可操作性。由于海关税则涉及与关税相关的切实经济利益，因而了解并熟悉海关税就成了对国际贸易从业人员的基本要求。

（六）税收性质是间接税

间接税与直接税相对应，是指一项税收的实际负担人并不是纳税义务人，是可以转嫁税收负担的一类税种。显然，关税属于典型的间接税。从表面上看，国际贸易的进出口商是关税的纳税义务人，关税由他们向海关缴纳。但就实际情况而言，货物一旦通过海关，进出口商必然将因关税而产生的经济成本加价在货物的销售价格之中，从而将关税负担转嫁给了下一环节的购买者或终端消费者。可见，关税的纳税人与负税人并不一致，实际影响也将最终体现在商品的价格之中，因而属于间接税的范畴。

（七）涉外性

虽然关税政策是由一国政府制定和执行的，但是会影响到一系列跨国经济活动的开展情况。国际贸易作为一项涉及多个国家或地区的商品交换活动，与之密切相关的关税政策也就成了一类国际性很强的涉外政策。今天，随着经济全球化时代的到来，一国或地区在制定经济政策的时候必须要考虑国际政治与外交环境，其关税政策要建立在尊重国际惯例和兼顾世界各国利益的基础之上，从而实现与其他国家或地区长期稳定地开展互利友好的国际贸易。

三、关税的作用

（一）增加国家财政收入

关税的初衷与本质还是国家税收，税收的主要作用就是增加国家的财政收入。今天，随着各国经济结构的调整与优化，关税作为财政收入的来源，其重要性正在逐渐下降。从世界各国的具体情况来看，对发达国家而言，关税在其税制结构中的占比普遍不高，关税的财政作用下降最快；但对广大发展中国家而言，国民经济的对外依存度相对较高，进口商品的种类较多、数量较大，加之其他税源并不丰富，因而关税仍然是其财政收入的重要来源。中国是世界贸易大国，近年来，关税税率逐年下调，关税结构不断优化，但关税收入一直是一项可观的财政收入，并且为对外贸易的发展提供了稳定的资金支持（表 3-1 和图 3-1）。

表 3-1　2014—2018 年我国税收收入中关税的占比情况

年份	税收收入总额（亿元）	关税额（亿元）	关税占比（%）
2014 年	119 158	2 843	2. 39%
2015 年	124 892	2 555	2. 05%
2016 年	130 354	2 603	2. 00%
2017 年	144 360	2 998	2. 08%
2018 年	156 401	2 848	1. 82%

数据来源：根据财政部历年统计数据整理。

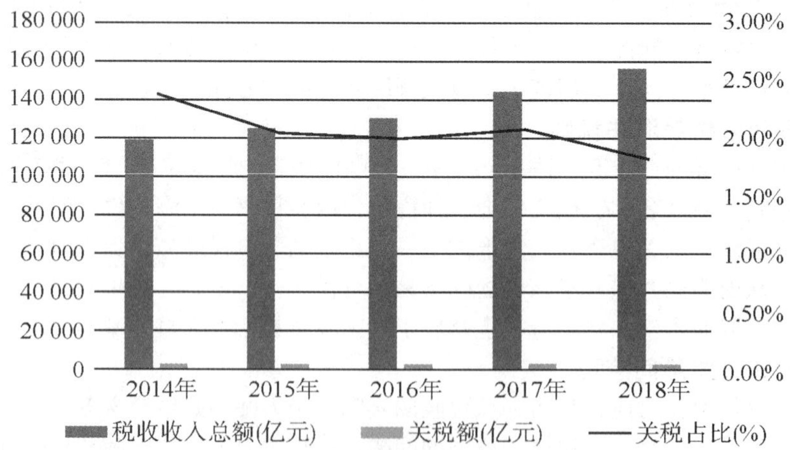

图 3-1　2014—2018 年我国税收收入中关税的占比情况

（二）保护国内产业与市场

关税措施是一项常用且有效的保护贸易政策措施。以进口关税为例，关税抬高了外国商品的国内价格，不但能够减少进口数量，还能削弱甚至剥夺其在国内市场的竞争优势，从而为国内同类商品的生产与销售营造出良好的发展环境。此时，财政关税也就转变为了保护关税。其实，从重商主义思想到幼稚产业保护理论，关税的保护作用就已经被发现并推广，以至于在今天成了一条帮助发展中国家防范海外市场冲击、培育民族产业基础及积蓄国际竞争优势的快速工业化路径。然而，关税的保护作用也具有负面性，长期的高关税会提高物价、影响就业，况且影响产业发展的因素也不仅仅只有竞争环境。因此，关税的保护作用是暂时的、有限的和有条件的。今天，在世界贸易组织（WTO）框架下，世界各国都在为实现自由贸易而逐渐降低各自的关税水平。中国作为世界上最大的发展中国家，在过去几十年间，运用保护关税发展了中国的特色产业，尤其在进口替代工业的发展上成就巨大，并使“中国制造”成为后来居上的国际知名“品牌”。

（三）调节国民经济与国际贸易

关税也是一个国家调节经济的重要杠杆工具。事实上，任何国家海关税则的内容都是围绕一定经济目标来制定的。例如，海关可以通过调高某项商品的进口关税来实现减少进口数量的目标，也可以通过降低或免除某项商品的进口关税来达到鼓励进口的目的。除了对进出口商品的数量进行调节，关税还能在贸易金额方面调节差额，防止顺差或逆差的持续扩大，从而维护国际收支平衡。另外，对于国民经济中的生产经营活动，关税的角色犹如经济砝码，能够快速提高或降低进出口商品的市场价格，从而引导国际生产要素和商品向着有利于本国经济发展的方向流动。关税措施还能促进国内外市场的价格稳定与供需平衡，为本国产业结构的优化调整赢得时间，为其他经济政策的落实创造条件等。

（四）维护国家经济主权

关税还是一国经济主权的象征，对于维护国家的国际形象与地位具有重要意义。表面上看，关税是海关向进出口货物征收的一类税款，似乎只涉及经济关系与经济利益。然而，关税权利的行使关系到一个国家的对外关系和政治利益，其背后是一个国家的主权。例如，历史上很多前殖民地国家都有过因为丧失关税主权而深受西方国家经济掠夺的悲惨历史。所以，任何主权独立的国家都应该独立自主地制定和实施本国的关税政策、管理本国的海关并收支关税。今天，关税政策已经成为世界各国维护本国政治、经济权益的重要工具，各国更应在平等互利和对等合作原则下，相互尊重、消除歧视，使国际贸易的好处能够惠及更多国家和人民。

需要注意的是，关税除了具有以上积极作用，也存在着一些消极影响。关税措施毕竟是关税壁垒，站在自由贸易的角度，关税对于世界市场的整体影响仍然是负面的。其一，关税人为地提高了商品的价格，并加重了消费者的经济负担，是经济学上消费者剩余的损失。其二，关税人为地设置了贸易障碍，从而减少了商品在国家间的流动数量和频率，这并不利于全世界生产和交换活动的进行。其三，关税的各项作用均在减弱，而保护幼稚产业的作用尚且存在争议。一些实例已经表明，影响国内外经济贸易的因素有很多，仅仅使用关税这一类措施是远远不够的。

第二节　关税的分类

一、按照征收对象的不同

（一）进口税

顾名思义，进口税就是一国海关对外来输入商品所征的关税。进口税是各国海关税则当中的主要关税，其产生的历史最久，普及的范围最广，对世界贸易的影响也最大、最深远。进口税的征收环节一般出现在外国货物进入本国关境或国境时，也有可能出现在货物由自由港、自由贸易区或海关的保税区进入本国国内市场时。只要外国货物进入国内，关税就会产生并影响到商品在国内的价格，从而削弱其价格优势和对国内产业的冲击。各国一般会根据自身经济发展的需要确定有所区别的进口税税率，比如对于重要的工业制成品往往征收高税率关税，对于工业半成品或零部件则征收正常关税，而对于工业原材料等则征收低税率关税或者不征税。今天，进口税已成为各国贸易谈判和国际竞争的重要筹码，少数国家仍然在以加征进口税的方式推行贸易保护主义，但更多的国家则着眼于开拓市场和便利贸易，纷纷签订了相互减免进口税的关税协定。就世界整体而言，进口税的平均税率正在下降。

（二）出口税

顾名思义，出口税是指一国海关对向外输出的商品所征的关税。在历史上的 17 至 18 世纪，出口税曾经是西欧各国的重要税种，一度成为各国财政收入的重要来源。然而，同进口税的影响类似，出口税同样会增加贸易商品的成本，从而降低其参与国际竞争的优势，这将不利于本国商品的对外销售。于是，从 19 世纪开始，欧美各国的出口税逐渐取消。今天，一些国家仍然在征收出口税，但主要是一些经济欠发达国家。这类国家往往拥有较为丰富的自然资源，国民经济对原材料出口的依赖程度相对较高。在这种情况下，征收出口税不仅不会影响对外贸易，反而还能增加本国的财政收入。其他国家偶尔也会征收进口税，其目的常常是为了保护稀有资源、调节市场价格及限制竞争对手等。

（三）过境税

过境税是指一国海关对经过其关境的商品所征收的关税。历史上的一些国家地处交通要道，设卡收税极为便利，地理位置优势就成为其征收过境税的条件与资本。然而，过境税至少涉及了三方海关，分别是出口国海关、进口国海关和过境国海关。在关税制度并不完善的时期，货物所经各国层层加税、重复交税，使国际贸易商人几乎无利可图。因此，过境税无疑进一步加重了贸易商的税收负担，渐渐成为一种不利于自由贸易的落后税种。虽然过境税具有一定的财政收入作用，但是随着国际货物运输行业的发展和世界交通线路的多元化，各国还是相继取消了过境税，取而代之的是更为合理的登记费、准许费等手续费。例如，《1994 年关贸总协定》的第五条规定，各成员方除了对过境货物收取部分服务管理费外，过境关税应当免征。可见，被列为免征的过境税仅仅具有象征意义了。

二、按照计算方法的不同

（一）从量税

从量税是指以进出口商品的数量作为依据来征收的关税。这里的数量包含多种计量单位，如重量、数量、容积、体积、长度及面积等。从量税的计算如公式 3-1 所示：

公式 3-1：从量税金额 = 商品数量 × 每单位税金

常见的从量税商品有原油、酒类及部分农产品等。例如，欧盟税则曾规定，每百升香槟酒按 40 欧元征收从量税。从量税的优点主要有两点。第一，计算方便、手续简单。海关验放时并不需要审核货物的规格、品质及价格等。第二，单位商品税额固定。这有效避免了物价变动对税收的影响，从而保障了税收政策的稳定性。需要注意的是，如果对从量税的应用不合理，其优点也可能转化为缺点，这主要体现在两个方面。其一，从量税对商品等级及价格的忽视，容易造成税负的不公平现象。例如，同样是红酒，昂贵的高档红酒和廉价的低档红酒同样按照数量交税，显然，这样的关税对于低价、低档的商品的影响作用将更大。其二，从量税税额固定，弹性不足，相应的调整常常滞后于市场变化，并不能很好地发挥税收的调节与保护作用。除此之外，从量税的适用范围也是有限的，诸如奢侈品、艺术品、珠宝首饰及古董字画等则不适合使用从量税。在国际贸易实务中，从量税还往往成为发达国家针对发展中国家廉价工业品、农产品及原材料的税收壁垒。

（二）从价税

从价税是指以进出口商品的价格作为依据来征收的关税。从价税根据商品的价格制定税率。从价税的计算如公式 3-2 所示：

公式 3-2：从价税金额 = 商品的货币总值 × 税率

例如，我国目前对国外汽车整车进口的关税税率为 15%，这就是典型的从价税。从价税也有一系列优点。第一，从价税以价格为基础，从而将国家税收与商品的销售额、增值额、营业额及利润联系在了一起。由于商品的价格形成过程复杂而多变，更具弹性的从价税更能发挥出税收的积极作用。第二，从价税按税率征收，其税负轻重与商品价格成正比关系，从而相较于从量税更加公平合理。当商品价格上涨时，从价税能够增加财政收入；当商品价格下跌时，从价税又能在一定程度上鼓励商品进口。从价税对产业的调节与保护作用可以动态适时更新。第三，从价税原理科学，管理贸易更有针对性。一个国家完全可以通过对不同商品的税率结构进行合理设计来充分发挥税收的积极作用。当然，从价税也存在不足。例如，如何确定进口商品的完税价格就是实施从价税的一项难题。海关征税的依据是完税价格，但世界各国对于完税价格的认定标准却并不统一。目前，主要有三种方式：第一种是按照进口商品的离岸价（FOB 价格）认定，第二种是按照进口商品的到岸价（CIF 价格）认定，第三种是按照进口商品的法定价格认定。例如，按照《中华人民共和国进出口关税条例》的规定，进口货物以到岸价格为完税价格；出口货物以离岸价格扣除出口税作为完税价格。同时，海关在计征关税时，还需要以商品发票作为价格依据。可见，对于从价税的管理较为困难，一些瞒报偷税的现象也容易在从价税中出现。

（三）混合税

混合税也被称为复合税，是指同时以进出口商品的数量和价格作为依据来征收的关税。在实际税务中，既存在以从价税为主、以从量税为辅的征收方式，也存在以从量税为主、以从价税为辅的征收方式。混合税的计算如公式 3-3 所示：

公式 3-3：混合税金额 = 从量税金额 + 从价税金额

例如，海关对于某项商品按照每箱 10 英镑征收从量税，再按照 5%的税率征收从价税。混合税的优点是兼顾了从量税与从价税的优势，互补了二者的缺陷，但缺点是计算方法与征收手续等较为复杂，并且容易在国际贸易中产生争议。目前，混合税多见于价格容易波动的农产品贸易中，其适用范围相对有限。

（四）差价税

差价税（Variable Levy）又被称为差额税，是指以国内外相同商品的价格差异作为依据来征收的关税。当本国生产的某种商品价格高于国外同类商品价格时，海关以两者之间的差价作为征税额度，从而抵消国外商品在本国的竞争优势，达到防范国外商品倾销、保护国内产业发展和维护市场及价格稳定的作用。差价税的特点是随着国内外市场价格的变动而变动，有时也被列为滑动关税（Sliding Duty）的范畴。当国内外价格差异扩大时，差价税的税率相应提高，其保护作用和调节作用更为明显；当国内外价格差异缩小时，差价税的税率相应降低，从而减轻相应纳税人的经济负担。在具体征收方式上，有的国家直接按照商品的价格差额征收，有的国家则以附加税的形式在出现价格差别时另行征收。在具体做法上，各国通常需要设定一个门槛价格，以此为参照比较相应商品的进口价格，其正的差额即差价税金额。如今，差价税主要应用在农产品贸易中。

三、按照优惠程度的不同

（一）普通税

普通关税又被称为正常进口关税，是指一个国家针对来自未建交国家或未签订贸易协议国家的商品所征收的关税。普通关税是一个主权国家的自主关税，但并不是普遍使用的关税类型。随着世界经济的全球化和区域经济的一体化，世界各国彼此交往、互联互通，绝大多数国家都与外国签订了不同层次的贸易协议，更多地使用了优惠关税而减免了普通关税。例如，美国针对银饰的普通关税税率为110%，优惠税率则低至27.5%。随着税率更低的优惠关税的大量普及，除个别特殊情况外，普通关税已失去了绝大部分的实际意义。

（二）特惠税

特惠税又被称为优惠税，是指一国对来自有特殊关系的国家的商品征收的优惠税率关税。这种优惠税的税率通常很低，并且只适用于特定的优惠国，既可以是互惠的，也可以是单向的。

一般而言，特惠税主要有两种情况，第一种是资本主义宗主国同其殖民地、自治领地之间的特惠税。例如，英国等资本主义工业国家为了维护自身在广大殖民地市场的贸易优势，就曾利用特惠税制度，一面倾销商品，一面尽可能廉价地获取工业原材料及农产品，进而垄断其殖民地市场。在第二次世界大战结束后，这一情况得到缓解。第二种是签署洛美协定的国家之间的特惠税。洛美协定是1975年由欧洲经济共同体与非洲、加勒比海沿岸和太平洋地区的一些发展中国家签署的一项贸易与经济协定。这一协定的主要内容包括以下几个方面。其一，非洲、加勒比海沿岸和太平洋地区的46个发展中国家的工业品和绝大多数农产品可以免税且不限量地进入欧共体市场，但并不要求它们提供反向优惠。其二，欧共体市场对这些发展中国家的其他农产品等商品做出特殊安排，如免税配额等。其三，欧共体市场对原产地为这些发展中国家或欧共体国家的商品给予“充分累计”制度安排，即相关商品在这些发展中国家加工后仍然可以享受特惠税待遇。其四，欧共体国家还向这些发展中国家提供了经济援助。从中不难看出，这一协定对发展中国家来说是一种实惠政策。后来，洛美协定被多次续订，为促进发达国家同发展中国家之间的经济与贸易合作做出了一定贡献。

（三）普惠制税

普惠制税即普遍优惠制（Generalized system of preference）条件下的关税。这是经济发达国家给予发展中国家或地区的一项税收承诺，承诺给予来自这些国家或地区的出口商品，特别是工业制成品或半成品，普遍的、非歧视的、非互惠的优惠关税。习惯上，发达国家被称为给惠国，发展中国家被称为受惠国。关于普惠制，我们可以从其产生、原则、目标及规则来把握。

第一，普惠制的产生是通过广大发展中国家长期争取而实现的。回顾历史，1964年在第一届联合国贸易与发展会议上，77个发展中国家向发达国家提出了关税优惠的要求。1968年在第二届联合国贸易与发展会议上，建立普惠制的决议——《对发展中国家出口至发达国家的制成品及半制成品予以优惠进口或免税进口》获得通过，发达国家向发展中国家做出了关税优惠的承诺。1971年欧洲共同体制定并实施了第一份具体的普惠制方案，数十个发展中国家或地区享受到了关税优惠。1976年在第四届联合国贸易与发展会议上，发达国家与发展中国家进一步就普惠制的执行方案达成一致。

第二，普惠制的原则是普遍性、非歧视性和非互惠性。所谓普遍性，是指所有经济发达国家对所有发展中国家出口的工业制成品、半成品都应该给予关税优惠。所谓非歧视性，是指经济发达国家的此项关税优惠政策不得对某些发展中国家或产品存在例外、歧视的情况。所谓非互惠性是指此项关税优惠政策是经济发达国家单方面给予发展中国家的税收照顾，并不要求发展中国家做出同样的关税承诺和减让。

第三，普惠制的基本目标是帮助发展中国家发展经济和实现工业化。具体而言，发展中国家往往以出口工业原材料或初级加工产品为主，这类商品的数量较大但价值不高，减免关税能够显著减轻其成本负担，有益于发展中国家利用出口贸易来实现外汇创收。发展中国家有了外汇积累，就具备了进一步发展工业制造业的条件，从而也会加速其工业化及城市化的发展。随着发展中国家产业结构的调整与升级，整体社会经济的发展亦会改善，并反映为较高的经济增长率。

第四，普惠制的主要规则是原产地规则（Rules of Origin）。这一规则衡量了来自享受普惠制的发展中国家的商品是否具有原产资格，其目的是保障普惠制的针对性，排除来自非普惠制国家的贸易干扰。原产地规则涉及原产地标准、直接运输规则和原产地证书三项要求。其一，原产地标准是指享受税收优惠的商品必须全部来自受惠国。若商品从原材料到零部件完全是由受惠国生产或制造的，则符合完全原产地标准。若商品存在部分来自国外的原材料或零部件，则必须满足对原材料或零部件的深加工条件，才能满足原产地标准。关于深加工的判定标准，目前主要有实质性改变的加工标准（Process Criterion）和超过一定比例价值的增值标准（Value-added Criterion）两种方法。其二，直接运输规则是指享受税收优惠的商品必须从发展中国家直接运往发达国家，中途确需经过或停留第三地的，在第三地不得加工、生产及买卖。商品在国际运输过程中，还需得到海关的监管，特别是需要向第三地海关取得过境提单、证明书等材料，才能享受普惠制关税待遇。其三，原产地证书是证明所载明商品的确来自发展中国家的法律证明文件。当发展中国家的商品出口到发达国家时，这一文件是海关判定其能否得到关税优惠的主要依据。在中国，普惠制下的原产地证书一般由贸易公司填制，但需要经过国家质量监督与检验检疫总局或海关总署审核后才能正式出具。

（四）最惠国待遇税

最惠国待遇税（The Most-favoured-nation Rate of Duty）是指国家之间在签订最惠国待遇协定后相互给予的最优惠关税的待遇。这一税种又被称为非歧视待遇，要求缔约国相互承诺的关税优惠不得低于现在和将来给予任何其他国家的关税优惠，从而成为比普通税率要低得多的优惠税率。例如，在世界贸易组织的各个成员经济体之间，依托多边贸易协定，各国广泛使用最惠国待遇税。

需要注意的是，特惠税、普惠制税、最惠国待遇税三者的名称相似但区别明显，主要区别体现在关税优惠的给予对象方面。特惠税针对的是特殊关系国或特殊协定国，普惠制税针对的是发展中国家，最惠国待遇税针对的是一切签署双边或多边自由贸易协议的国家。就税率的高低而言，在一般情况下，普通税最高，最惠国待遇税其次，普惠税再次，特惠税最低。

四、按照征收形式的不同

（一）正税

正税就是正常关税，是海关税则中明确规定的税目。正税一般都有明确的税率。正税是关税的主体部分，与之相对的是附加税等额外的税目。

（二）附加税

附加税是指海关正税之外的额外关税，通常都是进口附加税（Import Surtax）。附加税往往是一种临时关税，其目的在于维护国内市场稳定、保障贸易竞争公平或者惩罚外国企业等，目的达到或威胁消除便会停止征收。典型的附加税包括反倾销税、反补贴税及报复性关税三类。

1. 反倾销税

所谓反倾销税（Anti-dumping Duty），是指一国对正在实施商品倾销的进口商或进口货物所征收的进口附加税。商品倾销是指将商品以低于市场正常价值的价格出口到外国的行为。倾销的目标在于打垮竞争对手、垄断市场销售等。由于出口价格过低，商品倾销会对出口国市场造成严重冲击并威胁其国内产业的正常发展，实质上属于一种不正当的竞争手段，因而被世界贸易组织明文禁止。为了防止倾销的危害，反倾销税成了最简单、最直接、最有效的应对措施。

2. 反补贴税

所谓反补贴税（Countervailing Duty），是指一国对直接或间接接受过出口补贴的外国商品在进口环节所征收的一种附加税，有时也被称为反津贴税、抵销关税等。出口补贴（Export Subsides）是指一国政府为了鼓励本国商品出口而给予出口企业的现金津贴或财政优惠，包括直接补贴和间接补贴两种类型。补贴是以人为方式直接降低商品的出口价格，从而提高其在国际市场的竞争力，这对于没有获得补贴的其他企业及其商品而言是不公平的，其本质仍然是一种不正当的竞争手段。而反补贴税是对付补贴的常用方法，其税额一般与补贴金额相等，可以完全抵消补贴的作用，从而维护国内市场的公平竞争。回顾历史，反补贴税始创于 19 世纪末的英国，当时的英国曾对接受出口补贴的欧洲砂糖征收此税，随后一些国家相继效仿。进口商品在生产、制造、加工及出口过程中所接受的直接、间接补贴和优惠，都可以构成进口国对其征收反补贴税的理由。

3. 报复性关税

所谓报复性关税（Retaliatory Tariff），是指一国针对特定国家的不公平贸易行为所采取的带有报复性质的临时性附加关税。常见的不公平贸易行为包括以下情形：其一，外国对本国商品征收了歧视性的高额关税；其二，外国因实行了过分的贸易保护措施而影响了本国商品的销售；其三，外国给予其他国家的贸易与税收政策更为优惠；其四，两国在贸易协定到期后对新协定存在争议，外国率先采取了不合理的措施。通常，报复性关税会随着不公平贸易行为的终止而取消，然而，两国之间针锋相对的报复性关税也有可能激化贸易摩擦，形成所谓的关税战。例如，1964 年，美国与欧共体就地毯和玻璃板的贸易问题互相提高关税，进行了长达数年的关税战，结果是两败俱伤。因此，各国对于报复性关税的使用都是比较慎重的。

五、按照保护程度的不同

（一）名义关税

名义关税是指一国海关按照关税税则给出的对某一类商品应该征收的关税。按照关税的基本原理，税率越高，对国内市场的保护程度也相应越高，因此名义关税的税率常常被称为名义保护税率，这也是各国海关公布的法定税率。名义关税税率的计算如公式 3-4 所示：

$$\text{公式 3-4：名义关税税率} = \frac{\text{进口商品的国内价格} - \text{进口商品的进口价格}}{\text{进口商品的进口价格}} \times 100\%$$

（二）有效关税

有效关税是指一国海关的关税制度对于限制某种商品输入所产生的真实影响。由于国际贸易中的商品往往经过了一段复杂的加工过程，名义关税只能作用于最终产品，而对中间产品的影响却并不清晰。有效关税分析了最终产品与中间产品在名义关税下的结构变化，通过计算并比较不同情况下的商品增值率，研究出了更为科学和准确的关税税率结构。习惯上，有效关税税率又被称为实际保护税率，它更加直观地反映了关税措施对于商品价值的具体影响，其计算如公式 3-5 所示：

公式 3-5：$有效关税税率 = \frac{国内加工增值 - 国外加工增值}{国外加工增值} \times 100\%$

如果用 Z 代表有效关税税率，用 Y 代表制成品的名义关税税率，用 X 代表投入品的名义关税税率，用 α 代表投入品在制成品中所占的比重，则有效关税税率的公式还可以换算为公式 3-6：

公式 3-6：$Z = \frac{Y - \alpha X}{1 - \alpha} \times 100\%$

由上述公式可知，有效关税存在三种情况。其一，当制成品的名义关税税率大于投入品的名义关税税率时，即 Y 大于 X 时，有效关税税率高于名义关税税率。其二，当制成品的名义关税税率等于投入品的名义关税税率时，即 Y 等于 X 时，有效关税税率与名义关税税率相同。其三，当制成品的名义关税税率小于投入品的名义关税税率时，即 Y 小于 X 时，有效关税税率低于名义关税税率，在特殊情况下甚至可能是一个负值。有效关税的概念为世界各国按照商品的加工层次逐层征税提供了理论依据，使得很多国家的实际关税税率偏高，进而加剧了贸易保护措施的泛滥。

【例题 3-1】某企业进口成品的价格是 100 欧元/箱，其名义关税税率为 10%，原材料占成品比重为 80%，原材料免税。则：

国内加工增值 = 100 × (1+10%) -100 × 80% = 30（欧元/箱）

国外加工增值 = 100-100 × 80% = 20（欧元/箱）

有效关税税率 = (30-20) ÷ 20 × 100% = 50%

可见，有效关税税率大于名义关税税率。

如果此时对原材料加征 5%的关税，则：

原材料费用 = 100 × 80% × (1+5%) = 84（欧元/箱）

国内加工增值 = 110-84 = 26（欧元/箱）

国外加工增值不变。

有效关税税率 = (26-20) ÷ 20 × 100% = 30%

可见，有效关税税率有所下降，但仍然大于名义关税税率。

第三节　关税的经济效应

一、价格效应

毫无疑问，关税会提高进口商品的市场价格，但是关税的额度同价格变动的幅度有何关联？进出口双方是否都会不同程度地负担关税？除了国际贸易，关税是否还对商品的生产与供给产生了影响？从关税的价格效应出发，一系列经济、贸易及产业问题值得研究。一般而言，按照关税对价格的影响程度大小，我们可以将不同国家分为贸易大国和贸易小国。对于贸易大国，一旦征收关税，相应商品的需求量锐减，其国际市场价格会显著下降；对于贸易小国，由于贸易量较小，征收关税对商品的供求关系及国际市场价格的影响可忽略不计。对于关税各种效应的分析均可按照大国、小国进行分类探讨。

（一）贸易大国的价格效应

贸易大国的需求变动会左右国际市场价格。这里以一个案例来展开分析。假设美国是棉花的进口贸易大国，印度是棉花的出口贸易大国。图 3-2 反映了美国棉花市场的具体情况，其中 P_0 是不征关税时棉花的国际市场价格，此时，美国的棉花进口量为 Q_1Q_2。在征收进口关税以后，棉花的美国市场价格相应提高，按照供需关系，美国市场对于棉花的需求量就会下降。由于美国是贸易大国，美国对棉花需求量的下降意味着棉花的国际市场价格会下降，假设由 P_0 下降为 P_1。此时，关税水平即为 P_1P_2，美国的进口量减少至 Q_3Q_4，关税总额等于 P_1P_2 乘以 Q_3Q_4，即面积 $c+f$。

不难发现，进口国市场价格的上升幅度是小于关税水平的。由关税产生的经济负担其实是由进口国和出口国双方共同来分担的。在本案例中，美国承担了面积 c，而印度承担了面积 f。根据两国进出口商品供需函数的弹性不同，面积 c 和面积 f 的大小情况各不相同。假如美国对棉花的需求价格弹性为 0，即棉花的国际市场价格不会随着美国进口量的下降而下降，则关税会完全加价于美国市场，并全部由美国承担；假如印度对棉花的供给价格弹性为 0，即印度不会因为棉花价格的下降而减少棉花的出口量，则关税迫使印度棉花大幅降价，并全部由印度承担。

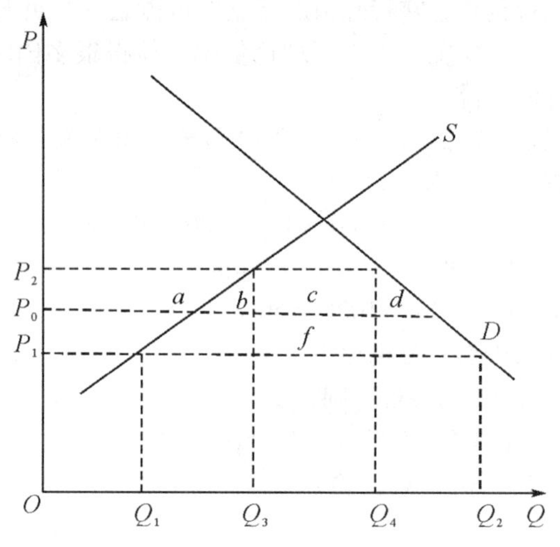

图 3-2　美国的棉花市场

（二）贸易小国的价格效应

贸易小国的需求变动不会影响国际市场价格。进口国对于某项商品的需求弹性近似于 0，关税将全部由进口国承担。这里还是以一个案例来展开分析。假设埃及是棉花的进口贸易小国。图 3-3 反映了埃及棉花市场的具体情况，其中 P_0 是不征关税时棉花的国际市场价格。在征收进口关税 P_0P_1 以后，棉花的国际市场价格还是 P_0，埃及独自承担关税总额，关税总额等于 P_0P_1 乘以 Q_3Q_4，即面积 c。

二、国内经济效应

国内经济效应是指关税对于国内经济各个方面的综合影响，主要体现为对消费者、生产者、国家政府及其他方面的各项效应。相应分析也可以按照大国和小国来分别讨论。

（一）贸易大国的国内经济效应

从前面的分析可知，因为征收进口关税，贸易大国美国对于棉花的进口价格从 P_0 提高为 P_2，进口量从 Q_1Q_2 减少为 Q_3Q_4，相应的国内经济效应产生变动，具体如下：

第一，消费者效应。按照经济学原理，消费者剩余是指消费者从一定数量的商品消费中获得的高于实际市场价格的心理预期差额。直观上，消费者剩余就是需求曲线、市场价格横线和纵轴围成的三角形面积。这一差额越大，消费者的获得感与满足感越强烈。然而，关税抬高了市场价格，从而减少了消费者剩余，具体的影响程度就是案例中的面积 $a+b+c+d$。

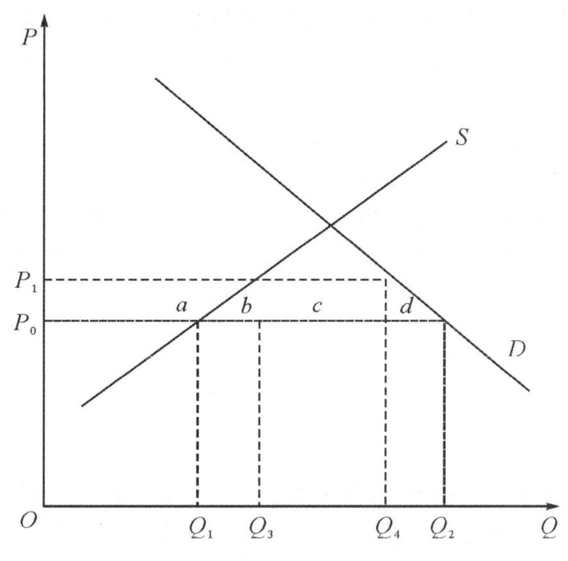

图 3-3　埃及的棉花市场

第二，生产者效应。类似的，按照经济学原理，生产者剩余是指生产者从一定数量的商品生产中获得的高于最低心理市场价格的额外收益。直观上，生产者剩余就是供给曲线、市场价格横线和纵轴围成的三角形面积。这一面积越大，生产者获得的好处越大、积极性越高。由于关税提高了进口商品的国内市场价格，从而增加了生产者剩余，具体的影响程度就是案例中的面积 a 。

第三，政府税收效应。税收是一国政府的重要财政收入。关税在一定程度上丰富了国家的财政。在案例中，关税总额等于贸易量 Q_3Q_4 与单位关税金额 P_1P_2 的乘积，即面积 $c+f$。

第四，其他效应。关税越高，进口量越小，外国商品对国内产业的冲击也越不明显，这是关税的保护效应。在案例中，存在一种极端的情况，即关税被提高到了供需函数的交点水平，此时，贸易量下降为零，关税保护变为了彻底的关税壁垒。可见，关税对于国内经济的影响是复杂的，一个国家的总福利会因关税的升降而相应变化。在案例中，消费者剩余减少，生产者剩余增加，政府财政获益，于是总的福利变为面积 $-(a+b+c+d)+a+(c+f)$，即 $-(b+d)+f$。

（二）贸易小国的国内经济效应

按照前面的分析，无论是否征收关税，贸易小国埃及面对的国际市场价格都不变，始终是 P_0。征税后，进口量由 Q_1Q_2 减少为 Q_3Q_4，相应的国内经济效应亦产生变动，具体如下：

第一，消费者剩余减少，为面积 $a+b+c+d$ 。

第二，生产者剩余增加，为面积 a 。

第三，财政税收增加，为面积 c 。

第四，整体社会福利变化为面积 $-(a+b+c+d)+a+c$，即 $-(b+d)$ 。

由此可见，相较于贸易大国，贸易小国在关税政策下的损失会更大。大国尚可通过关税措施转嫁经济负担，而小国只能在加征关税之后形成社会福利的净损失。

三、贸易条件效应

贸易条件效应是指一国因实施关税措施而引起的贸易条件变化。贸易大国和贸易小国的这一效应有所不同。

（一）贸易大国的贸易条件效应

所谓贸易条件指数（Terms of Trade），是指在一定时期内一国出口商品价格与进口商品

价格的比例，有时也可以用出口价格指数与进口价格指数之比来表示，也被称为国际贸易交换比价。这一指标是对一国开展国际贸易的经济效应与竞争优势的直观衡量。贸易条件指数计算如公式 3-7 所示：

$$\text{公式 3-7：贸易条件指数} = \frac{\text{出口价格指数}}{\text{进口价格指数}} \times 100\%$$

【例题 3-2】假设某国的贸易条件以 2009 年为基期，为 100。到 2019 年，该国出口价格指数下降 15%为 85；进口价格指数上升 15%，为 115。那么，这个国家 2019 年的贸易条件为：

$$N = \frac{85}{115} \times 100\% = 73.91\%$$

这表明该国从 2009 年到 2019 年的 10 年间，贸易条件指数下降到了 73.91%。贸易条件指数恶化了 26.09%。

从表面上看，贸易条件与关税没有直接关联，但是对于贸易大国而言，关税能够降低国际市场价格，从而降低进口价格指数，这将有利于贸易条件的改善。然而，关税也不是越高越好，而是存在一个最优关税（Optimum Tariff），使得面积（$b + d$）∶f 最小。研究表明，一国的最优关税税率为进口商品的外国供给弹性的倒数。需要注意的是，最优关税有利于本国但不利于外国，一国贸易条件的改善往往意味着其他国家贸易条件的恶化。如果两个大国都使用最优关税政策，则会产生报复关税。那时，贸易形势将会变化，两个国家都有可能遭受损失。

（二）贸易小国的贸易条件效应

对于贸易小国而言，由于关税并没有影响到国际市场价格，所以贸易条件不变，贸易小国也就不存在所谓的最优关税税率。现实中，贸易小国可以通过其他方式来改善贸易条件，比如加大对本国企业的研发支持，推进产业的升级转型及引进外资企业等。在贸易政策的选择上，贸易小国应当慎重选择出口导向型贸易政策，因为这一政策容易导致贸易条件的恶化，而应当倾向于选择进口导向型贸易政策，因为这一政策能够引起贸易条件的改善。

本章小结

本章主要讲述了三个方面的内容。

第一，关税的概述。主要阐述了关税的概念、特征及作用。关税是指一个国家或地区的海关对出入关境的商品征收的税款。关税的特征包括涉外性、强制性、无偿性与预定性，税收性质是间接税，征税主体是进出口商人，征税客体是进出口货物，征税机构是海关，征税依据是海关税则。关税还具有增加国家财政收入、保护国内产业与市场、调节国民经济与国际贸易及维护国家经济主权等作用。除此之外，我们还应对关税的历史、现状及发展趋势有所了解。

第二，关税的分类。关税有多种分类方法。按照征收对象的不同，关税可分为进口税、出口税及过境税；按照计算方法的不同，关税可分为从量税、从价税、混合税及差价税；按照优惠程度的不同，关税可分为普通税、特惠税、普惠制税及最惠国待遇税；按照征收形式的不同，关税可分为正税与附加税，附加税主要包括反倾销税、反补贴税和报复性关税；按照保护程度的不同，关税可分为名义关税与有效关税。

第三，关税的经济效应。其主要包括价格效应、国内经济效应及贸易条件效应。对于贸易大国和贸易小国，各项效应有着不同的分析结果，要注意相关效应的计算方法。

思考题

1. 请简述关税的概念、特征及主要作用。

2. 请简述关税的主要分类方法，并解释从量税、从价税、混合税与差价税的含义。

3. 试辨析普通税、特惠税、普惠制税及最惠国待遇税的区别。

4. 试论述贸易大国和贸易小国的价格效应，并作图说明。

5. 试论述贸易大国和贸易小国的国内经济效应、贸易条件效应。

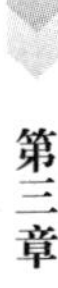

第四章

非关税政策与措施

学习目标

XUEXI MUBIAO

掌握非关税壁垒的主要措施，能够分析其经济效应。掌握鼓励进出口和限制进出口的主要措施，能够比较各种措施的异同。了解经济特区政策的主要内容，能够阐述与分析各国经济特区政策的效果与不足。

学习重点

XUEXI ZHONGDIAN

非关税壁垒中的进口配额制度、自动出口配额限制、进口许可证制度、通关环节壁垒、外汇管制、歧视性政府采购政策、技术性贸易壁垒；鼓励出口的措施中的出口信贷、政府补贴、出口退税、商品倾销、外贸服务；限制出口形式与措施；经济特区政策中的自由港、出口加工区、保税区、综合型经济特区。

第一节 非关税壁垒

非关税措施（Non-tariff Measures）是指除了关税措施之外的诸如数量限制措施、鼓励出口措施、限制出口措施及经济特区措施等一切干预国际贸易的政策措施。

常用的非关税壁垒包括进口配额制度、自动出口配额限制、进口许可证制度、通关环节壁垒、外汇管制、歧视性贸易政策及技术性贸易壁垒等。非关税壁垒的原理是通过人为设置各种障碍来提高进口商品的成本与价格，一方面减少其进口数量，另一方面削弱其竞争能力，从而达到保护国内市场与产业的效果。非关税壁垒具有以下特点：

第一，灵活性较强。相比于关税措施复杂的立法程序和严格的条约限制，非关税壁垒更容易开展和撤销，各国可以根据自身情况有针对性地灵活设置非关税壁垒。

第二，隐蔽性更好。非关税壁垒的设置目的并不像关税措施那样具有明确的财政性和保护性。很多非关税壁垒都是出于一些非经济目的，比如为了环境资源、健康卫生、动植物保护及食品安全等，因而具有很好的隐蔽性。其真实的贸易保护目的或歧视性意图并不明显。

第三，效果更理想。由于关税措施常常引起贸易摩擦，其效果还容易受到外国的报复性关税和政府补贴等相对应措施的抵消，因而实际效果并不理想。如今，关税措施在世界范围内正呈现出逐渐减弱的趋势，而技术特性更强、保护效果更好的非关税壁垒逐渐成为被各国广泛采用的、新的进口限制措施。

一、进口配额制度

（一）进口配额的概念

进口配额（Import Quotas）是一国海关对国外进口商品在一定时期内做出的数量或金额限制。在配额范围之内允许进口，在配额范围之外则禁止进口，或征收高额关税，或缴纳高额罚金。

进口配额制度属于典型的数量限制措施，曾经被很多国家使用，但随着世界贸易组织成员的扩展和对这一措施的逐渐禁止，除一些特殊情况外，进口配额的影响力已明显下降。

（二）进口配额的分类

一般将进口配额划分为两类，分别是绝对配额和关税配额。

1. 绝对配额

绝对配额（Absolute Quotas）是指一国海关在一定时期内对某项商品规定的最高进口数量或金额，这一“最高”指标是绝对的，一旦达到或超过将禁止进口。绝对配额一般又可进一步分为全球配额和国别配额两类。

全球配额（Global Quotas）的含义是针对全世界范围的配额限制，数量或金额限制并不区分具体国别，也没有国家间的比例分配。这类配额由进口商按先来后到的顺序排队申请，并于配额总额满额时结束。有时，各国供应商及本国进口商会为了获得配额而相互竞争，地理位置、社会关系及信息渠道等因素常常左右配额的分配，在一定程度上影响了贸易活动的有序开展，因而更多国家开始采用国别配额制度。

国别配额（Country Quotas）的含义是针对不同国家或地区分别设置固定配额。在一定时期内，来自某一国家或地区的某类商品不得超过给定的配额。国别配额制度在设置上更具针对性和政策性，一国可以根据其对外经贸关系的具体情况，分国家设置进口商品的数量或金额限制，从而落实其差别化的经贸发展战略。国别配额还可进一步细分为自主配额和协议配额。前者是进口国或地区单方面自主规定的国别配额；后者则是在国家或地区间的双边或多边贸易协议中约定的国别配额。

2. 关税配额

关税配额（Tariff Quotas）是指一国海关在一定时期内对某项商品规定了一定的数量限制，当进口数量低于这一限制数量时，海关对其免税或减税；当进口数量高于这一限制数量时，海关对其征税、加税或罚款。关税配额可以分为优惠性关税配额和非优惠性关税配额两类，前者是指对配额内的进口商品给予优惠关税税率待遇，对配额外的进口商品按正常税率征税；后者则是指对配额内的进口商品按正常税率征收关税，对配额外的进口商品征收惩罚性的高税率关税。例如，中国 2017 年 5 月对进口食糖产品实施保障措施，对关税配额外的进口食糖再加征 3 年的附加关税，第一年税率为 45%，第二年税率为 40%，第三年税率为 35%。一般而言，各国对超过配额部分的商品并不做数量上的严格限制，而是普遍采用了征收相对较高税率的关税这一手段。因此，相较于绝对配额，关税配额是一种运用经济价格手段来限制国际贸易的政策工具，具有一定的政策柔性和灵活性。

（三）进口配额的经济效应

与关税措施的经济效应类似，进口配额措施也会对国际贸易产生价格效应、国内经济效应和贸易条件效应，并且也分为贸易大国和贸易小国两种具体情况。这里主要讨论进口配额的经济效应。

1. 进口配额对贸易大国产生的经济效应

贸易大国的需求变动会左右国际市场价格，这里以一个案例来展开分析。假设巴西是食糖的进口大国。图 4-1 反映了巴西食糖市场的具体情况，其中 P_0 是自由贸易时食糖的国际市场价格，此时，巴西的食糖进口量为 Q_1Q_2。后来，巴西对食糖实施进口配额限制，每年允许的进口指标量为 Q_3Q_4，实际的进口量也只能是 Q_3Q_4。此时，食糖的国际市场价格下降为 P_1，总供给曲线相当于向右平移 Q_3Q_4 的距离，形成新的供需平衡点并产生新的国内均衡价格 P_2。可见，大国使用进口配额会使国际市场价格下降、国内市场价格上升，并产生相当于 P_1P_2 的关税效果。相应的国内经济效应亦产生变动，具体如下：

第一，消费者剩余减少，为面积 $a+b+c+d$。

第二，生产者剩余增加，为面积 a。

第三，政府及配额拥有者的所得增加，为面积 $c+f$。

第四，整体社会福利变化为面积 $-(b+d)+f$。

可见，进口配额相当于移动了供给函数曲线，但具体影响的大小还要通过比较各部分面积来判断。

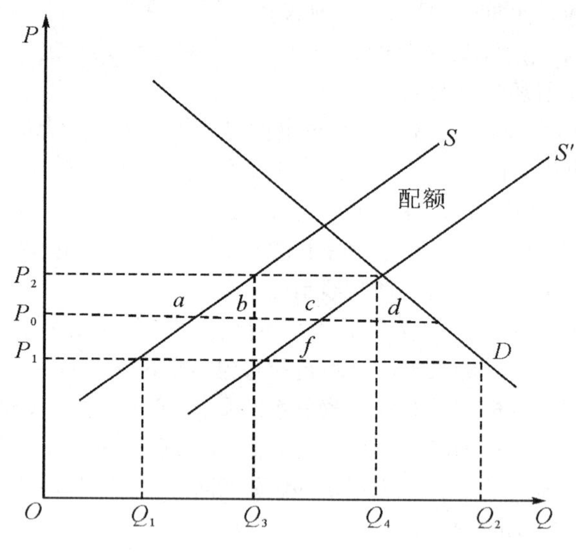

图 4-1 巴西的食糖市场情况

2. 进口配额对贸易小国产生的经济效应

假设尼泊尔是食糖的进口小国，贸易小国面对的国际市场价格都不变，始终是 P_0。图 4-2 反映了尼泊尔食糖市场的具体情况。尼泊尔对食糖实施进口配额限制，每年的进口限制量为 Q_3Q_4。当配额政策实施后，尼泊尔的食糖进口量由 Q_1Q_2 减少为 Q_3Q_4，总供给曲线相当于向右平移 Q_3Q_4 的距离。在新的均衡点上，尼泊尔的国内价格提高为 P_1。此时，进口配额对贸易小国产生的经济效应相当于征收了 P_0P_1 的关税。整体社会福利变化为面积 $-(b+d)$。类似关税政策，相较于贸易大国，贸易小国的在进口配额政策下的损失也会更大，因为小国在这类贸易保护措施下会或多或少地承受社会福利的净损失。

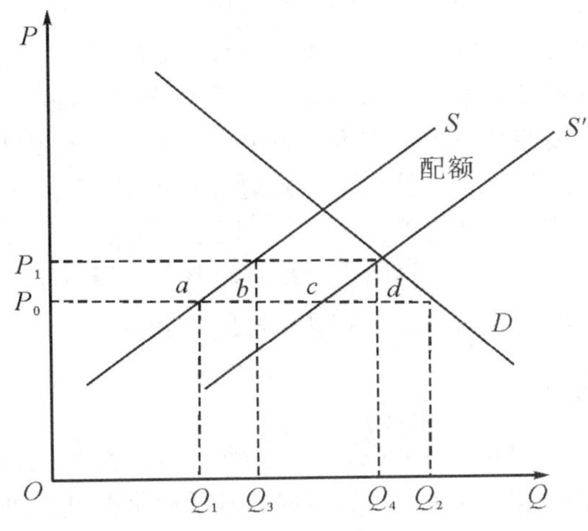

图 4-2　尼泊尔的食糖市场情况

（四）与关税措施的进一步比较

从供需函数的分析结果来看，关税措施与配额措施的效果是一致的，但从国际贸易的实际情况来看，两种措施的效果又是不同的。

其一，面积 $c+f$ 的归属不同。在关税措施下，由于关税属于政府及海关的管辖范围，产生的收入当然属于政府财政。在配额措施下，由于配额既可以由政府有偿拍卖，也可以由政府免费发放，所以由配额所产生的差价收入既可以归政府财政，也可以归配额的拥有者。

其二，面积 a 的增加不同。生产者剩余的增加主要来自价格的提升。虽然关税措施与配额措施都能通过影响国内市场的需求量而引起国内市场价格的变化，但影响的幅度不尽相同。假如国内需求增加，在关税措施下一国还可以通过扩大进口来增加供给，从而减少国内市场价格的涨幅。但在配额措施下，特别是绝对配额下，由于进口数量被严格限制，国内市场价格必然会大幅上涨。

其三，贸易保护的效果不同。关税措施的原理是增加了进口商品的成本和价格，属于价格限制手段。在关税措施下，如果外国出口商对此进行补贴，则关税的保护效果将会被减弱甚至抵消。配额措施的原理是限制了进口商品的数量或金额，属于数量限制手段。在配额措施下，国内市场面对的外国产品数量是确定的，这更有利于国内企业开展有计划、有保障的生产经营活动，为培育企业的国际竞争力营造相对确定的市场环境。另外，正是由于关税措施并不能完全排除外国竞争者的进入，这也有利于防止国内的高成本落后企业利用贸易保护政策来开展垄断经营。

总之，关税措施与非关税措施各有利弊。从世界各国的政策实践来看，进口配额等非关税措施有所增加，而关税措施正在逐渐减少。

二、自动出口配额限制

自动出口配额限制（Voluntary Export Quotas）也被称为自愿出口限制，是指一国海关在一定时期内对某项商品规定的最高出口数量或金额，这一“最高”指标是“自愿的”“自动的”，一旦达到或超过将禁止出口。出口配额限制是进口配额限制的一种变形，表面上它是一国对本国商品出口的政策限制，实际上，这种限制多数是迫于进口国的要求与威胁，或多或少带有一定非自愿的强制性，其实质还是对进口国的进口限制措施的一种延伸。现实中，一些国家就常常以保护本国产业或商品市场为由，要求与其开展国际贸易的其他国家加强外贸管理、控制贸易数量，做到所谓的“对外贸易有序增长”。如果其他国家不予重视，该国则对其施加一定政策压力，比如威胁开展反倾销调查、反补贴销调查及加征报复性附加关税等。当然，出口配额限制与进口配额限制还是具有明显的区别。进口配额限制的政策主导权在进口国，而出口配额限制的政策主导权在出口国。站在实施保护贸易政策的进口国角度，进口配额是其可以直接控制的政策措施，而出口配额则要依赖外国的理解与配合。

目前，自动出口配额限制具有两种类型，分别是非协定的出口限制和协定的出口限制。前者不受国际贸易协定的约束，具有单方面性质；后者则来源于国家间的贸易谈判和双边贸易协定，具有一定的互惠性质。由于自动出口配额限制严重影响了自由贸易的发展，世界贸易组织早在乌拉圭回合的谈判中就提出了对其运用的限制。

三、进口许可证制度

进口许可证制度（Import Licensing System）是指一国海关规定了某些商品的进口必须办理许可证，并据此来管理和限制商品进口数量或金额的政策制度。进口许可证将进口企业人为地划分为有证企业和无证企业，只有有证企业才能从事相关商品的进口业务。进口许可证需向海关提前申请，并由海关负责审查及颁发，在使用过程中也要接受海关的管理。进口许可证制度最大的优点是有利于海关管理，不仅操作简便、效果明显，而且能够实现一个国家对进口商品来源地的调控管理。进口许可证制度的主要缺点是对进口企业的透明度不足。有时候一些国家为了本国商品结构或市场的稳定，对外国商品采用歧视性的进口许可证制度，或在审核进口许可证的过程中有意拖延，使进口许可证演变成了一种贸易保护的工具，从而损害了国际贸易的公平性原则。世界贸易组织就曾明确指出，各国不得使用进口许可证制度来阻碍和限制国际贸易，但是进口许可证作为各国管理国际贸易的重要手段之一，早已广泛地应用于国际贸易实务之中。

进口许可证也有一些具体类型。

一方面，进口许可证按照有无限制，分为公开一般许可证和特种进口许可证。公开一般许可证（Open General Licence）是指没有任何限制的进口许可证。凡是列明属于一般许可证的商品，不需要政府审批即可按照自由贸易原则来进口，对商品的来源地、数量等不做区别和要求。因此，这种许可证有时也被称为自动进口许可证。特种进口许可证（Specific Licence）则是指进口商在进口商品之前必须要向政府或海关申请批准的许可证。这类许可证主要针对一国需要重点管控的进口商品，带有明显的贸易限制意图，常常与配额措施、外汇管制措施、技术性贸易壁垒及绿色贸易壁垒等一同使用，因此也被称为非自动进口许可证。

另一方面，进口许可证按照有无配额，分为有定额的进口许可证和无定额的进口许可证。有定额的进口许可证是指一国海关发放的许可证与配额相联系，既规定进口配额限制，又在配额内使用许可证。在这种情况下，配额措施在前，许可证制度在后，配额限制了进口商品的数量，许可证则管理了配额在国别与企业间的分配。无定额的进口许可证是指不与配额挂钩的许可证制度。由于这类许可证往往是出于一国政府的短期政策目标需要，因此具有很强的临时性、灵活性及政策性特征，其对国际贸易的干扰作用也最为明显。

四、通关环节壁垒

通关环节壁垒也被称为海关程序壁垒或海关壁垒（Customs Barriers），是指一国海关在办理外国商品进口的过程中，利用法律法规的某些弹性，人为制造一些延迟商品进口的通关障碍，从而增加进口商品的机会成本、时间成本及经济成本。常见的通关环节壁垒包括以下几种：其一，要求进口商提供难以获得的商业资料，比如涉及商业秘密的技术文件资料，从而使进口商知难而退；其二，严格要求填写资料的规范性，比如提出特殊的语言翻译要求等，以此来延长通关手续的办理等待时间；其三，滥用海关估价制度，高估进口商品的正常价格，从而以高额关税来限制进口；其四，在进口环节设置一些不合理的海关办理程序，例如规定一些地理位置偏远、交通条件落后的通关验货口岸等，从而增加进口货物的交货难度。历史上的法国政府曾规定进口录像机必须在一个叫普瓦蒂埃的小镇入境，而那里不仅物流条件落后，而且工作效率较低，从而较好地限制了外国录像机的输入。这就是一类典型的通关环节壁垒。通关环节壁垒看似简单，却具有较高的迷惑性和隐蔽性，常常使一些对季节性、时间性要求比较高的进口商品被挡在国外，因而是一类不利于自由贸易的壁垒措施。

五、外汇管制

外汇管制（Foreign Exchange Control）是指一国政府对国际结算和外汇买卖的政策管制。管理的依据是国家法令，管理的对象是国家外汇，管理的机构是中央银行、财政部及其专设机构等，管理的手段是调节外汇供需，而管理的目标是维持本国外汇市场的平稳、保持本国的国际收支平衡及促进本国对外贸易的发展等。

在实践中，一国政府可以通过颁布政策法令来限制外汇买卖，从而实现限制进口、调节贸易等政策意图。常用的外汇管制方法包括外汇的数量管制和外汇的成本管制两种。一方面，外汇的数量管制是指一国的外汇管理机构对外汇买卖的数量进行限制和分配。国家通过限制外汇的使用，从而实现了对进口商品的种类、数量及来源地的管控。另一方面，外汇的成本管制是指一国的外汇管理机构对外汇买卖实行复汇率制度（Multiple Exchange Rate System），即使用两种以上汇率的制度。众所周知，汇率的高低会影响一国对外贸易的发展，即本币升值有利于进口而不利于出口，本币贬值则有利于出口而不利于进口。本币不同汇率的高低则代表了国家对进出口的不同态度。比如，当某个国家管理进口贸易时，可以对鼓励进口的商品实行优惠汇率，对一般商品实行正常汇率，对不愿意进口的商品实行加价汇率；管理出口贸易时，又可以对鼓励出口的商品实行优惠汇率，对于一般商品实行正常汇率，对不愿意出口的商品实行加价汇率。可见，利用不同汇率间的差异，国家可以通过直接调节外汇买卖成本来间接调控进出口商品的数量和结构。

六、歧视性政府采购政策

歧视性政府采购政策（Discriminatory Government Procurement Policy）是指一国政府通过明确的法令或暗中的指示，要求本国政府机构优先采购本国产品的政策措施。这一政策常常以支持国货、发展民族企业为理由，所以也被称为购买国货政策（Buy-National Policies）。对于发达国家或贸易大国，政府采购往往金额较大、数量较多，对经济产生的影响也较深。例如，英国、日本等发达国家都曾规定其政府机构必须使用本国生产的通信设备及电子计算机产品，这种政策也逐渐成为限制相关产品进口的一项非关税壁垒措施。由于政府的这种优先购买行为带有很强的行政指令性质或不透明特征，造成了国内市场对国外商品的歧视与排挤，因此其实质还是一种干扰经济活动的贸易保护措施。为此，世界贸易组织已在《政府采购协议》中对各国的歧视性政府采购政策进行了明确的限制。

歧视性政府采购政策也具有经济效应，可以通过一个例子来理解。假设澳大利亚需要进口复印机设备，国际市场价格为 P_w，进口量为 S_1D_1（图4-3）。当澳大利亚对本国生产的复印机实行购买国货政策后，国内市场价格会上升至 P_d，国内复印机的产量会提高至 G，进口量会减少至 GD_1。此时，本国的生产者剩余增加了面积 a，政府因高价采购而多支付了面积 $a+b$，本国的整体社会福利出现了净损失，为面积 b。可见，实行歧视性政府采购政策是有一定代价的。

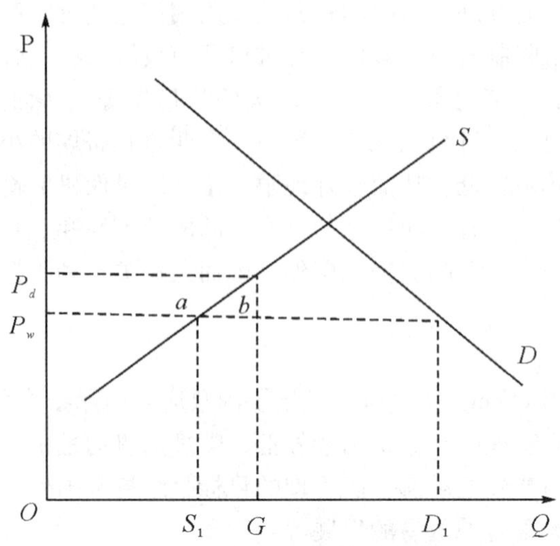

图 4-3　澳大利亚的复印机市场情况

七、技术性贸易壁垒

技术性贸易壁垒（Technical Barriers to Trade，TBT）是指一国政府通过制定一些诸如科学技术、卫生检疫、安全环保及产品质量等的国家标准来要求和限制进口商品的政策措施。技术性贸易壁垒往往内容繁多、标准严格、程序复杂，进口商品一旦不能满足某项标准要求，就会被限制甚至禁止进口，从而达到调控进口商品数量、保护国内市场及产业的政策效果。作为一类贸易保护措施，技术性贸易壁垒的出发点大多是为了创造更好的经济、社会及自然环境，因而具有较强的合法性、合理性和隐蔽性特征。在贸易实践中，这类壁垒也逐渐成了各国或地区出口商最难应对的一类措施。

世界贸易组织在《技术性贸易壁垒协议》（*Agreement on Technical Barriers to Trade*）中规定，WTO 成员有权制定和实施旨在维护国家基本安全、保护人类生命、健康或安全，保护动植物生命或健康、保护环境、保证出口产品质量、防止欺诈行为等的技术法规、技术标准和评定程序。这一协议适用于包括农产品与工业品在内的几乎所有产品，另有《卫生与植物检疫措施协议》(*Application Of Sanitary And Phytosanitary Measures*，SPS）补充实施。

（一）技术法规

技术法规是指规定强制执行的产品特性、相关工艺和生产方法的法规文件。在文件内容中，还可进一步规定相应产品及生产过程的专门术语、符号、标志及包装要求等。技术法规最主要的特点是强制性，即只有达到法规要求的产品才能进入国内市场销售。例如，有的国家曾出台技术法规，要求玩具中某有害化学成分的含量不得超过一个极低的值，导致亚洲国家的大量玩具产品无法进入该国市场，从而形成技术性贸易壁垒。

（二）技术标准

技术标准是指由公认机构制定的用来指导产品标准化生产的规则或指南文件。按照世界贸易组织的解释，技术标准是由各国自愿选择的，但在国际贸易实践中，技术标准又被分为强制标准和推荐标准两个类型。某些发达国家就常常利用自身的科技资本与技术优势，单方面制定和实施了相关技术标准，并将其作为了强制执行的贸易限制措施。相应的发展中国家无力应对此类标准，往往在国际贸易中处于劣势。例如，某些国家要求从发展中国家进口的汽车必须满足欧洲汽车尾气排放第五代标准，这是一项极为严格的环保标准，很多发展中国家的汽车制造企业难以做到，即使个别企业为满足标准对所有的柴油新车加装了颗粒物滤网，仍然会造成成本增加、竞争力下降的不良后果。

（三）评定程序

评定程序又称为合格评定程序，是指依据一定的技术法规和技术标准，对产品生产过程进行的全面监督、审查和检验。评定合格的产品将被授予合格证书或合格标准，并以此作为能否满足一国技术要求并进入该国市场的判断依据。按照《技术性贸易壁垒协议》，各国的合格评定程序不得与国际标准相违背，如果存在差异，应当向世界贸易组织的技术性贸易壁垒委员会报告。然而，在国际贸易实践中，有些国家的合格评定程序却存在不合理的限制内容，比如单方面的技术要求、不透明的歧视性手续等，致使准备进口的商品在通关环节被延迟或禁止，从而产生降价、退货、扣留甚至销毁等经济损失。

（四）绿色壁垒

绿色壁垒（Green Barriers）也被称为绿色贸易壁垒或环境保护壁垒，是指以保护生态环境、自然资源及人类健康为目的的一类技术性贸易壁垒。绿色壁垒的产生以世界经济发展中的工业化及全球化为背景。一方面，工业化在发展生产力的同时促进了城镇化。随着世界人口的快速增长，传统资源面临枯竭、自然环境日趋恶化，人类社会的可持续发展问题逐渐凸显起来。为此，环境保护就成了世界各国的普遍共识。另一方面，经济全球化在促进合作的同时也加剧了竞争。随着世界贸易的快速增长，全球产业链分工渐渐形成，自由贸易规则也日益完善。然而，一些国家的产业转型困难、贸易条件恶化及国际收支失衡等问题日益突出，贸易保护主义再次抬头。因此，基于环境与贸易两大原因，绿色壁垒成了一类理由充分、手段高明且难以对付的新型贸易壁垒，受到越来越多国家的重视与应用。绿色壁垒也可以表现为不同的形式，具体如下。

其一，绿色关税。一国可以保护环境为由，针对在生产环节有一定污染或环境破坏的产品设置进口附加税或进口限制。

其二，绿色技术标准。一国可以凭借其技术垄断地位设置具有较高要求的强制性环境保护技术标准，将不具备相关标准的产品排斥在国内市场之外。

其三，绿色环境标志。一国可以向达到环境保护标准的商品颁发绿色环保标志，以证明其生产过程的绿色、生态、无公害。绿色标志在一定时间和区域内能够发挥出类似通行证、许可证的作用。

其四，绿色包装。一国可以强制要求进口商品的包装必须符合环保要求。比如包装材料要可回收、可再生，包装的成分要可分解、无污染，包装的设计要低成本、易拆卸等。对于符合要求的商品，给予税收优惠；对于不符合要求的商品，则加征关税或罚款。

其五，绿色反补贴。一国可以通过发放补贴的形式来弥补本国的高污染、高耗能企业的资源环境成本。以发展中国家为例，由于生产技术相对落后，环境治理资金不足，很多产品并不能满足绿色要求，政府常常需要代为治理环境，而补贴就是其中最为直接的一种方式。这种绿色补贴抵消了出口产品受到的绿色壁垒影响，因而受到发达国家的指责和反对。出口产品一旦被认定存在绿色补贴，就很容易被限制进口，即遭到绿色反补贴措施。

其六，绿色检验检疫。一国可以通过动植物卫生检疫来测度进口商品是否符合环保健康要求。比如，对商品的成分进行污染物、微生物、病毒、重金属及添加剂等检验，并对照严格的环境与卫生标准，只允许符合标准的商品进入国内，不符合标准的则禁止进口。

总之，绿色壁垒具有合法性、广泛性、灵活性、隐蔽性及强制性等特征，并在今天的国际贸易中发挥着限制进口的作用。

（五）卫生检疫

伴随着世界贸易的不断发展，商品检验环节的卫生与动植物检疫渐渐成了一国加强进口管制、规范商品监管的重要手段。例如，按照世界贸易组织的《卫生与植物检疫措施协议》，WTO成员可以为防止以下危险而采取措施，从而避免危害人类及动植物的生命与健康。

（1）防止因瘟疫、疾病、带病细菌或致病细菌的侵入、形成或传播而产生的危险；

（2）防止因食品、饮料或饲料中的添加剂、污染物、毒素或致病细菌而产生的危险；

（3）防止因动物、植物或产品中携带的病害、虫害的侵入、形成或传播而产生的危险；

（4）防止或限制成员方境内因瘟疫的侵入、形成或传播而产生的其他损害。

卫生检疫的具体措施包括颁布政策法规、设定检疫程序、制定卫生安全标准、发放卫生安全标志等，所涉及的国际贸易商品也从单一的农畜产品逐渐扩大到了多元化的其他商品及其包装。可以说，卫生检疫措施亦是一种具有较强隐蔽性的新型技术性贸易壁垒措施。

八、其他壁垒

除了以上主要壁垒之外，非关税措施还包括最低限价措施、禁止进口措施、进口押金制度、贸易救济措施等其他类型。每一类型的措施都有其针对性和适用性。近年来，随着世界服务贸易的快速发展和各国对知识产权保护力度的加强，服务贸易壁垒和知识产权壁垒的影响力也有所增强。特别是伴随着一些国际贸易中的新现象、新问题，新的贸易壁垒也在被“发明”、被“创造”。与此同时，针锋相对的反壁垒措施也在发展。可以说，非关税壁垒是一类动态发展并不断更新的贸易限制措施。

第二节　鼓励出口的措施

一、出口信贷

（一）出口信贷的含义与特点

出口信贷（Export Credit）是指一国政府通过给予本国出口企业一定的资金信贷支持，鼓励并帮助企业开展对外贸易的金融政策措施。出口信贷往往由国家银行来提供担保，贷款期限较长而利率不高，能够有效解决出口企业的融资困难，并为企业抓住国际机遇、适应国际竞争及创造国际绩效提供有力的帮助。出口信贷的主要特点体现为三个方面。其一，出口信贷产品的优势非常明显。特别是当一国企业需要向国外长期出口某种商品或一次性卖出金额巨大的机器设备或生产资料时，出口信贷就能为企业提供较长时期的低成本的融资服务，从而解决企业的资金不足、设备短缺等现实问题。其二，出口信贷还具有很强的涉外性、国际性特征。一国银行既可以向本国出口商提供融资贷款，也可以向符合条件的外国进口商提供资金服务，其国际信贷属性十分明显。其三，出口信贷还体现了一定的金融合作性。在实际业务中，为了资金安全，出口信贷常常与国际保险、国际保理等合作开展业务，这样继保证了银行的贷款安全，也加强了国际金融机构间的交流与合作。除此之外，出口信贷主要的服务对象是资本类货物的出口，而政府在出口信贷中发挥了主导作用。

（二）出口信贷的主要类型

一方面，出口信贷按照期限的不同可以分短期信贷、中期信贷和长期信贷三种。其一，短期信贷（Short-term Export Credit）是指贷款期限在一年以下的出口信贷。这类贷款主要用于促进对原材料、消费品及小型机器设备等商品的出口。其二，中期信贷（Medium-term export credit）是指贷款期限介于一年到五年的出口信贷。这类贷款主要用于鼓励生产周期在五年以内的商品的出口，比如中型船舶、列车、机械及小型飞机等。其三，长期信贷（Long-term Export Credit）是指贷款期限超过五年甚至更长时间的出口信贷。这类贷款主要用于支持生产或使用周期特别长的商品，比如大型船舶、采矿设备及汽车生产线、家电生产线等。

另一方面，出口信贷按照对象的不同可以分为卖方信贷和买方信贷两种。其一，卖方信贷（Supplier Credit）是指出口国银行向本国出口商提供的商业贷款。在微观企业层面，卖方信贷主要被应用于出口商对外销售大中型机器设备的业务中，由于这类商品价值量较大、生产周期较长，因而对进出口商双方的资金压力都比较大。为了周转资金，进出口商通常就会选择赊销或延期付款的交易方式。卖方信贷正好满足了这类要求，以先提供贷款促成国际贸易、后偿还贷款完成货款支付的方式，既调动了外国进口商的签约积极性，还保障了本国出口商的生产可行性。在宏观政策层面，卖方信贷体现了国家的政策意图，具有明显的政府支持背景。国家可以通过向特定企业提供具有优惠利率的卖方信贷，鼓励和发展国内重要产业或新兴产业，使信贷政策成为贯彻产业政策、贸易政策及金融财政政策的有效工具。以我国为例，中国进出口银行就是一家向贸易企业提供金融支持的国有政策性银行。其主要卖方信贷产品包括六类，分别是设备出口贷款、船舶出口贷款、高新技术产品贷款、一般机电产品贷款、对外承包工程贷款及境外投资贷款。这家银行为我国实施“走出去”战略和落实“一带一路”倡议发挥了重要作用。当然，卖方信贷也存在一定问题，国际贸易过程中加入了银行，使得贷款形式的贸易货款增加了利息和手续费等成本，从而提高了出口商的对外报价金额。此项成本将最终由进口商承担，这在一定程度上将削弱出口商品的竞争优势，对其出口产生了不利的影响。其二，买方信贷（Buyer Credit）是指出口国银行向外国进口商或外国银行提供的商业贷款。在通常情况下，银行将贷款作为贸易货款直接支付给出口商，而进口商将按照贷款协议分期偿还银行贷款及相应利息。实际上，买方信贷属于资本输出的一种类型，从短期来分析，等额的贷款仅仅对应着等额的出口商品，但从中长期来分析，资本输出的影响力会随着时间的推移而不断放大，特别是在外国企业偿还贷款和使用机器设备的过程中，金融、贸易的外部性效益会逐渐显现，从而为出口国带来更大的贸易利益。概括起来，买方信贷的优点主要体现在三个方面。首先，有利于进口商融资融物。买方信贷是直接贷款给外国进口商或进口商所在地银行，不仅可以使进口商及时获得贸易商品的使用权，而且利息优惠、还款压力可控。其次，有利于出口商安全收汇。由于买方信贷以现汇形式支付给出口方，且一切贷款手续由进口方向银行办理，因而对于出口方而言，不仅货价计算与融资程序都更为简单，较大金额的货款回收也更为快捷、更为安全。再次，有利于银行开展业务。买方信贷将本国银行同外国企业或银行相联系，将本国金融业务扩展为了国际金融业务。这不仅为本国银行经营海外业务创造了机会，也在很大程度上丰富了本国银行的收入来源。可见，买方信贷是一种涉及进口商、出口商、本国银行及外国银行等多方当事人的金融产品，并在大额国际贸易中受到各方当事人的欢迎。

需要注意的是，虽然卖方信贷和买方信贷同属出口信贷的范畴，但是二者在借款人、担保方、付款方式、风险管理、财务影响及政策效果等方面存在着明显的区别，在具体业务中一定要正确使用。

二、政府补贴

（一）出口补贴

出口补贴（Export Subsides）是指一国政府给予出口商在出口商品时的资助、补助或津贴。出口补贴的目的是扩大本国商品的出口数量，其原理是通过降低出口商品的价格来增强其在国际贸易中的竞争力。

首先，按照补贴的作用原理，出口补贴可以分为直接补贴和间接补贴。直接补贴是政府直接给予出口商的无偿的现金补贴，例如财政拨款、优惠收购价格等。间接补贴则是政府通过一些政策工具变相向出口商让渡的财政收入，例如税收减免、优惠利息贷款等。出口补贴的初衷是弥补企业因国际市场价格较低而产生的经济损失，但实际上更多地成了一种调动企业出口积极性的优惠或奖励。因此，出口补贴相当于人为地增加了出口企业的利润，使其产品相比于国外同类产品更具价格优势。

其次，按照世界贸易组织的《补贴与反补贴措施协议》，出口补贴可以分为禁止使用的补贴、可以申诉的补贴和不可申诉的补贴。禁止使用的补贴又被称为“红色补贴”，是指政府对进口替代品或出口品在生产、销售环节进行的各种补贴措施。这类补贴直接扭曲国际贸易，最易造成贸易摩擦，对世界经济的不利影响也最为突出，因此被 WTO 禁止。可以申诉的补贴又被称为“黄色补贴”，是指一国政府可以使用，但外国政府也可以提出反对申诉的补贴措施。在 WTO 框架下，绝大多数政府补贴是被禁止使用的，但在农产品的生产和贸易过程中还保留了一些诸如价格补贴、投入品补贴及贷款补贴等措施。这些措施一旦对其他国家产生了严重影响或贸易损失，其他国家就可以提出反对或采取反制措施。不可申诉的补贴又被称为“绿色补贴”，是指一国政府可以使用的对国际贸易影响不大的补贴措施。这类补贴带有一定的照顾、帮扶或援助意义，一般不能被诉诸争端解决。

最后，按照补贴的具体形式，出口补贴可以分为亏损补贴、税收补贴、资源补贴及金融补贴等。

亏损补贴也叫外贸企业亏损补贴，是指当出口企业由于各种原因产生亏损时，政府向其发放的财政补贴，一般又可进一步分为进口亏损补贴和出口亏损补贴。前者是指当外贸企业从国际市场上以较高价格进口商品，再在国内市场上以较低价格销售商品时，由此产生的价格损失由政府补贴。后者则是指当外贸企业从国内市场上以较高价格购进商品，再在国际市场上以较低价格出口商品，由此产生的价格损失由政府补贴。由于亏损补贴解决了外贸企业从事国际贸易的后顾之忧，因而能够很好地调动出口企业的积极性，也使其在外贸洽商环节更加自信。然而，政府保底的“无风险”措施也有可能引发“只讲成交、不讲获利”的低价竞争，从而使本国的贸易条件进一步恶化。

税收补贴也被称为税收优惠，是指政府通过制定一系列税收政策，对出口企业减少、免除或返还某些税款的优惠政策措施。税收优惠不仅涉及进口关税，还可包含营业税、增值税及所得税等。由于税收补贴在减轻出口企业的税收负担、降低出口商品的经济成本、激发企业参与国际贸易的主动性等方面效果显著，因而被各国政府所广泛采用。例如，我国财政部、商务部等四部门宣布，从 2018 年 10 月 1 日起对跨境电子商务综合试验区的电商出口企业实行免税政策，这将有力地促进相关企业发展国际贸易。

资源补贴是指一国政府给予出口企业的在资源方面的优惠、补贴等支持措施。在出口商品的生产过程中，往往需要各种原材料、能源及土地等资源，政府可以通过制定一些法令、政策，给予从事外贸行业的生产企业一定的资源价格补贴，使其能够凭借较低的生产成本来参与国际市场竞争。例如，廉价的土地租金、优惠的水电费用等。

金融补贴是指一国政府给予出口企业金融领域的各项优惠、补贴措施，主要涉及了贷款、保险、外汇及信托方面的支持措施。这些措施大多是通过类似中国进出口银行这样的政策性银行来完成的。在商业贷款方面，银行向出口企业提供了具有优惠利率的贷款，从而为企业融通资金提供了帮助。在担保和保险方面，银行为企业提供国家信用担保或出口信用保险，从而进一步增强企业的外贸竞争力。在外汇方面，银行向出口企业提供优惠的外汇汇率，从而使企业在国际贸易中的本币收入增加、外币支出减少。在信托方面，银行还可为企业提供国际信托业务服务，从而更好地开展大型机器设备的跨国融资租赁业务。

（二）生产补贴

生产补贴（Production Subsidy）是指一国政府对本国商品的生产环节给予的资助、补助或津贴。生产补贴的提供者是政府，属于国民收入转移支付的一种类型，由于其作用相当于反向征收的财政税收，因而也被称为“负生产税”。生产补贴的作用范围较广，可以涉及产品生产的各个环节，从技术研发、产品生产、组织销售到国际贸易都可以进行补贴。生产补贴的目的是发展生产，政府的无偿投入能够帮助企业扩大产量、提高质量并降低成本，从而增强其产品在国际市场当中的竞争优势，并在一定程度上实现政府希望鼓励出口的政策目标。与出口补贴类似，生产补贴的形式也包括财政拨款、贷款优惠、税收减免及资源补贴等各种直接或间接措施。所不同的是，生产补贴着眼于较长时期的产业扶持，并很少专门针对外贸企业，因此，这类补贴对国际贸易的支持效果并没有出口补贴那么明显。

三、出口退税

出口退税（Export Rebate）是指当出口商在出口商品时，政府将已征收的国内税与进口税返还出口商的一种政策措施。这一措施运用了税收工具，采用了先征后退的方法，达到鼓励本国企业对外出口的政策效果，其作用相当于一种外贸补贴措施。出口退税包含了两层含义，其一是返还已纳国内税，如果出口商品并没有在国内销售，销往国外后必然会被重复征税，所以应当在其出口时退还诸如增值税、消费税等各项国内税。其二是返还已纳进口税，如果出口商在商品的生产过程中使用了从外国进口的原材料或零部件，而这些进口材料最终并没有用于国内消费，则还需要在商品出口时退还这部分进口材料的进口关税。正是由于出口退税措施立足于消除国际重复征税，因而得到了很多国家的认可和使用。

需要注意的是，出口退税措施的效果一般受限于政府的财政状况、退税环节的工作效率及退税利益的分配方式等因素，各国的出口退税政策也存在一定的差异。曾经甚至出现了一些不法商人，他们利用法律漏洞，通过诈骗出口退税来非法获利。常见的欺诈手段就有伪造单据类的假报出口、租借货物类的假报出口、空车空船类的假报出口、以次充好或以少报多类的假报出口、内外勾结类的假报出口等。因此，各国在鼓励出口退税的同时，也在不断加强对外贸企业的经营监管，确保相应政策的有效性。

四、商品倾销

（一）商品倾销的内涵

商品倾销（Dumping）是指一国政府支持国内企业在国外市场以低于正常市场价格的方式大量销售本国产品。正常市场价格以出口商品的国内市场价格或生产成本为参照，过低的出口价格有违常理，必有原因。在历史上，倾销曾经是西方发达资本主义国家时常使用的不平衡贸易手段，被用来打击、限制和扼杀发展中国家民族产业的生存和发展。如今，商品倾销仍然存在，但性质与作用却有了很大变化。

通常，出现倾销有这样几种原因。其一，以低价手段来打击国外竞争对手，使产品能够迅速开拓海外市场；其二，以低价手段来扩大海外市场范围，使产品销售形成网络并走向垄断；其三，以低价手段来转嫁危机，使积压滞销的产品能够迅速被国际市场消费。可见，倾销已成为一国政府用来鼓励出口、扩大出口的一种政策手段。

对于一国是否对另一国构成商品倾销，有三条主要判断依据。其一，出口商品的价格或价值是否低于正常值，通常以其国内价格来比较；其二，出口低价商品是否对进口国的产业造成了损害，包括重大损害、重大威胁和重大阻碍三种情况；其三，低价商品进口与国内产业损害有无关联，需要确定二者的先后顺序和因果联系。

对于某一厂商能否实施商品倾销策略，也有三项基本条件。其一，出口厂商所在行业处于不完全竞争市场，因为只有具有垄断能力的厂商才能决定价格的高低；其二，国内市场与国外市场相对隔离，使得国内消费者不能从国外市场买回具有更低价格的商品；其三，出口厂商的国内市场需求弹性要比国外市场需求弹性更小，从而使降价策略能够在国内需求量稳定的前提下快速扩大外国需求量。可见，商品倾销并非简单地对商品实施降价出口，构成倾销和实施倾销都是需要符合一定条件的。

（二）商品倾销的分类

按照时间或目的的不同，商品倾销可以分为三种类型。

第一，突发性倾销（Sporadic Dumping），又被称为季节性或偶然性倾销，是一种出口企业为了消化积压商品、获取流动资金或者调整生产方向等，在消费淡季或短时间内向国外市场大量低价出售某种商品的倾销策略。这类倾销的影响力是暂时的，对产业的损害度也不高，外国消费者还可从低价中获益，所以基本上属于一种正常的商业现象。

第二，间歇性倾销（Intermittent Dumping），也被称为掠夺性倾销，是一种出口企业为了打垮外国竞争对手、垄断外国市场或掠夺外国商业资源等，在一段时间内向国外市场以极低的价格大量出售某种商品的倾销策略。这类倾销商品的价格甚至可以低于生产成本，从而使外国厂商因无法应对而被迫退出市场。当出口厂商完全取得在外国市场的垄断地位后，再通过不断提高商品的价格来获得持续的超额垄断利润。在间歇性倾销策略下，虽然出口企业以短期亏损赢得了长期获利，但是这种策略对于进口国的产业伤害是严重的和长期的。世界各国大多反对这类倾销，认为这是一种“损人利己”的政策，并常常采用反倾销措施来加以应对。

第三，持续性倾销（Persistent Dumping），又被称为长期倾销，是一种出口企业为了扩大出口的规模、消化过剩的生产能力或提高出口创汇的金额等，在相当长的一段时间内向国外市场大量低价出售某种商品的倾销策略。长期向外国倾销商品是具有很大难度的，因为绝大多数企业都不可能长期亏损。因此，开展持续性倾销的出口商要么能够获得持续的外来补贴，要么必须保证出口商品的价格不低于生产成本。由此可见，这类倾销的掠夺性不高，外国消费者也可从低价商品中长期获益。从促进外国厂商跟随着降低成本的角度分析，这类倾销甚至对激发良性的国际竞争还有一定的积极意义。

需要注意的是，在现实贸易中，商品倾销的实际效果并不确定。特别是当外国的反倾销措施实施后，出口企业很有可能出现利润锐减甚至亏损的不利情况。这时，就需要出口国政府的其他措施来弥补亏损、稳定价格并支持企业继续出口。

五、外贸服务

政府在一国的对外贸易中发挥了重要作用。除了制定政策和监督管理等宏观作用外，政府还可以通过向出口商提供各种具体的服务，从微观层面直接或间接地促进企业的对外贸易。在服务领域，世界各国差异很大，各国都会根据本国企业的实际情况制定并实施一系列针对性更强、促进效果更明显且更受企业欢迎的服务措施。归纳起来，常见的服务措施主要有这些类型。其一，改革外贸管理机构，消除重复的、落后的和意义不大的工作环节，从而简化办事流程并提高通关效率。其二，设立专门的咨询服务机构，既可以从事国际贸易问题研究，为制定外贸政策提供理论依据，也可以指导企业具体开展对外贸易，例如向出口企业提供及时的国际贸易信息。其三，组织不同层次的评优评奖活动，通过树立外贸中的典型个人或企业，向各行业、各地区的不同企业推广有价值的外贸经验。其四，定期举办不同类型的进出口商品博览会、展销会，或组织国内外企业家代表团开展互访，从而促进国内外厂商的交流、合作并达成贸易合同。其五，协调国内的保险、银行及运输等关系方，为外贸企业提供便捷、高效的“一条龙”服务。总之，随着国际贸易竞争的日趋激烈，差异化的政府服务能够很好地解决外贸企业的具体问题，并逐渐成为一种受到各国重视的鼓励出口措施。

第三节　限制出口的措施

一、出口管制的含义

出口管制（Export Control）是指一国政府通过制定和实施一系列法令，以各种经济或非经济手段对本国出口商品实施控制的一类政策措施。在正常情况下，出口商品是有利于国家、产业及企业发展的，政府应当对出口活动给予鼓励和支持。然而，在一些特殊条件下，一国政府出于对自身政治、经济、军事及对外关系等的考虑，实施了出口管制。历史上的出口管制多带有非经济的社会、法律及政治原因，多见于发达国家对发展中国家的出口限制。随着自由贸易的发展和世界多边贸易体系的完善，发达国家的出口管制受到广泛批评并有所收敛，国际贸易中现有的出口管制政策则更多地体现了一国政府对于国内产业、就业等经济问题的考量。出口管制的具体目的可分为经济原因和非经济原因两个方面。

（一）经济原因的出口管制

在经济原因方面，出口管制的出发点是维护国内经济繁荣、保障国内就业充分及保持国际贸易优势。

其一，出口管制是为了稳定本国产业。一般来讲，每个国家都有一定的产业体系。政府的职责之一就是维持这一体系的平稳运行。特别是关系国计民生的制造业，必须保证其原材料的充分供给，否则就会影响生产、减少供给，甚至降低经济增长率。因此，为了避免过量出口对国内产业链产生不利影响，政府必然对重要的原材料进行出口管制。另外，对于一些国外需求数量比较大的商品，出口管制也是为了国内市场价格的稳定，防止出现严重的通货膨胀现象。

其二，出口管制是为了保障本国就业。众所周知，充分就业是一国政府进行宏观经济管理的重要目标。商品从原材料到半成品再到成品的整个生产加工过程都能创造就业岗位。成品出口的确能够带来利润，但过多的、长期的原材料和半成品出口，则会在一定程度上减少本国的就业岗位数量，变相支持和促进了外国相关制造产业的进一步成长。因此，对于就业比重较大的生产环节，相应产品会受到一定程度的出口管制。另外，对于供不应求的出口商品，若不进行出口管制，需求缺口一旦失控，同样也会造成大面积失业的严重后果。然而，出口管制与保障就业的平衡点很难被掌控，发达国家因出口管制而限制就业的案例也并不少见。

其三，出口管制是为了保持贸易优势。有的国家的某些商品拥有国际贸易垄断优势，控制并限制出口商品的数量就是为了维持这类商品较高的垄断价格，从而使出口国能够长期获得高额的垄断利润。垄断优势的来源比较复杂，有自然优势、资本优势、技术优势及劳动力优势等，有的优势是难以模仿、不可替代的核心优势，有的却不是。所以，为了尽量保持这种优势地位，就会出现出口管制现象。另外，为了避免同类产品的无序竞争，为了防止外国进行反倾销、反补贴等贸易反制，为了贸易条件不至于恶化，一国政府都有可能主动实施出口管制政策。

（二）非经济原因的出口管制

在非经济原因方面，出口管制的出发点是保护环境资源、保护历史文化及其他政治军事因素等。

其一，出口管制是为了保护稀缺的自然资源。随着工业化的发展，人类对于自然环境的破坏程度日益加深，对于自然资源的需求更是快速增长，一些不可再生的资源面临着日趋枯竭的局面。一些国家为了保护自然资源或者维护生态平衡，对相应产品进行了出口管制。最为常见的是对稀缺矿产资源的出口限制及对濒危野生动植物产品的禁止出口等。

其二，出口管制是为了保护珍贵的历史文化。众所周知，历史文物、古建筑及古生物化石等都具有很高的历史价值、文化价值或科学价值，一个国家应该对其妥善保管并进行科学研究。然而在历史上，诸如文物流失的现象曾非常严重，而海关就是防止文物非法输出的最后一道关卡。如今，这些物品的进出口几乎已被各国所严格管制。有的国家还对这类物品进行了鉴定并评级，较高等级的被列为禁止出口，较低等级的则被列为限制出口或允许出口，即使出口也需要办理相应的出口许可证，从而防止其流失。可见，出口管制具有保护和弘扬民族历史文化的作用。

其三，出口管制是为了政治与军事目的。国家与国家之间存在不同程度的外交关系。当关系紧密时，双边贸易往往自由而通畅；当关系紧张时，双边贸易则会受阻或中断。出口管制常常就是一种配合紧张关系的经济制裁措施。以政治为例，出口管制是国际上经济战、贸易战的政策工具。一国可以通过出口管制向外国政府施压，从而达到干扰外国经济秩序、迫使对方在外交谈判中让步的目的。例如，一些霸权主义国家常常以此来制裁发展中国家。以军事为例，出口管制还常常被应用于军工产品的出口中。有的国家为了限制别国军事实力的增长，保持自身在军备竞赛中的优势，选择对外国实施军事出口限制。受限制的商品主要包括各种武器弹药、飞机、军舰及先进的电子设备等。比如，发达国家对部分发展中国家长期实施军事禁售政策，名义上是高新技术保护，实质上是军事出口管制。另外，当有战争爆发时，有的国家也会以“保持中立”为由，对正在交战的国家实施出口管制。可见，出口管制政策还带有明显的政治军事意图。

二、出口管制的形式与措施

（一）出口管制的形式

出口管制的形式可以分为单边出口管制和多边出口管制两种类型。

首先，单边出口管制是指一国政府按照本国的需要单方面地制定和实施出口管制政策。单边出口管制一般由国内的专设机构来监管和执行，其行动不受外国干涉，完全独立自主。单边出口管制是出口管制中的主要形式，世界各国或多或少都存在一定程度的出口管制，因为总有一些物资不适用于自由贸易。

其次，多边出口管制是指两个或两个以上的国家基于多边出口管理体制来制定和实施的、共同的出口管制政策。通常，实施多边出口管制政策的国家已经建立了一定的政治、经济或军事共同体，统一的对外出口管制政策只是其各项一致性政策中的一个类别。这些国家共同制定对外贸易政策，彼此相互协调与配合，旨在达到共同的整体性政治、经济或军事目标。相较于单边出口管制，多边出口管制的效果更强、影响范围更广，但其实施难度也更大。例如，历史上著名的巴黎统筹委员会就是一个典型的多边出口管制机构，虽影响巨大但最终解散。今天，多边出口管制措施仍然存在于一些国际条约当中，大多与军事有关，例如《不扩散核武器条约》《禁止生物武器公约》《禁止化学武器公约》等。

（二）出口管制的措施

出口管制的措施主要包括对外贸易国家专营制度、出口关税制度、出口许可证制度、出口配额制度及出口禁运政策。

其一，对外贸易国家专营制度是指一国政府将实施出口管制的商品交由指定机构进行专项经营的一种管理制度。国家专营的优点是便于国家对特殊商品的出口管制。涉及的外贸商品大多是一些敏感性商品，比如稀有矿产、石油、粮食、药品及武器等。专营这些商品既要考虑市场因素，也要强化政策因素。特别是当关系国家的经济与贸易战略时，往往就要以国家政策目标为主，而以外贸利润为辅。国家专营的缺点是容易造成垄断。由于只有专营机构拥有外贸专营权，排除了来自其他企业的竞争，从而更容易使相关产业产生经营上的垄断与生产中的惰性，并陷入高投入、低增长的困境。

其二，出口关税制度是指一国政府对实施出口管制的商品征收出口关税的一种政策措施。出口关税加重了出口企业的经济负担，在提高出口商品成本及价格的同时，削弱了出口商品的竞争优势，从而达到减少出口数量的政策效果。例如，中国政府于 2019 年 1 月 1 日起，取消了对化肥、磷灰石、铁矿砂、矿渣、煤焦油、木浆等 94 项商品所征收的出口关税，其中部分产品的出口关税就曾发挥了一定的出口管制作用。在通常情况下，用于出口管制的出口关税税率要高于普通出口关税，其限制出口的政策意图更加明确。同时，和其他关税措施一样，出口关税的效果也与出口商品的需求价格弹性有关，弹性越高，出口管制的效果越明显，反之，则效果越弱。

其三，出口许可证制度是指一国政府对实施出口管制的商品发放许可证的一种政策措施。出口许可证须向海关申请，企业在获得批准之后方可办理相关商品的出口业务。出口许可证多用于限制国内生产急需的原材料、半成品或其他稀缺物资，并常常与出口配额措施配合使用。另外，在保护文物、管制药品及卫生防疫等领域，出口许可证也发挥了重要作用。例如，按照《中华人民共和国文物保护法》之规定，任何文物的出口都必须向海关申报，并按照鉴定等级做出安排，允许出口的须办理出口许可证，不允许出口的则一律禁止出口，非法出口的将予以追回。总之，出口许可证制度对于出口管制的效果非常明显，管理手段灵活多变，可适时调整，因此也就成了一种被各国及各领域广泛采用的出口管制措施。

其四，出口配额制度是指一国政府对实施出口管制的商品规定最高出口数量的一种政策措施。这类出口配额不仅包含之前提到的一些国家被迫采用的“自动”出口配额，还包括各国实施的真正意义上的主动限制出口措施。作为一种常见的出口数量或金额限制措施，出口配额既可以限制出口贸易的规模，还可以调控出口市场的地区国别，是一种管制出口的直接干预手段。

其五，出口禁运政策是指一国政府或多国政府对实施出口管制的商品严格禁止跨国交易的一种政策措施。这是出口管制中最为极端的一种方式。历史上的出口禁运常见于发达资本主义国家对发展中国家实施的经济封锁、贸易歧视或军事施压等措施，表现为特殊时期的临时性贸易管制。然而，在限制正常贸易方面，出口禁运带来的伤害往往是双边的，随着自由贸易理念的广泛传播，来自发达国家的不合理的出口禁运措施受到了越来越多的反对，并出现了逐渐减少的趋势。后来，出口禁运措施渐渐被应用于杜绝重要物资的非法出口，尤其在保护珍稀动植物方面发挥了积极作用。例如，《濒危野生动植物种国际贸易公约》的附录一就明确规定了禁止国际贸易的动植物名录，包括大熊猫、雪豹、犀牛、黑猩猩及江豚等，因为国际贸易将导致其快速灭绝。

第四节　经济特区政策

经济特区政策是一类内涵丰富、形式多样的鼓励国际贸易、发展涉外经济的政策措施。经济特区（Special Economic Zones）是由一国政府划定的一片“境内关外”的特殊区域，通常为港口、海岛、边境口岸或交通枢纽地区等。在区域内该国实行各种经济贸易优惠政策，并发展物流仓储及加工制造等产业，从而达到引进外资、促进贸易和发展经济等政策目标。按照规模、功能及影响力的不同，政策指导下的经济特区又分为不同的类型。

一、自由港与自由贸易区

自由港（Free Port）是指一国政府按照“国境之内、关境之外”原则设立的允许外国商品、资金及人员自由流动的开放型海港或内河港。在自由港内，海关手续非常简便，不但一切货物免征关税，而且相关厂商还被允许在区域内开展加工、装配、仓储、销售、展览及包装等商业活动。只有当货物从自由港进入国内其他地区时，才会被按照进口商品进行管理并征收关税。自由港对于国际贸易的发展意义重大。其一，自由港政策带动了港口本身的建设，随着大量外贸业务的开展，加工贸易、转口贸易、国际运输及国际金融等业务相应发展，从而进一步丰富并提升了涉外港口的国际贸易功能。其二，自由港政策刺激了区域经济的发展，随着港口经济的外部性效应不断向周边区域辐射，与之相配套的产业，尤其是第三产业必然聚集和发展，从而创造更多的就业机会，带动和支持临近地区城市经济的发展。世界著名自由港有亚洲的香港特别行政区、新加坡、马六甲，欧洲的汉堡、鹿特丹、哥本哈根等。

自由贸易区（Free Trade Zone，FTZ）是在自由港的基础上发展起来的一类海关特区。自由贸易区并不局限于沿海或沿河港口，而是可以设在港口之外或内陆地区。类似的，在自由贸易区内，政府也实行了一系列经济与贸易优惠政策，比如免征关税、自由进出、便利商贸等。设立自由贸易区的目的同样在于发展国际贸易和带动经济增长。发展中国家就常常通过设立自由贸易区来实现吸引外资、扩大交流、摆脱贫困及加速工业化等政策目标。以中国为例，2018 年 10 月 16 日，国务院批复同意设立了中国（海南）自由贸易试验区，成为除上海、广东、天津、福建、辽宁、浙江、河南、湖北、重庆、四川、陕西之外的第 12 个自由贸易试验区。

需要注意区别的是，有一类自由贸易区（Free Trade Area，FTA）来源于国家间的贸易协定，比如北美自由贸易区，这属于更高层次的区域经济一体化组织下的双边或多边制度安排。在这类自由贸易区，内部成员之间实行零关税等自由贸易规则，对外则使用一致的国际贸易政策。其范围更广、影响更大，实质上已经不属于一国政府设置在国境之内并自主安排的经济特区范畴了（表 4-1）。

表 4-1　FTZ 与 FTA 的比较

比较内容	FTZ	FTA
设立主体	一个国家或地区	两个或两个以上的国家或地区
涉及范围	一个关税区的一部分	两个或两个以上的关税区
法律依据	国内法规	国际双边或多边协议
主要政策	提供海关保税或免税待遇	在贸易成员间取消关税，同时保留各自的对外贸易政策
举例	中国（上海）自由贸易试验区	中国-东盟自由贸易区

资料来源：编者整理。

总之，自由港与自由贸易区主要的优惠和便利措施包括关税税率优惠、海关手续简化、仓储运输服务、商品展销博览及加工装配便利等，是受到世界各国广泛采用的经济特区政策。

二、出口加工区

出口加工区（Export Processing Zone）是指由一国政府设立的专门进行出口商品的制造、

加工、装配及包装等环节的特殊区域。出口加工区是在自由贸易区的基础上发展而来的，它在延续自由贸易区各项政策优惠的同时，强化了出口加工这一职能，是专门发展加工贸易的一种经济特区。一般而言，出口加工区多设置在经济发展条件便利和人口相对集中的港口或城市。在出口加工区内，随着外国资本的流入，与生产加工相联系的技术、设备及人员也在聚集。这些外国企业以出口加工区为依托，凭借区内优越的贸易政策环境和地理交通位置，充分利用当地的廉价资源来从事生产加工活动，从而实现节约生产成本、方便国际运输、扩大出口市场及持续获取利润等一系列目标。相应的，设立出口加工区的国家从中也扩大了对外开放、发展了配套产业、解决了就业难题、实现了经济发展。因此，出口加工区是一项双赢效果显著的经济特区政策。例如，世界上最早的出口加工区建立于20世纪50年代末，位于爱尔兰的香农国际机场附近。中国的出口加工区起步于改革开放之后，目前，规模较大的有江苏省的昆山出口加工区、无锡出口加工区，上海市的漕河泾出口加工区、松江出口加工区，以及四川省的成都出口加工区等。

出口加工区虽然来源于国家政策，但是建设一个具有国际竞争力的出口加工区却并非易事，尤其需要突出由两个层面的具体工作。其一，建设出口加工区应着力于基础设施等“硬环境”的建设。由于出口加工区需要承接大量加工装配业务，商品的流量与存量都很大。为了满足大量的生产、运输及储存业务，出口加工区必须建设起良好的道路、厂房、仓库及交通枢纽等基础设施，并保障工业生产对供水、供电、供气及网络通信等硬件设施的需求。其二，建设出口加工区应重视对政策服务等“软环境”的营造。优惠的政策和良好的服务是吸引外资的重要因素。除了自由贸易区的常用政策外，出口加工区还应针对加工企业开展专项优惠措施，比如，对进口原材料与机器设备免征关税；对加工企业的所得税、财产税等国内税给予优惠或减免；简化进区落户的手续流程，提高相关政策执行的透明度；承诺给予加工企业在使用土地、雇佣工人及结算外汇等方面的优质服务等。

三、保税区

保税区（Bonded Area）是指由一国政府或海关设立的允许外国商品在不缴纳关税的情况下长时间储存的特殊区域。保税区的主要功能可概括为保税仓储、出口加工和转口贸易三项。与自由贸易区类似，保税区也实行“境内关外”的管理模式，对进入区内的外国商品实行不征关税的政策措施。中国最早设立的保税区是1987年建立的深圳沙头角保税区。从那以后，海关陆续在各地设立了各类保税区。按照保税区的规模和功能不同，又可以细分为保税仓库、保税工厂、一般保税区和综合保税区四类。

其一，保税仓库是指由海关批准设立的特别仓库。保税仓库多为公用型仓库，其规模虽小，但储存的货物可在仓库内进行改装、分级、抽样、混合和再加工等，只要不进入国内市场，便不交关税，十分有利于数量不大的转口贸易。

其二，保税工厂是指由海关批准设立的特别工厂。保税工厂由具有法人资格的企业向海关申请设立，并在海关监管下进行一定的加工、分类、包装及检修等工序。相比于保税仓库，保税工厂的级别更高、规模更大，可开展的业务也更丰富，适合于长期从事加工贸易或转口贸易的出口企业。

其三，一般保税区和综合保税区都属于较高层次的保税区类型。相比之下，综合保税区的规模最大、功能最强。综合保税区除了具有一般保税区的各项功能外，还具有出口加工区、自由贸易区和现代化港口等的各项优势，是一国对外贸易发展的最前沿。我国的综合保税区有江苏的江阴综合保税区、广西的南宁综合保税区、四川的成都高新综合保税区、辽宁的营口综合保税区等。

需要注意的是，保税区和自由贸易区还是有明显区别的。其一，海关对二者的监管方式不同。海关对进入自由贸易区的货物不征关税，而对进入保税区的货物暂不征税，二者的法律含义并不相同。其二，进入二者的货物类型不同。在自由贸易区内，国外货物和国内货物都被允许进入，但在保税区内却只允许国外货物进入，而不允许国内货物进入。其三，二者对存储货物的时间要求不同。在自由贸易区内，货物可以自由进出并不限定储存期限，但在保税区内，货物的存储期限却是有限的，一般为 2~5 年。由此可见，保税区并不等同于自由贸易区。

四、综合型经济特区

综合型经济特区是指由一国政府通过给予优惠的经济贸易政策，设立并持续建设的具有招商、引资、加工、制造、贸易、金融、旅游及教育等多项功能的综合性特殊区域。这类经济特区，一般规模较大、功能齐全，对外能够积极参与国际分工并更加深入地嵌入全球价值链，对内能够积极发挥牵引经济作用并促进国内市场的对外开放与经济繁荣，因而对一个国家经济发展的影响非常大。综合型经济特区在法律、政策、地理、人口、基础设施及自然环境等方面具有整体性的综合优势，通常涵盖了自由港、自由贸易区、出口加工区及综合保税区的各项功能，拥有相对独立的完整的产业体现，并能够在区域内实现全产业链的高效率分工与配合，充分发挥出了规模经济效应。可以说，综合型经济特区是各类经济特区中级别最高、难度最大、影响最深远的一类。

改革开放以来，中国的经济建设取得了辉煌的成就，其中，经济特区政策发挥了积极作用。从 20 世纪 70 年代末到 80 年代初，中国政府先后设立了深圳、珠海、汕头和厦门四个综合型经济特区，80 年代末又增设海南经济特区。这些经济特区凭借优惠的经济政策、灵活的经济措施及高效的管理体制，打造了良好的外向型营商环境，在不断引进外国资金、技术及管理经验的过程中，培养了中国自己的优势产业与龙头企业，为区域经济的全面发展做出了贡献。近年来，新的经济特区还在继续建设。2010 年 5 月，中国政府批准设立了霍尔果斯经济特区和喀什经济特区，这将为引领西部地区发展外向型经济创造条件。

五、其他经济特区

其他类型的经济特区包括自由边境区、过境区及科学工业园区等。还有一些特殊区域虽然名称各不相同，但实质还是各类主要经济特区的一种或几种。

其一，自由边境区（Free Perimeters）是指一国政府在其边境地区设立的带有自由贸易区或出口加工区性质的经济开发特区。这类区域以发展边境贸易为主，附带发展加工贸易。不同于自由港得天独厚的地理优势，自由边境区往往位于一国的边远地区，不仅深入内陆，而且基础设施和城市发展也相对落后。开展对外贸易往往成为这类地区脱贫致富、发展经济的最佳选择。例如，在美国与墨西哥、加拿大的边境上就有不少自由边境区。中国的满洲里口岸也正在探索建设中俄边境的自由边境区。

其二，过境区（Transit Zone）是指一国政府设立的用于便利相邻国家之间开展国际贸易的中转贸易特区。过境区通常位于延边、沿河、沿海、沿湖的港口、机场或城市，对相关国际商品实施保税政策并严格限制其开展加工、装配及包装等业务。世界著名的过境区有德国的汉堡、法国的马赛及巴基斯坦的卡拉奇等。

其三，科学工业园区（Science and Industry Quarter）是指一国政府设立的专门以研发和推广新技术、新工艺及新产品为目的服务型政策优惠特区。这类特区通也具有外向型特征，招商引资的重点是技术与人才，其本质还是一种配合国际贸易竞争的特殊手段。科学工业园区通常位于交通设施便利、信息网络发达及研究机构密集的城市边缘，融合了发明创造、教育培训、创新创业及人员交流等多种功能，并且在政策上也具有一定的产业。随着科学工业园区的成熟与繁荣，其还能带动周边地区的城市化与现代化，具有显著的经济外部性，因而在很多国家或地区都有应用。区别于其他经济特区的资本密集型、劳动密集型特征，科学工业园区则更注重发展知识密集型和技术密集型优势。它将无形的知识、技术及理念转变为有形的产品、方法及生产力，从而为经济发展提供了智力支持。有时候，这类特区也被命名为科技园、孵化园、创业园及开发区等。世界上著名的科学工业园区有美国的硅谷、日本的筑波科学城、德国的慕尼黑高科技工业园区、英国曼彻斯特科技园区等。中国也建设了北京中关村科技园、上海张江高新技术产业开发区、成都高新技术产业开发区等大量不同规模和等级的科学工业园区。

本章小结

本章主要讲述了四个方面的内容。

第一，非关税壁垒，包括进口配额制度、自动出口配额限制、进口许可证制度、通关环节壁垒、外汇管制、歧视性贸易政策及技术性贸易壁垒等。非关税壁垒的原理是通过人为设置各种障碍来提高进口商品的成本与价格，一方面减少其进口数量，另一方面削弱其竞争能力，从而达到保护国内市场与产业的效果。

第二，鼓励进出口措施，包括出口信贷、政府补贴、出口退税、商品倾销及外贸服务等。随着国际贸易竞争的日趋激烈，有针对性地鼓励进出口措施能够促进对外贸易的发展。

第三，限制进出口措施，主要是出口管制措施。一国政府可以通过制定和实施一系列法令，以各种经济或非经济手段对本国出口商品实施控。随着自由贸易的发展和世界多边贸易体系的完善，发达国家的出口管制受到广泛批评并有所收敛，国际贸易中现有的出口管制政策则更多地体现了一国政府对于国内产业、就业等经济问题的考量。

第四，经济特区政策，主要包括自由港、出口加工区、保税区及综合型经济特区等。经济特区政策是一类内涵丰富、形式多样的鼓励国际贸易、发展涉外经济的政策措施，对于促进贸易和发展经济具有积极意义。

思考题

1. 请简述非关税措施的主要类型，并举例说明其对国际贸易的影响。
2. 请简述进口配额对贸易大国和贸易小国产生的经济效应，并画图进行说明。
3. 试辨析两种自由贸易区 FTZ 与 FTA 的区别。
4. 试论述技术性贸易壁垒的特点，并结合案例阐述绿色壁垒对国际贸易的影响。
5. 试论述商品倾销的动因、形式及相应的后果。

第五章 区域经济一体化与世界贸易组织

学习目标

XUEXI MUBIAO

熟悉区域经济一体化的内涵与形式，掌握区域经济一体化的理论基础并能够分析相应的经济效应，能够阐述世界贸易组织的历史、运作机制及原则体系。

学习重点

XUEXI ZHONGDIAN

优惠贸易安排、自由贸易区、关税同盟、共同市场、经济联盟和完全的经济一体化等区域经济一体化形式；关税同盟理论、大市场理论、协议性分工理论等区域经济一体化的基础理论及其经济效应；世界贸易组织的宗旨、地位与职能，以及非歧视性原则、公平贸易原则和透明度原则。

第一节 区域经济一体化概述

一、区域经济一体化的内涵

区域经济一体化（Regional Economic Integration）又被称为区域经济集团化，是指两个或两个以上的国家或地区，通过协商并达成一致的经济贸易政策，彼此让渡部分经济主权，从而在经济上形成具有排他性的区域经济联合体。区域经济一体化使得其成员间的贸易障碍逐渐消除、产业经济融合发展、经济政策高度统一，并在对外贸易与国际分工等国际竞争当中形成强大的合力，成为能够产生较大国际影响的一种经济合作机制。

回顾历史，区域经济一体化已走过了近百年的历程。最早的雏形诸如“比荷卢经济同盟”和“英帝国特惠制”。前者是诞生于20世纪30年代的比利时与卢森堡经济联盟，后来又有荷兰加入，是一种旨在加强外交关系、协调财经政策、共同应对国际竞争的、带有经济同盟性质的国家集团。后者是20世纪30年代英国和其自治领地、殖民地之间签订的实行互惠关税的经济协定，是一种为了维护英镑的国际地位、保持英国的贸易竞争力而组建的带有关税同盟性质的国家集团。第二次世界大战结束后，随着大量发展中国家的出现，区域经济一体化组织如同雨后春笋般相继成立。例如，在欧洲先后就成立了多个国家间的经济组织。苏联主导成立了东欧国家“经济互助委员会”；西欧诸国联合成立了“欧洲煤钢共同体”，即后来的欧洲经济共同体；英国、丹麦、挪威、葡萄牙等国联合成立了“欧洲自由贸易联盟”；除此之外，在亚洲有“东南亚国家联盟”“南亚地区合作组织”；在美洲有“安第斯条约组织”“中美洲共同市场”；在非洲有“西非国家经济共同体”等；跨越亚非的还有“阿拉伯合作委员会”等。这些合作组织或协定在历史上曾产生过重要的经济影响，有的仍然存在，有的已经解散或终止。

今天，随着世界格局的多极化发展，世界经济出现了很多新问题、新机遇和新现象，区域经济一体化组织在宏观经济调控、重大风险防范及社会经济可持续发展等领域再次表现出了积极的作用。诸如欧洲联盟、北美自由贸易区、亚太经济合作组织等都取得了进一步的发展，并将区域经济一体化推向了新的阶段和新的高度。

二、区域经济一体化的形式

按照区域经济一体化程度的不同，由低到高可分为优惠贸易安排、自由贸易区、关税同盟、共同市场、经济联盟和完全的经济一体化等若干类型（表5-1）。

（一）优惠贸易安排

优惠贸易安排（Preferential Trade Arrangement）是指在两个或两个以上的国家或地区，通过签订贸易协议，对彼此之间的全部或部分贸易商品进行关税减免的一体化措施。这种经济合作往往只涉及关税及非关税措施，关税优惠也是有限的和不全面的，相应签约国（地区）对外仍然执行各自的贸易政策，因此也被称为特惠关税区。优惠贸易安排是合作程度最低、最松散的区域经济一体化组织，往往出现于开展多国合作的最初阶段，历史上的“英帝国特惠制”和早期的“东南亚国家联盟”都属于这类形式。除此之外，还有“非洲木材组织”“美国与加拿大汽车产品协定”等。近年来，中国也在不断探索与其他国家达成优惠贸易安排，例如，中国与智利、新加坡、巴基斯坦及新西兰等都建立起了优惠贸易安排。

（二）自由贸易区

自由贸易区（Free Trade Area）是指在两个或两个以上的国家或地区，通过签订自由贸易协定来实现商品的跨境自由流动。按照自由贸易协定，签约国家（地区）对内几乎完全消除关税与非关税壁垒，对外保留各自的关税与非关税措施，从而形成一种特殊的区域贸易集团。自由贸易区对于内部成员间的经济与贸易发展是十分有利的，因为它带来了贸易商品及生产要素的自由流动。然而，自由贸易区也存在一定缺陷。由于各个国家或地区的对外贸易政策并没有统一，难免出现关税税率高低不同的情况，这一现象容易引发贸易商品的流向变化，使一些外国出口商专门选择向区域内关税水平较低的国家（地区）出口商品，从而改变一些国家（地区）的国际贸易数量和结构，并引发新的贸易不平衡问题。总之，自由贸易区亦是区域经济一体化的一种低层次类型，随着国际经济合作的深入和扩展，自由贸易区常常会向着更高层次发展。中国十分重视同其他国家或地区开展自由贸易，近年来先后与澳大利亚、东盟、韩国、格鲁吉亚、马尔代夫等国家或地区签订了自由贸易协定。最近的是2019年3月中国香港与澳大利亚签署的自由贸易协定。这些协定为中国同相关国家或地区发展自由贸易创造了有利条件。

（三）关税同盟

关税同盟（Customs Union）是指在两个或两个以上的国家或地区，以自由贸易区为基础，进一步签订关税同盟条约，实现一致对外的、无差别的关税及非关税措施。相比于自由贸易区，关税同盟弥补了各国（地区）对外贸易政策存在差异这一缺陷，使得外国商品不论进入区域内的哪一个国家（地区）都会被征收相同税率的关税，从而实现了对外经济贸易政策的协调性、统一性和公平性。历史上的欧洲出现过不少关税同盟，如瑞士与列支敦士登关税同盟、欧共体关税同盟等。非洲的南部非洲关税同盟也具有较长的历史。成立于2004年3月的包含肯尼亚、坦桑尼亚和乌干达三个国家的东非共同体关税联盟，是进入21世纪以来才成立的新兴关税同盟，代表了关税同盟在发展中国家的最新发展。

（四）共同市场

共同市场（Common Market）是指在两个或两个以上的国家或地区，以关税同盟条约为基础，进一步放松和消除对资本、技术、劳动力等各种生产要素的流动限制，从而实现真正意义上的自由市场。共同市场的经济一体化进程更加深入，已经从单纯的国家或地区间的自由贸易发展到了国际生产要素的自由流动，从而使国家或地区间的合作不再仅仅局限于对关税与非关税壁垒的减让，而是扩展到了国际金融合作、国际劳务互补、国际产业链分工及国际运输保险等其他领域。可以说，共同市场将让区域内的国家（地区）经济合作更加紧密、政策措施更加协调、经济发展更加同步。例如，1991年3月，由阿根廷、巴西、乌拉圭和巴拉圭四国主导并建立了南方共同市场——这一完全由发展中国家组成的区域经济一体化组织在对外贸易、发展经济、保护环境及研发科技等方面取得了不小的成就。

（五）经济同盟

经济同盟（Economic Union）是指在两个或两个以上的国家或地区，通过签订更为全面的经济同盟条约，实现建立一个超越国界的经济实体的政策目标。针对经济同盟的内部成员，各国之间完全消除了贸易壁垒，并实现了商品与生产要素的自由流动。针对经济同盟的外部国家（地区），各国共同成立管理经济与贸易的专门机构，对外执行统一的经济贸易政策，彻底消除各国原有经济政策的各种差异。可以说，从经济同盟开始，真正意义上的区域经济一体化才得到了实现。各国在共同的经济政策指导下，逐步实现在财政、税收、货币及贸易等方面的协调一致，并最终形成一个相对庞大和独立的经济实体。尽管经济同盟具有发展经济与贸易的诸多优势，但在现实中，从共同市场到经济同盟的成功实践却少之又少。一般认为，只有欧洲联盟最为接近经济同盟，因为只有欧盟具备了统一的欧元、共同的中央银行及一致的经济政策。

（六）完全经济一体化

完全经济一体化（Complete Economic Integration）是指在两个或两个以上的国家或地区，以经济同盟为基础，进一步实现经济社会的全面统一。完全经济一体化不仅消除了各国在货币、市场和经济政策等方面的差异，而且建立起高度协调一致的经济制度、法律制度和政治制度，进而使各国从“经济统一”逐步走向了“政治统一”，并最终形成了一个全面一体化的政治经济实体。可以说，完全经济一体化是区域经济一体化的最高级组织形式。然而，这只是一种理论上的理想形式。目前，世界上并没有真正达到完全经济一体化的跨国集团，即使是发展情况最好的欧洲联盟，距离实现完全经济一体化仍然存在着较大的差距。

表5-1　区域经济一体化的形式与内涵

主要特征	优惠贸易安排	自由贸易区	关税同盟	共同市场	经济同盟	完全经济一体化
关税与非关税减让	√	√	√	√	√	√

表5-1(续)

主要特征	优惠贸易安排	自由贸易区	关税同盟	共同市场	经济同盟	完全经济一体化
成员内部实现自由贸易		√	√	√	√	√
达成一致对外的关税与非关税措施			√	√	√	√
实现各种生产要素的自由流动				√	√	√
建立超越国界的经济实体					√	√
形成全面一体化的政治经济实体						√

资料来源：编者整理。

三、区域经济一体化的理论基础与经济效应

（一）关税同盟理论

关税同盟理论是进行区域经济一体化分析的重要理论，最早由美国经济学家范纳（J. Viner）于1950年提出。范纳在其著作《关税同盟问题》一书中提出，如果两个国家缔结了关税同盟条约，实现对内取消关税、对外统一关税，并通过协商来分配国家间的关税收入，则会产生十分有益的经济效应。具体而言，关税同盟的经济效应可分为静态效应和动态效应两类。

1. 静态效应

关税同盟的静态效应由贸易创造效应、贸易转移效应及贸易扩大效应组成。

其一，贸易创造效应（Trade Creating Effect）是指关税同盟能够扩大社会需求、增加国际贸易的总量。其原理是，在关税同盟条约生效后，同盟内的成员可以通过自由贸易获得来自其他成员的廉价商品。一方面，由于原本在国内生产的产品改为了从国外进口，因而跨国贸易的数量必然增加；另一方面，由于跨国贸易节约了该类商品的国内生产资源，因而国家可以将节约的资源用于调整国内的产业分工，进而又为扩大生产、创造需求提供了支持。

其二，贸易转移效应（Trade Diverting Effect）是指关税同盟能够影响贸易地理方向、改变国际贸易的对象。其原理是，在签订关税同盟条约之前，一国可以按照自由贸易的原则在世界范围内选择质量最好、价格最低的贸易商品，但在关税同盟条约生效后，由于同盟内部的成员对外实行统一的贸易保护关税政策，从而使原来的最低价格商品在加上关税之后不再具有价格优势。于是，这一国家只能从关税同盟内部重新选择新的“最低价格”商品，产生转移贸易的现象。对于世界上拥有某一优势商品的国家，如果它被吸纳在关税同盟之内，则不存在贸易转移效应；如果它被排斥在关税同盟之外，则会产生明显的贸易转移效应。

其三，贸易扩大效应（Trade Expansion Effect）是指关税同盟能够消除贸易壁垒、扩大内部成员间的贸易量。其原理是，在关税同盟条约生效后，一国进口商品的价格会因为贸易壁垒的消除而进一步降低。按照供求关系原理，价格降低会导致需求上升，如果价格的需求弹性大，则需求的增加将更明显。这一规律反映在国际贸易上即是扩大进口量，因而被称为国际贸易的扩大效应。除此之外，关税同盟还可以降低海关成本、减少货物走私、加强政府沟通，并逐渐改善各成员的对外贸易条件。

实质上，关税同盟是一项对内自由贸易、对外保护贸易的区域经济一体化措施。无论是贸易创造、贸易转移抑或是贸易扩大，其核心效应还是增加国际贸易量。因此，从关税同盟的静态效应来看，区域经济一体化是有利于各国通过合作来实现经济与贸易发展这一目标的。

2. 动态效应

关税同盟一旦建立，会在较长时间内对区域内的国家或地区及邻近国家或地区产生持续的经济与贸易影响。随着各国的政策调整和经济发展，关税同盟的经济效应也会不断扩大并动态变化，即产生动态效应。关税同盟的动态效应主要包括以下几个方面。

其一，关税同盟能够优化资源配置。在同盟内，各国实现自由贸易，从而促进了商品流通、企业竞争及产业分工，并使资源配置进一步趋于合理。

其二，关税同盟能够发展规模经济。关税同盟为优质企业利用好国内国外两种资源、两个市场提供了便利，使其生产过程能够突破国内的要素制约，形成更具规模的跨国企业。

其三，关税同盟能够促进国际投资。在同盟内部，随着跨国市场的形成与发展，国际资本的流动将更加便利，这为开展更为频繁和高效的国际商务活动创造了条件。

其四，关税同盟能够刺激技术进步。随着关税等贸易壁垒的消除，关税同盟必然导致跨国竞争的日益激烈，这并不利于幼稚产业与落后产业的生存与发展，势必会加速各国企业技术创新的步伐，从而促进科学技术与生产工艺的进一步提升。

总之，随着关税同盟的缔结与发展，经济一体化政策会对各国的贸易、投资、金融、财政、科技及就业等产生持续而深远的影响。

（二）大市场理论

大市场理论（Theory of Big Market）由西托夫斯基（T. Scitovsky）和德纽（J. F. Deniau）等学者提出，是一种从共同市场角度解释区域经济一体化现象的重要理论。在共同市场形成之前，由于存在各种贸易壁垒，各国的商品只能在各自国内相对狭窄的市场范围内进行生产和交换，规模经济效益无法实现。当几个国家将国内市场相互连接而形成共同市场时，随着商品与生产要素实现了自由化流动，商品的生产可能性曲线不仅可以向外扩张，各种资源也能够按照新的生产可能性曲线重新优化配置，从而促进生产与贸易的进一步增长。

大市场理论的核心观点在于，大市场会让经济像滚雪球一样不断扩张，即扩大市场和加剧竞争能够产生规模经济。按照这一逻辑，大市场理论的提出者建立了从“扩大市场竞争”到“规模经济成本下降”，再到“消费需求增加”及“经济贸易发展”的经济一体化路径，从而揭示了各国在动态市场下开展经济合作的诸多好处。然而，大市场理论并不完美，其中的一些观点后来也受到了挑战。例如，其对自由贸易能产生规模经济的观点，并不能解释区域经济一体化和世界性的自由贸易孰优孰劣的问题。既然市场越大越好，那为什么国际贸易还会受到贸易保护政策的诸多限制呢。另外，引入竞争、消除垄断的方法有很多，并不一定要建立共同市场。当然，作为区域经济一体化的代表性理论，大市场理论还有一定的理论价值和现实意义的。

（三）协议性分工理论

协议性分工理论亦是解释区域经济一体化动因的重要理论。这一理论的提出者是日本学者小岛清。在他看来，各国可以通过一定的协议进行合理、规范且有组织的国际分工，从而既可以各自专注于具有比较优势的商品的生产和贸易，也能够消除因为仅仅依靠市场规律来进行自然分工而产生的垄断、失衡与低效率问题。由于各国进行的协议性分工以统一的产业政策为基础，因而它们能够最大限度地获得国际贸易过程中的规模经济效应。

一般认为，各国进行协议性分工需要具备一些条件。其一，参与分工的国家最好具有较高的经济相似性。这一要求是突破自然分工的关键，即只有各国在要素禀赋、经济发展阶段及工业化水平等方面大体一致时，所要分工的产业与商品才能在各国间无差别地转移，组织化的人为分工才能发挥作用。其二，进行分工的商品必须是能够产生规模经济效应的商品。如果这些商品不能创造规模经济，那么国际分工并不能使各国的整体经济福利增加，也就失去了主动分工的意义和动力。其三，国际分工的商品在国内外生产没有利益差别。各国进行协议性分工需要建立在产业转移可以自由进行这一基础上，同类商品无论在本国生产还是在外国生产，对本国经济的不利影响并不明显。这些商品若在转移至国外后反而能够扩大生产、降低成本、提高出口量，则更有利于开展协议性分工。可见，对于各国开展区域经济一体化合作，协议性分工理论不仅解释了相关条件，而且分析了可以从中获得的好处，从而站在国际分工的角度解释了国际贸易协作的基本原理。

第二节　世界贸易组织概述

与区域经济一体化相对应的是世界经济全球化，世界贸易组织就是唯一的世界经济全球化组织。

一、世界贸易组织的历史

世界贸易组织（World Trade Organization，WTO）是处理国际贸易全球规则的永久性国际组织。该组织于1995年1月1日正式开始运作，总部设在瑞士日内瓦。其组织职能是负责管理世界经济与贸易秩序，并维护全球自由贸易的顺利进行。截至2019年年底，世界贸易组织已拥有164个成员，覆盖世界贸易总量的98%，并与国际货币基金组织、世界银行集团共同组成了当代国际经济领域的三大基本组织，被视为世界上的“经济联合国”。

（一）从国际贸易组织到关税与贸易总协定

第二次世界大战结束后，以美国为首的战胜国为了重建世界政治经济新秩序，在政治领域成了联合国（United Nations，UN），在经济领域成立了国际货币基金组织（International Monetary Fund，IMF）、世界银行集团（World Bank Group，WBG）和国际贸易组织（International Trade Organization，ITO）。但是，国际贸易组织的成立过程并不顺利。回顾历史，从1946年2月成立国际贸易组织筹备委员会开始，到1947年4月，由美国、英国、加拿大、印度及中国等23个国家（地区）共同签订了123项关税减让协议，并汇编成为“关税与贸易总协定”（GATT），再到1947年10月，各国签订《关税与贸易总协定临时适用议定书》并拟定于1948年1月生效。各国为国际贸易组织的成立做好了各项准备。然后，美国国会未能批准国际贸易组织宪章，即《哈瓦那宪章》，从而导致国际贸易组织最终没有成立。为了建立并维护世界贸易的基本秩序，世界各国不得不暂时利用政府间的汇总协议“关税与贸易总协定”来代替国际贸易组织。结果，这一临时协定从1948年1月1日一直运行到了1994年的12月31日，发挥了协调国际贸易与各国经济政策的重要作用。

（二）从关税与贸易总协定到世界贸易组织

在“关税与贸易总协定”运行的47年间，各国先后进行了八次多边贸易谈判。从第一次的日内瓦回合到最后一次的乌拉圭回合，参与国际贸易谈判的国家（地区）越来越多，达成的贸易共识越来越广泛，对世界贸易的影响越来越深远（表5-2）。可以说，关税与贸易总协定在消除国际贸易壁垒、处理国际贸易纠纷、完善国际贸易政策、加强世界贸易沟通及促进世界经济发展等方面做出了巨大的历史性贡献。

然而，随着世界贸易格局和经济形势的向前发展，关税与贸易总协定的局限性逐渐显现，对其进行改革的呼声和要求也不断增加。其局限性主要体现在四个方面：其一，关税与贸易总协定是一项临时性的政府协定，并不是正式的国际组织或国际法人。特别是由于美国的原因，关税与贸易总协定并未真正完全生效，而是一直以“临时适用议定书”的形式在发挥着作用。其二，关税与贸易总协定的管辖范围十分有限，并不能满足国际贸易的最新发展。关税与贸易总协定只涉及了部分传统的货物贸易，并没有包含服务贸易和技术贸易，因而对于国际贸易的规范是不全面的。其三，关税与贸易总协定在争端解决机制、规则运行体系等方面也存在一定漏洞。随着国际贸易数量和频率的增加，一些陈旧的规则条款的执行情况越发显示出对国际贸易发展的不适应。到20世纪八九十年代，在关税与贸易总协定的最后一轮多边谈判乌拉圭回合中，关税与贸易总协定的“先天不足”与世界贸易发展的“后天挑战”终于促成了新的改革。1994年4月15日，在摩洛哥的马拉喀什市举行的部长会议决定，成立世界贸易组织，从而使关税与贸易总协定这一临时性的多边国际协定退出了历史舞台。

1995年1月1日，新成立的世界贸易组织接替了关税与贸易总协定来管理世界贸易，这是一个具有独立的法人资格，拥有独立的财产，管理范围更广、影响更大的国际性经济组织。至此，从国际贸易组织到世界贸易组织，世界各国走过了近半个世纪的漫长道路。

表5-2 关贸总协定八轮多边贸易谈判的情况

序号	谈判时间	谈判地点	参加的国家或地区数	谈判的主要成果
第1轮 日内瓦回合	1947年4月— 1947年10月	瑞士日内瓦	23个	达成45 000项产品的关税减让协议；GATT于1948年1月1日生效
第2轮 安纳西回合	1949年4月— 1949年10月	法国安纳西	33个	达成5 000项产品的关税减让协议
第3轮 托基回合	1950年9月— 1951年4月	英国托基	39个	达成8 700项产品的关税减让协议
第4轮 日内瓦回合	1956年1月— 1956年5月	瑞士日内瓦	28个	达成3 000项产品的关税减让协议
第5轮 狄龙回合	1960年9月— 1962年7月	瑞士日内瓦	45个	达成4 400项产品的关税减让协议
第6轮 肯尼迪回合	1964年5月— 1967年6月	瑞士日内瓦	54个	达成60 000项产品的关税减让协议；首次涉及非关税壁垒的减让，并制定了第一个反倾销协议
第7轮 东京回合	1973年9月— 1979年4月	日本东京 /瑞士日内瓦	99个	达成27 000项产品的关税减让协议；扩大对发展中国家的优惠
第8轮 乌拉圭回合	1986年9月— 1994年4月	乌拉圭埃斯特角城 /瑞士日内瓦	117个	达成众多关键文件或协议，决定建立世界贸易组织；将GATT规则应用到服务贸易与投资等领域

资料来源：根据战勇主编《世界贸易组织（WTO）规则》等资料整理。

二、世界贸易组织的运作机制

（一）世界贸易组织的宗旨、地位与职能

1. 目标与宗旨

世界贸易组织的目标是通过各国或地区之间互惠互利的政策安排，大量削减关税与非关税贸易壁垒，消除国际贸易关系中的歧视性待遇，从而建立起一个更完整的、更具活力的、更持久的多边贸易体系。这一贸易体系继承并发展了关税与贸易总协定，其内容不仅包含货物与服务贸易，还涉及与贸易有关的国际投资、知识产权保护及其他政策协调等内容，将真正实现对世界贸易秩序的有效监督与科学管理。

对于世界贸易组织的宗旨的表述主要来自《马拉喀什建立世界贸易组织协定》的序言。由于世界贸易组织的前身是关税与贸易总协定，所以在《关税与贸易总协定》《服务贸易总协定》等文件中亦有表述。综合起来，世界贸易组织的宗旨包含了以下内容。

第一，提高生活水平，保证充分就业和大幅度、稳步提高实际收入和有效需求。世界贸易组织致力于通过协调各国或地区的对外经济与贸易关系，一方面创造需求、扩大生产，另一方面增加就业、改善福利，从而提高各国或地区人民的生活质量。可见，世界贸易组织的宗旨具有改善福利的特征。

第二，扩大货物和服务的生产与贸易。世界贸易组织的核心工作是通过消除各项关税与非关税壁垒来促进更加自由和便利的世界贸易。作为世界贸易的两大基本类型，货物贸易与服务贸易同等重要，二者对世界经济的增长和发展都具有十分明显的作用。可见，世界贸易组织的宗旨具有发展贸易的特征。

第三，坚持走可持续发展之路，各成员应促进对世界资源的最优利用、保护和维护环境，并以符合不同经济发展水平的各成员需要的方式，加强采取各种相应的措施。世界贸易组织着眼于世界经济的长期可持续发展，在促进世界资源被更有效、更适宜、更科学地利用的同时，也注重对资源及环境的保护。可见，世界贸易组织的宗旨具有保护环境的特征。

第四，积极努力确保发展中国家或地区，尤其是最不发达国家或地区在国际贸易增长中获得与其经济发展水平相适应的份额和利益。世界贸易组织对发展中国家或地区给予了照顾与帮扶，在一系列有针对性的特殊优惠待遇中，保护并支持了经济落后国家或地区的技术进步、产业升级和经济发展。可见，世界贸易组织的宗旨具有兼顾公平的特征。

第五，建立一体化的多边贸易体制。世界贸易组织主张通过多边谈判来解决贸易争端，通过制定政策来消除贸易壁垒，通过平等对话来消除贸易歧视。各个国家或地区应当通过采取实质性削减关税及非关税措施，争取早日建立一个更趋完整的、更具活力的、更加持久的多边贸易合作体制。可见，世界贸易组织的宗旨还具有多边合作的特征。

总之，世界贸易组织的目标与宗旨反映了对公平贸易、可持续发展及多边协商的强调，这也是世界经济与贸易发展潮流的必然要求。

2. 法律地位

和关税与贸易总协定不同，世界贸易组织具有国际法人的主体资格，能够在国际经济与贸易活动中发挥更加积极和有效的建设性作用。

第一，世界贸易组织具有法人资格。法人资格赋予了世界贸易组织更多、更大的法定能力，其中就包括权利能力和行为能力。例如，世界贸易组织具有签订合同或协议的能力、拥有不动产或动产的能力、提起诉讼和获得赔偿的能力、享有特权或豁免权的能力等。然而，世界贸易组织的法定能力并不是无限的，各个成员在赋予其权利的同时，也规定了相应的各项责任与义务，并将权利限定在了一定范围之内。

第二，世界贸易组织及其官员、代表在履行职能时享有一定的特权与豁免权。这项法定权利与1947年11月联合国大会通过的《联合国专门机构特权和豁免公约》一致，涉及任何形式的法律程序豁免、财产豁免、资金豁免及税收豁免等。

第三，世界贸易组织拥有建立总部的法定能力。按照建立总部的相关协议，世界贸易组织可以拥有总部及相关机构，并以此开展日常工作及对外协商与合作事务。世界贸易组织的总部设在瑞士日内瓦。

总之，世界贸易组织是一个拥有独立法人资格及能力的常设性、永久性国际多边经济组织。

3. 职能与作用

世界贸易组织的主要职能是促进自由贸易。具体而言，世界贸易组织的基本职能又可以细分为六项。

第一，管理国际贸易运行。世界贸易组织作为拥有成员数量最多、影响范围最大的多边贸易组织，担负着监督与管理各个成员落实贸易政策、履行贸易承诺、开展合理竞争等的职责。世界贸易组织拥有完整的组织机构和系统化的管理流程。从总干事、秘书长、部长会议到各级专门理事会、委员会，各职位、各部门分工协作，能够较为细致且高效地管理基于贸易协议的各项国际贸易事务。

第二，组织国际贸易谈判。从关税与贸易总协定到世界贸易组织，国际上先后进行了八次多边贸易谈判，总体上成果较为丰硕。但时至今日，一些旧的问题还没有完全解决，新的问题又不断产生。可以说，开展多边贸易谈判的必要性和迫切性仍然在日益增加。世界贸易组织继承并发展了谈判职责，不但为国际贸易谈判提供了平台与场所，而且为削减更多的贸易壁垒和促成更广泛的自由贸易发挥了积极作用。

第三，解决国际贸易争端。国际贸易争端是一种常见的经济现象，其原因较为复杂、后果也较为严重，防范和化解国际贸易争端历来是各国涉外经济管理中的一项难题。世界贸易组织则建立了较为完善的国际贸易争端解决机制，一方面避免了有些国家或地区通过单方面的贸易制裁措施来扰乱世界贸易秩序，另一方面又保障了各项有关贸易与投资的政策协议能够得到贯彻执行，因而在维护世界贸易多边体制的安全运行、有序运行方面发挥了关键作用。

第四，审议国际贸易政策。世界贸易组织拥有成熟的贸易政策审议流程和相关机构，制定和实施了一系列多边贸易政策和规则。世界贸易组织还会定期审议各个成员的贸易政策，一方面能够确保相关成员遵守规则、兑现承诺，另一方面还能够预防不正当竞争、避免贸易摩擦及增加政策在执行过程中的透明度。

第五，协调国际组织合作。世界贸易组织会保持与联合国、世界银行、国际货币基金组织等其他国际组织的沟通与合作，以便形成协调一致的全球经济政策。强化国际组织之间的合作，不但可以降低管理成本、提高工作效率、避免政策重复，更能够扩大世界贸易组织的国际影响力，并进一步发挥其他各项职能的作用。

第六，帮扶发展中国家或地区。世界贸易组织专门设置了“贸易与发展委员会”等专门机构，针对发展中国家或地区和最不发达国家或地区给出了技术援助和培训服务。在一些政策的制定和实施中，也给予发展中国家或地区特殊照顾，为帮助和支持发展中国家或地区开展国际贸易与经济建设发挥了作用。

（二）世界贸易组织的组织结构

世界贸易组织的组织结构主要包括部长级会议、总理事会、专门委员会、总干事和秘书处等几个部分（图 5-1）。

1. 部长级会议

部长级会议是世界贸易组织的最高权力机构，拥有最高决策权。部长级会议的职责包括解释世界贸易组织各项协议的具体含义，监督世界贸易组织各项协议的执行情况，决策重大国际贸易行动与措施，召集新一轮国际贸易多边谈判；发展国际贸易组织成员等。会议由各个成员的对外经贸部部长或其高级代表组成，一般每两年召开一次。目前，世界贸易组织已召开 11 届部长级会议，最近一次是 2017 年 12 月在阿根廷首都布宜诺斯艾利斯召开的第十一届部长级会议，预计第 12 届部长级会议将于 2020 年在哈萨克斯坦的阿斯塔纳召开。

2. 总理事会

在部长级会议之下，设置总理事会来负责世界贸易组织的日常运转及管理工作。总理事会在部长级会议休会期间，代行其各项职能。特别是行使争端解决机构的职责和行使贸易政策审议机构的职责等。总理事会仍然由各个成员派代表组成，可随时召开会议。如果遇到重大问题，总理事会还可以建议召开部长级会议并提前做好准备工作。在总理事会之下，设置货物贸易理事会、服务贸易理事会及与贸易有关的知识产权理事会，分别对应管理相关的国际贸易政策事务。总理事会设置主席职位，由各个成员轮流担任，任期一般为一年。

3. 专门委员会

在部长级会议之下，还设置有各个专门委员会，以便处理各项与贸易有关的专门事务。目前，世界贸易组织已设立了十多个专门委员会，主要包括贸易与发展委员会，国际收支限制委员会，预算、财务与行政委员会，贸易与环境委员会等。在部分理事会之下，也设置有不同职能的委员会。例如，在货物贸易理事会下设置有反倾销措施委员会、市场准入委员会及海关估价委员会等。

4. 总干事和秘书处

世界贸易组织部长级会议设置秘书处并任命总干事。秘书处设置于瑞士日内瓦，目前有700人左右。秘书处的职责是向各个理事会、委员会等下属机构提供服务、监测世界贸易的发展动向、向公众与媒体发布信息、协助解决国际贸易争端及筹备各类会议等。总干事是世界贸易组织的首脑，由部长级会议任命，任期四年。世界贸易组织绝大部分的政策都是由各个成员开会决定，使得总干事的权力相对有限，其主要职责表现为指派工作人员和履行日常管理等。具体而言，总干事将扩大对各个成员的政策影响、推行世界贸易组织的政策与规则、把控世界贸易组织的发展方向及协调各类贸易谈判等。现任总干事为自2013年当选并于2017年连任的巴西外交官罗伯托·阿泽维多。

（三）世界贸易组织的争端解决机制

自1995年成立以来，世界贸易组织就在解决国际贸易争端方面发挥了不可替代的重要作用。按照世界贸易组织成员的承诺，一旦发生贸易争端，任何一方不应采取单边反制措施，而应该将争端诉诸世界贸易组织裁决。各国应避免发生贸易战，自觉维护贸易自由和贸易公平。“乌拉圭回合”达成了《关于争端解决规则与程序的谅解书》，使得世界贸易组织有了一个处理争端的统一规则与程序，进而形成了世界贸易组织独特的争端解决机制。理论上，一切基于贸易协议的争端问题都可以交由世界贸易组织的争端解决机制来处理，而总理事会就是处理贸易争端的常设机构。按照相应机制，解决争端的过程分为六个环节。

第一，磋商程序。磋商是解决贸易纠纷的首要原则。在一般情况下，磋商由产生贸易争端的双方秘密进行，并不得妨碍各方在进一步程序中的权利。磋商有利于贸易争端的内部化解，是最简单、最经济的解决方式。

第二，调解程序。如果争议双方未能协商一致，经双方同意，还可以进行由第三方介入的斡旋、调解及调停程序。这类程序同样是不公开进行的，通常由世界贸易组织总干事出面协调，以便争议双方能够尽快结束贸易摩擦，达成和解。

第三，专家程序。如果调解失败，则需要引入专家小组程序。这是国际贸易争端解决机制的核心程序。专家小组一般由三人组成，对相关争端案件拥有调查、审查、建议和裁决等权力。原则上专家小组需在六个月内反馈裁决报告，报告一旦通过就具有相当的约束力。

第四，上诉程序。在专家小组发布最终报告之后，争端各方还有上诉的权力。上诉由世界贸易组织的常设上诉机构受理，上诉的有效期为六十至九十天。允许上诉体现了世界贸易组织的公平性原则。

第五，裁决程序。上诉机构经过再次审理，会做出维持、修正或撤销等裁决结论。这一结论将是权威的最终裁决，各方须无条件接受，从而形成了世界贸易组织完整的二审终审制。

第六，执行程序。最终裁决生效之后，世界贸易组织会要求争端当事方予以执行。对于不能立即执行的案件，会给予一定的时间期限，一般不超过十五个月。如果出现拒绝执行的当事方，世界贸易组织还可以应受害方的要求采取进一步的报复或制裁措施。

从国际贸易的实践来看，一件争端案件的解决时间在一年左右，如果遭遇上诉，则时间更长。因此，世界贸易组织对一些鲜活易腐商品或季节性商品做出了规定，相应争端案件应在三个月内裁决。世界贸易组织的争端解决机制很好地服务了国际贸易，不仅化解了各国间的具体贸易摩擦，更促进了各国在贸易政策、法律法规方面的协调融合。相比于关税与贸易总协定，世界贸易组织在这方面的成效更为显著。

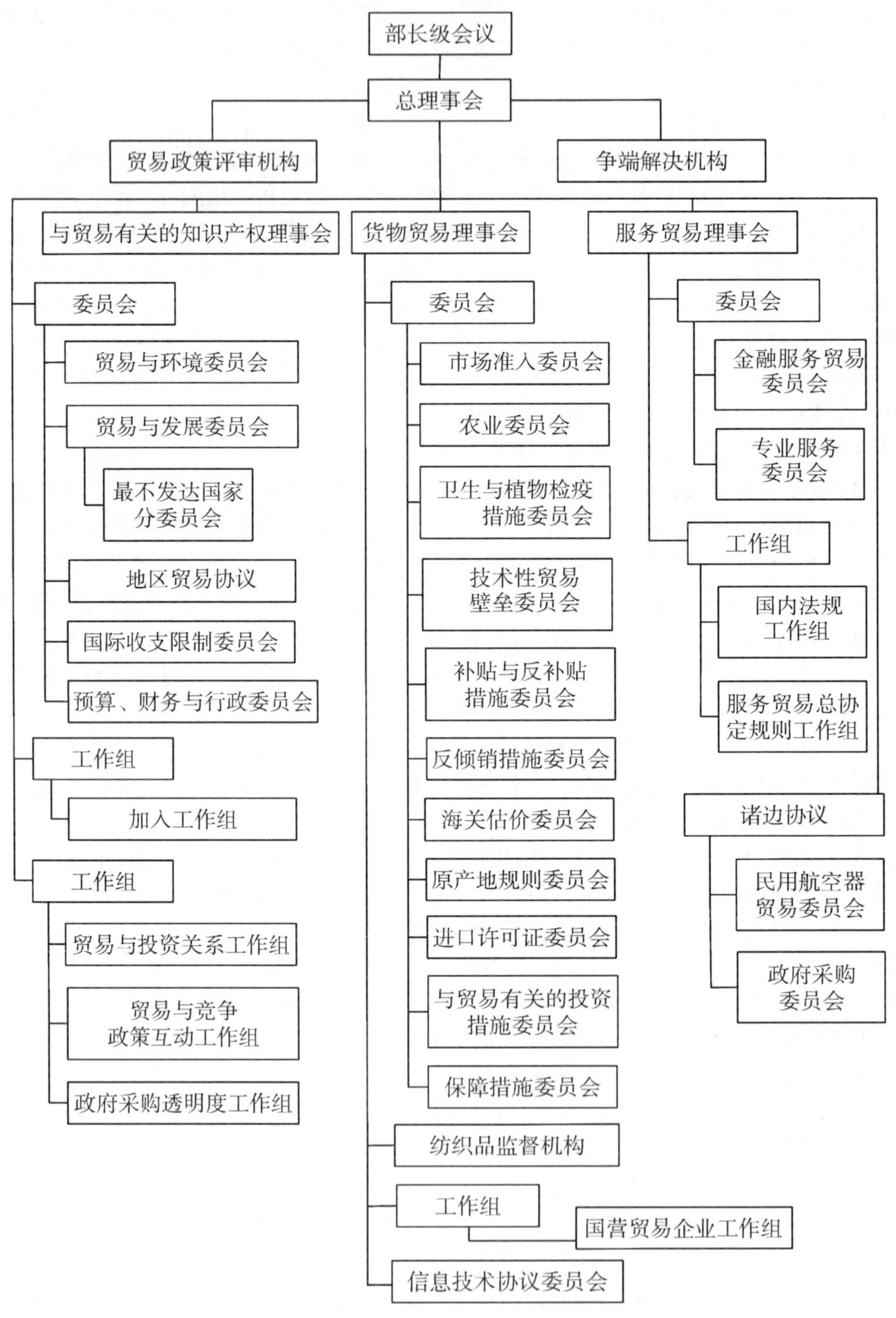

图 5-1　世界贸易组织结构图

三、世界贸易组织的原则体系

世界贸易组织的原则体系由若干原则组成，总体上可概括为非歧视性原则、公平贸易原则和透明度原则三项主要原则。

（一）非歧视性原则

非歧视性原则也被称为无差别待遇原则，是指 WTO 成员在实施某项贸易限制措施时，必须一视同仁，对其他任何成员不得有额外的优惠或歧视措施。这一原则适用于各类关税措施、非关税措施其他与贸易有关的政策措施。非歧视性原则是世界贸易组织的基本原则，具体表现在最惠国待遇原则、互惠原则及国民待遇原则之中。

1. 最惠国待遇原则

最惠国待遇原则是指任何 WTO 成员给予别国或地区的贸易特权、优惠和豁免，必须同时无条件地适用于任何第三方成员，从而做到非歧视性。世界贸易组织要求各成员的贸易政策须满足普遍性、互惠性、自动性及无条件性，并将最惠国待遇原则应用于一切与进出口有关的关税减让、数量限制、费用计算、知识产权保护及海关手续等方面。

2. 互惠原则

互惠原则是指成员之间应当相互给予对方贸易优惠待遇的做法。这一原则是关税与贸易总协定的基础原则，并在世界贸易组织中继续沿用。由于互惠原则明确了各成员之间的贸易关系和谈判基础，因而有利于各成员开展更为务实和有效的经贸合作。目前，互惠原则已在农产品贸易、纺织品和服装贸易、资源类产品贸易、服务贸易及知识产权保护等领域发挥了积极作用。

3. 国民待遇原则

国民待遇原则是指成员给予其他成员的自然人与法人等贸易主体的经贸政策待遇不得低于本国自然人与法人。这一原则被视为对最惠国待遇原则的重要补充，带有明显的公平性、对等性和保护性特征。国民待遇原则涉及外国商品在本国的销售、运输、加工和使用等诸多环节，要求相关法令及政策不得带有歧视性，特别是在税费征收、流通限制等方面，国内外商品应当享受同等的待遇。

（二）公平贸易原则

公平贸易原则的含义是要求各个成员在国际贸易过程中不得使用不公正的政策措施来干扰国际贸易竞争或扭曲国际贸易关系。首先，自由贸易是公平贸易的前提，世界贸易组织要求各个成员应自觉削减贸易壁垒，提高市场准入程度。其次，如果成员遭遇损害性质的贸易措施，世界贸易组织也允许该成员采取反倾销、反补贴等贸易补救措施，从而维护贸易公平。最后，对于发展中国家（地区）或国际贸易中的特殊情况，世界贸易组织也会给予一定优惠政策或保障措施，进一步体现了照顾性、针对性及公平性特征。公平贸易原则是世界贸易组织的核心原则，具体表现在自由贸易原则、允许例外原则及发展中国家（地区）优惠待遇原则之中。

1. 自由贸易原则

自由贸易原则也被称为贸易自由化原则，既是世界贸易组织的一项原则，也是世界贸易组织的基本目标。要想实现在世界各国间的自由贸易，削减关税与非关税壁垒是关键，因而这一原则又可进一步表述为关税减让原则和禁止数量限制原则。前者是指各个成员应致力于减少关税措施和降低关税水平，并且形成一种只降不升的贸易便利化趋势。常用措施包括降低关税税率、减少关税税目、固定计算方法及设置最高税率等。后者是指各个成员不能使用除了关税措施之外的其他贸易限制措施，例如各类配额、许可证等数量限制措施。虽然自由贸易原则对于贸易障碍的消除并不彻底，但是这一原则的目标和方向是正确的，并且在扩大市场准入、促进贸易开放及保障互惠互利等方面仍然发挥了积极的作用。

2. 允许例外原则

允许例外原则是指针对一些特殊情况，成员可以不履行已承诺的义务，并采取一些限制进口贸易的紧急保障措施。实施保障措施的情况包括维护国家安全、保护知识产权、防止文物或艺术品流失等。常用的措施包括提高关税税率、进行数量限制等。为了防止允许例外原则被滥用，世界贸易组织对使用时的条件、手段和期限等都做出了严格规定和限制。可以说，允许例外原则体现了世界贸易组织制定和应用规则的一定灵活性，兼顾了国际贸易与其他经济社会领域的相互协调。

3. 发展中国家优惠待遇原则

发展中国家优惠待遇原则又被称为“非互惠待遇原则”，是世界贸易组织对发展中国家给予的政策优惠安排。这一安排是例外的、单向的和非互惠的。这一原则的主要内容体现为较低水平的义务要求、灵活安排的兑现承诺时间表及针对性的各项技术服务等。例如，当发展中国家无法立即履行国际贸易协议时，世界贸易组织允许其享受一定时间的过渡时期。最不发达国家更是可以在不承担任何义务的情况下，享受世界贸易组织的众多权利。可以说，发展中国家优惠待遇原则是一项有利于世界经济与贸易整体发展的优惠政策。

（三）透明度原则

透明度原则是指成员所采取的一切影响国际贸易活动的政策措施必须在第一时间公开宣布。这一原则主要针对各国政策措施的出台、修订及废止等环节，防止有任何国家（地区）通过暗箱操作来获利，从而消除因不公开贸易所带来的歧视性和不公平性贸易。具体涉及各国的海关法规、政府间贸易协议、司法裁决以及行政命令等。透明度原则亦是世界贸易组织的重要原则，不但适用于货物贸易、服务贸易、技术贸易、投资活动及知识产权保护等经济领域，而且还延伸到法律法规的制定、颁布及实施等非经济领域。

（四）其他原则

除了以上主要原则之外，世界贸易组织还有其他一些原则。例如，协商与协商一致原则。这一原则是世界贸易组织处理国际贸易问题的基本原则之一，并在过去数十年中为决策重大事项发挥了积极的作用。再比如，公正、平等处理贸易争端原则。这一原则被普遍应用于世界贸易组织内部的争端调解，特别是在以世界贸易组织总干事为调解人的贸易争端解决机制中，很好地维护了世界贸易的公平性和世界贸易组织的权威性。

本章小结

本章主要讲述了两个方面的内容。

第一，区域经济一体化。区域经济一体化是指两个或两个以上的国家或地区，通过协商并达成一致的经济贸易政策，彼此让渡部分经济主权，从而在经济上形成具有排他性的区域经济联合体。按照区域经济一体化程度的不同，由低到高可分为优惠贸易安排、自由贸易区、关税同盟、共同市场、经济联盟和完全的经济一体化等若干类型。有关区域经济一体化的理论基础包括关税同盟理论、大市场理论、协议性分工理论等。

第二，世界贸易组织。世界贸易组织（WTO）是一个具有独立的法人资格和财产的处理国际贸易全球规则的永久性国际组织。它经历了从国际贸易组织到关税与贸易总协定，再到世界贸易组织的发展历程。世界贸易组织的目标是通过各成员之间互惠互利的政策安排，大量削减关税与非关税贸易壁垒，消除国际贸易关系中的歧视性待遇，从而建立起一个更完整的、更具活力的、更持久的多边贸易体系。世界贸易组织的组织结构主要包括部长级会议、总理事会、专门委员会、秘书处和总干事等几个部分。世界贸易组织的原则体系主要包括非歧视性原则、公平贸易原则和透明度原则。中国于 2001 年 12 月加入世界贸易组织，并为世界经济与贸易的发展做出了重要贡献。

思考题

1. 请简述优惠贸易安排、自由贸易区、关税同盟、共同市场、经济联盟和完全的经济一体化的概念，并阐述各个概念之间的区别。

2. 请简述关税同盟的静态效应和动态效应。

3. 试论述世界贸易组织争端解决机制的基本流程。

4. 试论述世界贸易组织非歧视性原则的内涵，并结合一定的案例进行阐述。

5. 试论述世界贸易组织的历史、现状与发展趋势，并谈谈你对世界经济全球化的理解。

第六章
"一带一路"与中国对外贸易

学习目标
XUEXI MUBIAO

熟悉"一带一路"的背景，掌握"一带一路"的概念，能够阐述"一带一路"的合作重点及积极影响，特别是理解"一带一路"与国际贸易发展的关系。了解中国对外贸易的历史与现状，能够结合统计数据阐述中国对外贸易发展的特点与趋势。

学习重点
XUEXI ZHONGDIAN

"一带一路"的概念、背景、合作重点以及意义，中国对外贸易的历史、现状与发展趋势。

第一节　"一带一路"概述

一、"一带一路"的概念

2013 年 9 月和 10 月，习近平提出了建设"新丝绸之路经济带"和"21 世纪海上丝绸之路"的合作倡议。"一带一路"（The Belt and Road，B&R）是"丝绸之路经济带"和"21 世纪海上丝绸之路"的简称，是中国政府从世界经济形势和亚太地缘关系的最新变化出发，首次向国际社会提出的区域发展与经贸合作倡议，具有极其深远的战略意义。中国提出建设"一带一路"的倡议，旨在借用古代丝绸之路的历史符号，高举和平发展的旗帜，积极发展与沿线国家或地区的经济合作伙伴关系，共同打造政治互信、经济融合、文化包容的利益共同体、命运共同体和责任共同体。

二、"一带一路"的背景

（一）历史背景

丝绸之路是古代中国对外交往的重要通道，并以陆上丝绸之路和海上丝绸之路为主体。一方面，陆上丝绸之路起源于公元前202年至公元前8年的西汉时期，东起长安（今西安），向西途经甘肃、新疆至中亚、西亚地区，并最终连接地中海各国。1877年，德国地质地理学家李希霍芬在其著作《中国》一书中，将"从公元前114年至公元127年间，中国与中亚、中国与印度间以丝绸贸易为媒介的这条西域交通道路"命名为"丝绸之路"，这一名词随即得到了广泛的认可和使用。另一方面，海上丝绸之路亦形成于西汉时期，历经汉唐至明清，几度繁荣，是世界上历史最久、影响最大的海上大通道之一。明朝时，海上丝绸之路的航线已扩展至全球，进入了全盛时期，广州、泉州、宁波、福州、南京等皆是当时的航运大港，对外贸易十分繁盛。除了陆上丝绸之路和海上丝绸之路之外，中国历史上还出现过面向西南的南方丝绸之路和茶马古道、深入北方的草原丝绸之路等，它们共同构成了古代中国对外贸易的渠道网络。

（二）时代背景

随着世界经济、贸易、投资及商务环境的不断变化，各国均要面对在发展领域出现的一系列新问题和新挑战，而在这些问题当中，能否抓住全球化的机遇并促进国际贸易的发展就是一项迫切需要解答的关键问题。如今，中国经济与世界经济密切相连，并为世界经济的持续增长做出了十分重要的贡献。为了进一步扩大和深化对外开放，加强同亚非欧及世界其他各国的经贸合作，中国提出了建设"一带一路"的倡议，得到世界各国的赞同和响应。一方面，中国将坚持对外开放的基本国策并构建全方位的开放新格局，进一步深度融入世界经济体系。另一方面，"一带一路"沿线国家或地区也将通过对话与合作，建立更加平等均衡的新型共赢发展伙伴关系，为世界经济与贸易的长期稳定发展奠定更加坚实的基础。

（三）中国背景

中国是建设"一带一路"倡议的提出国，作为一项具有深远战略意义的发展倡议，"一带一路"倡议与中国对外经贸发展的现实问题密切相关。

1. 开拓海外市场

"一带一路"建设有利于中国对海外市场的开拓。众所周知，对外贸易的发展需要一定的外国市场，外部需求越大，对外贸易的增长动力越强。截至2018年年底，中国的对外货物贸易总额已连续两年位居世界第一，是世界上名副其实的贸易大国。然而，中国的对外贸易却存在着一定的问题。以出口为例，中国的传统贸易伙伴比较单一，主要是美国、欧洲及日本等；贸易商品的种类也不够丰富，主要是传统的资源密集型和劳动密集型产品等。国内产能的日渐增长和传统外国市场的需求饱和，再加上个别国家推行贸易保护主义政策，限制了中国对外贸易量的持续增加，使得中国的产能过剩问题逐渐凸显了出来。恰逢此时，建设"一带一路"的倡议为中国对外贸易的发展指明了新的方向，通过发展与沿线国家或地区的国际贸易和经济合作，不但能够缓解中国国内的产能过剩问题，更能促进并带动相关发展中国家的经贸发展，并最终形成一个互利共赢的、新的国际贸易市场，使各国都能够从中获益。

2. 发展世界贸易

"一带一路"建设有利于世界各国的经贸发展与互利共赢。实践证明，"一带一路"建设不但为中国对外贸易的发展带来了新的机遇和动力，而且正在成为一种影响世界贸易格局的新兴力量。数年来，中国同"一带一路"沿线国家或地区的贸易和投资总体保持了良好的增长势头，在开展双边或多边经贸合作的过程中也取得了很好的成绩（表 6-1）。以 2013 年至 2018 年的数据为例，中国与“一带一路”沿线国家或地区的进出口总额达到 64 691.9亿美元，为当地创造了 24.4 万个就业岗位，共建设境外经贸合作区 82 个，签署对外承包工程合同超过 5 000 亿美元，对外直接投资超过 800 亿美元①。随着“一带一路”建设在经贸领域的持续作用，中国与东亚、东南亚、南亚、中亚、西亚、东欧及大洋洲的国家或地区的经贸合作水平也得到了较大提升，韩国、越南、马来西亚、印度、俄罗斯、泰国、新加坡等国已成为中国主要的“一带一路”贸易伙伴。可以说，“一带一路”沿线国家或地区在参与“一带一路”建设与交流的过程中，分享了共同发展的红利，实现了区域经济的增长。

表 6-1　2016—2018 年中国与“一带一路”沿线国家或地区的贸易与投资情况

年份	对“一带一路”沿线国家或地区进出口总额（亿元）	对“一带一路”沿线国家或地区非金融类直接投资额（亿美元）	对“一带一路”沿线国家或地区对外承包工程完成营业额（亿美元）	“一带一路”沿线国家或地区对华直接投资新设立企业数	“一带一路”沿线国家或地区对华直接投资金额（亿元）
2016 年	62 517	145	760	2 905	458
2017 年	73 745	144	855	3 857	374
2018 年	83 657	156	893	4 479	424

数据来源：根据国家统计局历年统计公报整理。

三、“一带一路”的合作重点

（一）政策沟通

发展国际贸易必须营造良好的经贸政策环境，各国应尽力消除阻碍自由贸易的各类壁垒，防止贸易保护主义对各国利益的损害。因此，加强政策沟通应该是“一带一路”建设的重要保障。各国应加强在国际经贸合作方面的政府间合作，构建多层次的政府间宏观政策沟通交流机制，深化经济交流，促进政治互信，以期在国际贸易、国际金融、国际商务等领域达成长期合作的新共识。“一带一路”沿线国家或地区可以就经济发展战略和对策进行充分的交流对接，共同制定推进区域经贸合作的规划与措施，并协商解决合作中的问题，共同为务实合作及大型项目实施提供政策支持。

（二）设施联通

发展国际贸易需要具备完善的基础设施条件，各国应大力建设道路、桥梁、港口等基础设施，为国际货物运输与仓储提供充分的便利。因此，基础设施互联互通应当是“一带一路”建设的优先领域。“一带一路”沿线国家或地区应在尊重别国主权和安全的基础上，加强在基础设施建设规划、技术标准体系等方面的对接，共同推进国际骨干通道的建设，逐步形成连接亚非欧各国的基础设施网络。例如，对于目前各国并不一致的运输标准，各国可协商建立统一的全程运输协调机制，以期在国际通关、换装、多式联运等环节高效衔接，逐步形成兼容规范的运输规则，并最终实现国际货物运输的标准化、便利化和信息化。

（三）贸易畅通

开展国际贸易的前提是市场开放、政策透明、管理科学，各国应以“一带一路”建设为契机，主动扩大市场开放并融入世界经贸合作体系。因此，保障贸易畅通应当是“一带

① 数据来源：中国一带一路网。

一路”建设的重点内容。一方面，“一带一路”沿线国家或地区应着力解决国际贸易的便利化问题，努力消除有关贸易的各类壁垒，构建公平透明的营商环境，共商共建自由贸易区，从而推进互利共赢的全面合作。另一方面，“一带一路”沿线国家或地区还应着力解决国际投资的便利化问题，尽力消除有关投资的各种限制，拓展国际投资的领域，推进投资协定的签署，协商国际税收的减免，保护投资者的合法权益。特别是针对一些新兴产业和高新技术，各国还应按照优势互补、互利共赢的原则，积极开展深入有效的合作，创新国际贸易和国际投资的合作发展机制。

（四）资金融通

发展国际贸易需要国际金融的同步发展，各国应在银行、货币、国际结算等领域加强合作，为国际贸易业务的顺利完成提供金融便利。因此，资金融通应当是“一带一路”建设的重要支撑。在深化金融合作方面，中国与“一带一路”沿线国家或地区一道，积极推进亚洲货币体系、投融资体系和信用体系的建设，扩大沿线国家或地区双边本币互换、结算的范围和规模，推动亚洲债券市场的开放和发展。例如，2014 年 10 月亚洲基础设施投资银行（Asian Infrastructure Investment Bank，AIIB）由中国、印度、新加坡等 21 个首批意向创始成员国在北京共同创立，这是一家以促进亚洲区域的互联互通化和经济一体化建设为宗旨的多边金融机构，重点支持了“一带一路”沿线国家或地区的基础设施建设和资金融通。截至 2019 年 7 月 13 日，亚投行已拥有 100 个成员国。另外，2014 年 12 月，依照《中华人民共和国公司法》，中国外汇储备、中国投资有限责任公司、中国进出口银行、国家开发银行共同出资成立了丝路基金，这是按照市场化、国际化、专业化原则设立的中长期开发投资基金，其主要职能是在“一带一路”的建设进程中寻找投资机会并提供相应的投融资服务。

（五）民心相通

发展国际贸易还需要良好的国际人文社会环境，需要克服国家或地区间的文化差异与沟通障碍，实现充分的相互信任。因此，民心相通应当是“一带一路”建设的社会根基。民心相通具有非常丰富的内涵，例如，传承和弘扬丝绸之路的友好合作精神，开展各国之间的文化交流、学术借鉴、人才交往、媒体合作等。各国应当采取各种方式为深化双边和多边合作奠定坚实的民意基础。在国际贸易领域，民心相通还体现为推动服务贸易的发展和便利的跨文化沟通。例如，在教育服务贸易方面，“一带一路”沿线国家或地区可以通过扩大相互间的留学生和教师的流动规模，开展各个层次的合作办学或学术访问，这既可以为国际贸易的发展培养专业人才，也可以增进各国间的相互了解与尊重，并最终促进国际经贸合作的深入开展。除了教育服务贸易之外，各国还可通过电子商务、技术贸易等其他形式的国际贸易来促进交流、加强合作，为实现民心相通营造出良好的经济贸易环境。在促进文化交流方面，中国以孔子学院为载体，旨在增进世界人民对中国语言和文化的了解，发展中国与外国的友好关系，促进世界的多元文化发展，为构建和谐世界贡献力量。孔子学院（Confucius Institute）是中国国家汉语国际推广领导小组办公室在世界各地设立的推广汉语和传播中国文化的机构。截至 2018 年 12 月，全球已有 154 个国家或地区建立了 548 所孔子学院和 1 193 个中小学孔子课堂。其中，“一带一路”沿线就有 54 个国家或地区设立了共计 153 所孔子学院和 149 个孔子课堂，并覆盖了欧盟 28 国和中东欧 16 国①。各地的孔子学院充分利用自身优势，开展了丰富多彩的教学和文化活动，不仅成了各国学习汉语言文化、了解当代中国的重要场所，更是促进“一带一路”沿线国家或地区民心相通的重要平台，有力地支持了国际贸易的健康发展。

---

① 数据来源：央视网与第 13 届孔子学院大会资料。

四、影响与意义

“一带一路”的战略目标是要建立一个政治互信、经济融合、文化包容的利益共同体、命运共同体和责任共同体，要为包括欧亚大陆在内的世界各国谋福利。“一带一路”倡议是中国与丝路沿途国家或地区分享优质产能、共商项目投资、共建基础设施、共享合作成果的全新平台，内容包括道路联通、贸易畅通、货币流通、政策沟通、人心相通“五通”，并承载着三项重要使命。

第一，探寻经济增长之路。“一带一路”是中国在后金融危机时代，着眼于全方位开放，将自身的产能优势、技术与资金优势、经验与模式优势转化为市场与合作优势的一次集中创新。沿线各国将通过响应“一带一路”建设的倡议，共同分享中国改革发展的红利与经验。中国也将着力推动在沿线国家或地区间实现合作与对话，建立更加平等均衡的新型全球伙伴关系，进而夯实世界经济长期稳定发展的基础。

第二，实现全球化的再平衡。传统的全球化发展依托于海洋，临近海洋的国家或地区往往获得了经济发展的先机，而内陆国家或地区则较为落后，从而形成了巨大的贫富差距。传统的全球化由欧洲与美国主导，形成了近现代国际秩序中的“西方中心论”，导致东方从属于西方、经济发展滞后于西方的历史局面。如今，建设“一带一路”的倡议正在推动全球经济的再平衡。同时，在建设“一带一路”的倡议中，中国主动向西推广优质产能和比较优势产业，这将使沿途、沿岸国家或地区首先获益，这也将改变丝绸之路沿途地带的世界地位，使其不再仅仅作为东西方贸易与文化交流的通道。这将有利于缩小贫富差距、平衡地区发展，并推动建立持久和平、普遍安全、共同繁荣的和谐世界。

第三，开创地区间的新型合作。“一带一路”作为一项全方位对外开放战略，正在以经济走廊理论、经济带理论、21 世纪的国际合作理论等创新着传统的经济发展理论、区域合作理论和全球化理论。正是由于建设“一带一路”的倡议强调了共商、共建、共享的原则，使其超越了过去的区域发展战略，为 21 世纪的国际合作带来新的理念和模式。

第二节　中国对外贸易的历史与现状

一、中国对外贸易的历史

和平、发展、合作是当今世界的潮流。改革开放以来，中国顺应经济全球化趋势，不断扩大对外开放，在平等互利的基础上积极同世界各国开展经贸合作。经过四十多年的发展，对外贸易已成为中国经济最为活跃、增长最快的部分之一，中国也成为跻身世界前列的贸易大国。中国对外贸易的发展，将中国与世界更加紧密地联系起来，这有力地推动了中国的现代化建设，也促进了世界的繁荣与进步。特别是当中国在 2001 年加入了世界贸易组织之后，中国经济融入全球经济的进程进一步加快，中国对外贸易的活力进一步增强。

（一）对外贸易质量不断提升

1949 年中华人民共和国成立以后，坚持独立自主、自力更生，逐步开展对外经济贸易交流。由于受到当时国际政治环境和国内计划经济体制等因素的制约，中国当时的对外贸易发展相对缓慢。

1978 年，中国进入改革开放的新时期。大力发展对外贸易，成为中国加快现代化建设、改变落后面貌、促进经济发展和提高综合国力的重要途径。四十多年来，中国利用世界经济较长时期繁荣、经济全球化深入发展的机遇，扩大对外开放，吸引和利用外商投资，引进先进技术，改造和提升国内产业，在全面参与国际分工和竞争中，实现了对外贸易的跨越式发展。相应发展成就表现在以下几个方面。

第一，货物贸易总量跻身世界前列。1978 年，中国货物进出口总额只有 355 亿元，在世界货物贸易中排名第 32 位，所占比重不足 1%。2018 年，中国货物进出口总额达到 305 050亿元，比 1978 年增长了 859 倍。其中，出口总额 164 177 亿元，进口总额 140 874 亿元①。中国出口总额和进口总额占世界货物出口和进口的比重逐年提高，已连续两年成为世界货物贸易第一大进出口国。

第二，货物贸易结构发生了根本性变化。中国出口商品结构在 20 世纪 80 年代实现了由初级产品为主向工业制成品为主的转变，到 90 年代实现了由轻纺产品为主向机电产品为主的转变，进入 21 世纪以来，以电子和信息技术为代表的高新技术产品出口比重不断增加。外贸经营主体除了国有企业外，还包括外商投资企业、民营企业等，后二者的进出口总额目前均已超过国有企业。20 世纪 80 年代至 21 世纪初，中国加工贸易蓬勃发展，成为外贸的重要组成部分。在中国外贸发展中，外商投资企业和加工贸易发挥了十分重要的作用。

第三，形成全方位和多元化进出口市场格局。改革开放后，中国全方位发展对外贸易，与世界上绝大多数国家或地区建立了贸易关系。贸易伙伴已经由 1978 年的几十个国家和地区发展到目前的超过两百个国家或地区。欧盟、美国、东盟、日本、金砖国家及“一带一路”沿线国家或地区等成为中国主要贸易伙伴。21 世纪以来，中国与新兴市场和发展中国家的贸易持续较快增长。例如，2018 年中国对“一带一路”沿线国家或地区的进出口总额就达到了 83 657 亿元，比上年增长了 13.3%。

第四，服务贸易的国际竞争力不断增强。加入世界贸易组织后，中国服务贸易进入新的发展阶段，规模迅速扩大，结构逐步优化，排名也进入世界前列。旅游、运输等领域的服务贸易增势平稳，建筑、通信、保险、金融、计算机和信息服务、专有权利使用费和特许费、咨询等领域的跨境服务及承接服务外包快速增长。例如，2018 年中国服务贸易总额已达 52 402 亿元，比上年增长了 11.5%。数据表明，中国正在成为世界服务贸易大国。

对外贸易的发展有力地推动了中国的现代化建设，中国已成长为一个开放的重要经济体。参与国际分工与竞争、引进先进技术、设备和管理、利用外商直接投资等措施，极大地促进了中国的技术进步和产业升级，并提高了中国企业的管理水平和市场竞争力。加工贸易的迅速发展壮大使中国劳动力充裕的比较优势得以发挥，加快了中国的工业化和城镇化进程。对外贸易直接带动就业人口超过 8 000 万，其中 60%以上来自农村，就业者的收入和生活得到了显著提高和改善。对外贸易与国内投资、消费一起，成为中国经济增长的三大引擎。

中国对外贸易的历史性进步是与国际国内形势的发展变化紧密联系在一起的。20 世纪 80 年代前后，和平与发展成为世界的主题。随着经济全球化的不断推进，资金、技术、产品、市场、资源、劳动力等要素在世界范围内的流动和配置更加活跃。以信息、通信为主导的科学技术进步使生产效率得到极大的提高，国际产业转移也不断深化和发展。经济全球化、科学技术进步、国际产业转移和各国之间合作的加强等都为中国进一步融入世界经济提供了历史性机遇。中国政府顺应时代潮流，以经济建设为中心，实行改革开放，发展与世界各国的经济技术合作，积极合理地利用外资，充分发挥各项比较优势，促进了国际产业链分工的深化，为对外贸易的长期较快发展创造了十分有利的条件。在这一历史进程中，外国企业尤其是发达国家的跨国公司在中国获得了大量投资机会，实现了与中国经济的互利双赢。

① 数据来源：国家统计局《关于一九七八年国民经济计划执行结果的公报》和《2018 年国民经济和社会发展统计公报》。

中国对外贸易的发展得益于改革开放，得益于经济全球化，得益于坚持走互利合作共赢的道路。可以说，中国的发展离不开世界，世界的繁荣稳定也离不开中国。

当然，中国仍然是一个发展中国家。与世界贸易强国相比，中国的相当一部分出口产业仍处于全球产业链的中低端，资源、能源等要素投入和环境成本还相对较高，中国企业的国际竞争力、抗风险能力还相对较弱。中国要实现由贸易大国向贸易强国的转变是一个较为长期的过程。

（二）对外贸易政策不断完善

改革开放之前，中国对外贸易实行指令性计划管理和国家统负盈亏。改革开放以来，中国外贸体制经历了由指令性计划管理到发挥市场机制的基础性作用、由经营权高度垄断到全面放开、由企业吃国家“大锅饭”到自主经营和自负盈亏的转变。在中国争取恢复关税与贸易总协定缔约方地位和加入世界贸易组织的谈判过程中，以及在中国加入世界贸易组织后，中国的外贸体制逐步与国际贸易规则接轨，建立起统一、开放、符合多边贸易规则的对外贸易制度。

在改革开放初期，中国外贸体制改革主要是改革单一计划管理体制，下放外贸管理权和经营权，实行外汇留成制度并建立外汇调剂市场。吸收外商直接投资，使外商投资企业作为新的经营主体进入外贸领域，打破了国有外贸企业的垄断。此后，中国推行了外贸经营承包制，用指导性计划逐步取代指令性计划。按照国际贸易的通行规则，中国建立了出口退税制度。1992 年 10 月，中国明确提出建立社会主义市场经济体制的改革目标。根据这一目标，中国对财政、税收、金融、外贸和外汇体制进行了全面改革。1994 年 1 月，中国政府取消对出口的所有财政补贴，进出口企业转变为完全自负盈亏。人民币官方汇率与市场调剂汇率并轨，实行以市场供求为基础、单一的、有管理的浮动汇率制度。外贸经营领域进行了企业股份化和进出口代理制试点。同年，《中华人民共和国对外贸易法》正式颁布实施，从而确立了维护公平、自由的对外贸易秩序等原则，奠定了对外贸易的基本法律制度。1996 年 12 月，中国实现了人民币经常项目下的可兑换。与此同时，中国多次大幅度自主降低关税，减少配额和许可证等非关税措施。这些改革使中国初步建立起以市场经济为基础，充分发挥汇率、税收、关税、金融等经济杠杆作用的外贸管理体制和调控体系。

2001 年 12 月 11 日，历经 16 年谈判，中国成为世界贸易组织第 143 个成员。根据加入世界贸易组织的承诺，中国扩大了在工业、农业、服务业等领域的对外开放，加快推进贸易自由化和贸易投资便利化。在履行承诺的过程中，中国深化外贸体制改革，完善外贸法律法规体系，减少贸易壁垒和行政干预，明确政府在外贸管理中的职责，促进政府行为更加公开、公正和透明，推动开放型经济进入了一个新的发展阶段。在这一时期，主要改革措施有以下几个方面。

第一，加快对外经济贸易法制化建设。加入世界贸易组织后，中国集中清理了2 300多部法律法规和部门规章，对其中不符合世界贸易组织规则和中国加入世界贸易组织承诺的，分别予以废止或修订。新修订的法律法规减少和规范了行政许可程序，建立健全了贸易促进、贸易救济的法律体系。根据世界贸易组织《与贸易有关的知识产权协议》，中国对与知识产权相关的法律法规和司法解释进行了修改，基本形成了体系完整、符合中国国情、与国际惯例接轨的保护知识产权法律法规体系。

第二，进一步降低关税，削减非关税措施。在加入世界贸易组织的过渡期，中国进口商品关税总水平从 2001 年的 15.3%逐步降低到 2005 年的 9.9%。到 2005 年 1 月，中国绝大多数关税削减承诺执行完毕。根据承诺，中国自 2005 年 1 月起全部取消对 424 个税号产品的进口配额、进口许可证和特定招标等非关税措施，仅仅保留了依据国际公约及在世界贸易组织规则下为保证生命安全、保护环境实施进口管制产品的许可证管理。截至 2018 年年底，中国的关税总水平已经降至7.5%。

第三，全面放开外贸经营权。根据2004年新修订的《中华人民共和国对外贸易法》，自2004年7月起，中国政府对企业的外贸经营权由审批制改为备案登记制，所有对外贸易经营者均可以依法从事对外贸易。取消外贸经营权审批促进了国有企业、外商投资企业和民营企业多元化外贸经营格局的形成。在国有企业和外商投资企业进出口持续增长的同时，民营企业对外贸易发展迅速，进出口市场份额持续扩大，成为对外贸易的重要经营主体。

第四，进一步扩大服务市场开放。中国认真履行加入世界贸易组织的承诺，为境外服务商提供了包括金融、电信、建筑、分销、物流、旅游、教育等在内的广泛的市场准入机会。在世界贸易组织服务贸易分类的160个分部门中，中国开放了100个，开放范围已经接近发达国家的平均水平。2018年，中国新设立外商企业60 533家，比上年增长69.8%；实际使用外商直接投资金额8 856亿元，增长0.9%，折合1 350亿美元，增长3.0%。其中，外商服务企业的占比逐年提高。

第五，营造更为公平的市场竞争环境。中国通过建立、完善公平贸易法律制度和执法、监督机制，遏制与打击对外贸易经营中的侵权、倾销、走私、扰乱市场秩序等不公平贸易行为，努力为境内外企业提供一个宽松、公平、稳定的市场环境。中国政府依据国内法律和国际贸易规则，加强预警监测，同时利用贸易救济和反垄断调查等措施，对贸易伙伴的不公平贸易行为予以纠正，维护国内产业和企业的合法权益。在应对国际金融危机的过程中，中国与国际社会一起坚决反对任何形式的贸易保护主义，严格遵守世界贸易组织相关规定，在实施经济刺激计划时平等地对待境内外产品，促进了境内外企业的公平竞争。

截至2010年年底，中国加入世界贸易组织的所有承诺全部履行完毕。中国认真履行承诺的实际行动得到世界贸易组织大多数成员的肯定。2006年、2008年和2010年，中国政府接受了世界贸易组织的三次贸易政策审议。世界贸易组织所倡导的非歧视、透明度、公平竞争等基本原则已经融入中国的法律法规和有关制度。市场意识、开放意识、公平竞争意识、法治精神和知识产权观念等在中国更加深入人心，推动了中国经济进一步开放和市场经济体制进一步完善。从2010年至2019年，中国在世界贸易组织框架下，继续为世界经济与贸易的发展做出持续的贡献。

当前，全球经济结构和贸易格局仍然面临着调整需求。中国对外贸易也将在不断创新中前进，要努力实现从规模扩张向质量和效益提高的转变，从主要依赖低成本优势向增强综合竞争优势转变，从中国制造向中国创造转变，从贸易大国向贸易强国转变。

二、中国对外贸易的现状

（一）宏观经济概况

根据国家统计局发布的《2018年国民经济和社会发展统计公报》，2018年的全年国内生产总值达到900 309亿元，比上年增长6.6%。其中，第一产业增加值64 734亿元，增长3.5%；第二产业增加值366 001亿元，增长5.8%；第三产业增加值469 575亿元，增长7.6%。第一产业增加值占国内生产总值的比重为7.2%，第二产业增加值比重为40.7%，第三产业增加值比重为52.2%。全年最终消费支出对国内生产总值增长的贡献率为76.2%，资本形成总额的贡献率为32.4%，货物和服务净出口的贡献率为-8.6%。人均国内生产总值64 644元，比上年增长6.1%。国民总收入896 915亿元，比上年增长6.5%。近五年宏观经济概况见图6-1。

2018年的年末国家外汇储备为30 727亿美元，比上年末减少672亿美元（图6-2）。全年人民币平均汇率为1美元兑6.617 4元人民币，比上年升值2.0%。

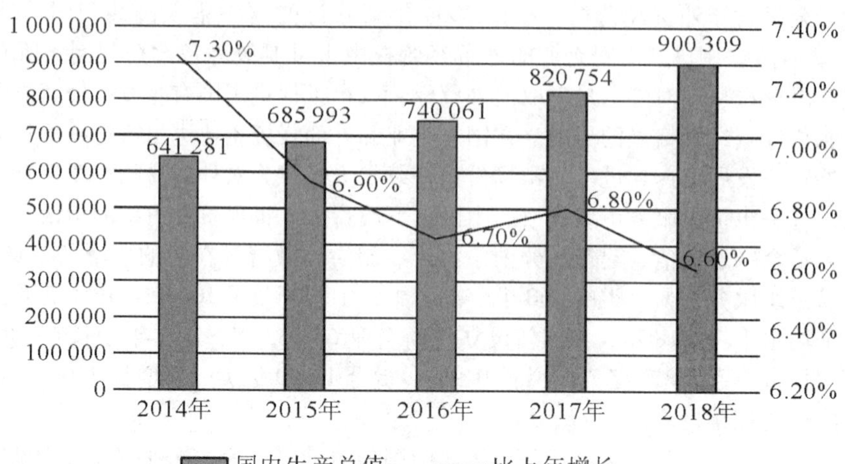

图 6-1　2014—2018 年国内生产总值及其增长速度

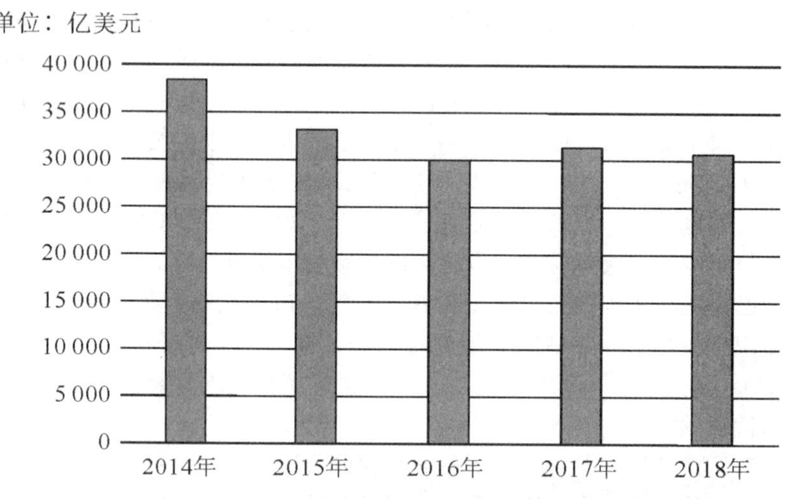

图 6-2　2014—2018 年年末国家外汇储备

（二）国内贸易概况

2018 年全年社会消费品零售总额 380 987 亿元，比上年增长 9.0%。按经营地统计，城镇消费品零售额 325 637 亿元，增长 8.8%；乡村消费品零售额 55 350 亿元，增长 10.1%。按消费类型统计，商品零售额 338 271 亿元，增长 8.9%；餐饮收入额 42 716 亿元，增长 9.5%。

在限额以上单位商品零售额中，粮油、食品类零售额比上年增长 10.2%，饮料类增长 9.0%，烟酒类增长 7.4%，服装、鞋帽、针纺织品类增长 8.0%，化妆品类增长 9.6%，金银珠宝类增长 7.4%，日用品类增长 13.7%，家用电器和音像器材类增长 8.9%，中西药品类增长 9.4%，文化办公用品类增长 3.0%，家具类增长 10.1%，通信器材类增长 7.1%，建筑及装潢材料类增长 8.1%，石油及制品类增长 13.3%，汽车类下降 2.4%。

全年实物商品网上零售额 70 198 亿元，比上年增长 25.4%，占社会消费品零售总额的比重为 18.4%，比上年提高 3.4 个百分点。

（三）对外贸易与投资概况

2018 年的全年货物进出口总额为 305 050 亿元，比上年增长 9.7%（图 6-3）。其中，出口 164 177 亿元，增长 7.1%；进口 140 874 亿元，增长 12.9%。货物进出口顺差 23 303 亿元，比上年减少 5 217 亿元。对“一带一路”沿线国家或地区进出口总额 83 657 亿元，比上年增长 13.3%。其中，出口 46 478 亿元，增长 7.9%；进口 37 179 亿元，增长 20.9%。

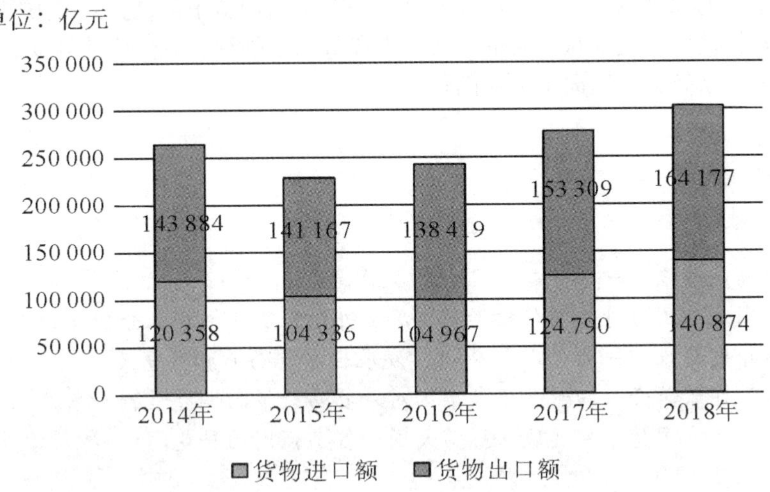

图 6-3　2014—2018 年货物进出口总额

2018 年全年服务进出口总额 52 402 亿元，比上年增长 11.5%。其中，服务出口17 658 亿元，增长 14.6%；服务进口 34 744 亿元，增长 10.0%。服务进出口逆差 17 086 亿元。

全年外商直接投资（不含银行、证券、保险领域）新设立企业 60 533 家，比上年增长 69.8%。实际使用外商直接投资金额 8 856 亿元，增长 0.9%，折 1 350 亿美元，增长 3.0%。其中“一带一路”沿线国家或地区对华直接投资新设立企业 4 479 家，增长 16.1%；对华直接投资金额 424 亿元，增长 13.2%，折 64 亿美元，增长 16.0%。全年高新技术制造业实际使用外资 898 亿元，增长 35.1%，折 137 亿美元，增长 38.1%。

全年对外非金融类直接投资额 7 974 亿元，比上年下降 1.6%，折 1 205 亿美元，增长 0.3%。其中，对“一带一路”沿线国家或地区非金融类直接投资额 156 亿美元，增长 8.9%。

全年对外承包工程完成营业额 11 186 亿元，比上年下降 1.7%，折 1 690 亿美元，增长 0.3%。其中，对“一带一路”沿线国家或地区完成营业额 893 亿美元，增长 4.4%，占对外承包工程完成营业额比重为 52.8%。对外劳务合作派出各类劳务人员 49 万人。

本章小结

本章主要讲述了两个方面的内容。

第一，“一带一路”概述。“一带一路”是“丝绸之路经济带”和“21 世纪海上丝绸之路”的简称，是中国政府从世界经济形势和亚太地缘关系的最新变化出发，首次向国际社会提出的区域发展与经贸合作倡议，具有极其深远的战略意义。一带一路”的合作重点包括政策沟通、设施联通、贸易畅通、资金融通及民心相通。实践证明，“一带一路”建设不但为中国对外贸易的发展带来了新的机遇和动力，而且正在成为一种影响世界贸易格局的新兴力量。

第二，中国对外贸易的历史与现状。改革开放以来，中国顺应经济全球化趋势，不断扩大对外开放，在平等互利的基础上积极同世界各国开展经贸合作。经过四十多年的发展，对外贸易已成为中国经济最为活跃、增长最快的部分之一，中国也成为跻身世界前列的贸易大国。回顾发展历程，中国的对外贸易质量不断提升，对外贸易政策不断完善，面对全球经济结构和贸易格局的深刻调整，中国对外贸易也将在不断创新中前进，并努力实现从规模扩张向质量和效益提高的转变，从主要依赖低成本优势向增强综合竞争优势转变，从中国制造向中国创造转变，从贸易大国向贸易强国转变。

思考题

1. 请简述建设“一带一路”倡议的提出背景、内涵及国际影响。
2. 请简述中国对外贸易与投资的概况，并结合具体数据来分析其特点与趋势。
3. 试论述建设“一带一路”倡议对发展世界贸易的积极意义。
4. 试论述改革开放四十多年来中国对外贸易政策的调整过程。
5. 试论述中国将如何实现从贸易大国向贸易强国的转变。

第七章 国际无形贸易

学习目标

XUEXI MUBIAO

熟悉国际无形贸易的主要特征，掌握国际服务贸易的概念、内容、分类及形式，掌握国际技术贸易的概念、内容及方式，能够阐述《服务贸易总协定》的产生背景、基本内容及主要作用。

学习重点

XUEXI ZHONGDIAN

国际服务贸易的内容、分类及发展概况，跨境交付、境外消费、商业存在、自然人流动的区别与联系，《服务贸易总协定》的产生背景与签署过程，专利、商标、专有技术的概念、特点及作用，许可证贸易、技术咨询服务、合作生产、工程承包、技术协助等国际技术贸易主要方式的概念、特点及内容。

第一节 国际服务贸易

一、无形贸易概述

无形贸易（Invisible Trade）是一个与有形贸易相对应的概念，是一种以非实物形态的商品作为贸易标的物的贸易类型。无形贸易主要包括服务贸易与技术贸易两种具体类型，并且具有几项显著的特征。

第一，无形性特征。无形贸易的交易对象不是有形的商品，而是无形的劳务、服务或知识产权。相比于有形贸易，无形贸易不再存在货物的运输、仓储、保险、检验等业务环节。

第二，同时性特征。对无形贸易的标的物而言，生产与消费往往是同时进行的。相应的产品在生产时即完成出口，在进口时即完成消费。

第三，非海关性特征。无形贸易一般只能反映在一国的国际收支平衡表中，而并不被列入海关的进出口统计数据中。海关一般并不直接管理无形贸易，因而无形商品不需要办理进出口的报关验放手续。

近年来，伴随着国际有形贸易的快速发展，国际无形贸易也逐渐兴起，并日益成为影响一国对外贸易格局和竞争优势的重要力量。

二、国际服务贸易的概念

国际服务贸易（International Service Trade）是指以服务为标的物的一种国际贸易类型。在经济学中，服务是一种特殊形式的劳动产品，反映的是劳动这一活动本身的特殊使用价值。因此，服务是一种有别于有形商品的特殊商品，这类商品主要表现为一系列特殊的人类劳动，并且具有价值性、一次性和无形性等特征。在开展服务贸易的过程中，一方向另一方提供某项服务并获得相应收入的过程被称为服务的出口或输出，一方获得服务并支付相应款项的过程即为服务的进口或输入。从宏观角度看，国际服务贸易反映为不同国家或地区相互提供的各种服务活动；从微观角度看，国际服务贸易则表现为企业或个人购买或提供的各种跨境劳务活动。

另外，按照 WTO《服务贸易总协定》的定义，服务贸易是指四种有关服务的跨国交换活动。第一，从一成员境内向任何其他成员境内提供服务；第二，在一成员境内向任何其他成员的服务消费者提供服务；第三，一成员的服务提供者在任何其他成员境内以商业存在的形式提供服务；第四，一成员的服务提供者在任何其他成员境内以自然人的形式提供服务。

三、国际服务贸易的内容与分类

（一）以部门为标准

按照所属的经济部门不同，国际服务贸易划可以分为十二个主要的大类。

第一，商业服务。商业服务是指各类与商业活动有关的服务交换活动。它主要包括设备租赁服务、不动产服务、安装及装配工程服务、维修设备服务、伴随生产活动的服务、其他专业化服务等。

第二，通信服务。通信服务是指各类有关信息处理、储存和交换的服务活动。它主要包括邮电服务、电讯服务、视听服务、网络服务等。

第三，建筑服务。建筑服务是指各类有关建筑工程的设计、勘测与施工的服务活动。它主要包括选址服务、建筑物的安装工程、建筑工程施工服务、建筑物的维修服务等。

第四，销售服务。销售服务是指各类与商品的销售过程有关的服务活动。它主要包括商品营销服务、商品零售服务及其他商品代理销售服务等。

第五，教育服务。教育服务是指各类与教育有关的服务活动。它主要包括高等教育服务、中等教育服务、初等教育服务、学前教育服务、继续教育服务及教育交流服务等。

第六，环境服务。环境服务是指各类与环境保护有关的服务活动。它主要包括污水处理服务、废物处理服务及卫生服务等。

第七，金融服务。金融服务是指除保险业之外的其他各项金融服务活动。它主要包括银行存款服务、金融市场运作管理服务、银行贷款服务、债权市场服务及金融中介服务等。

第八，保健服务。保健服务是指各类与生命健康有关的服务活动。它主要包括医院诊疗服务、个人保健服务及兽医服务等。

第九，旅游服务。旅游服务是指各类与旅游观光有关的服务活动。它主要包括宾馆与饭店服务、旅行社服务、导游服务及景区服务等。

第十，保险服务。保险服务是指各类与保险产品的销售、管理和赔偿有关的服务活动。它主要包括货物运输保险服务、信用保险与保证保险服务、再保险服务及其他国际保险服务等。

第十一，交通运输服务。交通运输服务是指各类运输人员或货物的服务活动。它主要包括海运服务、陆运服务、空运服务、管道运输服务及其他辅助性服务等。

第十二，文化服务。文化服务是指各类与文化、娱乐、体育等有关的服务活动。它主要包括文化交流服务、新闻机构服务、图书馆服务、体育服务及娱乐服务等。

除了以上主要类型外，服务贸易还包括诸如动产销售服务等其他服务。随着世界经济、社会、文化、科技等的不断发展，服务贸易的内容在不断扩展和丰富。

（二）以用途为标准

按照经济用途或性质不同，国际服务贸易可以划分为三个大类。

第一，消费者用途的服务。消费者用途的服务是指从消费者角度产生的国际服务交换活动。它主要包括金融服务、保险服务、交通服务、旅游服务、文化服务及部分个性化的教育服务等。

第二，政府用途的服务。政府用途的服务是指那些由政府免费或低价提供的国际服务交换活动。它主要包括基本的医疗服务、教育服务、养老服务、政策咨询服务、行政管理服务及税收服务等。

第三，生产用途的服务。生产用途的服务是指各类有关商品生产的国际服务交换活动。它主要包括会计服务、广告服务、法律服务、咨询服务、通信服务、安保服务以及其他生产环节的服务等。

（三）以要素为标准

按照各种生产要素在服务贸易中的密集程度不同，国际服务贸易可以划分为四个大类。

第一，知识密集型服务。知识密集型服务要求服务的提供者是拥有某种技术、技能或知识的专业人员，能够提供专业化的高质量服务。例如，教育服务、法律服务、会计服务、审计服务、咨询服务等。

第二，资本密集型服务。资本密集型服务要求服务的提供者应具备雄厚的资本实力，能够满足相关服务对资金的大量需求。例如，银行贷款服务、远程通信服务、国际航运服务、建筑工程服务、矿产开采服务及酒店住宿服务等。

第三，技术密集型服务。技术密集型服务要求服务的提供者掌握某项高新技术、现代科技、发明专利或关键设备。例如，医学服务、航天服务、研发服务及特殊加工服务等。

第四，劳动密集型服务。劳动密集型服务以大量使用劳动力要素为特征，劳动耗费在服务成本中的占比较高。例如，国际工程承包服务、餐饮服务、产品加工服务等。

四、国际服务贸易的形式

按照 WTO 签署的《服务贸易总协定》，国际服务贸易有四种主要提供形式，分别是跨境交付、境外消费、商业存在和自然人流动。

（一）跨境交付

跨境交付（Cross-Border Supply）也被称为国境交付，是指服务贸易的出口商从出口国境内向进口国境内的进口商提供服务。这类服务并不直接产生人员、货物或资金的跨境流动，跨境流动的只有服务本身。跨境交付一般通过电信、邮政或互联网等媒介实现服务的交换，多应用于金融服务、文化服务和信息咨询服务等。例如，身在中国的律师通过传真向一家美国公司提供法律咨询服务。

（二）境外消费

境外消费（Consumption Abroad）是指服务贸易的出口商在出口国境内向来自外国的进口商直接提供服务，并获取相应的报酬。这类服务的特点是要求消费者到境外购买服务，即需要购买服务的人员跨国流动，而服务本身并不发生跨国流动。例如，在教育服务贸易中，学生或学者需要到外国学校才能开展留学或访学活动；在医疗服务贸易中，病人需要前往外国医院才能进行诊疗或保健活动；在旅游服务贸易中，游客必须到外国风景区才能进行游览观光活动等。

（三）商业存在

商业存在（Commercial Presence）是指服务贸易的出口商在外国设立分公司、营销网点、代理企业等商业机构，并通过这类商业机构向外国境内的进口商提供服务并获取报酬。这类服务的特点是出口商需要在外国开展经营活动，出口商的人员、资金或设备需要跨境流动，而服务本身并不需要跨境流动。商业存在的具体方式较为灵活，既可以在国外通过直接投资建立分支机构，也可以与当地企业共同开办合资或合作企业。例如，在金融服务贸易中，国内商业银行通过在外国设立分行，向外国客户提供信贷服务；在通信服务中，国内电信公司通过与外国电信部门合作组建企业，向外国客户提供通信服务；在旅游服务贸易中，国内酒店通过在外国开设连锁酒店，向外国客户提供住宿、餐饮等旅游服务。

（四）自然人流动

自然人流动（Movement of Natural Persons）是指服务的提供者以自然人的身份前往外国向消费者提供服务并获得报酬。这类服务在原理上与商业存在类似，但主要区别有两点。其一，商业存在的服务提供者为企业，而自然人流动的服务提供者为个人。其二，商业存在的服务期限更长，而自然人流动大多是一种暂时性的短期现象。自然人流动的特点是人员必须跨境流动，人员与服务具有不可分割性。例如，在教育服务贸易中，专家教授前往外国大学开展教学、科研或管理工作；在文化服务贸易中，演员或艺术家前往外国拍摄电影、主持节目或从事广告宣传活动；在法律服务贸易中，律师前往外国开展法律咨询与案件辩护等服务。

五、服务贸易总协定

（一）概述

《服务贸易总协定》（*General Agreement on Trade in Services*，GATS）是关贸总协定乌拉圭回合谈判达成的第一套有关国际服务贸易的具有法律效力的多边协定。该协定于 1995 年 1 月正式生效，是 WTO 框架下的重要协定之一，其宗旨是在透明度和逐步自由化的条件下扩大服务贸易，并促进各成员的经济增长和发展中国家服务业的发展。

在内容上，《服务贸易总协定》包括序言和六个部分共二十九个条款、八个附录、八项部长会议决定，首次为国际服务贸易提供了一套初步的总体规则框架，并被公认为是国际服务贸易迈向自由化的重要里程碑。《服务贸易总协定》还将原则性与灵活性相结合，给予了发展中国家适当照顾，有利于各国在服务贸易方面开展合作和交流。

《服务贸易总协定》所列出的服务行业包括 12 个部门，分别是商业、通信、建筑、销售、教育、环境、金融、卫生、旅游、娱乐、运输及其他，具体又分为 160 多个分部门。该协定规定了各成员必须遵守的普遍义务与原则，磋商和争端解决的措施步骤等，并在 WTO 框架下成立了服务贸易理事会，由其专门负责监督和管理各个成员对协定的执行情况。

（二）产生背景

一方面，发达国家积极倡导服务贸易的自由化。在经历 1979 年至 1982 年的经济危机后，美国经济增长缓慢，在国际货物贸易中赤字增加，而在服务贸易领域却优势明显，出现了连年顺差。以1984年为例，美国的商品贸易有1 140亿美元的逆差，而服务贸易却有140亿美元的顺差。作为世界上最大的服务贸易出口国，美国急切地希望打开其他国家的服务贸易市场，通过大量的服务贸易出口来弥补贸易逆差，推动国内经济增长。而各国对服务贸易不同程度的限制，成为美国利益最大化的障碍。因此，美国积极倡导实行全球服务贸易的自由化。

事实上，早在东京回合谈判中，美国政府就根据《1974年贸易法》的授权，试图把服务贸易作为该回合谈判的议题之一，但是由于当时还有更加迫切的问题需要解决，美国没有提出服务贸易的减让谈判，只是在东京回合中达成的海关估价、政府采购协议中写入了一些服务贸易的内容。美国国会在《1984年贸易与关税法》中授权政府就服务贸易等进行谈判，并授权对不在这些问题上妥协的国家进行报复。发展中国家和一些发达国家抵制美国的提议，欧盟起初也对美国的提议持怀疑态度，但在经过调查后发现，欧共体的服务贸易出口量要高于美国，于是转而支持美国。日本虽然是服务贸易的最大进口国，呈逆差形势，但由于在国际货物贸易中存在顺差，最后也选择支持美国。

另一方面，发展中国家对服务贸易自由化由坚决抵制到逐步接受。当美国开始提出服务贸易的问题时，绝大多数发展中国家都坚决反对服务贸易自由化，它们的理由主要有三点。其一，服务业中的许多部门，如银行、保险、证券、通信、信息、咨询、专业服务等都是一些资本或知识密集型行业，这些行业在发展中国家还很弱小，不具备竞争优势；其二，发展中国家的服务部门尚未成熟，经不起发达国家相关服务业的冲击，过早地实行服务贸易自由化会挤垮这些尚处于幼稚阶段的服务业，因而不宜过早开放；其三，部分服务行业属于涉及国家主权、机密和安全的关键行业，在相关条件不足的情况下更加不宜过早开放。然而，随着发达国家在服务贸易谈判问题上的认识逐步统一，发展中国家坚决抵制的立场也开始改变。首先，一些新兴的发展中国家和地区的某些服务业已取得相当的优势，如韩国的建筑工程承包就具有一定的国际竞争力，新加坡的航空运输业在资本、成本和服务质量上也具有明显的优势。这些国家或地区十分希望通过谈判来扩大本国优势服务的出口。其次，大部分发展中国家一方面迫于来自发达国家的压力，另一方面也认识到如果不积极地参与服务贸易谈判，会导致由发达国家单方面制定服务贸易规则的不利局面。从长远来看，自身利益将会受到更大的损害。因此，许多发展中国家也先后表示愿意参加服务贸易谈判。

终于，在经过多年的“乌拉圭回合”谈判之后，关贸总协定的各成员方于1994年4月在马拉喀什正式签署了《服务贸易总协定》①。

（三）签署过程

1986年9月，服务贸易作为三项新议题之一被列入乌拉圭回合多边贸易谈判的议程，拉开了首次进行服务贸易多边谈判的序幕。回顾历史，乌拉圭回合的服务贸易谈判大体可分为四个阶段。

第一阶段从1986年10月到1988年12月。谈判的主要内容包括服务贸易定义，适用服务贸易的一般原则、规则，服务贸易协定的范围，现行国际规则、协定的规定，服务贸易的发展及壁垒等。这一阶段各国的分歧很大，分歧主要集中在对国际服务贸易如何界定的问题上。发展中国家要求对国际服务贸易做比较狭窄的定义，将跨国公司内部交易和诸如金融、保险、咨询、法律规范服务等不必跨越国境的交易排除在外面，而发达国家则主张较为广泛的定义，将所有涉及不同国民或国土的服务贸易归为国际服务贸易一类。多边谈判最终采取

① 资料来源：商务部网站。

了折中的意见，即不预先确定谈判的范围，根据谈判需要对国际服务贸易采取不同定义。

第二阶段从 1989 年 1 月到 1990 年 6 月。在加拿大蒙特利尔举行的中期审议会上，谈判的重点集中在透明度、逐步自由化、国民待遇、最惠国待遇、市场准入、发展中国家更多参与、保障条款和例外等服务贸易的基本原则，此后的工作主要集中于对通信、建筑、交通运输、旅游、金融和专业服务等各具体部门的谈判。与此同时，各国代表同意采纳一套服务贸易的准则，以消除服务贸易中的诸多障碍。各国分别提出自己的方案，阐述了各自的立场和观点。1990 年 5 月，中国、印度、喀麦隆、埃及、肯尼亚、尼日利亚和坦桑尼亚几个亚非国家向服务贸易谈判组联合提交了“服务贸易多边框架原则与规则”提案，对最惠国待遇、透明度、发展中国家更多参与等一般义务及市场准入、国民待遇等特定义务做了区分。后来，《服务贸易总协定》的文本结构采纳了“亚非提案”的主张，并承认成员方发展水平的差异，对发展中国家做出了很多保留和例外，这在相当程度上反映了发展中国家的利益和要求。

第三阶段从 1990 年 7 月到 1993 年 12 月。这一阶段最终达成了《服务贸易总协定》。1990 年 12 月的布鲁塞尔部长级会议上，服务贸易谈判组修订了“服务贸易总协定多边框架协议草案”，其中包含海运、内陆水运、公路运输、空运、基础电信、通信、劳动力流动、视听、广播、录音、出版等部门的草案附件，但由于美国与欧共体在农产品补贴问题上的重大分歧而没有能够最终结束谈判。经过进一步的谈判，1991 年年底形成了《服务贸易总协定》草案，该草案由 6 个部分 35 个条款和 5 个附件组成，规定了最惠国待遇、透明度、发展中国家更多参与、市场准入、国民待遇、争端解决等重要条款，基本上确定了协定的框架结构。经过各国的继续磋商和谈判，在对协议草案进行进一步的修改后，1993 年 12 月贸易谈判委员会在搁置了个别难题后，最终通过了《服务贸易总协定》。

第四阶段从 1994 年 1 月到 1995 年 1 月。1994 年 4 月，各成员方在马拉喀什正式签署了《服务贸易总协定》，并规定该协定于 1995 年 1 月和世界贸易组织同时生效。至此，长达八年的乌拉圭回合谈判终于告以结束，虽然还有几个具体服务部门的协议尚待进一步磋商谈判，但《服务贸易总协定》作为多边贸易体制下规范国际服务贸易的框架性法律文件已经诞生，国际服务贸易的发展进入了新的阶段①。

（四）主要内容

《服务贸易总协定》是在多边贸易体制下第一个有关国际服务贸易的框架性法律文件，旨在使世界服务业市场和国际服务贸易在透明和渐进自由化条件下不断发展。

《服务贸易总协定》的最终文本由四大部分组成，第一部分是正文，保留六个部分二十九个条款，规定了有关服务贸易的原则、规则与一般定义和范围；第二部分是八个附件，具体明确了航空、金融、海运、电信等较复杂的服务业部门的定义、范围、原则与规则，包括正文第二条的最惠国待遇豁免清单；第三部分是在“肯定列表”的基础上，各国做出的关于市场准入和国民待遇的部门“承诺细目表”；第四部分是部长级会议决定与谅解等。

第一部分，正文。主体内容是前言、范围与定义、普遍义务与原则、承担特定义务、逐步自由化、组织机构条款、最终条款。其中，前言提出了签订《服务贸易总协定》的宗旨、目标和原则。

第二部分，附件。作为《服务贸易总协定》不可分割的重要组成部分，附件涵盖航空服务、金融服务、电信服务、自然人移动等多个服务贸易领域。这些附件充分考虑了服务的复杂性、多样性和服务提供方式的差异性，对特定的服务部门以附件和部长级会议的文件形

---

① 资料来源：商务部网站。

式确立具有针对性的补充规定，并为进一步推动服务贸易自由化所做的后续谈判提供指导。

第三部分，承诺细目表。《服务贸易总协定》的承诺细目表是具体反映各成员服务业和服务贸易部门开放的条件和状况的有效文件，为了便于成员间的比较分析，承诺细目表采用统一的格式。

第四部分，部长级会议决定和谅解。其包括具体部门、具体义务和具体原则在内的11项内容，从制度上进一步保证了《服务贸易总协定》及其附件的顺利执行①。

阅读资料7-1：中国服务贸易概况

2019年1~8月，我国服务贸易总额达到35 720.8亿元人民币，同比增长3%。其中，出口12 645.6亿元，增长9.7%；进口23 075.2亿元，下降0.3%。主要呈现以下特点：

第一，服务出口增速进一步提高。8月当月服务出口增长11.5%，快于前7个月增长水平，带动1~8月服务出口增长进一步加速，显示我服务出口竞争力持续提升；服务出口占服务进出口比重为35.4%，比上年同期提升2.1个百分点。特别是信息传输、软件和信息技术服务业，租赁和商务服务业的加快发展及服务贸易整体发展环境的持续改善，推动知识产权使用费、其他商业服务等高端生产性服务出口快速增长。

第二，服务贸易逆差减小。1~8月，我国服务出口增速高于进口增速10个百分点，服务贸易逆差下降10.1%，降幅比前7个月进一步增大。逆差规模下降至10 429.6亿元，比上年同期减少1 174.7亿元。

第三，知识密集型服务贸易表现突出。1~8月，我国知识密集型服务进出口达到12 141.7亿元，增长10.6%，高于服务进出口整体增速7.6个百分点，占服务进出口总额的比重达到34%，比上年同期提升2.3个百分点。其中，知识密集型服务出口6 387亿元，增长13.5%；进口5 754.7亿元，增长7.6%。从具体领域看，个人文化娱乐服务、电信计算机和信息服务、金融服务等增长较快，进出口增速分别达到23%、19.7%和15.2%。

——资料引用自商务部网站

第二节　国际技术贸易

一、国际技术贸易概述

（一）国际技术贸易的概念

国际技术贸易（International Technical Trade）是指以技术作为标的物的一种国际贸易类型。关于技术的定义，世界知识产权组织在1977年出版的《供发展中国家使用的许可证贸易手册》中，对技术进行了定义：“技术是制造一种产品的系统知识，所采用的一种工艺或提供的一项服务，不论这种知识是否反映在一项发明、一项外形设计、一项实用新型或者一种植物新品种，或者反映在技术情报或技能中，或者反映在专家为设计、安装、开办或维修一个工厂或为管理一个工商业企业或其活动而提供的服务或协助等方面。”实际上知识产权组织把世界上所有能带来经济效益的科学知识都定义为技术。在国际技术贸易中，技术的出口商将某种技术以商业协议或合同契约的形式转让给进口商，并收取一定的技术使用费。需要注意的是，国际技术贸易不包括无偿的跨国技术转让活动，只有有偿的跨国技术转让才属

① 资料来源：商务部网站。

于国际技术贸易的范畴。

国际技术贸易的发展伴随着科学技术的进步和知识经济的繁荣，代表了国际贸易发展的新趋势和新特点。这一贸易类型的主要内容涉及了各种工业产权、专有技术及相关的设备安装、工程设计、人员培训等辅助环节，并日益成为推动世界经济发展与科技进步的重要力量。

（二）国际技术贸易的特点

技术和知识作为一类特殊的无形商品，在国际贸易中呈现出了有别于一般货物贸易的显著特点。

第一，标的物形态的特殊性。一般货物贸易的标的物为各种实物形态的商品，而技术贸易的标的物为无形的技术或知识。可供交易的技术是人们在科学研究或生产实践中创造、发明或创新的科技成果。不同于看得见、摸得着的实物商品，科技成果并没有品质、数量、重量和包装等交易条件，往往只是一种方法、工艺、流程或原理等，其具体价值只有在应用于生产时才能得以体现。

第二，所有权转移的特殊性。商品的所有权一般包含了对商品的占有、使用及收益处分的权利。在一般货物贸易的过程中，商品的所有权会随着国际贸易的完成而发生转移，即当进口商取得商品所有权后，出口商就不能再占有、使用及出卖商品。而在技术贸易的过程中，出口商通常向进口商转移的只是某项技术的使用权、制造权或销售权，进口商只能获得在一定期限内使用该项技术从事生产、加工或销售的权利，并不拥有该项技术的所有权。加之同一项技术还可同时向不同的进口商提供使用权，或者多次转让使用权，从而实现了技术的所有权与使用权的完全分离。

第三，贸易关系的特殊性。在一般货物贸易的过程中，出口商与进口商之间是较为单纯的买卖关系，通常是短期的一次性交易。只要双方按照贸易合同的规定交付货物、付清货款，这一买卖关系随即结束。而在技术贸易的过程中，出口商与进口商之间是较为复杂的合作关系，通常需要保持较长时间的配合与沟通。一项技术从出口商转移到进口商的过程，通常需要经历技术引进、吸收转化、投入生产及创造效益等环节，非一朝一夕能够完成。因此，技术贸易的完成并不是双方买卖关系的结束，而是双方长期合作关系的开始。

除了以上主要特点外，技术贸易还具有创新性、先进性、垄断性及保护性等特点。随着科学技术与国际贸易的继续发展，国际技术贸易还会呈现出更多、更新的特点。

二、国际技术贸易的内容

国际技术贸易的主要内容包括专利、商标与专有技术。其中，专利与商标属于工业产权，世界各国普遍对其立法保护，因而在开展国际技术贸易时应特别注意相关的法律规定。

（一）专利

1. 专利的概念

专利（Patent）是一国政府或相关机构代表国家根据发明人对某项技术或发明的申请，经过审查并认定其符合法律规定后，授予发明人在一定期限内的一种专有权利。专利权人拥有对专利技术的独占权、转让权和禁止权，其他人只有在得到专利权人授权的情况下才能使用专利技术。为了保护专利权人的合法权益，鼓励发明创造，推动发明创造的应用，提高创新能力，促进科学技术进步和经济社会发展，我国于 1984 年 3 月颁布了《中华人民共和国专利法》（简称《专利法》），至今已修订三次。

2. 专利的要求

世界各国对申请专利提出了若干要求，中国和多数国家都要求被授予专利权的技术发明应具备新颖性、先进性和实用性。我国《专利法》第二十二条规定：“授予专利权的发明和实用新型，应当具备新颖性、创造性和实用性。”

第一，新颖性是指在提出专利申请之日，该项发明是现有技术中所没有的，即未被公知或公用的。凡以书面、磁带、唱片、照相、口头或公然使用等方式已经公开的发明，即丧失其新颖性。同时，新颖性的丧失也有例外情况。例如，在一些知名的国际展会上首次披露的发明，不一定丧失了新颖性，法律仍然允许发明人在展会后一定期间内提出专利申请。

第二，先进性也被称为创造性，是指发明在申请专利时比现有的技术先进，其程度对所属技术领域的普通专业人员不是显而易见的。如果与现有技术相比有所改良，但对于该技术领域的普通专业人员而言属于显而易见范畴的，则不能授予专利权。

第三，实用性是指发明能够在产业上被制造和使用，并且能够产生有意义的效果。专利技术应当具有实际价值，能够被应用于生产或生活之中。需要注意的是，专利法并不要求该项发明或实用新型在申请专利之前就已经得到生产实践的检验，而是能够分析或推断出其在生产实际中的效果即可。

3. 专利的类型

专利的类型在不同的国家有不同的规定，我国《专利法》第二条规定：“本法所称的发明创造是指发明、实用新型和外观设计。”

（1）发明专利。

发明专利（Invention Patent）是指前所未有的、独创的、新颖的和实用的专利技术或方法。相比于实用新型专利和外观设计专利，发明专利的技术含量及价值最高，保护期也最长。我国《专利法》将发明定义为对产品、方法或者其改进所提出的新的技术方案，具体包括产品发明和方法发明两种类型。产品发明是指一种创新的产品，例如，新机器、新工具、新装置等；方法发明是指一种创新的技术方案，例如，新的操作方法、新的制造方法、新的工艺流程等。

（2）实用新型专利。

实用新型专利（Utility Model Patent）是指对产品的形状、构造或者其结合所提出的适合于实用的新的技术方案。这里的产品形状，是指产品所具有的、可以从外部观察到的确定的空间形状。这里的产品构造，是指产品的各个组成部分的安排、组织和相互关系。对于产品形状与构造的创新也能对生产实际产生积极的影响。在各国的专利法中，对实用新型专利的创造性和技术水平要求低于发明专利，但更加强调实用新型专利的实用价值。

（3）外观设计专利。

外观设计专利（Design Patent）是指对产品的形状、图案、色彩或者其结合所做出的富有美感并适合于工业应用的新设计。在生产实际中，外观设计主要应用于工业产品的样式制作。外观设计不同于发明和实用新型，它是一种造型方法，而不是技术方案。一般认为，外观设计专利应符合四项基本要求。其一，内容应涉及产品的形状、图案、色彩等外在特征；其二，必须是对产品的外表所做的创新性设计；其三，必须符合审美要求，具有一定的美感；其四，必须能够适合于工业应用，具有可操作性。

关于各项专利的保护期限，我国《专利法》第四十二条明确规定：“发明专利权的期限为二十年，实用新型专利权和外观设计专利权的期限为十年，均自申请日起计算。”

（二）商标

1. 商标的概念

商标（Trade Mark）是指生产商或销售商为了方便识别某种商品、服务或与其相关的具体个人或企业而制作的显著标志。商标一般由文字、图形、图案等组成，并被印制在商品外表或包装上。商标权的所有人需向相关管理机构提出申请，经核准注册后方可使用，只有注册商标才可受到法律的保护。在国际贸易中，商品是普遍使用的一种标志，拥有知名商标的企业往往产品更优、服务更好，因而其产品也更加受到国际市场的欢迎。为了加强对商标的管理，保护商标专用权，促使生产者和经营者保证商品和服务质量，维护商标信誉，以保障消费者和生产、经营者的利益，促进社会主义市场经济的发展，我国于 1982 年 8 月颁布了《中华人民共和国商标法》，至今已修订四次。

2. 商标的特点

第一，显著性。商标是区别于他人商品或服务的主要标志，具有特别显著的区别功能，以便被消费者或其他客户识别。

第二，独占性。注册商标的所有人对其商标具有专用权，并受到法律的保护。未经商标权所有人的许可或授权，任何人不得擅自使用与该注册商标相同或相类似的商标，否则将构成侵犯注册商标使用权的违法行为，并承担相应的法律责任。

第三，价值性。商标代表着商标所有人的企业信誉和商业形象，实质上也是企业对市场的质量承诺。企业通过商标的创意、设计、申请注册、广告宣传及使用，不仅使商标本身具有了价值，也使得拥有商标的商品增加了附加值。因此，商标是企业的一种重要的无形资产。商标的价值可以通过评估来确定，经过估值后的商标既可以转让，也可以抵押，从而拥有了更为多样的使用方法。

第四，竞争性。商标是商品信息的一种载体，企业完全可以凭借商标来参与市场竞争。在国际贸易中，出口企业间的竞争就是商品或服务的质量与信誉的竞争，并表现为在商标知名度上的竞争。商标的国际知名度越高，相应商品或服务的国际竞争力就越强，对外出口的数量与频率也就越高。

第五，依附性。虽然商标是一种重要的无形资产，但商标却不能脱离商品而独立存在。商标必须与商品或服务相结合，在整个国际贸易过程中依附于商品或服务。

第六，可视性。大多数商标是由文字、图形、字母、数字等组合而成，并辅以恰当的颜色和造型。商标应当符合社会大众的审美习惯，在视觉上给人以美感，并尽量做到使人印象深刻的良好效果。

第七，单义性。作为一个排他性的法律符号，商标的意义应当明确。消费者对商标的识别与理解应当避免产生歧义，因为过分歧义会增加消费者的选择困难，从而降低商标的排他性。商标的最佳效果是当消费者看到商标时，便能自然地联想到相应的商品或企业。

3. 商标的类型

在国际市场上，各种商标数量众多，按照不同的标准，商标可以分为不同的类型。

第一，按照商标的结构不同，商标可划分为文字商标、记号商标、图形商标及组合商标。

第二，按照商标的功能和用途不同，商标可划分为商品商标和服务商标。

第三，按照商标的使用目的不同，商标可划分为联合商标、防伪商标、证明商标和集体商标。

第四，按照商标的管理方法不同，商标可划分为注册商标和未注册商标。

第五，按照商标的使用状况不同，商标可划分为使用商标和备用商标。

第六，按照商标的寓意不同，商标可划分为有含义的商标和无含义的商标。

第七，按照商标的市场信誉不同，商标可划分为普通商标和驰名商标。

第八，按照商标的载体不同，商标可划分为平面商标、立体商标、声音商标及气味商标等。

4. 商标的作用

第一，商标有利于区别同类商品的不同生产者和经营者。商标是区分企业的显著标志，这是商标最本质、最基本的作用。

第二，商标有利于区别不同生产者所生产商品的不同质量。拥有不同商标的商品往往具有不同的质量，有信誉的商标代表着更优的质量和更好的服务。为了争创知名商标，企业势必加强质量管理，这也有利于增强企业的责任心和进取心。

第三，商标有利于消费者认牌购货。商标是消费者同商品生产者和经营者之间的联系纽带，有信誉的商标往往拥有大量忠诚的客户或消费者，市场占有率和影响力均较大。

第四，商标有利于商品的广告宣传。商标作为一种标志体现了商品的质量和信誉，自然也就成了广告宣传的有效手段。

第五，商标有利于对商品的包装和美化。设计美观的商标可以增加商品的美感，提高商品的身价，扩大商品的销路。

第六，商标有利于国际贸易的顺利开展。出口商品的商标代表着出口商品的技术水平和质量，代表着企业的生产水平和信誉，能起到树立商标信誉和促进出口贸易的作用。

第七，商标有利于企业开展正当竞争。商标是商品信誉好坏的标志。信誉好的商标，竞争力强，出口企业必然生意兴隆；信誉不好的商标，竞争力弱，出口企业必然生意萧条。商标信誉是国际竞争优势的重要组成，有信誉的商标更能够吸引消费者和打开市场销路。

（三）专有技术

1. 专有技术的概念

专有技术（Know-How，Proprietary Technology）也被称为秘密技术或技术诀窍，是指在生产、销售、管理及财务等业务领域的一切符合法律规定条件的秘密知识、经验和技能。例如，在生产产品过程中的特殊工艺、秘密配方、技术方法、营销技巧和管理诀窍等。专有技术也是一类有关使用和运用工业技术的制造方法，主要来源于知识与经验的积累。

2. 专有技术的特点

第一，秘密性。专有技术的秘密性也被称为保密性，是指专有技术是不公开的创新技术，一般需要支付酬金才能获得。可以说，保密是体现专有技术的特殊价值的重要前提。同时，秘密性也使专有技术具备了排他性，即只有购买专有技术的企业才可以使用该项技术并从中获益。专有技术一旦被公开，便丧失了专有的价值性。这也是专有技术与专利的最主要区别。

第二，实用性。专有技术的实用性是指专有技术需要具有实际价值，能够被应用于实际的生产过程。购买专有技术的企业能够依靠专有技术来增加经济效益，而没有实际价值的技术并不是专有技术，也没有必要参与买卖。

第三，价值性。专有技术的价值性也被称为经济性，是指专有技术的掌握者能够通过使用该项技术而获得竞争优势，从而为企业带来持续的经济价值。

第四，知识性。专有技术的知识性反映了其基本内容是某种知识。专有技术实质上是知识或经验的积累，表现为某种语言、公式、配方、流程、记录或实验结果，代表了生产过程中最有价值的先进知识。

第五，可转让性。专有技术的可转让性反映出专有技术是一类可供交换的无形资产。专有技术可以被传授或转让，可以被买卖或租赁，是一类可以学习的生产技术。

3. 专有技术与专利的区别

专有技术与专利在时效、保密、特点、形态及存在方式等方面存在明显的区别，具体区别见表 7-1。

表 7-1　专有技术与专利技术的区别

比较内容	专有技术	专利技术
时效情况	无时间限制	有时间限制
保密情况	技术内容保密	技术内容公开
特点	秘密性、实用性、价值性、知识性、可转让性	新颖性、创造性和实用性
技术形态	是动态的，其内容可以发展改进，是可变的	是静态的，其内容是固定不变的
存在方式	书面表示或口头表示	书面表示

资料来源：编者整理。

三、国际技术贸易的方式

（一）许可证贸易

1. 许可证贸易的概念

许可证贸易（Licensing）也被称为许可贸易，是指国际技术贸易的出口商将技术标的物的使用权通过许可证协议或合同的形式授予进口商，允许其使用这项技术来生产或销售商品，并向其收取一定金额的使用费。许可证贸易是国际技术贸易的主要方式，并得到世界各国的普遍采用。

2. 许可证贸易的类型

第一，独占许可（Exclusive License）。独占许可是指在一定的期限和区域内，技术的进口商对许可证协议下的技术享有独占使用权，技术的出口商承诺不在该时间段和区域内使用或授权他人使用该项技术。在这种许可类型下，只有进口商这一家企业可以使用技术，因而其获得的权利最大、支付的费用最高。

第二，排他许可（Sole License）。排他许可是指在一定的期限和区域内，技术的进口商对许可证协议下的技术享有排他使用权，技术的出口商承诺除了自己可以使用该项技术外，不在该时间段和区域内授权他人使用该项技术。在这种许可类型下，进口商与出口商两家企业可以使用技术。

第三，普通许可（Simple License）。普通许可是指在一定的期限和区域内，技术的进口商对许可证协议下的技术享有一般使用权，技术的出口商不仅自己可以使用该项技术，还可在该时间段和区域内授权他人使用该项技术。在这种许可类型下，可能存在多家企业同时使用该项技术的情况。

第四，交叉许可（Cross License）。交叉许可也被称为交换许可，是指在一定的期限和区域内，签订技术许可协议的双方都拥有对方需要的某项技术。于是，双方互为技术贸易的出口商和进口商，相互交换使用各自的技术。在这种许可类型下，交换使用技术的双方一般都不收取技术使用费。

第五，分许可（Sub-License）。分许可也被称为可转让许可，是指在一定的期限和区域内，技术的出口商在技术许可协议中授权进口商可以将该项技术再转让给第三人。在这种许可类型下，分许可一般为普通许可，分许可的期限与范围不能超过主许可的要求。

综上，许可证贸易中的各方权利见表 7-2。

表 7-2　许可证贸易中的各方权利比较

许可类型	各方权利		
	被许可方	许可方	第三方
独占许可	有独占使用权	无使用权	不能获得使用权
排他许可	有使用权	保留使用权	不能获得使用权
普通许可	有使用权	保留使用权及转让权	可以获得使用权
交叉许可	有交换技术使用权	有交换技术使用权	不能获得使用权
分许可	有使用权及转让权	保留使用权及转让权	可以获得使用权

资料来源：编者整理。

（二）技术咨询服务

1. 技术咨询的概念

技术咨询服务（Technology Consulting Services）是指咨询公司等专门机构接受委托人所提出的技术课题，发挥自身在技术、知识、信息、渠道等方面的优势，向委托人提供解决某项技术问题的方案或建议，并收取一定金额的咨询费。具体而言，技术咨询服务针对的是特定的技术项目，服务内容包括可行性论证、经济技术预测、专题调查、分析评价等，并以咨询报告的形式提供给委托人。技术咨询服务的内容既包括技术，也涉及了服务，因而是一类形式灵活、内涵丰富的综合型技术贸易。目前，技术咨询服务已成为世界技术市场的主要经营业务。

2. 技术咨询的特点

第一，技术咨询的内容较为广泛。技术咨询的内容可以是科学技术、生产工艺、管理方法、财务策略等各种专业性技术项目。技术咨询报告对于每个项目的可行性、经济效益、工程设计、验收鉴定等具体内容也都可做出详细的分析与建议。

第二，技术咨询的专业化程度较高。在国际技术市场上，提供技术咨询服务的机构大多依托行业团体、科研机构或高等学校等专业性机构。发达国家的技术咨询机构多为咨询工程师协会或联合会，而发展中国家也拥有不少专业性的咨询公司等。

第三，技术咨询的效果较为明显。在国际市场上，具有技术劣势的企业往往可以通过技术咨询服务来提高出口商品的竞争力。在专业机构及相关专家的指导下，技术相对落后的企业可以迅速获得先进的生产经验和技术方法，从而降低自主进行技术研发的成本和风险。在获得技术咨询服务的过程中，企业还能及时获取国际市场的最新技术情报，从而抓住转瞬即逝的商机，进而发挥在技术方面的后发优势。

第四，技术咨询的成本较为低廉。在技术咨询服务中，委托人需要向咨询机构支付一定金额的咨询费。相比于自主创新的经济成本、机会成本和时间成本，咨询费要低很多。因此，对于委托人而言，技术咨询是一种最经济的技术问题解决途径。

3. 技术咨询的类型

第一，工程咨询服务。工程建设投资是一项复杂的系统工程，包括从项目的制定、设计、实施、验收直至建成投产的整个过程。工程咨询服务的目的是保证整个工程建设能够在技术上、质量上、经济效益上、工期进度上和投资的控制上都能做到符合要求，并最终实现预期的经济效益。因此，委托人需要获得一整套正确的投资决策建议和科学的管理方法。

第二，专业咨询服务。专业咨询是一项重要的咨询服务业务，亦是国际促进技术转移的重要方式。咨询的结果是一系列能够解决实际问题的系统性方案。例如，改造产品设计和功能的工艺流程、改进生产效率和提升质量的控制方法、提高劳动生产率的管理模式等。有时，专业咨询服务还可涉及经营管理等软科学问题。例如，规章制度的合理化改革、设计思路与生产规划的调整、财务与销售方案的修改等。

第三，其他相关的服务。技术咨询机构还可向委托人提供与技术相关的其他服务。例如，技术市场数据和信息的调查与分析服务、企业员工或技术人员的理论与操作培训、技术研发与推广的实验室建设等。

（三）合作生产

1. 合作生产的概念

合作生产（Co-Production）也被称为协作生产，是指不同国家或地区间的两个或两个以上企业，以协作生产合同为基础，充分发挥各自的优势，在相互配合中共同完成对某种产品的生产或加工。在合作生产的过程中，在相关当事人之间会发生生产技术的转让、生产要素的共享及新技术与新产品的共同开发，在保持各自法人资格的独立性的同时，各企业共负盈亏、协同发展。

2. 合作生产的特点

第一，合作生产拥有多个当事人。除了国际技术贸易中的出口商与进口商，合作生产还可以包括其他当事人。各个当事人各自提供一定技术或方法，共同完成整个商品的生产过程。

第二，合作生产的实质是技术交换。拥有某项技术是开展合作生产的前提。合作生产的各方当事人按照所提供的技术或方法划分权利、义务和责任，并最终表现在技术交换、劳务提供和商品生产三个方面。

第三，合作生产涉及多种类型的国际贸易。在开展合作生产的过程中，一方当事人负责提供技术，另一方当事人负责生产商品。合作生产不仅包含了国际技术贸易，还涉及加工贸易、服务贸易、一般货物贸易等多种贸易类型，因而能够带动国际劳务、原材料与设备等的进出口，使国际的贸易合作、生产合作与商务合作更加频繁与紧密。

3. 合作生产的形式

第一，提供零部件的合作生产。其具体又包括两种方式：一种是由一方当事人提供生产商品的核心零部件，交由另一方当事人组装为成品；另一种是由双方当事人各自提供一部分零部件，然后在交由对方之后，各自分别组装为成品，待成品生产完成后，再在国际市场上出售并获利。

第二，提供技术指导的合作生产。由具有技术优势的一方当事人提供核心技术、生产设备、重要图纸或关键零部件，并在其指导下，由技术较弱的一方当事人来完成其他零部件的生产和成品的组装，待成品生产完成并达到技术要求后，再将其投入国际市场。在通常情况下，技术指导属于中长期的合作生产项目。

第三，专业化的合作生产。开展合作生产的各方当事人根据所要生产的商品的品质、规格、型号及功能等进行分工生产，各自完成生产过程中的一个或几个环节，即以分别生产、相互交换、最后组装的模式生产商品。

（四）工程承包

1. 工程承包的概念

工程承包（Project Contracting）也被称为交钥匙工程，是指工程的所有人委托工程的承包人按照规定的标准和条件完成某项工程任务。承包人需按照双方合同的规定，按时、按质、按量地完成工程，并承担施工期间的全部责任，待完工并验收合格后交付委托人。工程承包的内容涉及面较广，主要包括地质勘查、工程设计、土建施工、设备安装、厂房建设和技术转让等。有时，工程承包还会涉及与生产建设相关联的人员培训、质量管理、咨询建议等其他内容。在工程承包业务中，承包合同是规定双方权利、义务与责任的基本文件，承包商需保证完成工程项目，而委托人需保证支付承包费用。

国际工程承包（International Contracting for Construction）是一项具有综合性、国际性、合作性和规范性的国际商务活动，其主要业务流程包括招标、投标、开标、评标、中标、签约、准备、施工、竣工、验收和交付等若干环节。国际工程的承包商需具有一定的资质和实力，在技术、资本、劳务、管理、设备、材料及许可权等方面具有一定的优势。

2. 工程承包的方式

第一，单独承包。承包公司从外国业主手中独立获得承包某项工程的权利。在这种方式下，承包公司对整个工程项目负责，整个承保过程从签约时开始，至竣工验收后结束。承包公司还需负责工程建设所需的材料、设备、劳动力、流动资金及临时设施等。

第二，总承包。总承包是指由一家承包公司总揽承包整个工程项目。承包公司将对整个工程负全部责任。在这种方式下，总承包商可以将部分工程再分包给其他二级承包商，各个分承包商只对总承包公司负责，而不与工程所有人产生直接关系。在国际市场上，大多数国际工程承包都采用了总承包的方式。

第三，联合承包。联合承包是指由几家承包公司共同来承包一项工程。各个承包商根据各自的优势，相互分工与协作，各自完成一部分建设任务，并分别向工程所有人负责。

（五）技术协助

1. 技术协助的概念

技术协助（Technical Assistant）是指国际技术贸易中的一方当事人接受另一方当事人的委托，运用自身掌握的优势技术或生产经验，协助另一方完成某项具体的经济、技术任务。在国际市场上，技术协助是一种比较灵活的技术引进方式。技术的提供方可以根据引进方的技术水平和接受能力及具体的技术要求进行有针对性的技术服务。

2. 技术协助的类型

第一，人员培训方面的协助。人员是操作和使用技术的关键要素，企业的相关人员必须通过培训和学习才能够真正实现技术转让。在这种方式下，将由技术的输出方帮助技术的输入方引进和培训专业技术人员，从而将技术转化为实际的生产能力。

第二，咨询服务方面的协助。技术的输出方还扮演着技术顾问和技术指导的角色，在合同规定的范围内负责接受委托人的技术咨询，并提出相关的对策建议。工程咨询服务是一类常见的咨询项目，主要涉及对土建工程、机电工程、供热、空调、照明、采矿、冶金、化工及石油钻探等领域的咨询服务。

第三，商业服务方面的协助。技术的输出方也可对商业方面的技术问题进行指导，协助委托人完成市场营销、商务运营及财务管理等环节的工作。例如，在市场营销方面，技术输出方可以在商标、广告、包装、仓储、运输、进出口及索赔等方面提供服务；在商务运营与财务管理方面，可以在生产计划、市场开发、成本核算及财务审计等方面提供咨询。

阅读材料 7-2：中国国际技术贸易概况

2018 年中国已与 130 多个国家建立了技术贸易的联系。

当前中国拥有各类技术交易市场超过 1 000 家。自 2016 年起，中国已经成了继美国和日本之后第三个国内有效发明专利拥有量超过 100 万件的国家。

当今世界，科学技术作为最活跃、最具革命性的生产要素，日益成为国家竞争力的核心体现。随着人工智能、大数据、云计算、区块链等技术应用的不断涌现，技术的可贸易性不断增强，大力发展技术贸易是新一轮科技革命和产业变革的客观需要，是实现经济高质量发展的必然要求，是创新型国家建设的必由之路。

中国始终将创新作为引领发展的第一动力，深入实施创新驱动战略，技术创新的活力持续释放，技术贸易得到了稳步发展。目前中国与130多个国家建立了技术贸易的联系，2017年中国技术进出口总额达到了557亿美元，同比增长27%。作为创新和市场的纽带，技术贸易在推动产业优化升级、增强企业创新能力、培育经济增长新动能等方面发挥日益重要的作用，成为中国创新型国家建设的重要助推器和加速器。

近年来，中国技术转移体系建设加快推进、技术转移机构蓬勃发展，各类技术交易市场超过了1 000家，2017年全国技术合同成交额达到1.34万亿元人民币，同比增长17.7%，近37万项科技成果通过技术市场转移转化，催生出大量新产品、新产业和新的商业模式，形成推动经济高质量发展的强大动能。

——资料引用自中国新闻网

阅读材料7-3：中国（上海）国际技术进出口交易会

中国（上海）国际技术进出口交易会［China（ShangHai）International Technology Fair，CSITF］（简称“上交会”），是经国务院批准，由中华人民共和国商务部、科技部、国家知识产权局和上海市人民政府共同主办，联合国工发组织UNIDO、联合国开发计划署UNDP、世界知识产权组织WIPO支持，上海市国际技术进出口促进中心、中国机电产品进出口商会等共同承办的专门为技术贸易设立的国家级、国际性的专业展会。第八届上交会将于2020年4月16~18日在上海世博展览馆举行。

上交会以“技术，让生活更精彩”为核心理念，以“创新驱动发展，保护知识产权，促进技术贸易”为主题，旨在通过整合海内外科技力量和创新成果，积极打造促进技术贸易发展，推进实现创新升级战略的权威性展示、交流、服务的平台。

——资料来源于互联网

本章小结

本章主要讲述了两个方面的内容。

第一，国际服务贸易。国际服务贸易是以服务为标的物的一种国际贸易类型。在经济学中，服务是一种特殊形式的劳动产品，反映的是劳动这一活动本身的特殊使用价值。按照WTO签署的《服务贸易总协定》，国际服务贸易有四种主要提供形式，分别是跨境交付、境外消费、商业存在和自然人流动。《服务贸易总协定》于1995年1月正式生效，是WTO框架下有关国际服务贸易的具有法律效力的多边协定，其宗旨是在透明度和逐步自由化的条件下扩大服务贸易，并促进各成员的经济增长和发展中国家服务业的发展。

第二，国际技术贸易。国际技术贸易是以技术作为标的物的一种国际贸易类型。技术的出口商将某种技术以商业协议或合同契约的形式转让给进口商，并收取一定的技术使用费。国际技术贸易的主要内容包括专利、商标与专有技术，主要方式有许可证贸易、技术咨询服务、合作生产、工程承包、技术协助等。国际技术贸易的发展伴随着科学技术的进步和知识经济的繁荣，代表了国际贸易发展的新趋势和新特点。

思考题

1. 请简述无形贸易的概念、特点及分类。

2. 请简述国际服务贸易的主要内容和基本形式。

3. 试论述《服务贸易总协定》的产生背景和签署过程。

4. 试论述国际技术贸易的特点与内容，并以专利为例分析国际技术贸易的发展趋势。

5. 试论述国际技术贸易中许可证贸易的主要类型，并结合一定案例阐述其原理与作用。

第八章

电子商务与国际贸易

学习目标

XUEXI MUBIAO

熟悉电子商务的概念、优点与缺点，掌握电子商务的主要模式；熟悉跨境电子商务的概念、特点与概况，掌握有关跨境电子商务的政策法规；明确电子商务对于当代国际贸易的影响，并能够阐述跨境电子商务与国际贸易的联系。

学习重点

XUEXI ZHONGDIAN

电子商务的概念，B2B、B2C、B2G、C2C、O2O 等电子商务的主要模式，EDI 的概念与优势；跨境电子商务的概念与特点，《中华人民共和国电子商务法》的立法背景与主要内容。

第一节　电子商务概述

一、电子商务的概念

电子商务一词源自 Electronic Commerce，是指通过电子手段进行的商业活动。对于电子商务的严格定义，学术界尚未完全达成共识。一般认为，只要在商务活动中使用了电子工具，如电报、电话、广播、电视、传真、计算机、互联网及移动通信等，即构成了电子商务。由于电子设备和网络技术是电子商务得以开展的基础条件，因而可将电子商务（Electronic Business，EB）定义为一类利用网络通信技术进行交易的商务活动。

回顾历史，电子商务是伴随着计算机和互联网的发展而出现的新型商务模式。自 20 世纪 90 年代以来，电子商务经历了从概念提出到实践应用，再到持续创新的发展历程。如今，电子商务已成长为一类综合利用互联网、物联网、数据库系统、商务智能和移动支付等各项技术的创新型商业模式，并日趋规模化、产业化、专业化和国际化，对国际贸易与世界经济也开始产生重大的影响。

2019 年 1 月，《中华人民共和国电子商务法》开始实施，这是一部促进电子商务持续健康发展的重要法律。

二、电子商务的优点与缺点

（一）电子商务的优点

第一，提高了国际交易的效率。电子商务依托现代信息技术和网络工具，将传统商务活动信息化、网络化、电子化和数字化，从而大大节省了交易磋商和业务办理过程中的人力、物力和财力，实现了对交易成本的大幅度降低。同时，电子商务使交易双方无须见面即可交易，从而突破了传统商务活动中的时间和空间限制，实现了对交易效率的大幅度提高。

第二，扩展了国际交易的范围。电子商务的主要信息交流媒介是互联网，开放性的网络为企业的外向发展创造了便利。从理论上讲，无论开展交易的双方相距多么遥远，他们都可以开展电子商务。这就使普通企业也可以面向全球市场推销商品与寻求合作，更好地把握来自国际市场的商业机遇。

第三，提高了企业参与竞争的能力。电子商务使信息的传递更加快捷与透明，这有利于企业及时掌握国际市场的最新变化，并及时采取相应的对策。特别是对于中小微企业而言，信息是构成其竞争优势的关键资源，能够拥有和大企业一样的信息，无疑是提升了其参与国际竞争的生存能力和竞争能力。

第四，创新了商务活动的模式。一方面，电子商务减少了经销商、代理商等中间环节，使生产商能够直接与终端消费者或客户进行交易；另一方面，电子商务重新组合了商品生产与流通的要素配置，使国际贸易变得更加直接和便利。因此，电子商务几乎重新定义了商品或服务的交易流程，从而改变并创新了传统的商品流通模式。

第五，增强了企业与客户间的互动。电子商务使参与商务活动的各方能够实现随时随地地直接交流，无论是交易磋商、合同签订还是后续履约，国际贸易的买卖双方及相关中间方都能通过电子工具及时提出要求或反馈意见，在实现企业与客户间的良性互动的同时，最大限度地减少分歧、避免争议。

（二）电子商务的缺点

第一，互联网本身尚且存在缺陷。互联网技术是一项新兴技术，在快速发展的过程中也逐渐暴露出在安全性、准确性等方面的缺陷。以安全性为例，信息安全是电子商务健康发展的基本要求，然而，如何安全地储存、调用和交换各类信息数据，防止相关利益主体因信息泄露、篡改或丢失而遭受损失，尚处于不断探索和完善的过程中。

第二，对电子商务的管理尚不完善。电子商务正在向着国际电子商务不断迈进，但是世界各国对于电子商务的管理却并不一致。虽然部分国家已针对电子商务进行了立法，但是日新月异的电子商务活动常常引起一些新的问题和困难。例如，由于国际电子商务的交易活动没有固定的地点，很容易形成相关国家的管辖盲区和征税困难，若各国法规存在差异，还有可能进一步扩大争议、影响交易。

第三，电子商务的标准尚不统一。除了法律法规方面的差异，世界各国对于电子商务的交易标准也还没有统一。这使得各国在开展电子商务活动时存在操作流程、必要手续及业务规范等方面的矛盾，不利于形成全球性的电子商务标准模式。

第四，其他需要完善的问题。电子商务毕竟是一种新兴的交易方式，其发展的过程就是不断改进和完善的过程。例如，国际电子商务需要解决贸易无纸化的问题，即当电子合同、电子提单等无纸化单证逐步取代传统的纸质单证时，如何保证电子凭据的有效性、真实性和完备性。电子商务中还需要解决知识产权保护的问题，即当互联网与信息技术已深入国际贸易的各个环节时，如何保护专利、商标、版权及商业秘密等各种形式的知识产权。

三、电子商务的模式

（一）企业——企业模式（B to B）

企业与企业之间的电子商务模式（Business to Business），简称 B2B。这是一种将商业交易中的卖方、买方及中间商之间的信息交流与业务活动集成化的电子商务运作模式。在这一模式下，电子商务的交易双方都是企业，双方使用互联网技术和相适应的电子化平台来完成商务交易的全部过程。

企业间的电子商务模式的交易过程通常可以分为四个阶段。一是交易前的准备。这一阶段主要是指买卖双方和参加交易各方在签约前的准备活动。二是交易谈判和签订合同。这一阶段主要是指买卖双方对所有交易细节进行谈判，将双方磋商的结果以文件的形式确定下来，即以书面文件形式和电子文件形式签订贸易合同。三是办理交易进行前的手续。这一阶段主要是指买卖双方从签订合同后到合同开始履行之前办理各种手续的过程。四是交易合同的履行和索赔。

（二）企业——消费者模式（B to C）

企业与消费者之间的电子商务模式（Business to Customer），简称 B2C。这是一种以互联网平台为媒介，直接面向消费者销售产品和服务的商业零售模式。在传统零售模式中，商品的流通过程涉及了制造商、批发商、中间商、零售商等多个环节，最终到达消费者手中。而在 B2C 模式中，制造商或销售商为消费者提供了一个全新的购物环境，即通过网上商店将各个中间环节整合，实现以最直观和最直接的方式将商品送到消费者的手中。

企业与消费者之间的电子商务模式以网站平台为核心，主要包括三个基本组成部分，分别是负责为顾客提供在线购物场所的商场网站、负责为客户所购商品进行配送的物流系统、负责对顾客的身份进行确认及货款结算的银行支付系统。

（三）企业——政府模式（B to G）

企业与政府机构之间的电子商务（Business to Government），简称 B2G。这是一种将政府机构与企业联系起来的综合性电子商务模式，主要业务内容包括电子化的政府采购、电子税收、电子商检、电子海关、电子化的工商行政管理、电子化的政策性金融服务等。政府机构在电子商务中扮演着多重角色，可以是商品或服务的购买者，也可以是市场运行的管理者，还可以是促进交易的服务者。例如，作为购买者时，政府可以通过网络面向国际市场发布招投标信息，各国企业通过电子方式参与竞争，从而使相关项目的建设更加透明和高效。作为管理者时，政府可以通过完善有关电子商务的法律法规，规范流程、统一标准，从而营造良好的法律环境。作为服务者时，政府还可以针对中小微企业开展电子商务服务，在工商、税务、金融、物流等多个方面给予优惠或提供便利。

（四）其他模式

除了以上主要电子商务模式外，还有一些新兴的电子商务模式。近年来发展较为迅速的模式有以下几种，分别是消费者与消费者之间的电子商务（Customer to Customer，C2C）模式，代理商、企业与消费者之间的电子商务（Agent to Business to Consumer，ABC）模式，多个企业与消费者之间的电子商务（Business To Business To Customers，B2B2C）模式，线上与线下相结合的电子商务（Online To Offline，O2O ）模式等。相信，随着电子商务的不断发展，其商业模式还将会被不断地创新和完善。

四、EDI 与国际贸易

（一）EDI 的概念

电子数据交换（Electronic Data Interchange，EDI）是指按照统一规定的一套通用标准格式，将标准的经济信息，通过通信网络传输，在贸易伙伴的电子计算机系统之间进行数据交换和自动处理。由于使用 EDI 能有效地减少并最终消除贸易过程中的纸面单证，因而 EDI 也被称为无纸交易。这是一种利用计算机进行商务处理的新方法。在国际贸易中，EDI 将贸易、运输、保险、银行和海关等行业的信息用一种国际公认的标准格式连接于计算机通信网络，使各有关部门、公司与企业之间可以进行高效率、低成本的数据交换与处理，从而创新了传统的国际贸易流程。

（二）EDI 的优势

第一，降低了对纸张文件的消费。

第二，减少了许多重复劳动，提高了工作效率。

第三，使得贸易双方能够以更迅速、有效的方式进行贸易，大幅度简化了订货过程或物流过程，使双方能及时、充分利用各自的人力和物力资源。

第四，可以改善贸易双方的关系，厂商可以准确地估计商品的未来需求量，货运代理商可以简化大量的出口文书工作，商业用户可以提高物流的效率，各个关系方都能提高一定的竞争能力。

（三）无纸贸易的发展

无纸贸易就是 EDI 在国际贸易中的应用，是一种在公司之间传输订单、发票等业务文件的电子化手段。回顾历史，无纸贸易是 20 世纪 80 年代发展起来的一种新颖的电子化贸易工具，是计算机、通信和现代管理技术相结合的产物。以信息技术尤其是互联网的发展和普及为基础的电子商务，突破了时空的限制，具有效率高、成本低、范围广的特点。无纸贸易作为电子商务重要应用领域，变革传统纸质单证体系为电子数据传输，在促进贸易便利化等商务活动中发挥着越来越重要的作用。目前，中国的对外贸易也正在步入无纸贸易的时代。

阅读材料 8-1：中国电子商务概况

2018 年，中国电子商务交易规模为 31.63 万亿元，其中网上零售额超过 9 万亿元，同比增长 23.9%，实物商品的网上零售额超过 7 万亿元，占社会消费品零售总额的 18.4%，电子商务服务业营业收入规模达到 3.52 万亿元，快递业务量超过 507 亿件，电子商务相关就业人员已达 4 700 万人，中国持续保持世界最大网络零售市场地位。

——资料引用自《中国电子商务报告（2018）》

第二节　跨境电子商务

一、跨境电子商务的概念

跨境电子商务是指分属不同关境的交易主体，通过电子商务平台达成交易、进行支付结算，并通过跨境物流送达商品、完成交易的一种国际商业活动。目前，亦有学者将跨境电子商务归属于“E 国际贸易”的范畴，认为其是国际贸易发展进入下一阶段的标志性贸易方式。

跨境电子商务作为推动经济一体化、贸易全球化的技术基础，具有非常重要的战略意义。跨境电子商务不仅冲破了国家间的障碍，使国际贸易走向无国界贸易，同时它也正在引起世界经济贸易的巨大变革。对企业而言，跨境电子商务构建的开放、多维、立体的多边经贸合作模式，极大地拓宽了商品进入国际市场的路径，大大促进了多边资源的优化配置与企业间的互利共赢；对于消费者而言，跨境电子商务使他们能够非常容易地获取其他国家的信息并买到物美价廉的商品，从而改善了消费者的福利。

我国跨境电子商务主要表现为企业对企业（B2B）和企业对消费者（B2C）两种贸易模式。在 B2B 模式下，企业运用电子商务来完成广告和信息发布，对商品的成交和通关流程基本在线下完成，本质上仍属传统贸易，并被纳入海关的一般贸易统计之中。在 B2C 模式下，国内企业直接面对外国消费者推广和销售个人消费品，物流方面主要采用航空小包、邮寄、快递等方式，其报关主体是邮政或快递公司，目前大多仍然未被纳入海关登记的范围。

二、跨境电子商务的特点

（一）全球性（Global）

跨境电子商务具有全球性和非中心化的特性。电子商务与传统的交易方式相比，一个重要特点在于电子商务是一种无边界交易。互联网用户不需要考虑如何跨越国界的问题就可以把产品尤其是高附加值产品和服务提交到市场交易当中。网络的全球性特征带来的积极影响是对信息的最大程度的共享，消极影响是用户必须面临因各国文化、政治和法律的不同而产生的风险。任何人只要具备了一定的技术手段，在任何时候、任何地方都可以让信息进入网络，并在相互联系中进行交易。美国财政部曾在其财政报告中指出，对基于全球化的网络建立起来的电子商务活动进行课税是十分困难的，主要原因有两个方面。其一，电子商务是基于虚拟的电脑空间展开的，从而丧失了传统交易方式下的地理因素；其二，电子商务中的制造商容易隐匿其住所而逃避征税，而消费者对制造商的住所其实是漠不关心的。例如，一家很小的新加坡在线公司，通过一个可供世界各地的消费者点击观看的网页，就可以通过互联网销售其产品和服务，只要消费者接入了互联网，很难界定这一交易究竟是在哪个国家内发生的。这种远程交易的发展，给税收当局制造了许多困难。税收权力只能严格地在一国范围内实施，网络的全球性特征为税务机关对跨国在线交易行使税收管辖权带来了困难。况且，行使税收权利往往需要一个有形销售网点的存在，但如果电子商务企业没有具体的销售地点，也会增加政府的税收管辖难度。

（二）无形性（Intangible）

网络的发展使数字化产品和服务的传输更加盛行，而数字化传输是通过不同类型的媒介将数据、声音和图像等信息在全球化网络环境中集中传播的。由于这些媒介信息在网络中是以计算机数据代码的形式出现的，因而是无形的。以一个 E-mail 信息的传输为例，这一信息首先要被服务器分解为数以百万计的数据包，然后按照 ICP/IP 协议通过不同的网络路径传输到一个目的地服务器并经过重新组织后再转发给接收人，并且整个过程都是在网络中瞬间完成的。可见，电子商务是数字化传输活动的一种特殊形式，其无形性的特性使得税务机关很难控制和检查销售商的交易活动，税务机关面对的交易记录都将体现为数据代码的形式。这使得税务核查人员无法准确地计算企业的销售所得和利润所得，从而给准确税收带来了技术方面的困难。

实际上，数字化的产品和服务必然具有无形性。传统交易以实物交易为主，而在电子商务中，无形产品完全可以替代实物成为新的交易对象。以书籍为例，传统的纸质书籍，其排版、印刷、销售和购买被视为该类商品必经的设计、生产、销售环节，然而在电子商务交易中，消费者只要购买网上的数据权便可以阅读和使用书中的知识和信息，企业完全不需要再完整地将书籍生产出来。此时，如何界定该项交易的性质、如何监督该项产品的流通、如何对相关生产与消费环节征税等一系列的问题将会出现，从而给税务和法律部门带来新的问题。

（三）匿名性（Anonymous）

由于跨境电子商务的非中心化和全球性特性，因而很难识别电子商务用户的身份和其所处的地理位置。在线交易的消费者往往不显示自己的真实身份和自己的地理位置，重要的是这丝毫不影响交易的进行，网络的匿名性也允许消费者可以这样做。在虚拟的网络世界里，隐匿身份的便利必然导致权利与责任的不对称。人们在网络里可以享受最大的权利，却只承担最小的责任，甚至干脆逃避责任。这显然会给税务机关制造更多的麻烦，税务机关若无法查明应当纳税的在线交易人的身份和地理位置，也就无法获知纳税人的交易情况和应纳税额。

电子商务交易的匿名性导致了逃税与避税现象的增加。网络的发展，一方面降低了纳税人的避税成本，另一方面又增加了税务机关的征税成本，从而使电子商务避税变得更加容易。电子商务交易的匿名性使得应纳税人利用避税地联机金融机构规避税收监管成为可能。特别是随着电子货币和网络银行的广泛使用，以及国际互联网所提供的某些避税地联机银行对客户的“完全税收保护”，参与跨境电子商务的纳税人可将其源于世界各国的贸易与投资所得直接汇入避税地联机银行，从而规避了应纳所得税。

（四）即时性（Instantaneously）

对网络而言，传输的速度和地理距离无关。在传统交易模式中，信息交流的主要方式是信函、电报、传真等，在信息的发送与接收间，存在着长短不同的时间差。而在电子商务模式中，信息交流不受实际空间距离远近的影响，一方发送信息与另一方接收信息几乎可以做到同时完成，在网络中时间面对面的直接交流。对于诸如音乐、电影、游戏、软件等数字化产品的交易，买卖双方还可以即时清结，将订货、付款、交货、付款等各个环节在瞬间完成。

电子商务的即时性特征也具有两面性。一方面，电子商务交易的即时性提高了人们交往和交易的效率，免去了传统交易中的众多中间环节；另一方面，电子商务交易也隐藏着一定的管理风险。例如，在税收领域，电子商务交易的即时性往往会导致交易活动的随意性，电子商务主体间的交易活动可能随时开始、随时终止或随时变动。这将使税务机关难以掌握交易双方的具体交易情况，从而增加了税收管理的难度。

（五）无纸化（Paperless）

电子商务主要采取无纸化操作的方式，这是以电子商务形式进行交易的主要特征。在电子商务中，电子计算机的通信记录取代了一系列的纸面交易文件，从而实现了整个信息发送和接收过程的无纸化。无纸化带来的积极影响是使信息传递摆脱了纸张的限制，但由于传统法律的许多规范是以有纸交易为出发点的，因而过快发展的无纸化贸易必然带来一定程度上的法律混乱。

跨境电子商务以数字合同、数字时间取代了传统贸易中的书面合同、结算票据，从而削弱了税务当局获取跨国纳税人经营状况和财务信息的能力，并且电子商务所采用的其他保密措施也将增加税务机关掌握纳税人财务信息的难度。在某些交易无据可查的情形下，跨国纳税人的申报额会大大降低，应纳税所得额和所征税款都将少于实际应该达到的数量，从而引起征税国国际税收流失。例如，世界各国普遍开征的传统税种印花税，其课税对象是交易各方提供的书面凭证，以各种法律合同、契约或凭证为依据，而在无纸化的网络交易情况下，实物形态的合同已不复存在，因而印花税将很难被征收。

（六）快速演进（Rapidly Evolving）

互联网是一个处于不断创新过程中的事物，虽然已经经历数十年的应用和发展，但是目前仍然处于不成熟阶段，相应的网络设施和软件协议依然具有很大的不确定性。基于互联网的电子商务活动也处在瞬息万变的过程中，电子交易已经经历了从EDI到电子商务新零售的发展过程，而数字化产品和服务的不断推陈出新，正在不断地改变着国际贸易市场和各国消费者的生活。

在一般情况下，各国为维护经济社会的有序发展，都会注意保持法律的持续性与稳定性，税收法律也不例外。跨境电子商务具有不同于传统贸易方式的诸多特点，而传统的税法制度却是在传统的贸易方式下制定的，必然会在电子商务贸易中表现出一定程度的不适应。这就会引起网络的超速发展与税收法律规范相对滞后的矛盾。如何将时刻处于发展与变化中的网络交易纳入税法的规范，又将是税收领域的一个难题。由于网络的发展不断给税务机关带来新的挑战，因而税务政策的制定者和立法机关应当密切注意网络与电子商务的最新发展，在制定税务政策和税法规范时充分考虑电子商务快速演进这一特殊因素。

三、有关跨境电子商务的政策法规

鉴于跨境电子商务的快速发展，其在交易方式、运输物流、支付结算等方面与传统贸易方式存在较大差异，针对传统货物贸易的管理体制、政策、法规等已无法满足其发展要求，主要问题集中在海关、检验检疫、税务和收款付汇等方面。针对这些问题，国务院办公厅于2013年8月印发了《国务院办公厅转发商务部等部门关于实施支持跨境电子商务零售出口有关政策意见的通知》，提出了支持跨境电子商务发展的具体措施。在2019年1月正式实施的《中华人民共和国电子商务法》也对发展跨境电子商务做出了明确的规定或要求。例如，针对跨境电子商务的通关困难，第七十一条规定，国家促进跨境电子商务发展，建立健全适应跨境电子商务特点的海关、税收、进出境检验检疫、支付结算等管理制度，提高跨境电子商务各环节便利化水平，支持跨境电子商务平台经营者等为跨境电子商务提供仓储物流、报关、报检等服务。针对中小微企业积极参与电子商务创新创业的现象，进一步提出国家支持小型微型企业从事跨境电子商务。针对规范化管理跨境电子商务的业务流程，第七十二条规定，国家进出口管理部门应当推进跨境电子商务海关申报、纳税、检验检疫等环节的综合服务和监管体系建设，优化监管流程，推动实现信息共享、监管互认、执法互助，提高跨境电子商务服务和监管效率。跨境电子商务经营者可以凭电子单证向国家进出口管理部门办理有关手续。针对跨境电子商务的国际认证，第七十三条规定，国家推动建立与不同国家、地区之间跨境电子商务的交流合作，参与电子商务国际规则的制定，促进电子签名、电子身份等国际互认。针对解决跨境电子商务中的争议或纠纷，进一步提出国家推动建立与不同国家、地区之间的跨境电子商务争议解决机制。

随着相关立法的不断完善，跨境电子商务将成为传统国际贸易模式的重要补充，并保持持续健康的发展。

阅读资料8-2：中华人民共和国国务院办公厅2013年8月21日印发的跨境电商意见

关于实施支持跨境电子商务零售出口有关政策的意见

商务部　发展改革委　财政部　人民银行

海关总署　税务总局　工商总局　质检总局　外汇局

发展跨境电子商务对于扩大国际市场份额、拓展外贸营销网络、转变外贸发展方式具有重要而深远的意义。为加快我国跨境电子商务发展，支持跨境电子商务零售出口（以下简称电子商务出口），现提出如下意见：

一、支持政策

（一）确定电子商务出口经营主体（以下简称经营主体）。经营主体分为三类：一是自建跨境电子商务销售平台的电子商务出口企业，二是利用第三方跨境电子商务平台开展电子商务出口的企业，三是为电子商务出口企业提供交易服务的跨境电子商务第三方平台。经营主体要按照现行规定办理注册、备案登记手续。在政策未实施地区注册的电子商务企业可在政策实施地区被确认为经营主体。

（二）建立电子商务出口新型海关监管模式并进行专项统计。海关对经营主体的出口商品进行集中监管，并采取清单核放、汇总申报的方式办理通关手续，降低报关费用。经营主体可在网上提交相关电子文件，并在货物实际出境后，按照外汇和税务部门要求，向海关申请签发报关单证明联。将电子商务出口纳入海关统计。

（三）建立电子商务出口检验监管模式。对电子商务出口企业及其产品进行检验检疫备案或准入管理，利用第三方检验鉴定机构进行产品质量安全的合格评定。实行全申报制度，以检疫监管为主，一般工业制成品不再实行法检。实施集中申报、集中办理相关检验检疫手续的便利措施。

（四）支持电子商务出口企业正常收结汇。允许经营主体申请设立外汇账户，凭海关报关信息办理货物出口收结汇业务。加强对银行和经营主体通过跨境电子商务收结汇的监管。

（五）鼓励银行机构和支付机构为跨境电子商务提供支付服务。支付机构办理电子商务外汇资金或人民币资金跨境支付业务，应分别向国家外汇管理局和中国人民银行申请并按照支付机构有关管理政策执行。完善跨境电子支付、清算、结算服务体系，切实加强对银行机构和支付机构跨境支付业务的监管力度。

（六）实施适应电子商务出口的税收政策。对符合条件的电子商务出口货物实行增值税和消费税免税或退税政策，具体办法由财政部和税务总局商有关部门另行制订。

（七）建立电子商务出口信用体系。严肃查处商业欺诈，打击侵犯知识产权和销售假冒伪劣产品等行为，不断完善电子商务出口信用体系建设。

二、实施要求

（一）自本意见发布之日起，在已开展跨境贸易电子商务通关服务试点的上海、重庆、杭州、宁波、郑州等5个城市试行上述政策。自2013年10月1日起，上述政策在全国有条件的地区实施。

（二）有关地方人民政府应制订发展跨境电子商务扩大出口的实施方案，并切实履行指导、督查和监管责任，对实施过程中出现的问题做到早发现、早处理、早上报。要积极引导经营主体坚持以质取胜，注重培育品牌；依托电子口岸平台，建立涵盖经营主体和电子商务出口全流程的综合管理系统，实现商务、海关、国税、工商、检验检疫、外汇等部门信息共享；加强信用评价体系、商品质量监管体系、国际贸易风险预警防控体系和知识产权保护工作体系建设，确保电子商务出口健康可持续发展。

（三）商务部、发展改革委、海关总署会同相关部门对政策实施进行指导，定期开展实施效果评估等工作，确保政策平稳实施并不断完善。海关总署会同商务部、税务总局、质检总局、外汇局、发展改革委等部门加快跨境电子商务通关试点建设，加快电子口岸结汇、退税系统与大型电子商务平台的系统对接。

三、其他事项

（一）本意见所指跨境电子商务零售出口是指我国出口企业通过互联网向境外零售商品，主要以邮寄、快递等形式送达的经营行为，即跨境电子商务的企业对消费者出口。

（二）我国出口企业与外国批发商和零售商通过互联网线上进行产品展示和交易，线下按一般贸易等方式完成的货物出口，即跨境电子商务的企业对企业出口，本质上仍属传统贸易，仍按照现行有关贸易政策执行。跨境电子商务进口有关政策另行研究。

——资料引用自商务部网站

阅读资料 8-3：中国跨境电子商务概况

2018 年，中国跨境电子商务取得长足发展。海关总署数据显示，全年海关验放的电子商务进出口商品总额为 1 347 亿元，同比增长 50%。其中，出口商品额为 561.2 亿元，增长 67%；进口商品额为 785.8 亿元，增长 39.8%。与 2017 年相比，出口提速明显，增速提高了 25.7 个百分点，进口仍占总额的 55%以上，但增速有所放缓。随着“一带一路”建设的走深做实，丝路电商快速发展。2018 年，中国与柬埔寨、科威特、阿联酋、奥地利等国的跨境电子商务交易额同比增速均超过 100%。中国的西安、兰州、福州、泉州、广州等重要节点城市在跨境电子商务领域持续创新和发展，进一步带动中国与“一带一路”沿线国家或地区的跨境电子商务发展。

——资料引用自《中国电子商务报告（2018）》

本章小结

本章主要讲述了两个方面的内容。

第一，电子商务概述。电子商务是一类利用网络通信技术进行交易的商务活动。如今，电子商务已成长为一类综合利用互联网、物联网、数据库系统、商务智能和移动支付等各项技术的创新型商业模式，并日趋规模化、产业化、专业化和国际化，对国际贸易与世界经济也开始产生重大的影响。电子商务的优点是提高了国际交易的效率、扩展了国际交易的范围、提高了企业参与竞争的能力、创新了商务活动的模式及增强了企业与客户间的互动。电子商务的缺点是互联网本身尚且存在缺陷、对于电子商务的管理尚不完善、对于电子商务的标准尚不统一及其他需要完善的问题。电子商务的模式主要要有企业——企业模式（B to B）、企业——消费者模式（B to C）、企业——政府模式（B to G）等。电子数据交换（EDI）为传统国际贸易向无纸贸易转变提供了技术保障，从而创新了传统的国际贸易流程。

第二，跨境电子商务。跨境电子商务是指分属不同关境的交易主体，通过电子商务平台达成交易、进行支付结算，并通过跨境物流送达商品、完成交易的一种国际商业活动。跨境电子商务的特点包括全球性、无形性、匿名性、即时性、无纸化及快速演进等。2019 年 1 月颁布的《中华人民共和国电子商务法》是一部促进电子商务及跨境电子商务持续健康发展的重要法律。随着相关立法的不断完善，跨境电子商务将成为传统国际贸易模式的重要补充，并保持持续健康的发展。

思考题

1. 请简述电子商务的概念、特点及主要模式。
2. 请简述跨境电子商务的特点，并阐述其对传统税收模式产生的挑战。
3. 试论述传统国际贸易与跨境电子商务的区别与联系。
4. 试论述政府应当如何促进跨境电子商务的持续健康发展。
5. 试论述 EDI 在国际贸易中的应用，并结合一定的案例展开分析。

第二部分

国际贸易实务

GUOJI MAOYI SHIWU

第九章 国际贸易术语

学习目标

XUEXI MUBIAO

熟悉《2010年国际贸易术语解释通则》等主要国际贸易术语惯例，掌握11种国际贸易术语的含义、责任及需要注意的问题，能够在国际贸易实践中正确选择和灵活使用国际贸易术语。

学习重点

XUEXI ZHONGDIAN

6种主要贸易术语FOB、CFR、CIF、FCA、CPT、CIP的原理与应用，各种国际贸易术语的风险、责任与费用的划分界限，实质性交货与象征性交货的区别。

第一节　国际贸易术语概述

一、贸易术语的概念

贸易术语（Trade Terms）也被称为价格术语（Price Terms）或贸易条件，是指以简单的几个英文字母缩写来表示价格构成和交货条件的专门术语。其中，价格构成是指价格的组成内容，比如除了成本价格，是否还要包括运费及保险费等；交货条件则是指买卖双方在何时何地完货物交接。贸易术语形成于长期的国际贸易实践，是一种约定俗成的贸易惯例，由于能够非常简便且明确地表示出买卖双方关于风险、责任及费用的划分情况，因而被广泛地应用于国际贸易合同的洽商、签订及履行业务之中。

二、贸易术语的作用

（一）方便了国际贸易合同的订立

贸易术语具有含义明确、一目了然的特点，并且不同的国际贸易术语适合于不同的贸易情形。买卖双方只需在贸易合同的价格条款中确定贸易术语的种类便可确定成交价格，并明确各自应当承担的责任、费用及风险。这不仅节约了国际贸易谈判的时间，简化了交易磋商的程序，更提高了达成国际贸易合同的效率。

（二）明确了国际贸易价格的组成

贸易术语包含了价格构成，不同的贸易术语的价格构成也各不相同。例如，习惯上的离岸价不包含运费和保险费，而到岸价是要包含这些费用的。买卖双方可以根据市场行情和自身需要商定贸易术语，既有利于比较国际市场报价，促进有益的价格竞争，也有利于成本利润核算，制定差异化的价格策略。

（三）加速了国际贸易争端的解决

在国际贸易合同的履行过程中，难免会出现贸易争端。例如，当发生货物损失时、出现运输延迟时、产生价格波动时，应该如何来划分责任。贸易术语则明确了交货条件，规定了买卖双方各自的责任与义务，从而形成了一套完整的交接货惯例，规范并约束着买卖双方的贸易行为。因此一旦出现贸易争端，就很容易依照惯例分清责任，从而简化了贸易争端的解决程序。

（四）加强了国际贸易各方的合作

国际贸易涉及的关系方众多，不仅有进出口双方，还包括船公司、商业银行、保险公司、信托公司及政府海关等。贸易术语由相应的国际惯例所规范，在世界范围内得到普遍接受和广泛应用。贸易术语为国际合作创造了共识，有利于国际机构和各国的涉外机构更为便利地开展国际贸易及与国际贸易相关的其他业务。

第二节　国际贸易术语惯例

国际贸易惯例是从长期的国际贸易实践中积累和总结出来的普遍性贸易规则，具有习惯性、经验性和广泛性特征。需要注意的是，由于国际贸易惯例并不是法律，各国政府一般允许进出口商自由选择最为合适的贸易惯例，因而并不具备强制性的法律约束力。但是国际贸易惯例仍然具有很大的国际影响力，其主要作用就在于引导与规范国际贸易操作。对于外贸企业而言，学习和使用惯例不仅能够获得各种程序性的便利，更能在发生争议或损失时，争取到更为有利的谈判地位。在各项国际贸易惯例中，与贸易术语最为相关的是《1932年华沙——牛津规则》《1990年美国对外贸易定义修订本》和《2010年国际贸易术语解释通则》三项管理文件。

一、《1932年华沙——牛津规则》

《1932年华沙——牛津规则》（*Warsaw-Oxford Rules* 1932）由国际法协会制定，专门解释了CIF贸易术语。进入19世纪中叶以后，CIF作为一种固定名称的价格术语得到了广泛的使用，但其具体内容却并未得到统一，常常在国际贸易中引起争议。为此，国际法协会于1928年在波兰华沙召开会议，制定了有关CIF贸易术语的22条国际统一规则。后经1930年的纽约会议、1931年的巴黎会议以及1932年的牛津会议，最终形成拥有21条规则的《1932年华沙——牛津规则》，并沿用至今。这一惯例对CIF术语做出了详细规定，第一次明确了贸易术语的含义、性质、特点及买卖双方的权利义务等，开创了制定贸易术语惯例的先河，具有积极的历史意义。然而，这一惯例仅仅规范了一种贸易术语，显然并不能完全满足国际贸易的实际需要。

二、《1990 年美国对外贸易定义修订本》

《1990 年美国对外贸易定义修订本》（*Revised American Foreign Trade Definitions* 1990）是由美国商业团体制定的专门解释几种常用贸易术语的规则文件。其最早版本产生于 1919 年的纽约，原名《美国出口报价及其缩写条例》，1941 年经美国第 27 届全国对外贸易会议修订，形成《1941 年美国对外贸易定义修订本》。这项惯例整理并规范了六种主要贸易术语，分别是 EXW（产地交货）、FOB（在运输工具上交货）、FAS（在运输工具旁边交货）、CFR（成本加运费）、CIF（成本加保险费、运费）及 DEQ（目的港码头交货），为国际贸易相关人员的工作提供了帮助。最新的修订版本是《1990 年美国对外贸易定义修订本》，并主要应用于各国同美洲国家开展的国际贸易当中。需要注意的是，在这项惯例中，FOB 与 FAS 术语具有一定的特殊性，相应规则并不等同于被世界各国所广泛采用的《国际贸易术语解释通则》，因而在与美洲国家进行国际贸易时要尤其注意。为此，近年来围绕这一惯例中术语差异的争论也越发强烈起来，是否会对其进一步更新值得关注。

三、《2010 年国际贸易术语解释通则》

《2010 年国际贸易术语解释通则》（*The Incoterms rules or International Commercial Terms* 2010）简称 Incoterms 2010 或 2010 年版《通则》，是由国际商会制定的专门解释各种贸易术语的惯例文件。这一惯例在国际贸易中的应用最为广泛、影响最为深刻、作用最为明显，是规范和解释贸易术语的最权威文件。回顾历史，早在 1921 年，国际商会就开始着手准备发布一本准确的贸易术语解释出版物，让不同国家或地区的进出口商、船公司、银行、保险公司及其代理人能够使用一致的贸易语言。1936 年《通则》正式出版，之后又经过 1953 年、1967 年、1976 年、1980 年、1990 年、2000 年和 2010 年共计七次修改和补充，最终形成了今天在全球实施的《2010 年国际贸易术语解释通则》。

相比于之前的版本，2010 年版《通则》更加适应了国际贸易的最新发展趋势，考虑到了世界上免税区的增加、新型货物运输方式的出现以及无纸化信息通信和电子商务的发展。例如，对贸易术语的种类进行了删减，将之前的 13 种贸易术语修改为 11 种；对贸易术语的规则进行了补充，将其使用范围由国际贸易合同扩大至国内贸易合同；对使用中的不足进行了完善，更加准确地标明了买卖双方承担货物运输风险和费用的责任条款，避免出现类似集装箱码头装卸作业费（Terminal Handling Charge）方面的纠纷。除此之外，2010 年版《通则》还增加了大量有关国际贸易的指导性解释和图示，以及适合于电子商务的参考交易方式。

2010 年版《通则》一共列出了 11 种贸易术语，并按照适用的运输方式不同将其划分为两类。第一类为适合任何运输方式的贸易术语，有 7 种；第二类为适合海运及内河运输方式的贸易术语，有 4 种。

第一类，适合任何运输方式的贸易术语。

EXW（Ex Works）　工厂交货

FCA（Free Carrier）货交承运人

CPT（Carriage Paid to）运费付至指定目的地

CIP（Carriage and Insurance Paid to）运费、保险费付至指定目的地

DAT（Delivered at Terminal）运输终端交货

DAP（Delivered at Place）目的地交货

DDP（Delivered Duty Paid）完税后交货

第二类，仅适合水上运输方式的贸易术语。

FAS（Free Alongside Ship）装运港船边交货

FOB（Free on Board）装运港船上交货

CFR（Cost and Freight）成本加运费

CIF（Cost Insurance and Freight）成本、保险费加运费

除此之外，贸易术语也可以按照开头字母的不同分为 E、F、C、D 四个组。E 组术语只有 1 个，为 EXW，属于“启运”合同性质的贸易术语；F 组术语有 3 个，为 FOB、FCA、FAS，属于“主运费未付”合同性质的贸易术语；C 组术语有 4 个，为 CIF、CFR、CIP、CPT，属于“主运费已付”合同性质的贸易术语；D 组术语有 3 个，为 DAT、DAP、DDP，属于“达到”合同性质的贸易术语。值得注意的是，从 E 组到 D 组，在各个贸易术语下的合同中，出口商所承担的责任、风险与费用从小到大，进口商所承担的责任、风险与费用则从大到小。

第三节　国际贸易术语解释

一、常用贸易术语

（一）FOB

1. 含义

FOB（Free on Board）是国际贸易中常用的贸易术语之一，含义为装运港船上交货，因而也被称为“离岸价”或“船上交货价”。FOB 的价格构成主要为商品本身的价格，交货条件为装运港船上。当使用 FOB 进行交易时，买方负责派出船只接运货物，卖方应在合同规定的装运港和装运期内将货物装上买方指定的船只及取得相应的装船证明，并及时通知买方。此时，风险与责任转移给买方，卖方完成交货。

FOB 仅适合于海洋运输和内河运输，如果买卖双方无意于船上交货，则可选择 FCA 术语在其他地点货交承运人。在合同的具体表述中，在 FOB 之后加上一个港口的名称，并且这一港口一般为出口商所在地的装运港，例如 FOB 上海，表示货物将从上海港启运。

2. 责任划分

卖方责任：

（1）在合同规定的时间和装运港口，将合同规定的货物交到买方指派的船上，并及时通知买方；

（2）承担货物在装运港上船之前的一切风险和费用；

（3）自负风险和费用，取得出口许可证或其他官方批准文件，并且办理货物出口所需的一切海关手续；

（4）提交商业发票和自费提供证明卖方已经按照合同交货的清洁单据，或相应的电子信息。

买方责任：

（1）订立从指定装运港口运输货物的合同，支付运费，并将与运输有关的船名、泊位及时间等及时通知卖方；

（2）按照合同的要求及时受领货物及代表货物的单据，支付货款；

（3）承担货物在装运港交接之后的一切风险和费用；

（4）自负风险和费用，取得进口许可证或其他官方批准文件，并且办理货物进口所需的一切海关手续。

3. 需要注意的问题

（1）风险划分的界限。

2010年版《通则》规定，FOB术语下买卖双方的风险划分以“装运港船上”为界，即当货物在装运港装上船，取得已装船的清洁提单时，风险由卖方转移给买方，卖方完成交货。需要注意的是，在之前的2000年版《通则》中，买卖双方划分风险的界限表述为“船舷为界”，即当货物在装运港“越过船舷”时，风险发生转移。然而，随着国际贸易运输的发展，特别是以集装箱为代表的多式联运的普及，由起重机使用吊钩来完成装卸的情况逐渐减少，所以国际商会修改了这一风险界限，使之更为合理。

（2）船货衔接问题。

在FOB术语下，由于国际运输环节是由买方来负责完成的，因而卖方只负责将货物运至装运港，并办理好出口海关的相关手续。于是，买方所派船只与卖方所备货物之间就存在一个船货衔接的问题。通常会出现两种情况，一种是“货等船”，另一种是“船等货”。前者的原因是买方未能按时派船，则一切违约责任由买方承担，此时，卖方有权拒绝交货并要求买方承担滞期费、仓储费及空仓费等各种额外费用；后者的原因是卖方未能及时备货，则一切违约责任由卖方承担，此时，买方有权拒付货款或者提出赔偿、降价等要求。需要注意的是，这一责任划分方法和FOB术语的基本原理有所不同，这是由造成损失的特殊责任方和具体原因所决定的。因此，买卖双方一定要在贸易过程中密切配合、及时沟通，避免出现衔接问题。

（3）及时相互通知。

买卖双方及时发出信息通知是完成FOB术语合同的关键步骤。其中又包含两个方面的具体含义。其一，买方应将租船订舱的具体信息通知卖方，以便卖方及时备货与交货。由于是买方负责国际运输，买方一旦完成租船订舱，需将船名舱号、到达日期、停泊地点等关键信息告知卖方。如果因为通知不及时而产生船货衔接问题，责任由买方自行承担。其二，卖方应将装船完毕后的具体信息通知买方，以便买方及时办理运输保险和付款赎单。虽然FOB术语并未规定保险义务由谁承担，但是按照国际贸易习惯，买方往往会根据自身需求购买国际运输保险。各项信息需卖方提供，特别是货物启运的具体时间，这对于确定投保保险的期限非常关键。如果因为通知不及时而产生保险失效的问题，责任由卖方来承担。

（4）术语的变形。

FOB术语还存在一些货物装卸方面的差异。如果采用班轮运输方式，一般不存在另外计算装卸费、平仓费和理舱费的问题，但是如果采用租船运输方式，买卖双方则需另行协商相关费用的分担问题，从而产生了在术语之后再加上一些单词或字母的变形术语。这一用法多见于大宗商品的国际贸易中。

第一，FOB Liner Terms（FOB班轮条件），指与班轮运输一致，额外的装卸费用由买方负责。

第二，FOB Under Tackle（FOB吊钩下交货），指卖方只负责将货物置于轮船的吊钩之下，之后的装卸费用由买方负责。

第三，FOB Stowed（FOB理舱费在内），指卖方需将货物装入船舱之内，并负责包括理舱费在内的装卸费用。

第四，FOB Trimmed（FOB平舱费在内），指卖方需将货物装入船舱之内，并负责包括平舱费在内的装卸费用。

第五，FOB Stowed and Trimmed（FOB 理舱费和平仓费在内），指卖方需将货物装入船舱之内，并负责包括平舱费和理舱费在内的装卸费用。

需要注意的是，FOB 术语的变形仅仅表明了装卸费用的划分情况，并不改变术语的合同性质和基本原理。卖方双方仍然按照装运港船上来划分主要的责任、风险及费用。

（5）来自不同惯例的解释。

在国际贸易实务中，一定要注意外国商人所用术语的惯例来源。FOB 术语除了被 2010 年版《通则》解释，还被《1990 年美国对外贸易定义修订本》解释，而两者的解释并不相同。《1990 年美国对外贸易定义修订本》规定了 6 种 FOB 术语，大部分适用于陆上运输方式，仅有一种与 2010 年版《通则》的规定相似，并且必须在 FOB 之后加上 Vessel（船舶）字样才适用于海上运输和内河运输方式。因此，当和美国、加拿大等美洲国家进行国际贸易时，贸易商要特别注意 FOB 术语的解释惯例，避免因理解上的差异而造成经济损失。

（二）CFR

1. 含义

CFR（Cost and Freight），其含义为成本加运费。这一术语的价格构成为商品本身的价格加上国际运输的费用，交货条件为装运港船上。使用 CFR 进行交易时，卖方只要将货物在装运港按时装上船只，即完成交货，但是卖方需要支付将货物运至指定目的港的国际货物运输费用。

风险的划分界限仍然在装运港船上，买方需要承担卖方交货之后的一切风险和费用。

CFR 仅适合于海洋运输和内河运输，如果买卖双方无意于船上交货，则可选择 CPT 术语在其他地点货交承运人。在合同的具体表述中，在 CFR 之后加上一个港口的名称，并且这一港口一般为进口商所在地的目的港，例如 FOB 纽约，表示货物将被运至纽约港。

2. 责任划分

卖方责任：

（1）签订从指定装运港承运货物的合同，在合同规定的时间和港口，将合同规定的货物装上船只并支付运费，装船后及时通知买方；

（2）承担货物在装运港装上船之前的一切风险和费用；

（3）自负风险和费用，取得出口许可证或其他官方批准文件，并且办理货物出口所需的一切海关手续；

（4）提交商业发票和自费提供证明卖方已经按照合同交货的清洁单据，或相应的电子信息。

买方责任：

（1）按照合同的要求及时受领货物及代表货物的单据，并支付货款；

（2）承担货物在装运港装上船之后的一切风险和除了正常运费之外的其他费用；

（3）自负风险和费用，取得进口许可证或其他官方批准文件，并且办理货物进口所需的一切海关手续。

3. 需要注意的问题

（1）通知问题。

在 CFR 术语下，国际货物运输环节由卖方负责完成，国际货物保险环节则由买方负责完成。虽然不再像 FOB 术语那样存在船货衔接的问题，但是依然存在保险与运输相衔接的问题。类似的，虽然 CFR 术语并未规定保险义务由谁承担，但是按照国际贸易习惯，买方往往会根据自身需求购买国际运输保险。如果货物已经启运，而保险尚未购买，那么此时货物发生损失则得不到赔偿。因此，卖方在货物装运完成后务必要及时将相关信息通知买方，以便买方按时投保。因为没有及时通知而产生的损失，买方有权让卖方承担。

（2）与 FOB 的联系与区别。

CFR 术语与 FOB 术语具有很多相似之处。其一，两者划分责任的交货条件是一致的，都是以“装运港船上”为界来确定卖方是否完成交货。其二，两者都是适用于海上运输和内河运输方式的贸易术语。其三，两者都是由卖方负责办理出口海关手续，买方负责办理进口海关手续。但是两者也有明显的不同之处。其一，两者的价格构成不同，FOB 术语不包含运费，而 CFR 术语包含了运费。其二，两者的使用格式不同，FOB 术语后面连接装运港名称，而 CFR 术语后面连接目的港名称。可见，是否由卖方来办理国际运输业务，是两个术语的最大区别。需要注意的是，在不违背合同的前提下，卖方只需要按照最通常的条件、最习惯的做法和最经济的考量来安排运输，即完成履行运输义务。

（3）术语的变形。

与 FOB 术语类似，CFR 也存在一些货物装卸方面的差异。当货物到达目的港之后，卸货的费用由谁承担，需要进一步明确。由于与装卸相关的费用不属于主运费的范畴，所以买卖双方还需另行协商。具体做法也是在术语之后再加上一些单词或字母，形成变形术语。

第一，CFR Liner Terms（CFR 班轮条件），指与班轮运输一致，卸货费由卖方负责。

第二，CFR Landed（CFR 卸至码头），指卸货费由卖方负责，并且包含可能涉及的驳船费等。

第三，CFR Ex Tackle（CFR 吊钩下交货），指卖方负责将货物从船舱吊起并卸至吊钩下的费用，买方负责之后的费用。如果船舶不能靠岸，驳船费也由买方负责。

第四，CFR Ex Ship's Hold（CFR 舱底交货），指货物到达目的港后，卸货的费用由买方负责。

需要注意的是，CFR 术语的变形仅仅表明了卸货费用的划分情况，并不改变术语的合同性质和基本原理。卖方双方仍然按照装运港船上来划分主要的责任、风险及费用。

（三）CIF

1. 含义

CIF（Cost Insurance and Freight），含义为成本、保险费加运费。

这一术语的价格构成为商品本身的价格加上国际保险和国际运输的费用，交货条件为装运港船上。使用 CIF 进行交易时，卖方只要将货物在装运港按时装上船只，即完成交货，但是卖方需要支付将货物运至指定目的港的国际货物运输费用，并办理防止货物在运输过程中灭失或损坏的海运保险。风险的划分界限在装运港船上，卖方仅仅额外负责保险和运输，买方仍然需要承担卖方交货之后的其他一切风险和费用。

CIF 仅适合于海洋运输和内河运输，如果买卖双方无意于船上交货，则可选择 CIP 术语在其他地点货交承运人。在合同的具体表述中，在 CIF 之后加上一个港口的名称，并且这一港口一般为进口商所在地的目的港，例如 CIF 伦敦，表示货物将被运至伦敦港。

2. 责任划分

卖方责任：

（1）签订从指定装运港承运货物的合同，在合同规定的时间和港口，将合同规定的货物装上船只并支付运费，装船后及时通知买方；

（2）按照合同的规定，自负费用办理国际货物运输保险；

（3）承担货物在装运港装上船之前的一切风险和费用；

（4）自负风险和费用，取得出口许可证或其他官方批准文件，并且办理货物出口所需的一切海关手续；

（5）提交商业发票和自费提供证明卖方已经按照合同交货的清洁单据，或相应的电子信息。

买方责任：

（1）按照合同的要求及时受领货物及代表货物的单据，并支付货款；

（2）承担货物在装运港装上船之后的一切风险和除了正常的保险费、运费之外的其他费用；

（3）自负风险和费用，取得进口许可证或其他官方批准文件，并且办理货物进口所需的一切海关手续。

3. 需要注意的问题

（1）租船订舱问题。

在 CIF 术语下，卖方负责办理国际货物运输环节的租船订舱等手续。当买卖双方没有在合同中明确规定国际运输的详细要求时，卖方可以按照最通常的条件、最习惯的做法和最经济的考量来安排运输，只要能够将货物顺利运往目的港，即满足贸易惯例的要求。这一点也在 2010 年版《通则》中给出了明确的解释。换言之，卖方可以拒绝买方有关船籍、船型、船龄、船级及船公司等各种在合同之外的运输要求。只有当这些要求不会影响到 CIF 价格时，卖方才有可能给予通融。

（2）办理保险问题。

按照 CIF 术语的要求，卖方还需要办理货物在国际运输途中的海运保险，保险费是包含在总价之中的。与运费类似，如果买卖双方没有在合同中明确规定保险的险别、金额及保险公司等具体要求，卖方则可以根据实际情况投保自己认为最为合适的保险产品。按照 2010 年版《通则》的规定，卖方只需投保保费最低的险别即满足要求。保险金额通常为发票金额的 110%，增加的 10%被称为保险加成率，是对货物在运输过程中的增值部分的一种预计。如果买方要求投保诸如战争险、罢工险等附加险，则需要自行承担相应保费。

（3）象征性交货问题。

在国际贸易中，存在实质性交货和象征性交货两种完成方式。实质性交货（Physical Delivery）是指买卖双方在规定的时间和地点完成货物的现场交接，表现为卖方将货物交给买方或其指定的收货人。象征性交货（Symbolic Delivery）则是指卖方只需在规定的时间和地点完成货物的装运并取得以提单为核心的全套运输单据，即可视为完成交货。很显然，在象征性交货下，卖方并不承担货物运输的风险。CIF 术语属于典型的象征性交货术语。卖方虽然负责了保险和运输，但风险却早已在装运港船上发生了转移。于是，会出现这样两种情况。第一种，如果货物在运输过程中发生了损失，甚至买方将面临无货可收的局面，只要卖方提供了符合合同规定的全套合格单据，买方也必须付款赎单。第二种，如果卖方并未取得完全合格的运输单据，即使货物保质保量地被安全运至目的港，买方也有权拒付货款、要求退货。可见，象征性交货的实质是一种风险转移在前、责任与费用转移在后的单据买卖。

4. FOB、CFR、CIF 的比较

这三个贸易术语构成了“装运港船上”交货的一类术语。它们在交货地点、风险划分的界限以及适用的运输方式三个方面具有相似性。所不同的是构成价格的费用不同。FOB 术语只包含商品本身的价格，CFR 术语包含了商品本身的价格和国际货物运输的费用，CIF 术语则包含了商品本身的价格、国际货物运输的费用和国际货运保险的费用。可见，从 FOB 到 CFR 再到 CIF，价格构成逐渐丰富、卖方的责任逐渐增多、买方的责任逐渐减少。

（四）FCA

1. 含义

FCA（Free Carrier），含义为货交承运人。这一术语的价格构成为商品本身的价格，交货条件为货交承运人。使用 FCA 进行交易时，卖方只要将货物在规定地点和规定的时间交给买方指定的承运人，即完成交货。风险的划分界限为“货交承运人”，买方需要承担卖方交货之后的一切风险和费用。

FCA 适合于各种运输方式，并主要应用于在陆上地点交货的国际贸易。在合同的具体表述中，在 CFR 之后加上一个城市的名称，并且这一地名一般在出口商所在地，例如 FCA 满洲里，表示货物将在满洲里交接。

2. 责任划分

卖方责任：

（1）在合同规定的时间和地点，将合同规定的货物置于买方指定的承运人控制之下，并及时通知买方；

（2）承担货物在交给承运人控制之前的一切风险和费用；

（3）自负风险和费用，取得出口许可证或其他官方批准文件，并且办理货物出口所需的一切海关手续；

（4）提交商业发票和自费提供证明卖方已经按照合同交货的清洁单据，或相应的电子信息。

买方责任：

（1）订立从指定地点运输货物的合同，支付运费，并将与运输有关承运人信息及时通知卖方；

（2）按照合同的要求及时受领货物及代表货物的单据，并支付货款；

（3）承担货物交接之后的一切风险和费用；

（4）自负风险和费用，取得进口许可证或其他官方批准文件，并且办理货物进口所需的一切海关手续。

3. 需要注意的问题

（1）承运人问题。

承运人即是国际贸易中的运输方，通常为船公司、航空公司及公路、铁路运输方等。承运人也是一个具有广泛含义的概念，既可以是直接从事国际货物运输的实际承运人，也可以是从事相关业务的代理人或其他人。有时候，买方甚至可以委托卖方代为完成运输业务，即卖方本身也可以在 FCA 术语下充当承运人。只是在这种情况下，买卖双方属于委托代理关系，并不改变 FCA 术语的合同性质与具体含义，买方仍然需要承担货交承运人之后的一切风险和费用。

（2）交货地点问题。

在 FCA 术语下，指定的交货地点十分关键，2010 年版《通则》对此做出了解释。其一，如果指定的交货地点在卖方境内，则卖方需要负责将货物装上买方指定的承运人或其代理人的运输工具，此时完成交货。其二，如果指定的交货地点是其他任何地点，则卖方只需要在自己提供的运输工具上将货物交给买方指定的承运人或其代理人，在不需要装卸的情况下完成交货。其三，如果买卖双方未约定明确的交货地点或存在多个可交货地点，则卖方可以选择最为方便和恰当的地点进行交货。

（3）与 FOB 的关系。

FCA 术语与 FOB 术语有很多相似之处。两者都是卖方不负责国际货运保险和国际运输的一类传统 F 组贸易术语，在买卖双方的相互通知、货物衔接及进出口手续等方面有相同的需要注意的问题。当然，FCA 术语与 FOB 术语的区别也很明确。两者在风险划分的界限、交货条件及适用的运输方式等方面各不相同，在使用中一定要注意区别。例如，FCA 适用于多式联运，这更加有利于地处内陆地区的贸易商在车站、机场或内河沿岸地区交接贸易商品，从而拥有了更加灵活和广泛的使用空间。

（五）CPT

1. 含义

CPT（Carriage Paid to），含义为运费付至指定目的地。这一术语的价格构成为商品本身的价格加上国际运输的费用，交货条件为货交承运人。使用CPT进行交易时，卖方只要将货物在规定地点和规定的时间交给自己指定的承运人或第一承运人，即完成交货，但是卖方需要支付将货物运至指定目的地的国际货物运输费用。风险的划分界限为“货交承运人”，买方需要承担卖方交货之后的一切风险和除正常运费之外的费用。

CPT适合于各种运输方式，并主要应用于在陆上地点交货的国际贸易。在合同的具体表述中，在CPT之后加上一个城市的名称，并且这一地名一般在进口商所在地，例如CPT金边，表示货物将被运至柬埔寨的金边。

2. 责任划分

卖方责任：

（1）签订从指定地点承运货物的合同，在合同规定的时间和地点，将合同规定的货物置于承运人控制之下并支付运费，交接后及时通知买方；

（2）承担货物在交给承运人控制之前的一切风险和费用；

（3）自负风险和费用，取得出口许可证或其他官方批准文件，并且办理货物出口所需的一切海关手续；

（4）提交商业发票和自费提供证明卖方已经按照合同交货的清洁单据，或相应的电子信息。

买方责任：

（1）按照合同的要求及时受领货物及代表货物的单据，并支付货款；

（2）承担货物在交接之后的一切风险和除了正常运费之外的其他费用；

（3）自负风险和费用，取得进口许可证或其他官方批准文件，并且办理货物进口所需的一切海关手续。

3. 需要注意的问题

（1）风险划分界限。

CPT术语与FCA术语的主要区别是增加了由卖方来负责国际货物运输这项义务，交货条件仍然是“货交承运人”。所以，在CPT术语下，特别是在多式联运中，货物运输可能会经历多种运输方式，卖方只需承担货交第一承运人之前的风险和主要运输费用，买方则需要承担货物交接之后的一切风险和额外费用。可见，习惯上被称为“到岸价”或“到达价”的传统C组贸易术语，并非真正意义上的“达到”合同性质。这显然也是一种风险转移在前、责任与费用转移在后的象征性交货术语。

（2）目的地问题。

在CPT术语下，卖方需要将货物运送至目的地。这一目的地并非惯例规定的划分风险的交货的地点，而是完成运输合同的最终目的地。买卖双方应在合同中合理约定运输目的地的具体位置，买方如果对相应运输方式、运输费用等有额外要求应提前说明，否则卖方将按照最通常的条件、最习惯的做法和最经济的考量来安排运输。

（3）通知问题。

与CFR类似，卖方向买方及时发出通知也十分重要。由于国际货物运输和国际货运保险分别由卖方和买方负责，因而卖方需要在货交承运人后立即将相关信息通知买方，以便买方能够及时办理保险并做好办理进口报关手续的准备。如果因为卖方未履行通知责任而造成货物损失，买方有权拒付货款或要求卖方赔偿。

（六）CIP

1. 含义

CIP（Carriage and Insurance Paid to），含义为运费、保险费付至指定目的地。这一术语的价格构成为商品本身的价格加上国际货运保险和国际运输的费用，交货条件为货交承运人。使用 CIP 进行交易时，卖方只要将货物在规定地点和规定时间交给自己指定的承运人或第一承运人，即完成交货，但是卖方需要支付将货物运至指定目的地的国际货物运输费用，并办理防止货物在运输过程中灭失或损坏的运输保险。风险的划分界限为“货交承运人”，卖方仅仅额外负责保险和运输，买方仍然需要承担卖方交货之后的其他一切风险和费用。

CIP 适合于各种运输方式，并主要应用于在陆上地点交货的国际贸易。在合同的具体表述中，在 CIP 之后加上一个城市的名称，并且这一地名一般在进口商所在地，例如 CIP 阿拉木图，表示货物将被运至阿拉木图。

2. 责任划分

卖方责任：

（1）签订从指定地点承运货物的合同，在合同规定的时间和地点，将合同规定的货物置于承运人控制之下并支付运费，交接后及时通知买方；

（2）按照合同的规定，自负费用办理国际货物运输保险；

（3）承担货物在交给承运人控制之前的一切风险和费用；

（4）自负风险和费用，取得出口许可证或其他官方批准文件，并且办理货物出口所需的一切海关手续；

（5）提交商业发票和自费提供证明卖方已经按照合同交货的清洁单据，或相应的电子信息。

买方责任：

（1）按照合同的要求及时受领货物及代表货物的单据，并支付货款；

（2）承担货物在交接之后的一切风险和除了正常的保险费、运费之外的其他费用；

（3）自负风险和费用，取得进口许可证或其他官方批准文件，并且办理货物进口所需的一切海关手续。

3. 需要注意的问题

（1）国际运输问题。

在 CIP 术语下，卖方负责办理国际货物运输环节的相关手续并支付运费。当买卖双方没有在合同中明确规定国际运输的详细要求时，卖方可以按照最通常的条件、最习惯的做法和最经济的考量来安排运输，并受到不可抗力条款的免责保护。由于运费被包含在总价之中，卖方的此类做法也是出于节约成本、简化手续等考虑。如果买方对于运输有特殊的要求，应提前与卖方沟通协商。

（2）办理保险问题。

按照 CIP 术语的要求，卖方还需要办理货物在国际运输途中的保险，保险费也是包含在总价之中的。事实上，保险业务只是卖方提供的“额外的附加服务”或“代办业务”，并不改变这一贸易术语对于风险的划分原则，仅仅反映为购买保险的费用是由卖方支付的。与运费类似，如果买方没有提出关于保险险别、金额及保险公司等方面的具体要求，卖方亦可自行决定如何投保。

（3）与 CIF 的关系。

实际上，CIP 术语与 CIF 术语十分相似。第一，两者拥有相同的价格构成，即都包含了成本、保险费和运费。第二，两者都属于进行单据买卖的象征性交货，即风险转移在前，责任与费用转移在后。当然两者也有一些区别。第一，两者的交货条件不同，CIF 术语为“装运港船上”交货，而CIP术语为“货交承运人”。第二，两者适用的运输方式不同。CIF术语仅仅适用于水运方式，而CIP术语适用于任何运输方式。

4. FCA、CPT、CIP的比较

与FOB、CFR和CIF构成一类术语相类似，FCA、CPT和CIP这三个贸易术语也构成了“货交承运人”的一类术语。它们也在交货地点、风险划分的界限及适用的运输方式三个方面具有相似性。所不同的还是构成价格的费用不同。FCA术语只包含商品本身的价格，CPT术语包含了商品本身的价格和国际货物运输的费用，CIP术语则包含了商品本身的价格、国际货物运输的费用和国际货运保险的费用。可见，从FCA到CPT再到CIP，价格构成逐渐丰富、卖方的责任逐渐增多、买方的责任逐渐减少。

二、其他贸易术语

（一）EXW

1. 含义

EXW（Ex Works），含义为工厂交货。这一贸易术语规定卖方在其所在地或其他指定的地点，如工厂、工场及仓库等，将货物置于买方或其代理人的控制下，即完成交货。卖方不需要办理任何出口清关手续或将货物装上运输工具，绝大部分的进出口手续都由买方来办理。

EXW术语适合于各种运输方式，但主要应用于公路、铁路等运输方式。这是唯一一种由买方来办理出口和进口海关手续的贸易术语，也是卖方责任最轻、买方责任最重的贸易术语。

在合同的具体表述中，在EXW之后加上一个地名，并且这一地点为出口商所在地，例如EXW桂林，表示货物将从中国桂林启运。

2. 责任划分

卖方责任：

（1）在合同规定的时间和地点，将合同规定的货物置于买方控制之下；

（2）承担货物在交给买方之前的一切风险和费用；

（3）提交商业发票或相应的电子信息。

买方责任：

（1）在合同规定的时间和地点，受领货物和代表货物的单据，并及时支付货款；

（2）承担受领货物之后的一切风险和费用；

（3）自负风险和费用，取得出口和进口许可证或其他官方批准文件，并且办理货物出口和进口所需的一切海关手续。

3. 需要注意的问题

EXW术语是11种贸易术语中价格最低的术语，尽管需要买方承担并完成进出口贸易的绝大部分工作，但仍然具有明显的价格吸引力，多应用于路途不远的边境贸易或国内贸易环节。一方面，使用EXW术语，一定要注意货物的交接环节。特别是作为买方，需要将货物从国外运回国内，而影响这一过程的因素十分复杂，一定要充分考虑国际货物运输、保险及通关手续的实际情况，切勿只管成交、不顾交货，从而产生时间上、经济上及精力上的不必要损耗。另一方面，使用EXW术语，还要注意装货费用的分担情况。按照贸易惯例，卖方一般是不负责买方上门提货的装货费的，这就需要买方提前做好准备或委托卖方代为装货。

（二）FAS

1. 含义

FAS（Free Alongside Ship），含义为装运港船边交货。这一术语规定当卖方将货物交到买方指定的船边，通常为置于码头或驳船上时，即完成交货。买方须承担自货物到达船边时起的一切风险和费用。FAS 术语仅适合于海洋运输和内河运输。在合同的具体表述中，在 FAS 之后加上一个港口，并且这一港口为出口商所在地的装运港，例如 FAS 泉州，表示货物将从中国泉州启运。

2. 责任划分

卖方责任：

（1）在合同规定的时间和地点，将合同规定的货物交到买方所指派船只的旁边，并及时通知买方；

（2）承担货物在交至装运港船边之前的一切风险和费用；

（3）自负风险和费用，取得出口许可证或其他官方批准文件，并且办理货物出口所需的一切海关手续；

（4）提交商业发票、交货凭证或相应的电子信息。

买方责任：

（1）订立从指定装运港口运输货物的合同，支付运费，并将与运输有关的船名、泊位及时间等及时通知卖方；

（2）在合同规定的时间和地点，受领货物和代表货物的单据，并及时支付货款；

（3）承担受领货物之后的一切风险和费用；

（4）自负风险和费用，取得进口许可证或其他官方批准文件，并且办理货物进口所需的一切海关手续。

3. 需要注意的问题

FAS 术语与 FOB 术语具有一定的相似性。在使用过程中，它们有一些类似的注意问题。其一，要注意 FAS 术语下的船货衔接与相互通知问题。由于买卖双方关于风险的划分界限是“装运港船边”，买卖双方需要相互沟通并密切配合才能在装运港完成货物的顺利交接，否则就会出现“货等船”或“船等货”的违约现象。同时，为了便于接货和购买保险等工作，买卖双方也应及时发出相应通知，在相互配合中完成与贸易有关的其他环节。其二，要注意 FAS 术语在不同贸易惯例中的差异。例如，在《1990 年美国对外贸易定义修订本》中，只有当 FAS 术语加上 Vessel（船舶）字样后，才和 2010 年版《通则》中的 FAS 术语类似。因此，在同美国、加拿大等美洲国家进行国际贸易时一定要注意区别。

（三）DAT

1. 含义

DAT（Delivered at Terminal），含义为运输终端交货。这一术语规定卖方需要将货物运至指定港口或目的地的集散站，并将货物从运输工具上卸下，交给买方，即完成交货。卖方在整个国际贸易过程中，需要承担除了进口费用之外的一切风险和费用，是一种卖方责任较大的“到达合同”性质的贸易术语。

DAT 术语适合于各种运输方式。在合同的具体表述中，一般要在 DAT 之后加上一个港口或地名，并且这一地点通常为进口商所在地，例如 DAT 河内，表示货物将被运到越南的河内。

2. 责任划分

卖方责任：

（1）提供符合合同要求的货物、商业发票、物权凭证以及其他重要单据；

（2）自负风险和费用，取得出口许可证或其他官方批准文件，并且办理货物出口所需的一切海关手续；

（3）自付费用签订运输合同，将货物运输到合同规定的目的地的指定运输终端；

(4) 在规定的时间内，在指定运输终端将货物从运输工具卸下，置于买方或其代理人的控制之下，并及时通知买方；

(5) 承担货物在交给买方之前的一切风险和费用。

买方责任：

(1) 按照合同的要求及时受领货物及代表货物的单据，并支付货款；

(2) 自负风险和费用，取得进口许可证或其他官方批准文件，并且办理货物进口所需的一切海关手续。

(3) 承担受领货物之后的一切风险和费用。

3. 需要注意的问题

DAT 术语是传统意义上的 D 组术语，使用过程中也有一些需要注意的问题。其一，要明确运输终端的含义。这里的运输终端在理论上包含了任何运输地点，常见的有码头、仓库、集装箱货场、汽车站、火车站及航空枢纽等。不同的运输终端对应着不同的价格与流程，买卖双方需要提前协商并做好交接安排。其二，要注意买卖双方各自在目的地的责任。卖方在 DAT 术语下需要承担卸货费。这意味着卖方将货物运至目的地后还要负责卸货环节，这也是卖方完成交货的前提之一。买方在 DAT 术语下需要自行办理进口海关手续。这意味着买方要处理国际贸易的最后环节，支付关税及其他相关费用。需要特别注意的是，DAT 术语并未要求卖方一定要购买货物运输保险，但由于卖方承担了货物到达目的地之前的一切风险，所以其往往会为了自身的经济利益而主动投保相关保险。

(四) DAP

1. 含义

DAP (Delivered at Place)，含义为目的地交货。这一术语规定卖方需要将货物运至指定港口或目的地的集散站，交给买方，不需要将货物从运输工具上卸下，即完成交货。卖方在整个国际贸易过程中，需要承担除了进口费用和卸货费用之外的一切风险和费用，也是一种卖方责任较大的“到达合同”性质的贸易术语。

DAP 术语适合于各种运输方式。在合同的具体表述中，在 DAP 之后加上一个港口或地名，并且这一地点通常为进口商所在地，例如 DAP 曼谷，表示货物将被运到泰国的曼谷。

2. 责任划分

卖方责任：

(1) 提供符合合同要求的货物、商业发票、物权凭证及其他重要单据；

(2) 自负风险和费用，取得出口许可证或其他官方批准文件，并且办理货物出口所需的一切海关手续；

(3) 自付费用签订运输合同，将货物运输到合同规定的目的地的指定场所；

(4) 在规定的时间内，在指定场所将仍然处于运输工具上的货物，交由买方或其代理人的处置，并及时通知买方；

(5) 承担货物在交给买方之前的一切风险和费用。

买方责任：

(1) 按照合同的要求及时受领货物及代表货物的单据，并支付货款；

(2) 自负风险和费用，取得进口许可证或其他官方批准文件，并且办理货物进口所需的一切海关手续；

(3) 承担受领货物之后的一切风险和费用。

3. 需要注意的问题

DAP 术语是 2010 年版《通则》中的新增贸易术语，用来替代 2000 年版《通则》中的 DAF (边境交货)、DES (目的港船上交货) 及 DDU (未完税交货) 三种术语。这意味着，

DAP 术语的交货地点可以有三种，即两国边境、目的港船上和进口国国内某一地点。另外，使用 DAP 术语时还要注意，卖方并不负责在目的港的卸货费，这意味着买方需要自行卸货并办理进口清关手续。这也是 DAP 术语区别于 DAT 术语主要特点。同时，与 DAT 术语类似，DAP 术语下的卖方也没有购买国际货运保险的义务，但在国际贸易实务中，卖方常常会为了自身利益而选择投保。在某些特殊情况下，卖方也会向买方提供相关信息并委托买方自行投保，但这种做法并不改变 DAP 术语“到达合同”的性质，风险仍然主要由卖方来承担。

（五）DDP

1. 含义

DDP（Delivered Duty Paid），含义为完税后交货。这一术语规定卖方需要将货物运至指定港口或目的地的集散站，交给买方，不需要将货物从运输工具上卸下，即完成交货。卖方需要承担包括进口海关手续及费用在内的绝大部分国际贸易责任、风险和费用，也是唯一一种由卖方来办理出口和进口海关手续的贸易术语，因而是所有贸易术语中，卖方责任最大、买方责任最小的贸易术语。DDP 术语亦属于“到达合同”性质。

DDP 术语适合于各种运输方式。在合同的具体表述中，在 DDP 之后加上一个港口或地名，并且这一地点通常为进口商所在地，例如 DDP 卡拉奇，表示货物将被运到巴基斯坦的卡拉奇。

2. 责任划分

卖方责任：

（1）提供符合合同要求的货物、商业发票、物权凭证及其他重要单据；

（2）自负风险和费用，取得出口和进口许可证或其他官方批准文件，并且办理货物出口和进口所需的一切海关手续。

（3）自付费用签订运输合同，将货物运输到合同规定的目的地的指定场所；

（4）在规定的时间内，在指定场所将仍然处于运输工具上的货物，交由买方或其代理人的处置，并及时通知买方；

（5）承担货物在交给买方之前的一切风险和费用。

买方责任：

（1）按照合同的要求及时受领货物及代表货物的单据，并支付货款；

（2）承担受领货物之后的一切风险和费用。

3. 需要注意的问题

DDP 术语是卖方责任和风险最大的一种贸易术语，保险相当于“送货上门”。在通常情况下，这一贸易术语的报价最高，服务也最全，因而对买卖双方都有一定的吸引力。需要注意的问题仍然是保险问题。卖方为了预防运输过程中的自然灾害和意外事故，常常会主动购买保险。在购买保险时，卖方既要考虑运输方式、货物的特性以及运输路线等影响风险的因素，也要考虑保险费用在 DDP 术语报价中的比重，从而选择最为合适的保险产品。

本章小结

本章主要讲述了三个方面的内容。

第一，国际贸易术语概述。贸易术语是指以简单的几个英文字母缩写来表示价格构成和交货条件的专门术语，主要作用在于方便了国际贸易合同的订立，明确了国际贸易价格的组成，加速了国际贸易争端的解决及加强了国际贸易各方的合作。

第二，国际贸易术语惯例。国际贸易惯例是从长期的国际贸易实践中积累和总结出来的普遍性贸易规则，具有习惯性、经验性和广泛性特征。《1932 年华沙——牛津规则》《1990 年美国对外贸易定义修订本》和《2010 年国际贸易术语解释通则》是与贸易术语最为相关的三项惯例性质的文件。其中，2010 年版《通则》在国际贸易中的应用最为广泛、影响最为深刻、作用最为明显，是规范和解释贸易术语的最权威文件。

第三，国际贸易术语解释。2010 年版《通则》一共列出了 11 种贸易术语，并按照适用的运输方式不同划分为两类。第一类为适合任何运输方式的贸易术语，有 7 种，分别是 EXW、FCA、CPT、CIP、DAT、DAP、DDP；第二类为适合海运及内河运输方式的贸易术语，有 4 种，分别是 FAS、FOB、CFR、CIF。不同的贸易术语具有不同的含义与责任划分方式，在实际使用过程中也有一些需要注意的问题。相关人员应注意正确辨析不同贸易术语的异同，并在国际贸易实务操作中恰当地进行使用（表 9-1）。

思考题

1. 请简述国际贸易术语的含义、特点与作用，并结合一定案例展开分析。

2. 请比较 FOB、CFR、CIF 三种贸易术语和 FCA、CPT、CIP 三种贸易术语的相同点与不同点。

3. 试论述实质性交货与象征性交货的含义与区别。

4. 试论述装运合同性质贸易术语与到达合同性质的贸易术语有何区别，并举例说明。

5. 试论述在使用国际贸易术语的过程中，买卖双方的通知义务有何意义。

表 9-1 《2010 年国际贸易术语解释通则》11 种贸易术语一览表

贸易术语分组	贸易术语（英文）	贸易术语（中文）	交货地点		风险划分界限	运费	保险费	出口报关	进口报关	运输方式
E 组	EXW（Ex Works）	工厂交货	出口国	商品产地	货交买方	买方	买方	买方	买方	任何方式
F 组	FCA（Free Carrier）	货交承运人	出口国	港口或城市	货交承运人	买方	买方	卖方	买方	任何方式
F 组	FAS（Free Alongside Ship）	装运港船边交货	出口国	港口	货交船边	买方	买方	卖方	买方	水上运输
F 组	FOB（Free on Board）	装运港船上交货	出口国	港口	装运港船上	买方	买方	卖方	买方	水上运输
C 组	CFR（Cost and Freight）	成本加运费	出口国	港口	装运港船上	卖方	买方	卖方	买方	水上运输
C 组	CIF（Cost Insurance and Freight）	成本、保险费加运费	出口国	港口	装运港船上	卖方	卖方	卖方	买方	水上运输
C 组	CPT（Carriage Paid to）	运费付至指定目的地	出口国	港口或城市	货交承运人	卖方	买方	卖方	买方	任何方式
C 组	CIP（Carriage and Insurance Paid to）	运费、保险费付至指定目的地	出口国	港口或城市	货交承运人	卖方	卖方	卖方	买方	任何方式
D 组	DAT（Delivered at Terminal）	运输终端交货	进口国	港口或城市	货交买方	卖方	卖方	卖方	买方	任何方式
D 组	DAP（Delivered at Place）	目的地交货	进口国	港口或城市	货交买方	卖方	卖方	卖方	买方	任何方式
D 组	DDP（Delivered Duty Paid）	完税后交货	进口国	港口或城市	货交买方	卖方	卖方	卖方	卖方	任何方式

资料来源：编者整理。

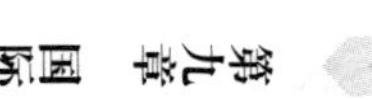

第十章 国际贸易商品

学习目标

XUEXI MUBIAO

熟悉商品品名的含义、意义及命名方法，掌握商品品质的含义、意义及规定方法，掌握商品数量的含义、意义及计量方法，掌握商品包装的含义、意义及主要类型，能够拟定国际贸易合同中有关标的物的各项条款。

学习重点

XUEXI ZHONGDIAN

商品名称的命名方法；品名条款的规定方法；商品品质的描述方法；品质条款的规定方法；商品数量的计量方法；数量条款的规定方法；运输包装；销售包装。

第一节 商品的品名

一、商品名称的含义与意义

（一）含义

商品名称（Name of a Commodity）也被称为品名，是指一种商品区别于其他商品的固定称呼。商品名称通常能够反映一种商品的自然属性、功能用途及性能特征。加工程度较低的商品的名称往往反映了该商品的自然属性，例如铁矿石、矿泉水等；加工程度较高的商品的名称则常常体现了该商品的性能特征，例如计算机、越野车等。大部分商品的名称都能或多或少地展示一部分功能用途，例如保温杯、自行车等。

（二）意义

对于商品名称的准确把握具有十分重要的现实意义。由于国际贸易的买卖双方往往相距遥远，看货交易十分困难，商品的名称就成为双方确定交易、达成一致的主要依据。为此，商品名称在国际贸易合同中被列入品名条款，并出现在合同的开篇部分。品名条款的作用在于明确责任、消除争议，因而也是贸易合同的关键内容之一。

需要注意的是，商品名称并不等同于商标，二者有着明显的区别。

第一，商品名称是人人都可使用的大众性称呼，而商标是只有某个企业可以使用的专用性名称。

第二，商品的名称主要用于区分不同用途、材质及特性的商品，而商标的用途是区分不同厂家的生产者或销售者。

第三，只有当商品的名称具有特殊性或显著性时，才能直接用于注册商标，否则会引起垄断或造成商业市场上的混乱。

第四，商品的名称来源于生产生活，系自然形成或习惯产生，也不直接受到法律保护，而商标需要经过官方机构的核准才能生效，常为注册商标，是受到法律保护的无形资产。

为了方便国际贸易的开展，1983 年 6 月海关合作理事会（现名世界海关组织）主持制定了一部供海关、统计、进出口管理及与国际贸易有关各方共同使用的商品分类编码体系，即《商品名称及编码协调制度的国际公约》（*International Convention for Harmonized Commodity Description and Coding System*），简称《协调制度》（*Harmonized System*，HS）。这一制度采用六位编码构建起一套科学、系统的国际贸易商品分类体系，包括绝大多数商品的名称，并已成为一种标准语言被广泛应用在世界各国的贸易当中。我国于 1992 年 1 月开始使用 HS 制度。

二、商品名称的命名方法

（一）按照用途命名

反映用途是商品命名的主要方向，这类名称能够体现商品的使用价值，使消费者能够按照需求进行购买。例如，缝纫机、发电机、吸尘器、按摩椅、垃圾桶、空气净化器及运动服等。

（二）按照材料命名

在商品的名称中突出制作材料能够反映商品的质量或性能，“真材实料”的营销策略能够吸引更多的消费者。例如，羊绒衫、蚕丝被、水晶杯、实木柜、LED 灯、塑料盆及不锈钢锅等。

（三）按照成分命名

商品名称展示出主要成分，不仅有利于消费者明确商品的内涵、了解商品的功效，而且也有利于厂商展示商品的价值、提高商品的档次。例如，五粮液、蛋白粉、人参含片、燕窝阿胶糕、六味地黄丸、果粒橙及珍珠奶茶等。

（四）按照外观命名

商品的名称也可以通过描述其外观特征来命名，这有利于消费者仅仅通过文字描述就能掌握商品的基本情况。例如，三开门冰箱、平板电脑、独轮车、绣花枕头及隐形眼镜等。

（五）按照工艺命名

按照工艺来命名商品可以突出商品的制作水平、特殊技艺及悠久历史，有利于商品扩大销路并提高价格。例如，物理压榨菜籽油、植物萃取洗发水及纯天然酿造酱油等。

（六）按照人名、地名、褒义词等其他方式命名

还有一些商品以著名的人物、地域或寓意美好的词汇来命名，使商品名称更加容易被记

忆与传播，有利于增加商品的知名度。例如，名人方面有张飞牛肉，地名方面有泸州老窖、郫县豆瓣、北京烤鸭等，褒义词方面有百事可乐、娃哈哈等。

三、品名条款的规定方法

在国际货物买卖合同中，品名条款一般比较简单，并且无固定格式和具体要求。买卖双方在协商一致的情况下可酌情商定品名条款的具体内容。对于一般商品，只要不引起误解或不存在歧义，品名条款仅需要列明商品的名称。而对于一些特征鲜明、区别度较高的商品，则应将品名条款和品质条款结合使用，在商品名称之后详细列出其品种、商标、型号、等级及生产工艺等要求，以便明确这一标的物的具体特征。在拟定合同中的品名条款时，也有一些需要注意的问题。

第一，商品名称应该具体明确。切忌使用表意不明、模棱两可的词汇来命名商品，特别是限定商品特质的词汇不能省去。比如产地要求、工艺要求、具体颜色、材质要求等。

第二，商品名称应该客观真实。不要使用夸大其词、无法满足或违背实事求是原则的词汇来命名商品，以免在后续交货环节发生争议。比如慎用优质、特效、高级等难以准确定义或定量的笼统词汇。

第三，商品名称应符合国际惯例。比如要尽量使用国际公认的专有名称，翻译国内外名称要尽可能统一规范，以及用词要符合目标国市场的社会文化习俗等。

第二节　商品的品质

一、商品品质的含义与意义

（一）含义

商品品质（Commodity Quality）也称为商品质量，是衡量商品使用价值的具体尺度。从现代商品学的角度看，商品品质是一个综合性很强的概念，涉及商品本身及其流通过程中的诸多因素，并包括狭义的内在质量和外观质量，以及广义的社会质量和经济质量等方面。

首先，商品的内在质量是指商品本身所具备的固有特性，包括实用性、可靠性、稳定性和安全性等，是商品质量的实质性内容。内在质量一般由商品的物理性能、化学成分和生物特征所决定，并受到生产商品的技术和工艺影响，反映了商品从原材料到制造加工的各种信息。

其次，商品的外观质量是指商品所展示的外在特征，包括大小、长短、轻重、质地、色彩、构造、气味及软硬等，是商品质量的直观表现。外观质量更容易给消费者留下深刻的印象，常常成为影响商品市场竞争力的重要因素。

然后，商品的社会质量是指商品满足社会整体利益的具体程度，包括是否符合社会道德规范、是否造成自然环境污染、是否浪费资源与能源及是否适应消费需求的变化等，是商品质量的外部性表现。商品的社会质量受到人们的绿色消费观念和可持续发展理念的影响，并表现在产品、企业及产业的生命周期当中。这就使得人们对于商品品质的评价时刻处于动态变化之中，即不可能存在永远优质的产品。

最后，商品的经济质量是指商品货币化的使用价值与生产成本的比值。这一比值越大，说明商品的性价比越高，质量也越好，反之则质量较差。一般而言，经济质量好的商品被视为物美价廉的商品，更容易受到消费者的欢迎。

总之，商品的内在质量和外观质量多来源于商品本身的自然属性，而商品的社会质量和经济质量则更多依赖于商品的社会效益。对于国际贸易中的商品而言，买卖双方在重视商品的社会效益的同时，更要注重对商品的自然属性的把握。因为在贸易合同的品质条款中，将直接表述商品的具体自然属性，并以此作为买卖双方完成交货的条件与解决争议的依据。

（二）意义

一方面，商品品质是国际贸易标的物的重要属性。它不仅代表了商品的使用价值，而且决定了商品的交换价值，即商品的价格。品质与价格的辩证关系还会进一步影响商品的市场份额、企业的商业信誉及国家的对外形象，以至于逐渐成为一种赢得市场竞争的常用手段，并越来越受到世界各国及贸易商的重视。例如，中国就曾提出“以质取胜”的外贸战略，引导并促进了对外贸易的跨越式发展。

另一方面，商品品质问题是最常见的国际贸易纠纷类型之一。在国际贸易实务中，常常发生因为品质条款存在漏洞、歧义或错误而引起贸易争议或经济损失的案例，在很大程度上阻碍了国际贸易的顺利开展。更为严重的是，有的国家甚至通过提高品质要求来实施奖出限入的保护贸易政策，人为设置质量标准类型的非关税壁垒。这些现象充分说明，商品品质已成为国际贸易中的一项难点。外贸企业必须通过不断的技术革新与管理改革，才能持续提升产品的质量并适应国际竞争。

因此，企业在拟定贸易合同的品质条款时，一定要科学、明确地界定商品品质，从而保障国际贸易的顺利进行。

二、商品品质的描述方法

（一）以实物表示

1. 以看货成交

以看货成交又被称为看货买卖（Sale by Actual Quality），是指买卖双方按照买方看到的实际品质作为履行合同的品质标准。通常由买方或其代理人验看商品，一旦确认成交，买方便不得再提出品质异议。需要注意的是，由于处在国际贸易中的买卖双方往往距离遥远，所以看货成交的条件相对困难，需要慎重选择。这一描述品质的方法多适用于寄售、拍卖和展卖等贸易方式。对于一些诸如古玩、字画、珠宝等艺术品类特殊商品，买卖双方也可采用看货成交的方式来确定品质要求。

2. 以样品成交

以样品成交也被称为样品买卖（Sale by Sample），是指买卖双方按照约定的样品作为履行合同的品质标准。样品一旦确定，便在法律上对买卖双方产生约束力，任何一方都不得擅自变更品质标准。卖方所交货物的质量应与样品一致，否则买方有权要求退货甚至拒付货款。以样品成交又分为三种类型，分别是卖方样品、买方样品和对等样品。

首先，卖方样品（Seller's Sample）由卖方提供，卖方是品质标准的主要制定者。国际市场上的大部分卖方会根据自身的产品生产情况和货源情况来确定样品。在贸易合同中应注明“品质以卖方样品为准”。卖方所交整批货物都应与卖方样品质量一致。

其次，买方样品（Buyer's Sample）由买方提供，买方是品质标准的主要制定者。国际市场上也存在由买方定制生产或自选购买商品的情况，即买方提供样品，卖方按样承制。在贸易合同中应注明“品质以买方样品为准”。卖方所交整批货物都应与买方样品质量一致。

最后，对等样品（Counter Sample）由买卖双方协商确定。比如，卖方对买方样品不能完全接受，可以在经过修改之后返回一个类似的样品，如果买方同意则按照新的样品来确定品质标准。这种样品也被称为确认样品或回样。卖方所交整批货物都应与对等样品质量一致。对等样品将卖方样品与卖方样品相结合，具有较好的灵活性，因而在国际市场上广受欢迎。

为避免贸易纠纷，应当慎重选择以样品成交。

其一，应明确样品在贸易中的作用。样品是对商品品质的直观反映，买卖双方在寄送样品前应当告知此项样品是标准样品还是参考样品。标准样品又被称为原样，代表了所交货物的平均质量，对成交与否具有约束性，因此要慎重使用。参考样品又被称为推销样品，主要用于对外介绍、展示商品的性能、外观等，质量水平往往高于所交货物的平均质量，并不具备法律约束力，因而要在包装上注明“仅供参考”字样。

其二，应留存复样作为参考。卖方为了防止买方故意挑剔商品品质，需要对卖方样品进行留存；买方为了防止卖方不按样品生产加工商品，也需要对买方样品进行留存。留存的样品就是复样，将被作为在买卖双方产生争议时，用来对比、观察及核实品质变化的重要依据。有时，为保证复样的有效性，买卖双方还需通过商检部门等第三方机构对样品进行公证、备案及封存，这一程序被称为封样。可见，留存样品也是样品买卖的一项重要环节。

其三，不易滥用样品买卖。以样品成交仅适用于部分国际贸易方式与商品，并且容易在贸易过程中产生纠纷，因而在很多情况下，不宜采用以样品成交。例如，凡是能够以文字说明方式明确阐述质量标准的商品，都不宜采用以样品成交；已经在贸易合同中以其他方式约定商品品质的，不宜再重复使用以样品成交；对于一些质量变化较快的、生鲜易腐类的、时间性要求高的商品，也不宜采用以样品成交。

其四，样品买卖应具有一定的灵活性。在贸易合同的品质条款中，买卖双方可以补充一些具有灵活性的规定，从而避免因交货质量与样品质量存在差异而引起的争议。例如，在合同中注明“交货品质与样品类似”或“交货品质与样品大致相同”等词句，或规定“若交货品质稍次于样品，买方仍须付款……但价格可协商降低”等，从而达到限制卖方损失的效果。

（二）以文字表示

1. 以规格表示

商品规格是指反映商品品质的一些具体指标，例如性能、容量、尺寸、含量及化学成分等。商品的品质可以凭规格买卖（Sales by Specification），即通过定义同一种商品的不同质量规格来确定具体的国际贸易标的物。凭规格买卖的方法，不仅简单直观、可操作性强，更有利于买卖双方灵活调整交易商品的质量要求，因而被广泛地应用于各种商品的国际贸易中。例如，液晶显示器的规格按照尺寸的大小来划分；大米的规格按照加工精度、碎米粒、不完善粒及杂质量的高低来划分；棉布的规格按照支数、密度、幅宽及克重等的不同来划分等。

【例 10-1】花生果的规格

手拣不分级花生果，水分≤10%；杂质≤0.5%；不完善果≤5.5%。

2. 以等级表示

商品的等级也是区分质量的重要手段。商品等级以商品的形状、体积、尺寸、重量、性能及成分等为标准，按照质量高低划分层次，如大号、中号、小号，特级、一级、二级等。凭等级买卖（Sale by Grade）是指买卖双方在合同中约定以商品的等级作为表示商品质量的依据。凭等级买卖不仅明确了交易商品的规格，而且对不同的规格进行了排序。这使得买卖双方对于商品质量的感受更加直观，有利于简化交易磋商的程序、促成国际贸易的合作。例如，白酒的等级分为优级、一级、二级；绿茶的等级分为珍眉一级、珍眉二级、珍眉三级；鲜鸡蛋的等级分为特级、超级、大级等。

【例 10-2】花生仁的等级

国际市场按粒实大小分级花生仁，即每英两（28.35g）花生仁的粒数，分为：

小粒级：每英两 60~80 粒；

中粒级：每英两 40~60 粒；

大粒级：每英两 30~40 粒；

特大粒级：每英两 20~30 粒。

【例 10-3】新疆灰枣的等级

一般按照大小尺寸和重量来分级新疆灰枣，分为：

三级（三星级）：长 3cm 以下，宽 2cm 以下，单果重 4 克以下。

二级（四星级）：长 3.1~3.3cm，宽 2.1~2.3cm，单果重 4.1~4.9 克。

一级（五星级）：长 3.4~3.6cm，宽 2.3~2.5cm，单果重 5~6.4 克，肉质肥厚。

特级（六星级）：长 3.7cm 以上，宽 2.6cm 以上，单果重 6.5 克以上，肉质肥厚。

3. 以标准表示

商品标准（Standard of Goods）是对有关商品质量的各方面内容所做的统一技术规定，亦是对商品质量的规格与等级的一种固定化、规范化和普及化。一般而言，标准化的质量规范来源于国际标准化组织、国内政府机关及民间行业协会等，是各国评定、监督及维护商品质量的准则和依据。按照是否具有强制性，质量标准可分为强制标准和非强制标准两个类型。前者多为法规性标准，在法律上具有很强的约束力，常常被用作限制进口的保护贸易措施；后者则多为参考标准，是鼓励企业尽力实现的自愿性推荐标准。按照影响范围的大小和来源的不同，质量标准又可分为国际标准、国家标准和企业标准。国际标准是由国际权威机构制定的标准，例如国际标准化组织（International Organization for Standardization，ISO）所制定的各项标准；国家标准是由一国政府制定的标准，例如我国国务院制定的中华人民共和国国家标准（GB）；企业标准是由企业制定的标准。凭标准买卖（Sale by Standard）是指买卖双方选择一种质量标准来确定贸易中的商品品质。

4. 以说明书和图样表示

以说明书和图样买卖（Sale by Descriptions and Illustration）是指以说明书及图样，或其他具有说明书作用的图纸、照片、操作指南等资料，来说明商品的具体性能及使用方法，进而作为表示商品品质的一种方法。说明书和图样多用于有关机器设备、交通工具、仪表仪器及各类电器等技术密集型商品的国际贸易中。这些商品往往构造复杂、不易操作，必须按照详细的文字说明或图片示范，才能投入使用并验证其质量。有的大型成套设备甚至需要对操作人员进行培训。在国际贸易中，商品说明书还可以和商品的宣传资料结合使用。有的贸易商就将说明书和图样做成商品销售目录或宣传册，以文字和图片的形式向外国客户介绍商品的外观、功能、包装、价格及服务等，达到推销商品的目的。若顾客从这类目录中选购商品，即为“凭商品目录买卖”，这也是约定商品质量的一种方式。目前，选择以说明书和图样买卖已在工业品贸易中得到了广泛应用，这一方式能够在一定程度上简化交易的程序，加速商品的销售并规范商品的质量。另外，为了进一步保证出口商品的性能指标，买卖双方还可在合同中增加卖方品质保证条款和技术服务条款。

5. 以商标或品牌表示

在商品学中，商标（Trade Mark）是用以识别某种商品、服务或与其相关的企业的一种受法律保护的显著标志。商标通常由经过艺术设计的单词、字母、数字、文字或图案构成，是一种具有显著性、独占性、竞争性、价值性及可视性等特征的无形资产。品牌（Brand）则是一种比商标的含义更为广泛的商业形象。品牌在商标的基础之上衍生出价值理念、客户关系、服务精神及品质承诺等内涵，既可以被用于企业的某一商品，也可以被用于企业的全部商品。随着国际贸易的发展，依托一定商标或品牌的市场竞争在各国企业间激烈展开，除了买方提出无牌包装等特殊要求外，没有商标或品牌的商品正在逐渐减少。一些企业拥有知名商标或国际品牌，在国际市场拥有极高的商业信誉和影响力。为了维护这种竞争优势，这些企业又进一步严格控制产品质量，并不断提高服务水平。可以说，在商标或品牌的背后，其实是企业对商品质量的承诺与保证。因此，对质量要求较高的贸易商往往会采用凭商标或品牌买卖（Sale by Trade Mark or Brand）的方式，即买卖双方以商品的商标或品牌来确定商品的质量。需要注意的是，世界各国的商标与品牌可谓种类繁多、质量参差不齐，贸易商需在签订合同之前充分调研，慎重选择知名度不高、诞生时间不长及存在不良记录的外国品牌商品。

6. 以产地表示

对于商品质量的表示，还可以采用凭产地名称买卖（Sale by Name of Origin），即对商品的原产地名称做出要求，用产地特征来限定商品的品质。在国际贸易中，有很多商品拥有优质的传统原产地，并且产地渐渐成为代表其品质的重要标签，进而在国际市场或国内市场上形成了较强的号召力和竞争力。例如，泰国大米、南非钻石、荷兰郁金香、涪陵榨菜、山西汾酒及郫县豆瓣等。

三、品质条款的规定方法

（一）允许一定的机动幅度

为避免买卖双方因品质异议而发生违约或损失，可以在贸易合同中约定品质的机动幅度，通常的做法包括约定品质公差、约定波动范围及约定相似性表述等。

首先，买卖双方可以在合同的品质条款中引入品质公差的概念。品质公差（Quality Tolerance）是国际上公认的商品品质误差。众所周知，误差是不可消除的偏差，交货品质不可能百分之百完全符合合同中对品质的要求，或多或少都会存在差别。为了保证国际贸易的公平性和可行性，买卖双方可经协商一致，规定双方都可接受的品质公差。凡在品质公差范围之内，买方不得拒付货款、拒收货物或提出赔偿要求；一旦超出品质公差的范围，则可视为卖方违约。品质公差一般可以规定一个范围。例如，布匹的尺码允许存在“±2%~5%的品质公差”。也可以规定一个极限值，例如农产品的单个重量允许有“±8%的品质公差”。还可以规定一个标准。如果误差不能用数字来量化表述，则可不在品质条款中列出具体的公差范围，仅仅笼统地表述为“质地允许有合理差异”“颜色差异属正常现象”等，只是这种表示方法容易产生争议，需慎重选择。总之，品质公差具有较高的普遍性和认可度，可以保证合同的顺利履行。

第二，买卖双方也可以在合同的品质条款中约定一定的波动范围或机动幅度。机动幅度（Quality Latitude）与公差类似，也是对商品品质规定的一定误差范围。所不同的是，公差具有公认性，而机动幅度完全由买卖双方协商确定。波动范围或机动幅度增加了商品品质的灵活性和可操作性，特别适用于限定农副产品等初级产品的质量。通常有两种规定方法，其一，规定一定的波动范围。例如，波士顿龙虾，单只重量半磅左右，允许±5%的重量差异。其二，设置一个不能超过的极限值。例如，日本糯米，碎米粒不超过20%，水分不超过10%，杂质含量不超过1%。

第三，买卖双方还可以在合同的品质条款中约定相似性表述。这种方法多用于样品买卖中。目前，样品在国际贸易中的使用比较普遍，出口商为了推广商品并尽快达成交易，使用的样品质量往往要高于实际商品的质量。为了避免产生争议，买卖双方可以使用“交货品质与样品大体相似”等表述，从而给交货质量留出足够的浮动空间。当然，此种方法依然存在不可量化的缺陷，在具体贸易过程中需要慎重使用。

另外，商品品质的机动幅度与实际成交价格也有一定联系，即按质论价原则。在贸易合同中，买卖双方可以针对商品的核心品质指标约定“品质增减价条款”，对优质商品给予加价，对低质商品给予降价，从而发挥贸易合同的奖惩作用。

（二）正确选择表示品质的方法

表示商品品质的方法有很多，买卖双方究竟选择哪一种来订立贸易合同的品质条款，这取决于商品本身的特性。对于能够量化质量标准的商品，买卖双方应当首选凭规格、凭等级或凭标准买卖；对于具有公认的优质产地或知名生产厂商的商品，买卖双方应当优先选择凭原产地名称、凭商标或品牌买卖；对于技术含量较高、操作使用较为复杂的商品，买卖双方则应该尽量选择凭说明书或图样买卖；当以上方法都不合适时，买卖双方可以考虑看货买卖或凭样品买卖。一般而言，买卖双方在品质条款中最好只使用一种品质表示方法，避免多种方法下的混淆、矛盾和难以同时满足。总之，买卖双方应当在充分协商的前提下，灵活、科学地运用表示品质的方法。

（三）注意品质条件的合理性

品质是商品的主要竞争因素，对于国际贸易中的商品品质条件的规定应当符合科学性、合理性和可操作性。

首先，规定品质条件应当实事求是。从商品生产到商品销售，质量是贯穿始终的价值载体。从卖方的角度讲，有时候贸易商为了营销商品而夸大其质量，形成外国进口商的期望质量与实际质量之间存在较大差别。这不但不利于国际贸易的开展，更有可能伤害企业信誉、流失海外客户。因此，对外贸易签约应当以商品的实际生产质量为准，实事求是、诚信表述。例如，曾经在合同中出现过类似“100%纯羊绒”“100%纯天然”及“不含任何杂质”等品质表述，显然就是难以做到的不实际表述。买方如果以此为由提出索赔，卖方则会陷入被动的局面。从买方的角度讲，当提出品质条件时，也应充分考察卖方的生产能力或货源情况，避免因要求过高而使对方无法正常交货。更何况，对质量要求越高，商品的价格也会越高。买方也应密切关注市场，避免出现因商品价格太高而使消费者无法承受的问题。

第二，规定品质条件应当科学合理。评价商品品质的指标有很多，买卖双方应当在品质条款中按照一定的逻辑关系合理地列出。一般按照影响商品价格或功能的主次轻重不同来选择。关键性的指标内容一定要详细、完整。例如，按照用途不同，食用盐和工业用盐在理化指标、感官指标等方面就有很大差别；饲料用大豆和榨油用大豆，则在含油量、蛋白质含量及杂质等指标上也各不相同。在国际贸易实践中，买卖双方可有针对性地增加或删减质量指标，并将购销意图反映在品质条款之中。另外，对于同一商品质量的各项评价指标还应当相互配合协调。买卖双方对于商品质量的把握要通盘考虑、整体衡量，避免出现因个别指标不合理而导致整批商品质量不合格的严重后果。例如，在出口棉花的贸易中，在其他指标基本合适的情况下，约定回潮率为6%。显然，这一指标定得过高，出口商很难办到。

第三，规定品质条件应当明确具体。买卖双方在约定合同中的品质条款时，还应注意文字表述的清晰明了。慎重使用“大约”“左右”“相当于”或“近似于”等笼统、含糊的词汇，避免在交货过程中产生歧义、误解甚至争议。对于凭规格、凭等级和凭标准买卖，这些规格、等级和标准的出处是什么，买卖双方以哪个国家的哪种指标来签订合同，也需要提前予以明确并协商一致。当然，这些可能出现的问题也是品质条款的难点所在，因为买卖双方既要做到科学、实际地量化质量指标，又要使相应条款具有灵活性，的确不容易。因此，这就要求买卖双方对于质量的把握应当具有充分的整体性和前瞻性。

（四）其他需要注意的问题

随着世界贸易的不断发展，国际法体系与各国的国内法体系不断完善，货物贸易需要考虑的法律因素也在不断增加。例如，当买卖双方使用凭商标或品牌买卖时，贸易商还应注意相关商标或品牌在国内外市场上的合法性问题；当买卖双方使用凭原产地买卖时，应当注意相关国家对原产地市场的法律限制；当贸易商品的成分中含有某些禁止使用或禁止进口的原材料时，也应当提前了解相关市场的贸易法规。总之，买卖双方不能忽视法律法规对商品品质的影响，避免商品因违反商标法、知识产权保护法及自然环境保护法等而遭到罚款、扣留及销毁。

第三节 商品的数量

一、商品数量的含义与意义

商品数量是指对商品的个数、重量、长度、面积、容积及体积等的计量，通常表现为数字与计量单位的组合。商品数量是国际贸易合同的重要条件之一，关系买卖双方的切身利益。买卖双方会在合同的数量条款中约定商品的具体数量、计量单位和计量方法。如果卖方所交货物的数量与合同数量不符，无论是少交还是多交，卖方均存在一定程度的违约责任，而买方将占据争议处理过程中的主动地位。例如，《联合国货物销售合同公约》（简称《公约》）规定，如果卖方所交货物数量少于合同数量，则卖方应在规定时间内补交并承担相应费用与损失；如果卖方所交货物数量多于合同数量，则买方可以拒收多交部分，也可以收取多交部分，但多交部分需另付货款。可见，《公约》既体现了约定商品数量的严肃性，也体现了交接商品数量的灵活性。可以说，正确掌握成交商品的数量，对于促成贸易、避免争议具有重要的意义。

二、商品数量的计量方法

（一）计量单位

1. 数量（Number）单位

数量单位适用于大多数工业品，如制成品、消费品及包装后的农产品等。常用单位有件（Piece）、套（Set）、箱（Case）、捆（Bundle）、袋（Bag）、包（Bale）、卷（Roll）、罗（Gross）、令（Ream）、打（Dozen）、双（Pair）、部（Unit）、头（Head）等。

2. 重量（Weight）单位

重量单位适用于各种散装货，如农产品、矿产品、钢材、石油等。常用单位有公吨（Metric Ton）、长吨（Long Ton）、短吨（Short Ton）、千克/公斤（Kilogram）、克（Gram）、盎司（Ounce）、克拉（Carat）等

3. 长度（Length）单位

长度单位适用于部分工业品，如布匹、丝绸、金属线、绳索等。常用单位有米（Meter）、英尺（Foot）、码（Yard）、英寸（Inch）等。

4. 面积（Area）单位

面积单位适用于部分工业品，如玻璃板、塑料板、皮革、纺织品等。常用单位有平方米（Square Meter）、平方英尺（Square Foot）、平方英寸（Square Inch）、平方码（Square Yard）等。

5. 体积（Volume）单位

体积单位适用于石料、木材、天然气和其他化学气体等。常用单位有立方米（Cubic Metre）、立方英尺（Cubic Foot）、立方码（Cubic Yard）等。

6. 容积（Volume）单位

容积单位适用于液体或流体类商品，如酒类、谷物及油类等。常用单位有公升（Liter/Litre）、品脱（Pint）、加仑（Gallon）、蒲式耳（Bushel）等。

（二）计量方法

世界各国的度量衡制度并未完全统一，尚且存在公制（The Metric System）、英制（The

British System）、美制（The American System）和国际单位制（The International System of Units）等各种计量方法。

公制亦称米制，由法国于1795年创立，至1875年形成拥有17个国家参与的米制公约。公制的原则有两项：其一是采用十进制计算方法，从而降低了换算难度、简化了换算过程；其二是建立各个单位间的逻辑联系，比如面积单位是长度单位的平方，而体积单位是长度单位的立方等，从而使公制更容易被理解和使用。常见的公制单位有米、秒、千克等。公制于19世纪传入中国，对中国的度量衡制度产生过重要影响。

英制起源于英国，其历史可追溯至古罗马时期。大多与农业生产有关联。例如，1英寸等于25.4毫米，大约是三颗大麦的总长度。由于英制单位没有使用十进制计算方法，各个单位间的换算十分复杂，因而仅在英国、美国等英语国家（地区）和一些习惯领域使用。例如，电视机屏幕的大小，就仍然使用英寸来度量。英制的常用单位有长度单位英尺、重量单位磅、容积单位加仑、温度单位华氏度等。

美制与英制略有区别，单位名称与英制类似，但大小不同。例如，英制的吨为长吨，而美制的吨为短吨。企业在同英美等国的贸易商开展国际贸易时，要特别注意在度量衡上的细微差别，避免因错用计量单位而造成经济损失。

国际单位制是在公制基础上发展并形成的国际标准计量方法，形成于20世纪70年代。它主要定义了七个基本单位，分别是长度（米）、质量（千克）、时间（秒）、电流（安培）、热力学温度（开尔文）、物质的量（摩尔）和发光强度（坎德拉）。根据《中华人民共和国计量法》的规定，我国采用国际单位制并将其规定的单位作为国家的法定计量单位。在我国的进出口贸易中，除了少数领域还在使用约定俗成的英制、美制外，绝大多数合同都必须使用国际单位制。

尽管国际单位制的使用范围正在逐渐扩大，国际贸易中的计量方法日趋标准化和无差异化，但是对贸易商而言，仍然需要高度重视并充分认知制度差异所引起的问题。因为在贸易实践当中，度量衡差异常常引起贸易争议并产生经济损失。例如，在重量方面，公制的公吨是1 000千克，英制的长吨是1 016千克，美制的短吨是907千克。如果买卖双方在合同中仅仅约定重量单位为“吨”，则极有可能在交货环节发生是长吨还是短吨的争议，从而产生较大的价格差异。另外，贸易商还要注意某些国家（地区）所采用的习惯重量或习惯包装差异。例如，古巴的白糖习惯按照每袋133千克包装，而巴西的白糖则常常按照每袋60千克来包装，所以，在同这些国家（地区）的贸易商以单位“袋”进行国际贸易时，一定要计算清楚商品的总量究竟是多少，以免发生经济损失。

（三）重量的计算方法

在国际贸易实务中，重量是最为常用的计量单位之一。习惯上有毛重、净重、公量、理论重量、法定重量和实物净重等计算方法。

1. 毛重

毛重（Gross Weight）是指商品本身的重量与包装的重量之和，适用于饲料、肥料、粮食等价值较低的大宗商品。

2. 净重

净重（Net Weight）与毛重相对，是指去掉包装之后商品本身的重量。包装的重量被称为皮重，因此净重等于毛重减去皮重。但如何计算皮重，国际上有不同的做法。第一种方法是按实际皮重（Actual Tare）计算。使用这种方法需要称量全部包装的实际重量，操作相对繁琐，但计算净重的结果较为准确。第二种方法是按平均皮重（Average Tare）计算。这种方法适用于标准化统一包装的商品。由于每件商品的包装相同，因而可只称取一件包装的重量，再乘以商品的件数，就可大致计算全部包装的重量。对于大部分工业制成品，都可采用这种标准皮重（Standard Tare）计算方法。第三种方法是按习惯皮重（Customary Tare）计算。这种方法适用于长期使用固定规格包装的商品。对于有些商品的包装，国际市场存在约定俗成的习惯做法，其重量标准已得到市场公认，就可以按照习惯重量乘以数量的方式，估算其皮重。第四种方法是按约定皮重（Computed Tare）计算。这种方法由买卖双方协商约定，也是一种不需要逐件称重的皮重计算方法。以上四种方法各有优劣，并适合于不同的贸易情况。买卖双方应当正确选择并在贸易合同的数量条款中予以明确规定。另外，对于包装价值与商品价值差别不大的商品，国际上还常常采用“以毛作净”的计量方法，并不单独计算皮重。

3. 公量

公量（Conditioned Weight）即商品的公定重量。有一些商品具有一定的吸湿性，其重量会因受到水分含量的影响而极不稳定。例如棉花、羊毛、生丝等，会因所处的环境条件不同而重量不同。为了便于在国际贸易中准确计算这类商品的重量，企业就会用到公量的概念。公量等于商品的干净重加上公认比率的水分重量，具体计算见公式 10-1 和公式 10-2。

公式 10-1：$公量 = 商品干净重 \times (1 + 公定回潮率)$

公式 10-2：$公量 = 商品净重 \times \frac{1 + 公定回潮率}{1 + 实际回潮率}$

4. 理论重量

理论重量（Theoretical Weight）是一种标准化的平均重量，主要适用于规格固定、包装一致的商品，例如钢材、铁皮等。这些商品一般按规格买卖，同一规格的单位重量相同，只需乘以数量便可计算总量。需要注意的是，这种计算方法的结果相对比较粗略，一般多用于估算或参考，对于单位重量价值较高的商品并不适用。

5. 法定净重与实物净重

法定净重（Legal Weight）等于商品本身的重量加上直接接触商品的包装重量。而实物净重（Net Weight）是不包含直接接触商品的包装重量的商品重量，也被称为净净重（Net Net Weight）。这类计算方法适用于不宜分割包装的商品，例如饮料、罐头等，也可用于计算一些贵重金属、化工原料的重量。需要注意的是，有些国家（地区）的海关所征收的从量税就是以法定净重作为计算税额的依据的。

三、数量条款的规定方法

（一）基本内容应该完整、具体

贸易合同中的数量条款一般包含了成交数量、计量单位和计量方法等内容。为避免发生数量方面的贸易纠纷，相应条款应做到明确、具体及完整。例如，山东大枣 100 公吨，塑料袋包装，以毛作净。有时，成交数量还可采用大小写相结合的方式，计量单位和计量方法也要清晰表述是英制、美制或国际单位制。若允许数量有一定机动幅度，则还可增加溢短装条款。需要特别注意的是，在数量条款中要慎用“约”“大约”“左右”等模棱两可的词汇，因为各国对这类模糊表述的解释并不完全一致。例如，按照《跟单信用证统一惯例（2007 年修订本）》第 600 号出版物（UCP600）的规定，“约”“大约”用于信用证所规定的数量或单价时，最大波动幅度为 10%，而有的国家对此的理解很可能低于或高于 10%。总之，由于国际贸易商品的种类繁多，订立数量条款一定要结合商品特性、运输条件及市场行情等综合因素，并恰当考虑机动幅度，从而防止发生争议。

（二）合理把握成交数量

正确把握成交数量是指买卖双方应该明确数量条款的重要意义，在国际贸易合同的磋商、签订及履行过程中能够整体把握商品数量的动态变化，做到心中有数、未雨绸缪。可以说，成交数量不仅仅是一个单纯的数字，而且是贸易商是否具备国际贸易竞争能力和能否贯彻国际贸易经营意图的直接表现。

一方面，如果是出口贸易合同，出口商应当注意三个方面的问题。

第一，密切关注国外市场的供需情况。供求关系会影响商品的价格。当国外市场供大于求时，商品价格势必走低。此时，为避免利润下降或后续生产销路不畅等问题，出口方应适当扩大成交数量，尽量消化库存。当国外市场供不应求时，商品价格必然走高。此时，为避免货源不足或价格突然波动等风险，出口方应慎重约定出口数量，切忌盲目扩大出口数量。国际贸易作为商品价值链的一个部分，出口商品不能只顾成交，而不考虑产品的生产与销售。满足供给的生产与满足需求的销售，任何一个环节出现问题，都会使约定的贸易数量无法完成。因此，只有充分调查掌握了国外市场的供求状况并密切关注市场价格的变动趋势，才能合理预计最佳的出口数量。

第二，充分掌握货源情况。货源是签订出口合同的前提。如果进行的是一般贸易，即商品由国内厂商生产制造，则出口商应清楚了解相关厂商的实际生产能力，适宜采用“以产定销”的原则来确定出口数量，而不可随意扩大成交数量。如果进行的是转口贸易，即商品由国外厂商生产制造，进口之后再转销国外，则出口商更应提前掌握外国厂商的供货能力，先落实货源，再对外签约，避免出现无货可交的违约情况。如果进行的是加工贸易，即商品的原材料或零部件从国外进口，加工生产为成品后再转销外国，则出口商还需同时掌握原材料的货源和成品的货源，对成交数量做到全面把握。

第三，提前了解国外进口商的履约能力。国际贸易中的商品数量往往较大，这要求买卖双方都必须具备一定的经济实力，具体表现为企业的资信情况和经营能力。出口商在签约之前，应预先了解出口商的经营历史、业务关系、资金状况及不良记录等，对其进行评估后再来确定合理的成交数量。例如，对于资信情况不佳或经营规模较小的进口商，不宜签订较大数量的合同，以免遭遇信用风险或商业风险；对于资信情况良好或规模较大的进口商，则可适当扩大成交数量，从而促成双方的长期合作关系。同时，对于新客户与老客户，成交数量也应有所区别。

另一方面，如果是进口贸易合同，进口商也应当注意两个方面的问题。

第一，提前打探市场销路。进口商在签订贸易合同之前，应当调查了解国内销售市场或转口销售市场对于商品的需求情况。既要关注数量上的变化趋势，也要预判价格上的波动方向。如果进口数量太多，则会出现供大于求的现象，进而产生滞销、积压及亏本；如果进口数量太少，则又会出供不应求的状况，进而发生无货可销与无利可图的情况。因此，进口商应密切关注市场行情的动态变化，并且将探明销路作为确定进口数量的重要前提。

第二，做好支付的充分准备。如果说出口商关注于货源，那么进口商则应重视资金来源。在确定成交数量时，进口商应明确自身的外汇支付能力，务必保证能够按时付款赎单。如果自身资金不足，则应借助银行贷款、融资租赁等金融工具，避免发生付款方面的违约情况。在赊销、易货贸易、转口贸易等方式中，进口商更要注意自身的履约能力，维护好自身在国际市场上的良好信誉。

（三）允许一定的机动幅度

在国际贸易中，诸如粮食、矿产、木材及钢铁等大宗商品的实际成交数量很难被准确把握。为兼顾国际贸易合同的原则性和灵活性，买卖双方需要在合同中约定一个合理的机动幅度，即数量增减条款或溢短装条款。在这一幅度内，卖方完成交货，买方不得提出异议；超出这一幅度，才可视为卖方违约，买方可以拒收或索赔。关于机动幅度，也有三个需要注意的问题。

第一，机动幅度的大小要合理。一般而言，买卖双方会在合同中以百分比的方式约定机动幅度。常见的约定方法有两种，一种是约定全部货物的机动幅度，而对每一批次或每一种类的机动幅度不做严格要求。例如，进口大豆 5 000 公吨，机动幅度为 5%，分两批装运。只要前后两批的总量变化不超出 5%的幅度，都算卖方交货。另一种方法是在规定总体数量机动幅度的基础上，进一步限定每批货物或每一规格的机动幅度。显然，这种方法的数量限制更为严格。例如，出口自行车 1 000 辆，分为红、橙、黄、绿四种颜色，总量和各规格数量的机动幅度都是 10%。

第二，机动幅度的计价要公平。多装货物或少装货物都会对成交价格产生影响。国际贸易的习惯做法是对机动幅度内的货物按照合同价格计价。然而，如果商品价格看涨，则卖方有可能会故意少装；如果商品价格看跌，卖方又有可能会故意多装。为避免由国际市场价格波动所引起的人为溢短装，买卖双方最好在数量条款的溢短装内容中约定，机动幅度内的增减数量一律按照交货时的市场价格来结算，而不再参考合同价格。这一约定将有助于买卖双方诚信履约，也体现了国际贸易的公平性原则。

第三，机动幅度的考虑要周全。一般而言，在买卖双方之中，由谁来确定交货数量的机动幅度需要考虑两个原则，其一是卖方优先原则，其二是结合运输原则。一方面，由于国际贸易的出口方需要负责备货与装运，其与承运人的联系较多，因而由出口方来负责溢短装条款相对合理。另一方面，如果贸易中使用了 FOB、EXW 等由进口方负责运输的贸易术语，则经买卖双方协商一致，也可由进口方负责确定溢短装条款的机动幅度。除此之外，为确保周全，还可根据具体承运人的实际情况，合理确定机动幅度，确保按时、按量地完成国际贸易合同。

第四节　商品的包装

一、商品包装的含义与意义

商品包装（Commodity Packaging）是指厂商采用一定的技术、方法、材料和容器对流通中的商品所进行的继续加工，从而达到保证质量、方便储存和促进销售等目标。包装既是一个名词，代表商品的附属构造，也是一个动词，代表了厂商的一项生产环节。由此也产生了包装的从属性和商品性两种特性。国际贸易商品按照不同的种类、状态及特征，对包装的要求也各不相同。除了对少数农产品、矿产品等不容易包装或不需要包装的商品采用裸装（Nude Pack）或散装（In Bulk）方式外，对于其他大多数工业品、消费品等商品都有各自适用的包装方式。

商品包装是一项综合概念，按照程度、作用、形态、材料和技术的不同，分为不同类型。

第一，按照程度的不同，贸易商品分为裸装货、散装货和包装货三类。裸装货多见于自然成件、不易包装的商品，如汽车、钢材、大型设备等。散装货大多为价值不高、无须包装的商品，如小麦、煤炭、矿石等。包装货则是必须经过包装才能运输或销售的商品，如饮料、食品、家电等。

第二，按照作用的不同，商品包装分为运输包装和销售包装两类。运输包装适合于国际长途运输，突出对商品质量和数量的保护作用。销售包装主要针对消费群体，强调视觉吸引力和广告宣传力。

第三，按照形态的不同，商品包装分为小包装、中包装和大包装。小包装是直接包装商品的出厂包装，通常要印制商标、介绍及图案等信息，具有保护商品、方便销售、指导消费的作用。中包装又被称为内包装，属于商品的销售包装，通常是对一定数量小包装的二次包装，具有抗压、防撞、保质、保鲜等作用。大包装也被称为外包装，属于商品的运输包装，其作用主要是方便运输和保证安全。

第四，按照材质的不同，商品包装分为纸质包装、金属包装、木质包装、塑料包装、玻璃包装、陶瓷包装、织物包装、复合材料包装以及其他材料包装等。不同材质的包装适合于不同特性的商品。

第五，按照技术或方法的不同，商品包装分为贴体包装、透明包装、托盘包装、开窗包装、收缩包装、提袋包装、易开包装、喷雾包装、真空包装及充气包装等。近年来，许多新技术、新方法、新概念被应用于商品包装，对于一些质量不稳定的商品，包装在防潮、防锈、防震、防霉、防虫及无菌等方面的作用也得到了明显的提高。

近年来，随着国际市场竞争的日趋激烈，商品包装已成为影响各国企业竞争能力的重要因素。高质量的商品包装不仅可以保护商品、方便运输，而且还可以美化商品、扩大宣传，进而使商品在国际市场上销量更大、利润更高。更有观点指出，商品包装还体现了一国的科技实力、艺术水平和文化影响力，是促进国际贸易的特殊工具。

包装是国际贸易实务中的一项重要工作。买卖双方需在合同的包装条款中明确约定包装的形式、材质、标志及费用等内容，并将包装条款作为一项主要的合同责任。

二、运输包装

(一) 含义

运输包装（Transport Package）是一种为保护商品数量、品质和便于运输、储存而进行的外层包装。运输包装一般由若干数量的小包装集合而成，大部分情况下不与商品直接接触，如食品、服装、化妆品等。也有一少部分运输包装直接包装商品，如粮食、化肥等。运输包装的主要作用是适应远距离的物流和仓储，因而需要具备一系列条件。其一，包装应当具有较高的强度、刚度与稳定性；其二，包装能满足防水、防潮、防虫、防腐、防盗等防护需要；其三，包装应当使用经济性、安全性和环保性材料；其四，包装的重量、尺寸、标志等需满足国际惯例的要求，能适应标准化的运输操作。目前，国际贸易运输包装正朝着标准化、集装化、专业化和生态化的方向不断发展。

(二) 种类

按照不同的标准，运输包装可以分为不同的类型。

1. 按照包装方式不同

按照包装方式不同，运输包装可以分为单件运输包装和集合运输包装。

单件运输包装是指在运输过程中可以作为一个计件单位的独立包装。常见的单件运输包装形式有箱（Case/Carton/Box）、袋（Bag）、包（Bale）、桶（Barrel）、瓶（Bottle）、卷（Roll）、篓（Basket）、捆（Bundle）等。具体而言，“箱”适合于价值较高、容易受损的商品，如烟、酒、茶叶及玩具等。这种商品一般内衬防潮材料、外附胶带密封，有木箱、纸箱及金属箱等类型。“袋”适合于粉状、颗粒状或块状商品，如面粉、水泥、饲料等。有棉布袋、麻袋、纸袋及纤维袋等类型。“包”适合于体积可压缩的商品，如棉花、羊毛、羽绒、蚕丝、化学纤维等商品。这种商品一般由打包设备压实，再用棉布棉条等材料打包。“桶”适合于流体、半流体、粉状、颗粒状的商品，如啤酒、蜂蜜、奶粉、麦片等。这种商品有木桶、铁桶、纸板桶与塑料桶等类型。其他形式的单件运输包装分别适合于不同特性的商品，这里不再一一展开。

集合运输包装又被称为组合运输包装，是指将若干数量的单件运输包装组合为一件大包装的方式。集合运输包装能够提高装卸和运输效率，对降低物流成本也有积极作用。常见

的集合运输包装有集装包或集装袋（Flexible Container）、托盘（Pallet）、集装箱（Container）等。

集装包或集装袋是一种使用塑料纤维等复合材料编制而成的圆形大包，装载量一般为1~4公吨，适合包装散装货物，如面粉、食糖、水泥等。集装袋同样可以提高装卸效率，在各国码头或货场均有广泛使用。

托盘是一种用于集装、堆放、搬运和运输货物的水平平台装置。托盘的优点是可以实现物品包装的单元化、规范化和标准化，并被认为是发展现代物流的重要包装方式之一。托盘的类型比较丰富，按照不同材质，有木质托盘、塑料托盘、金属托盘等；按照不同特点，有胶合板免熏蒸托盘、四向进叉托盘、双面托盘等。托盘的载重量为 1 至 2 公吨，而在运输中使用托盘同样具有提高作业效率、保障商品安全、降低物流成本等作用。

集装箱是一种标准化的国际通用运输工具，被视为一种特殊的运输包装。集装箱的型号有很多种，但国际上主要使用的型号有两种，一种是外尺寸为 20×8×8 英尺，简称 20 尺货柜（内径：5 898×2 352×2 390mm），另一种是 40×8×8 英尺，简称 40 尺货柜（内径：12 024×2 352×2 390mm）。为便于海关统计，国际上以 20 英尺长的集装箱为标准箱，也称国际标准箱单位（Twenty-foot Equivalent Unit，TEU）。20 尺货柜等于 1 个标箱，配货毛重 17.5 公吨，容积24~26立方米。集装箱是一种现代化的运输包装，现已广泛应用于海洋运输、铁路运输、公路运输及多式联运方式。

2. 按照包装程度不同

按照包装程度不同，运输包装可以分为全部包装（Full Packed）和局部包装（Parted Packed）。全部包装要对整个商品进行包装，贸易中的绝大多数商品的包装都属于全部包装。局部包装又被称为不完全包装，是一种主要包装商品的重要部位或关键结构的特殊包装方式。

3. 按照包装的材料和质地不同

一方面，按照使用的包装材料不同，运输包装可以分为金属包装、木质包装、纸质包装、塑料包装、玻璃包装、陶瓷包装和纺织品包装等类型。另一方面，按照包装的质地不同，运输包装可分为软性包装、硬性包装和半硬性包装等类型。总之，不同的包装材料或质地类型对应了商品的不同特性及国际运输的实际需求，买卖双方需在包装条款中达成一致并明确规定。

（三）标志

在运输包装的表面会印制一系列表明信息的标志，以便商品能够在运输、仓储、通关、商检等过程中被准确识别和妥善保管。按照用途不同，这些习惯标志可以分为运输标志、指示性标志和警告性标志三种类型。

1. 运输标志

运输标志又被称为唛头（Shipping Mark），一般由简单的几何图形和一些英文字母、数字号码及文字语句等组成。运输标志的作用在于方便承运人在装卸、运输及存储商品时，准确识别包装内商品的运输信息，以免发生错装、错运、错转、错交和无法交付等情况。运输标志在国际贸易中有着重要作用，特别是在凭单付款方式中，发票、提单、保险单等重要的贸易单据上必须显示运输标志。

运输标志的主要内容包括：①目的地的名称或代号；②发货人的名称或代号；③收货人的名称或代号；④件号、批次号及货号。运输标志有时也可列明原产地信息、合同编号、许可证号及重量等，具有一定的灵活性。运输标志产生于长期的国际贸易实践，各国贸易商所设计的运输标志五花八门、繁简不一，这在一定程度上不利于现代国际贸易的快速发展。为此，联合国欧洲经济委员会简化国际贸易程序工作组在国际标准化组织和国际货物装卸协调协会的支持下，于1979年制定并推广了一套“国际贸易标准运输标志”，从而为各国商人提供了设计运输标志的参考模板。其具体内容包括：①收货人或买方名称的英文缩写字母或简称；②参考号，如运单号、订单号、合同号及发票号等；③目的地，运输货物的最终目的地或目的港名称；④件号，如包装货物的顺序号和总件数号等。

在贸易合同的包装条款中，买卖双方应明确约定由哪一方来设计和制作运输标志。运输标志通常由卖方提供，如果由买方提供，则买方须提前将设计完成的运输标志通知卖方，以便卖方及时完成备货与装货工作。

【例10-4】唛头

ABCCo. Ltd.
654321
Shanghai
NO. 6/120

2. 指示性标志

指示性标志（Indicative Mark）也被称为操作性标志或提示性标志，是根据商品本身的特殊性而表明的注意事项或特殊要求。指示性标志通常被印制在商品包装外侧，由简单而醒目的图形或文字组成，其作用在于提示装卸、搬运或储存商品的人员进行规范化操作，保障商品的质量不会受到影响。目前，诸如国际标准化组织、国际航空运输协会及国际铁路货运协会等国际组织也在致力于规范和统一各国的指示性标志，各国也基本建立了各自的规范标准。中国制定了指示性标志的国家标准《包装储运图示标志》（GB/T 191-2008），常见标志有“易碎物品”“禁用手钩”“怕晒”“怕雨”等（图10-1）。

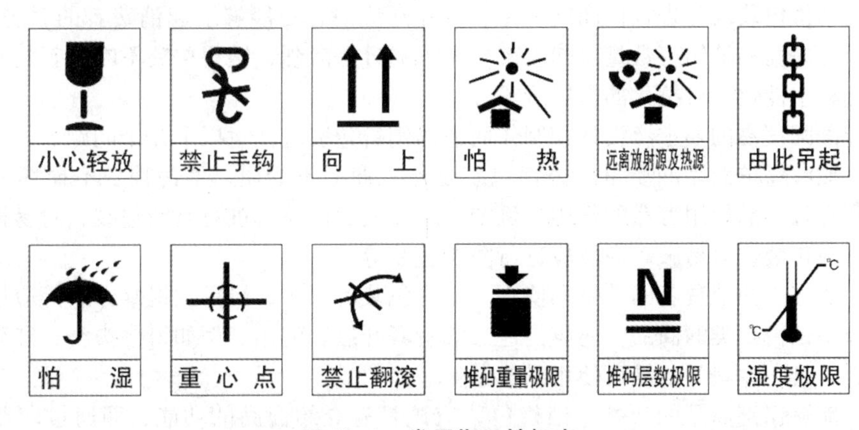

图10-1 常用指示性标志

3. 警告性标志

警告性标志（Warning Mark）又被称为危险品标志，是警示包装内物品具有高度危险性的文字或图形说明。当商品属于爆炸物、易燃物、有毒有害物，或具有较强的腐蚀性、放射性、氧化性的特性时，必须在运输包装上印制醒目的警告性标志，以便从事货物装卸、运输及储存的人员及靠近货物的人员能够高度警惕并做好防护措施，避免发生安全事故。国际上对危险品的运输有着严格的规定，各国也在不断加强管控。我国于2009年颁布了《危险货物包装标志》（GB 190-2009）国家标准，对警告性标志的分类图形、尺寸、颜色及使用方法等做出了明确规定。常用标志有“爆炸品”“易燃气体”“氧化剂”“有毒气体”“放射性物品”“腐蚀品”等（图10-2）。警告性标志通常以黄色或红色为底色，图案文字十分醒目，并且具有强制性要求。另外，联合国政府间海事协商组织也制定了一套《国际海运危险品标志》，并得到很多国家（地区）的采用。

图 10-2　常见警告性标志

三、销售包装

（一）含义

销售包装（Sales Package）是一种直接接触商品并随商品进入消费市场的包装。由于消费包装将直接与消费者或用户见面，因而除了要具备保护质量的功能外，还应当具有广告宣传、陈列展示、吸引买主、美化商品及方便携带等作用。销售包装一般应根据商品的大小、形状、特性及价值等因素专门设计制作，包含一定的造型、装饰及图案，并附有详细的文字说明、商标及条码等。销售包装也被视为市场营销的重要手段，如“包装延续广告”的营销策略。当销售包装与广告宣传高度一致、相互呼应时，更能够引起消费者的联想和共鸣，从而有益于提高商品的销售数量。随着市场竞争的日趋激烈，销售包装不断创新，并逐渐进入了多元化、个性化、科技化的发展阶段。

为适应国际贸易的要求，设计和制作商品的销售包装应注意以下几个问题。

第一，能够保护商品的质量。销售包装是保证商品不变质、不污损、不损坏的最后屏障，应起到延长商品使用寿命的作用。例如，对食品类商品可进行真空包装，对易挥发类商品需进行密封包装，对易破碎商品应进行防护包装等。

第二，能够方便消费者的携带和使用。销售包装的大小、轻重及提拿方式等应适合消费者携带。如果是密封类的商品，还应当适合消费者开启和使用。例如，罐头类、红酒类商品应配备开启工具，饮料类商品可使用易拉罐等。

第三，能够识别商品的属性。销售包装应该具有介绍商品的功能，即通过印制商品名称、原料成分、制作工艺、生产日期及厂商名址等信息，让消费者能够充分了解商品的相关信息。同时，消费者通过包装上的图案、品牌等，还可方便地识别商品。

第四，具有艺术吸引力。精美的销售包装具有陈列展售、推广宣传的作用，其艺术美感越强，越有助于销售。有的厂商还会在销售包装上印制较为知名的形象代言人，这更能起到吸引消费者、扩大销售量的作用。更有一些经典的销售包装，数十年传承不变，成为兼具艺术性和价值性的一种无形的竞争力。例如，茅台酒瓶、可口可乐瓶等。

第五，符合经济环保的要求。销售包装的成本不宜过高，应根据商品的实际价值合理计算成本。过度包装不仅容易造成浪费、引起反感，其实际效果往往也是事倍功半、并不理想。同时，在包装材料的选择上，还应注意环保、卫生及健康，倡导使用可回收、可再生的材料。

第六，符合目标市场的法律法规和文化习俗。出口商品的销售包装还应注意进口国对销售包装的法律要求，对于使用外语、内容、格式等要求应当充分了解。同时，包装设计还要尊重外国的文化、宗教以及习俗等，充分了解相关禁忌，避免引起跨文化冲突。

（二）种类

销售包装具有多样性特征，常见的种类有以下几种。

1. 挂式包装

这是一种可以将商品悬挂在货架上展销的包装，一般具有悬挂结构，如吊钩、吊带、挂孔等装置，常见于一些中低价值的轻工业产品或部分食品、药品、服装等。例如，插线板包装、电子产品包装、袜子包装等。

2. 堆叠式包装

这是一种将包装的顶部和底部设计成吻合关系的包装，一般具有上下咬合装置。这类包装稳定性强，适合于大量堆叠，能够节约运输和仓储空间，常见于一些工业零部件、食品、药品等的包装。如整箱装的食品罐头、瓶装饮料等。

3. 便携式包装

这是一种以方便消费者携带商品为目的的包装，一般具有提手、背带等便携工具，并在尺寸、重量及形状方面也有所考虑。这类包装适合于商品零售，多用于对一些日常消费品的包装。如造型仿造手提袋的食品包装，带有提手或孔洞的纸箱包装等。

4. 易开包装

这是一种方便消费者快速开启密封容器类包装的特殊装置。易开包装通常是一次性的，有的虽然可以反复使用，但密封性已不可恢复。这类包装既保证了商品质量的安全性和稳定性，又增加了商品在消费和使用过程中的便利性。消费者在不使用特殊工具的情况下就能开启并使用商品。其常见于对食品、饮料及日用消费品的包装，如装有拉环、拉片、按钮等机关的易拉罐、采用拉环式、扭断式、撕开式等方式的易开瓶、设计有切开成虚线状的启开口的易开盒等。

5. 喷雾包装

这是一种内充压力、外装阀门的密封性包装。这类包装的特点是使商品易于保存、方便取用，缺点是成本较高、容易损坏，常用于对医药卫生用品、化妆品、家用清洁保养用品等商品的包装。如香水包装、清洁剂包装、杀虫剂包装等。

6. 其他包装

销售包装具有很强的灵活性和变通性。若干商品需要组合销售时，可以使用配套包装，如茶叶和茶具组合包装、化妆品套装、餐具套装等。商品包装需要增加礼节性功能时，还可以使用礼盒包装，多见于节日或庆典活动期间的商品或特殊的礼节性商品，如中秋月饼礼盒、生日蛋糕包装、高级滋补品包装等。

（三）内容

销售包装的内容由三部分组成，分别是装潢图案、文字说明和条形码。

1. 装潢图案

销售包装一般应附有图像或画面，并适当装饰。包装的整体效果美观大方，令人赏心悦目。所用图案或形象既能反映商品的特点，又具有一定的艺术美感。消费者能够通过包装上的装潢图案迅速联想到商品的质量、功能及生产工艺，并产生尝试和购买的主观意愿。

2. 文字说明

销售包装必须印制必要的文字说明。文字说明的内容主要包括商品的名称、商标、品牌、重量、规格、成分、用途、产地、注意事项及使用方法等。文字说明应明确、具体、客观、真实，并且与装潢图案相互关联、互为补充，尽量突出商品的优点和价值。为适应外国市场的需求，文字说明可使用外语或双语，并注意符合外国政府的强制性法规。例如，加拿大政府规定，销往该国的商品，必须使用英语和法语两种语言的文字说明。

3. 条形码

条形码（Bar Code）是一种由若干粗细不等的黑白平行线和数字号码组成的特殊图形标识符。按照一定的编码规则，不同形态的条形码代表着不同的商品信息，通过扫码仪器可以快速读出商品的名称、价格、原产地、生产日期、流通过程等多种信息。条形码还是一种经济实用的自动信息识别技术，主要优点包括准确可靠、快捷高效、经济便宜、自由灵活、设备简单以及容易制作等。可以说，条形码是现代商品学中的重要的标准语言，并在商品买卖、档案管理、邮政快递及银行金融等多个领域得到了广泛的使用。

回顾历史，条形码诞生于20世纪40年代，由美国工程师乔·伍德兰德（Joe Wood Land）和伯尼·西尔沃（Berny Silver）发明。这在当时是一项基于计算机与信息技术的集编码、印刷、识别、数据采集和处理于一身的新型技术。20世纪70年代，条形码逐渐成为一种商业潮流并开始在世界各国得到应用。今天，条形码已将国际价值链中的生产制造商、出口商、批发商、零售商和消费者有机地联系在了一起，并形成了一条动态的信息链。在国际贸易中，条形码更被视作任何商品进入国际市场的“身份证号码”，没有条形码的商品将很难适应现代化的国际贸易流程。

目前，国际上的通用条形码有两种，第一种由美国、加拿大组织的统一编码委员会（Universal Code Council，UCC）制定，即UPC码（Universal Product Code）。第二种由国际物品编码协会（International Article Numbering Association）制定，即EAN码（European Article Number）。为适应国家贸易的发展，中国于1988年成立了中国物品编码中心，负责统一组织、协调、管理我国的商品条码。1991年我国加入国际物品编码协会（GS1）。我国的国别号为690、691及692。只要商品的条形码中标有这三个数字，就表示这是中国生产的商品。

四、中性包装和定牌包装

（一）中性包装

中性包装（Neutral Packing）是指在商品的包装上，既不标明商品的生产国别、产地及厂商，也不标明商品的品牌或商标。这类包装并不反映商品的任何来源信息，所以被称为中性。其目的主要是适应国外市场的特殊要求，不得已而隐去商品的出处。例如，美国对日本照相机实施反倾销措施，禁止原产于日本的照相机出口到美国。这时，越南商人可以通过对日本照相机进行中性包装，再转口销售到美国市场，从而突破了美国海关的贸易壁垒。中性包装主要分为无牌中性包装和定牌中性包装两类。前者既没有产地、厂名，又没有品牌、商标，几乎隐去了商品的全部来源信息；后者仅有品牌、商标，而没有产地、厂名，但需注意，此时的品牌是进口方所指定的固定品牌。中性包装主要应用于从事转口贸易的国家或地区，有时甚至成为这些国家或地区的习惯做法。从鼓励外贸的角度看，中性包装也的确是扩大出口、对外竞争的一种重要手段。

（二）定牌包装

定牌包装（Packing Of Nominated Brand）是指卖方按照买方的要求，在出售商品的包装上标明买方指定的商标或牌号。众所周知，商品和品牌是企业的无形资产和核心竞争力。在国际贸易中，很多知名企业、大型厂商都要在商品及其包装上使用自己的标记，以达到提高商品价值、增强广告效果的作用。拥有一定品牌往往比没有品牌更容易销售，所以很多出口厂商也愿意接受定牌生产和定牌包装，从而为自己的产品扩大销路、增加利润。在我国，定牌包装的通常做法有三种。其一，只使用指定商标或品牌，而不标注生产国别或厂商，就是定牌中性包装。其二，使用指定商标或品牌，但同时注明“中国制造”，明确了商品的产地是我国。其三，使用指定商标或品牌，并注明外国工厂名称，这种方式也被称为定牌生产地。

五、包装条款的规定方法

买卖双方应在贸易合同的包装条款中约定有关包装的各项内容，比如包装的材料、方式、规格、标志、品牌及费用等。订立包装条款也存在一些需要注意的问题。

第一，商品包装应充分考虑商品本身的特性。不同类型的商品适合于不同材质、不同方式及不同规格的包装。例如，季节性商品或鲜活易腐类商品，其包装工作就显得十分重要。

第二，商品包装要注意结合国际运输的实际。商品的运输包装需满足国际长途运输的要求，买卖双方应结合具体的运输方式、运输工具、运输距离及运输风险等综合考虑如何包装。例如，需要长途运输的商品，包装的牢固性、稳定性就显得十分重要。

第三，商品包装要符合相关国家（地区）的法律法规。国际贸易的中间环节众多，商品包装也被视为附属于商品的特殊商品。与包装相关的材质材料、处理程序、规格要求等是否符合相关国家（地区）海关的要求，买卖双方需充分掌握。例如，使用木质包装的商品，是否按照外国海关的强制要求进行了熏蒸处理，这将影响其进口手续的办理进程。另外，还要正确使用中性包装和定牌包装方式，避免引起贸易纠纷。

第四，商品包装应满足经济节约的要求。包装的使用价值往往是一次性的，包装成本亦是商品成本的重要部分，对其进行成本控制将有利于保证商品的利润水平。因此，在制定包装条款时，买卖双方应兼顾包装的可靠性和经济性。在条件允许的情况下，尽量做到环保与节约。

第五，商品包装应明确费用的承担者。买卖双方应在包装条款中明确约定因包装而产生的费用由谁承担，以及包装费用是计入商品价格还是另行支付等问题。

第六，商品包装应结合消费市场的具体情况。出口商品的包装要符合目标国市场的经济水平、文化习俗、审美观念及消费习惯等，避免因考虑不周而影响商品销售。

总之，包装条款是国际贸易合同的重要条款之一，拟定这一条款需要买卖双方的高度重视和充分沟通。

本章小结

本章主要讲述了四个方面的内容。

第一，商品的品名。商品的品名是指一种商品区别于其他商品的固定称呼。商品名称通常能够反映一种商品的自然属性、功能用途及性能特征。商品名称的命名方法主要有按照用途命名、按照材料命名、按照成分命名、按照外观命名、按照工艺命名等。规定品名条款时，相关人员要注意商品名称应该具体明确、商品名称应该客观真实、商品名称应符合国际惯例。

第二，商品的品质。商品品质是衡量商品使用价值的具体尺度。商品品质的描述方法主要有以实物表示、以文字表示两种类型，具体包括以看货成交、以样品成交、以规格表示、以等级表示、以标准表示、以说明书和图样表示、以商标或品牌表示、以产地表示等。规定品质条款时，相关人员要注意允许一定的机动幅度、正确选择表示品质的方法及品质条件的合理性等。

第三，商品的数量。商品数量是指对商品的个数、重量、长度、面积、容积及体积等的计量，通常表现为数字与计量单位的组合。重量的计算方法涉及了毛重、净重、公量、理论重量、法定净重与实物净重等概念。规定数量条款时，基本内容应该完整、具体，买卖双方应合理把握成交数量并允许一定的机动幅度。

第四，商品的包装。商品包装是指厂商采用一定的技术、方法、材料和容器对流通中的商品所进行的继续加工，从而达到保证质量、方便储存和促进销售等目标。运输包装是一种为保护商品数量、品质和便于运输、储存而进行的外层包装。销售包装是一种直接接触商品并随商品进入消费市场的包装。中性包装是指在商品的包装上，既不标明商品的生产国别、产地及厂商，也不标明商品的品牌或商标。规定包装条款时，相关人员应综合考虑商品特性、运输条件、法律法规及成本费用等各项因素。

思考题

1. 请简述商品品质的主要描述方法。
2. 请简述商品数量的主要计量方法。
3. 请简述中性包装的概念、类型与作用。
4. 试论述拟定国际贸易合同的数量条款应当注意的问题。
5. 试论述运输包装与销售包装的区别。

第十一章
国际货物运输

学习目标
XUEXI MUBIAO

熟悉各种国际货物运输方式的特点与适用范围，掌握海运提单、海运单、铁路运输单据等国际货物运输单据的概念、特点与作用，能够正确拟定国际贸易合同中的装运条款。

学习重点
XUEXI ZHONGDIAN

海洋运输的特点，班轮运输与租船运输的区别，铁路运输、航空运输、集装箱运输等运输方式的优势与劣势，海运提单的概念、性质、作用、内容及分类，倒签提单与预借提单，运单与提单的异同，国际贸易合同装运条款的主要内容。

第一节 国际货物运输方式

一、海洋运输

（一）概述

海洋运输是国际货物运输的主要方式，这是一种以船舶、港口及航线为要素的国际物流形态。目前，海洋运输承载着世界货物贸易量的80%以上，极大地促进了世界经济与贸易的发展。近年来，随着世界航运中心的逐渐东移，太平洋将取代大西洋成为世界海运最繁荣的区域。中国的海运事业也取得了巨大成就，并已成为世界海洋运输量最大的国家。2018年的世界十大港口城市是上海、新加坡、深圳、宁波、香港、釜山、广州、青岛、迪拜和天津，中国就占据其中七个。

一方面，海洋运输是一种古老而传统的运输方式，相比于其他运输方式具有十分明显的优势。

其一，货物运载量最大。海运船舶的满载排水量一般在数千吨以上，历史上最大的超大型原油运输船诺克·耐维斯号（Knock Nevis）的满载排水量高达 825 344 吨。一艘普通的万吨级货船的运载量就相当于 1 000~1 500 辆普通卡车。

其二，航道由自然形成。海运航线探索于天然的海域，一般无须专门建设，并且世界上的海洋相互连接、四通八达，海运船舶如果遇到自然灾害或意外事件，可随时改变航线、调整港口，因而具有一定的灵活性。

其三，运费及成本低廉。除了航道为天然形成外，海运港口一般依托于城市，由政府建设，海运船舶的运载量较大、使用寿命也较长。因此，海洋运输的单位成本较低、运输费用不高，适合于时间性要求不强的远距离低值大宗商品的国际运输。

另一方面，海洋运输也存在着一些不足，并不能满足现代物流的全部要求。

其一，船舶的航速较慢。海洋运输是一种速度较慢、耗时较长的运输方式。一般而言，船舶的海上航行速度为 13~17 节（1 节 = 1. 852 千米）。世界上最快的集装箱轮的航速也只有 27 节，远远低于航空、铁路等运输方式的速度。

其二，发生风险的概率较大。由于海洋运输的距离较远、时间较长，所以受到外部环境因素的影响也更大。海洋运输既有可能遭遇台风、暴雨、雷击等自然灾害，也有可能发生搁浅、触礁、倾覆、沉没等意外事故，还有可能遭遇海盗、罢工、战争等外来风险。这些不确定因素都增加了海洋运输的风险，相比于其他运输方式，海洋运输中的船舶、货物及人员遭受损失的概率将更大。

其三，运输过程并不完整。海洋运输常常只是整个国际货物运输流程中的一个环节。随着以集装箱为载体的国际多式联运的兴起，海洋运输需要在装运港和目的港与其他运输方式配合衔接，并不能独立完成对货物的全程运输。

另外，海洋运输除了具备一定的优势和劣势之外，还有一项明显的特征，即国际性很强。海洋将世界各国相连通，历史上的国际贸易正是在海上贸易的基础上发展而来的。海上运输涉及不同的国家或地区，买卖双方及其他业务关系人受不同法律、规范、语言、习惯及文化的约束，因而需相互协调才能顺利完成运输活动。

（二）班轮运输

1. 班轮运输的概念

班轮运输（Liner Transport）又被称为定期船运输，是指托运人将一定数量的货物委托给承运人，承运人按照事先公布的船期表、运费表、航线图及船舶信息等来经营运输。班轮运输最早出现于 19 世纪的美国，即历史上的“纽约—利物浦”定期航线。后经英国、日本、德国、法国等轮船公司的推广使用，班轮运输逐渐发展为国际海洋运输的主要形式。中华人民共和国成立以来，中国的班轮运输走过了从无到有、从弱到强的发展历程。1961 年 4 月，中国远洋运输总公司成立。1967 年 5 月，中远广州分公司的敦煌轮从黄埔起航，驶往西欧，标志着新中国第一条国际班轮航线的开通。1978 年 9 月，中国第一艘集装箱班轮，中远上海分公司的平乡城轮从上海港启航，驶往澳大利亚悉尼港，标志着中国自主经营国际集装箱运输业务的正式开始。截至 2018 年年底，在全球 20 大班轮公司中，中国就占据了 7 家。中国远洋运输（集团）公司（COSCO）、马士基集团（Maersk）、地中海航运公司（MSC）等都是世界著名航运公司。

2. 班轮运输的特点

（1）“四固定”特点。班轮运输具有固定航线、固定港口、固定船期和相对固定的费率。这是班轮运输的基本特点。

（2）承运人负责货物的装卸。班轮运费包含了基本装卸费。承运人负责配载装卸，承托双方不计滞期费和速遣费，也不规定装卸时间。

（3）承运人负责货物的时间是从货物装上船开始，到货物卸下船结束，即符合“船舷至船舷”（Rail to Rail）或“钩至钩”（Tackle to tackle）条款。

（4）承运人和托运人双方的权利义务和责任豁免以签发的提单为依据，并受国际公约的约束。

（5）承运人可运输的货物种类多样、数量灵活，班轮运输尤其适合于数量不大、价值较高的货物。

3. 班轮运输的优势

（1）灵活性较高。班轮运输并不要求货物要装满整船，并且不论货物是直运或转运、整批或分批都能运输，特别适合于在中小企业间开展的数量不大、频率较高、航程多样的一般杂货贸易或小额贸易。

（2）运输条件明确。班轮运输具有“四固定”特征，其运费、航线、船期和船舶等信息均提前发布，从事国际贸易的买卖双方更容易明确运输条件，从而减少达成运输条款的时间并提高交易磋商的效率，有利于国际贸易的顺利开展。

（3）运输服务专业。班轮运输通常由规模较大、声誉较好的大中型承运人来经营。这类企业拥有经验丰富的的工作人员和技术先进的船舶设备，运输过程的可靠性、及时性、安全性及经济性有一定保证，能够提供专业化的优质航运服务。

（4）手续相对简单。班轮运输一般由承运人负责货物的装卸、理仓及运输，托运人只需交付货物并支付运费便可获得代表物权的海运提单。相比于自行租船运输，班轮运输的海运手续快捷简便，更加省力省心。

4. 班轮运输的运费

班轮运费是托运人向承运人，即班轮公司支出的运输货物的费用。班轮运费由基本运费和附加运费两项费用组成。

（1）基本运费。

基本运费是班轮运费的主要部分，对任何商品都要收取，具有一般性特征。基本运费按照班轮运价表的规定来计算，具体标准如下。

第一，按货物的毛重计算。以重量吨（Weight Ton）为计算单位计收运费。例如，1 公吨即为 1 重量吨。通常在班轮运价表中用“W”字样表示。

第二，按货物尺码或体积（Measurement）计算。以尺码吨（Measurement Ton）为计算单位计收运费。例如，1 立方米即为一个尺码吨或容积吨。通常在班轮运价表中用“M”字样表示。

第三，按毛重或尺码计算。由船公司对商品的毛重和体积进行比较，选择收费金额较高者计收运费。一般使用积载系数来判断商品是重货还是轻货。通常在班轮运价表中用“W/M”字样表示，见例题 11-1。

第四，按商品价格计算。这种方式一般以商品的 FOB 价格为参照，按照一定比例收取，因而又被称为从价运费，一般适用于价值较高的商品。通常在班轮运价表中用“AV”或“Ad Val”字样表示。

第五，按重量、体积或价值中的最高者计算。由船公司对商品的重量、体积和价值进行比较，选择收费金额最高的一种计收运费。通常在班轮运价表中用“W/M or Ad Val”字样表示。

第六，按重量或体积的较高者，再加上从价运费计算。通常在班轮运价表中用“W/M

plus Ad Val”字样表示。

第七，按货物件数计算。船公司对每一件货物收取运费，例如，牲畜按照“每头”（Per Head）来收费，车辆按照“每辆”（Per Unit）来计费，机器设备按照“每台”（Per Unit）来计算等。通常在班轮运价表中用“Per…”字样表示。

第八，临时议定价格。班轮运费也可以由承运人与托运人临时议定。多用于粮食、矿产等大宗低值商品的运输，运费水平一般较低。通常在班轮运价表中用“Open Rate”字样表示。

（2）附加运费。

附加运费是班轮运费的增加部分，针对运输中的特殊货物或特殊情况，具有一定的特殊性。附加运费既保持了班轮基本运费的固定性，又在弥补班轮公司的运输成本上体现了灵活性。具体做法一般是在基本运费之外再加上一定百分比或绝对值的额外费用。常见的附加运费有以下几种类型。

第一，超重附加费（Heavy Lift Additional）。当单件货物超过班轮公司所规定的重量限度时，将被收取超重附加费。

第二，超长附加费（Long Length Additional）。当单件货物超过班轮公司所规定的尺码限度时，将被收取超长附加费。

第三，直航附加费（Direct Additional）。当托运人要求承运人将货物直接运达非基本港口时，将被收取直航附加费。

第四，转船附加费（Transshipment Surcharge）。当货物需要转船运输时，会增加额外的手续和费用，将被收取转船附加费。

第五，港口附加费（Port Surcharge）。由于各国间港口在装卸效率、费用水平及设备设施等方面存在差异，货物在某些条件较差的港口装卸时，将被收取港口附加费。

第六，绕航附加费（Deviation Surcharge）。当正常航线遭遇干扰不能通行时，改道或绕道运输会产生额外的费用，货物将被收取绕航附加费。

第七，燃油附加费（Bunker Surcharge）。当燃油价格发生较大幅度的上涨时，货物将被收取燃油附加费。

第八，货币贬值附加费（Currency Adjustment Factor）。当运费表中规定的外汇发生较大幅度的贬值时，货物将被收取货币贬值附加费。

（3）计算。

班轮运费的计算过程如下：

第一，选择船公司的运价表。运价表由各运输公司公开发布。

第二，查阅货物等级。在货物分级表中查出运输货物的运费计算标准和等级。

第三，查看基本运费。根据运输货物的航线、起运地和目的地，查看具体的基本运费价格。

第四，查看附加运费。根据货物的具体情况，查看并选择需要额外付费的附加运费项目。

第五，计算总运费。其计算如公式 11-1 所示。

公式 11-1：总运费 = 单位运费 × 数量

【例题 11-1】中国的 A 公司与印度的 B 公司签订某商品的出口合同。商品总重 20 公吨，共计 600 箱，每箱 33.3 千克，体积为 30cm×30cm×30cm，单价为 FOB 上海每箱 30 美元。采用班轮运输，计费方式为 W/M，基本运费为每吨 50 美元，另有附加运费三项，分别是燃油附加费 12%，港口附加费 8%，直航附加费 20%。请计算班轮运费的总金额。

解：积载系数 = 毛重 / 体积 = 20/(0.3 × 0.3 × 0.3 × 600) = 20/16.2

积载系数大于 1，该批货物属于重货，按重量计费。

班轮运费 = 50 × (1 + 0.12 + 0.08 + 0.2) × 20 = 1 400(美元)

(三) 租船运输

1. 租船运输的概念

租船运输（Tramp Shipping）又被称为不定期船运输，是指租船人与船舶所有人签订协议，在一定期限内租用整艘船舶来从事货物运输。这种运输方式与班轮运输截然不同，运输的时间、地点、航线、费用等完全由租赁双方协商决定，因而具有更大的灵活性。租船运输被广泛应用于国际大宗货物的运输业务中。租船运输又分为定程租船、定期租船、光船租船及航次期租等方式。

2. 租船运输的特点

（1）运输条件由合同约定。租船合同是确定双方权利与义务的重要依据，并且在长期的国际运输实务中形成了具有固定格式和规范的合同形式。租船运输的航行时间、航行线路、停泊的港口及计价的方法等内容均由托运人和承运人协商确定，并在租船合同中予以明确约定。

（2）运输费用由市场决定。租船运输的运费价格也可由托运人与承运人商定，但这一价格以市场价格为基础，会随着航运市场的变化而上下调整。有关运输的装卸费、理仓费及其他附加费用也需双方在合同中明确约定，以免产生费用争议。

（3）适合大宗货物运输业务。租船运输方式能够满足相对个性化的客户需求，特别适合于运量较大、航线特殊及时间性要求较高的运输业务。托运方既可以独自租用整艘船舶，也可以和几个托运方合租一艘船舶。对于大宗货物，这样既可以降低运输成本，也可以提高运输效率。

3. 租船运输的方式

（1）定程租船。

定程租船（Voyage Charter）又被称为程租船，是指租船人向船东按照航程要求进行租船的运输方式。运输航程由双方协商确定，并以此为基础计算运费。航程既可以是两个港口之间的一次性运输，也可以是多个航次的运输总和。一般包括四种方式，分别是单程租船、来回航次、连续航次和包运合同。关于装卸费的负担情况，船方通常并不负责。如果租船人要求船方负责，则有四种具体方式，分别是按照班轮条件（Liner Terms）、船方不负责卸货（Free Out）、船方管卸不管装（Free In）、船方装卸均不管（Free In and Out）。

（2）定期租船。

定期租船（Time Charter）又被称为期租船，是指租船人与船东按照一定的时间来租赁船舶。在约定的时间内，租船人取得整艘船舶的使用权，并用其完成货物运输。租船合同中确定时间的方法既可以约定一段具体的起止时间，也可以按照完成运输的航程时间来确定。如果是按照航程时间约定，这种形式也被称为航次期租（Time Charter on Trip Basis）。租船人在租期内按照合同约定使用船舶，并支付租金。关于在船舶使用过程中的各项费用，船东负责船员的工资、伙食、船舶的维修、保养、折旧、保险及其他供应物资等费用，租船人负责燃油费、港口费以及日常管理费等费用。

（3）光船租船。

光船租船（Bare Boat Charter）又被称为船壳租船、净船期租船或光租，是指船东将空船租给租船人在一段时间内使用。租船人在取得船舶的使用权后，还需自行安排船长、大副及所有船员，并负责船舶在运输过程中的一切费用和风险。光船租船实际上是一种财产租赁业务，并不完全属于运输服务业务，在今天的国际海洋运输中已很少使用。

二、铁路运输

（一）铁路运输概述

1. 铁路运输的概念

铁路运输是使用铁路列车运送货物的一种运输方式。从 1829 年英国人乔治·斯蒂芬森（George Stephenson）制造第一台蒸汽机车“火箭号”开始，铁路运输走过了三次工业革命，逐渐发展为影响世界的重要运输方式。铁路运输是现代陆路运输两大主要方式之一，其优势是不易受自然和气候因素的影响，运输总量和单车装载量较大，单位运输成本相对较低。加之铁路运载车皮的类型多样、便于组合，所以几乎适合于任何形态、大小及特性的商品运输。当然，铁路运输也存在一定缺陷，如建设周期较长，投资金额较高，施工难度较大，需要公路衔接“最后三公里”，以及有些地理条件恶劣的地区难以修建铁路等。

中国铁路建设始于清朝末年，京张铁路是中国人自行设计和施工的第一条铁路干线。至 2018 年年底，中国铁路营业总里程已达 13.1 万千米，位居世界第二位。其中，高速铁路超过 3 万千米，位居世界第一位。铁路亦是发展国际贸易的运输纽带，滨洲线、沈丹线、长图线、昆河线、湘桂线、北疆线、南疆线等铁路是我国通往邻国的铁路干线，在双边及多边贸易中发挥了积极作用。

2. 铁路运输的优势与劣势

一方面，铁路运输具有明显的优势。

（1）运输能力比较强。一列火车通常由 30~50 节车厢组成，按照每节车厢载重 60 公吨计算，一列火车的载重量为 1 800 至 3 000 公吨，是运载能力最大的陆路运输方式。

（2）运输速度比较快。普通货运列车的速度一般在 80~100 千米/小时，采用最新技术的动车或高铁速度则高达 250~350 千米/小时。这一速度在长途运输业务中具有明显的优势。

（3）运输成本比较低。由于铁路运输的单车运载量较大，运输距离较长，单位货物的运输成本也相对较低。

（4）运输时间有保障。铁路运输一般按照时刻表定时定点开行，运输线路明确，因而货物运输的准点率较高、连贯性较强。

（5）货物通用性较好。铁路运输的车厢种类十分丰富，可以适应各种货物的运输。常见的货运车厢有平车、敞车、冷藏车、棚车、漏斗车、罐车及大物车等。近年来，为适应以集装箱为代表的多式联运，运载集装箱的货柜车也开始得到大量使用。

（6）运输风险性不高。铁路运输一般不受气象因素影响，并且运输时间不是很长，运输过程中发生意外事故的概率也相对较低，因而具有较高的安全性。

另一方面，铁路运输也存在一定的劣势。

（1）建设周期比较长。铁路建设从规划、勘测到施工，往往需要数年甚至更长的时间。例如，成昆铁路的建设用了 12 年；青藏铁路的一期建设耗时 26 年，二期建设也用时 5 年。

（2）投资规模比较大。铁路建设需要大量资金投入，普通铁路的每千米造价也在数百万元人民币左右。很多铁路线路的建设都被列为国家规划项目，常常需要政府的财政支持才能完成。

（3）施工难度比较大。铁路运输常常要跨越崇山峻岭、大江大河，需要进行大量的隧道建设和桥梁建设，在施工过程中需要克服各种地质困难。

（4）全程运输有困难。铁路运输起止于火车站，货物需要在火车站进行周转。运输环节的“最后三公里”还需通过公路运输进行补充。

（二）国际铁路货物联运

国际铁路货物联运是指在两个或两个以上国家的铁路运输中，只使用一份统一的国际联运单据。当一国铁路向另一国铁路移交货物时，不需要发货人和收货人参与，铁路当局对全程运输负连带责任。回顾历史，国际铁路货物联运开始于19世纪中叶的欧洲，1886年国际铁路协会在欧洲成立；1890年，欧洲各国在瑞士制定了《国际铁路货物运送规则》，即后来的《伯尔尼货运公约》，简称《国际货约》；1951年，苏联和东欧国家又签订了《国际铁路货物联运协定》，简称《国际货协》。我国于1954年加入了这一协定。以两大协议为基础的国际铁路货物联运不仅使跨国运输的手续更为简化，有利于国际贸易的买卖双方尽早结汇，而且能够促进铁路沿线的涉外经济持续发展，有利于发挥铁路运输对国际贸易的拉动作用。

（三）国内铁路运输

国内铁路货物运输是指在一个国家或地区范围内办理的铁路货物运输。在国际贸易中，内地的进出口货物需经铁路运输连接沿海港口或内陆机场，这段运输旅程就属于国内铁路运输的范畴。另外，中国内地与香港、澳门地区间的铁路运输也是国内铁路货物运输。以内地向香港地区供应物资为例，香港铁路运输分为内地段铁路运输和香港段铁路运输两个部分。这是一种特殊的租车式两票运输。具体程序为：

第一步，由发货地货运代理向铁路货运部门办理从发货地至深圳北站的国内铁路运输手续，填写国内铁路运单。

第二步，出口公司或运输代理委托中国对外贸易运输公司深圳分公司办理租车、接货、报关、查验及原车过轨等手续。

第三步，中国对外贸易运输公司深圳分公司与铁路部门进行票据交接，并向铁路部门报送过轨计划。

第四步，由香港铁路货运代理向香港海关报关，列车到达九龙站后，向香港收货人交货。

另外，内地与澳门之间没有直接的铁路运输，向澳门供应的物资一般由铁路运输至广州或珠海，再转海洋运输或公路运输方式送至澳门。

三、航空运输

（一）航空运输概述

1. 航空运输的概念

航空输运（Air Transportation）是使用飞行器来运输人员、货物及邮件的一种现代化运输方式。航空运输是各种传统运输方式中起步较晚、发展最快的一种，并凭借其独特的优势在国际贸易中发挥着重要的作用。回顾历史，1903年，美国人莱特兄弟制造并试飞了世界上第一架动力飞机。从1909年开始，法国、美国、德国、英国等相继开办商业性航空运输业务，开启了民用航空运输的历史。第二次世界大战结束后，随着航空技术的突飞猛进，世界航空运输网络开始形成并不断扩大，与贸易有关的航空公约、法律、法规等也不断完善。改革开放以来，中国的航空运输也取得了长足发展，在机场建设、航线开发、飞机制造等方面成绩斐然。另外，国际民用航空组织（International Civil Aviation Organization）、国际航空运输协会（International Air Transport Association）是与国际航空运输最为相关的国际组织，发挥着重要的管理职能。

国际航空运输的主要方式有班机运输、包机运输、集中托运、陆空联运和航空快递等。航空运输的速度快、质量高、时效性好，主要适用于运输鲜活易腐商品、精密贵重商品及抢险救灾物品等。

2. 航空运输的优势与劣势

一方面，航空运输具有明显的优势。

（1）运输速度快。

飞机的飞行速度通常在700~1 000千米/小时，相比于公路、铁路及水运等其他运输方式，航空运输的速度是目前最快的。在竞争激烈、瞬息万变的国际市场上，时间与效率的重要性不言而喻。航空运输的高效特性能够满足应急商品、救灾物资等的快速运输。

（2）保鲜能力强。

有一部分国际贸易商品对时间性要求比较高，运输或储存的时间过长会影响商品的价值。例如，海鲜、水果、蔬菜、鲜花、冷冻商品及医药用品等。有的商品对运输条件也有苛刻的要求，例如对温度、湿度及平稳性的要求等。航空运输则能最大限度满足商品的保鲜要求。

（3）准点率较高。

航空运输拥有完善的管理制度，不论是国际航空还是国内航空都有明确的飞行时刻表。在正常情况下，航班的准点率是可以预测的，部分成熟航线的准点率是有保障的。相比于其他运输方式，即使航班因天气原因延误或取消，所耽误的时间也是可控的、可以弥补的。

（4）总体费用低。

虽然航空运输的单价比较昂贵，但是运输时间很短。这使得围绕货物的整体运输程序相应简化，从而大大降低的总体费用水平。例如，航空运输一般为直飞直达，从而减少了仓储、物流等中间环节的费用；航空运输对运输包装要求不高，从而简化了商品的包装材料，并节约了相关费用；航空运输安全高效，从而降低了商品在运输过程当中发生损失的概率，也减少了保险费用。

另一方面，航空运输也存在一定劣势。

（1）货物种类有限制。

相比于轮船、火车，飞机的载重量十分有限。世界上最大的货运飞机安-225运输机的最大载重量也仅有250公吨，普通货运飞机的运载量则只有数十吨，并且对货物的大小、尺寸等也有一定限制。

（2）天气因素影响大。

飞机的起降会受到天气因素的影响。在暴风、雷电等恶劣气象条件下，航空运输无法正常进行。

（3）全程运输有困难。

机场是航空运输的枢纽。然而，各地机场的数量有限，地理位置往往处于城市的郊区。为完成国际货物运输，往往需要公路运输与航空运输相衔接，才能解决“最后十公里”的运输困难。

（二）航空运输的方式

1. 班机运输

班机运输（Scheduled Airline）是指具有固定的开航时间、航线和停靠站点的航空运输，这是一种重要的民航形式。班机一般分为客运班机、货运班机和客货混合班机。使用数量较多的是客货混合班机。由于货舱的容量有限，运价也较贵，因而只适合于运输少量鲜活的或急需的货物。与海洋运输中的班轮类似，班机运输也有显著的特点。

第一，“四固定”特点。班机运输也有四项固定，即固定的时间、航线、机场和价格，这有利于托运人明确运输条件、核算运输成本。

第二，运输手续简便。班机运输为货主提供了“一站式”优质服务，服务项目与相应价格明确具体。货物在交给航空公司后，货主还可全程查询运输状况，这尤其适合对贵重物品的国际运输。

第三，对运输货物有一定限制。班机运输并不适合所有类型的货物。货物的重量、体积及形状等需满足航空运输的要求。托运人需提前了解飞机的机舱结构、舱门大小及装运时间等。考虑到班机运输的价格较高，一些价值不高或并不急需的商品则不宜选择班机运输。

2. 包机运输

包机运输（Chartered Carrier Transport）是指航空公司按照事先约定的条件和费率，将整架飞机租给一个或几个包机人来从事人员或货物运输的方式。包机运输通常也要商定具体的航线和机场，对包机时间或航次也有明确规定。包机运输适合于高价值的大宗货物运输，并且在价格上略低于班机运输，在航线上可以有更多的灵活性要求。

包机运输主要分为整机包机和部分包机两种类型。

第一，整机包机即是由货主包租整架飞机。这一方式的优点是可以指定直达航线，能够降低货损概率，可以弥补仓位不足等。缺点是总体费用较高，并且只有当需要运输的货物量接近飞机的最佳运载量时才最划算。

第二，部分包机即是由多个货主组合包租一架飞机。部分包机既可以由货主发起，也可以由航空公司安排。这一方式的优点是货主可根据实际货运量的大小灵活选择包机舱位，费用价格也相对便宜。缺点是飞行时间不能保证，包机常常会因各种原因而不能按时起飞。另外，部分包机还有可能受到一些国家或地区的航空管制。

3. 集中托运

集中托运（Centralized Consignment）是指航空货运代理人将若干批单独发运的货物组合成一批，采用化零为整、积少成多的方式向航空公司办理托运。整批货物只有一份航空运单，当达到共同的目的地后，再分拨给各个实际收货人。集中托运是航空运输的重要方式，这一方式既为货主和承运人创造了便利，又使货运代理人从中赚取了价差和利润，因而渐渐发展为了航空货运代理的主要业务之一。

4. 航空快递

航空快递（Air Express）又被称为快件业务、速递业务，是指航空快递企业利用航空运输方式，将小批量货物或单件货物以最快的速度运输至收件人所在地的运输方式。航空快递依托高效率的物流网络及信息渠道，向客户提供了物流、仓储、信息查询等综合服务。常见的模式有“门至门”“桌至桌”等。一般适合于对公文、票据、样品等的运输。

四、集装箱运输

（一）集装箱运输的概念

集装箱运输（Container Freight Transport）又被称为货柜运输，是指以标准化的定制集装箱为载体，将零散货物进行组合运输的现代化运输方式。完成集装箱运输需要相应的运输工具和大型设备，是一整套复杂的运输集成、信息集成和资本集成。集装箱运输还是一种高效率的快捷运输，能够较好地实现“门至门”“仓至仓”等一体化运输要求，适合于海洋运输、铁路运输、公路运输及多式联运等各种运输方式。

回顾历史，集装箱最早起源于19世纪的英国，在20世纪60至80年代得到普及。进入21世纪以来，伴随着世界海运量的快速增长和内陆运输条件的不断改善，集装箱运输的优势进一步凸显，并逐渐成为改变世界货物运输格局的新兴方式。

国际标准化组织（ISO）、《集装箱海关公约》（CCC）、《国际集装箱安全公约》（CSC）等都对集装箱做出了明确定义。普遍将集装箱定义为一种兼具包装功能的特殊运输设备，并提出了具体要求。

（1）全部或部分封闭，能够形成一个装运货物的舱室。

（2）具有较好的强度和耐久性，整体坚固、不易损坏并可反复使用。

（3）具有通用性设计，能够适合多种运输方式，且在不同交通工具间进行转换时无须更换集装箱。

（4）具有便于装卸和搬运的装置，能够满足专业化设备的操作。

（5）内部容积和结构应满足货物运输对经济性、便利性及安全性等的要求。

（二）集装箱运输的优势与劣势

一方面，集装箱运输具有明显的优势。

（1）提高了运输效率。集装箱是一种标准化的运输单位，在运输过程中并不需要频繁地将货物装上卸下。特别是在现代化的集装箱码头、设备及运输工具的配合下，货物运输可以最大限度地实现自动化和信息化。因此，集装箱运输是目前运输效率最高的运输方式之一。

（2）适合各种运输方式。集装箱是一种全球通用的运输工具，能够在海洋运输、铁路运输、公路运输等各种运输方式间自由转换。同时，集装箱还促进了多式联运的发展，实现了贯穿海陆的“门至门”连贯性运输。

（3）降低了运输风险。集装箱是一种特殊的运输包装，能够起到一定的防盗、防灾作用，从而进一步保护货物免受损失。集装箱在减少货损、货差，加强运输过程中的安全性的同时，还能降低货运保险的赔付率，从而降低保险费率，节约国际贸易成本。

（4）简化了运输手续。集装箱运输依托互联网信息技术实现了电子化与无纸化管理，手续简便、流程清晰。托运人只需一张提单便可办理各项运输、商检及海关手续。另外，在许多国家或地区，集装箱运输还享有在停泊、装卸及通关方面的优惠。

另一方面，集装箱运输也存在一定劣势。

（1）耗费运力。集装箱本身具有一定重量，需要占用一定的运输成本。当集装箱的空置率太高时，开展集装箱运输是不划算的。另外，集装箱的堆放重心需要随时调整，这也增加了运输和管理集装箱的难度。

（2）保养成本。集装箱通常为金属材质，在反复使用后容易出现破损、锈蚀等现象。集装箱具有一定的使用寿命，并且维护和保养集装箱也是一笔不小的开支。

（3）需要配合。集装箱运输需要得到相应的港口码头、车辆设备及控制系统的配合支持，是一项复杂的系统工程。集装箱运输属于资本密集型和技术密集型行业，资金投入较大，建设周期较长，对相关从业人员的知识技能要求也较高。

（三）集装箱运输的装箱方式

（1）整箱（Full Container Load，FCL）。

整箱是指发货人在海关的监督下，自行将货物装满整箱集装箱并加锁、加铅封，以箱为单位托运货物。这种方式对托运货物的数量有一定要求，当数量不足一箱时则不适用。

（2）拼箱（Less than Container Load，LCL）。

拼箱是指当托运货物不足一整箱时，承运人可根据货物性质和运输目的地对相关货物进行分类组合，并拼装成整箱。拼箱货物的分类、整理、集中、装箱、拆箱及交货等工作均由承运人负责办理。这种方式适合于对小批量货物的运输。

（四）交接地点与方式

集装箱的交接地点由运输合同确定，是划分风险、责任和费用的关键运输条件，主要地点包括船边或吊钩（Ship's Rail or Hook/Tackle）、集装箱堆场（Container Yard，CY）、集装箱货运站（Container Freight Station，CFS）以及门（Door）等。常用的交接方式有9种。

（1）门到门（Door to Door）。

由托运人将货物装入集装箱，并在其仓库或工厂交给承运人验收。承运人负责全程运输，并将集装箱运至收货人的仓库或工厂。

（2）门到场（Door to CY）。

承运人负责将集装箱从发货人的货仓或工厂运输至目的地或卸箱港的集装箱堆场。

（3）门到站（Door to CFS）。

承运人负责将集装箱从发货人的货仓或工厂运输至目的地或卸箱港的集装箱货运站。

（4）场到门（Door to CFS）

承运人负责将集装箱从起运地或装箱港的集装箱堆场运输至收货人的货仓或工厂。

（5）场到场（CY to CY）。

承运人负责将集装箱从起运地或装箱港的集装箱堆场运输至目的地或卸箱港的集装箱堆场。

（6）场到站（CY to CFS）。

承运人负责将集装箱从起运地或装箱港的集装箱堆场运输至目的地或卸箱港的集装箱货运站。

（7）站到门（CFS to Door）。

承运人负责将集装箱从起运地或装箱港的集装箱货运站运输至收货人的货仓或工厂。

（8）站到场（CFS to CY）。

承运人负责将集装箱从起运地或装箱港的集装箱货运站运输至目的地或卸箱港的集装箱堆场。

（9）站到站（CFS to CFS）。

承运人负责将集装箱从起运地或装箱港的集装箱货运站运输至目的地或卸箱港的集装箱货运站。

（五）集装箱运输的费用

集装箱运费的构成相对比较复杂，除了常规的海运运费、内陆运费，还包括拼箱费、堆场费、集装箱及相关设备使用费等。

拼箱运费一般按照重量来计算，以运费吨为计算单位，并包含了基本运费和附加运费。

整箱运费则一般按照包箱费率来计算，以一个集装箱为计算单位。习惯上有三种计算包箱费率的方法。

（1）FAK 包箱费率（Freight for All Kinds）。

这种计费方法并不区分货物种类，也不计算货物重量，而是按照统一的价格对每一箱货物收费。

（2）FCS 包箱费率（Freight for Class）。

这种计费方法将货物进行分类，比如划分不同的等级并对应不同的价格，从而有针对性地制定包箱费率。

（3）FCB 包箱费率（Freight for Class & Basis）。

这种计费方法既按不同货物的等级或货类，又按计算标准来制定包箱费率。例如，即使是同一等级的货物，按照重量标准或体积标准，计算出的费用也可能会不同。

（六）国际多式联运

以集装箱运输为基础，国际多式联运这一综合性的连贯运输方式得以产生和发展。国际多式联运（International Combined Transport）是指将海、陆、空等运输方式相互衔接，使整个运输过程具备单一运输方式的特征。《联合国国际货物多式联运公约》将其定义为：按照国际多式联运合同，以至少两种不同的运输方式，由多式联运经营人把货物从一国境内接管地点运至另一国境内指定交付地点的货物运输。国际多式联运还应具备五项条件。第一，只有一份多式联运合同；第二，只有一份覆盖全程的多式联运单据；第三，包含两种以上的运输方式；第四，只有一个负责全程运输的跨国联运经营人；第五，全程采用单一的运费费率。

国际多式联运为实现“门到门”的运输创造了便利，它简化了运输手续、减少了中间环节、缩短了运输时间、降低了运输成本，并在一定程度上实现了运输过程的专业化与合理化。

五、其他运输方式

（一）公路运输

公路运输（Highway Transportation）是以公路为运输线路，汽车为运输工具的旅客和货物运输方式。公路运输系统是现代交通运输的重要组成部分，尤其在铁路、水运及航空难以到达的地势崎岖、位置偏远、人烟稀少区域发挥着不可替代的重要作用。公路运输的主要优势十分明显。其一，适应性强。汽车行驶几乎不受地理条件的限制，灵活性与机动性超过其他任何运输方式。其二，快捷方便。公路网络遍布各地，汽车运输能够轻松做到“门到门”的直达运输，并且运输程序简便，短途运输速度较快。其三，资金投入少。公路运输的投入成本可控，主要支出在于购买和养护汽车。相比而言，购置汽车的费用远低于购置轮船或飞机。若资金周转正常，便能较快收回成本，实现获利。当然，公路运输也有一定不足。其一，连续性不强。在各种运输方式中，公路运输的平均距离是最短的，并不适合连续大量的跨国长途运输。其二，单位运载量较小。公路运输的总量较大，但每辆汽车的运载量却较小。若考虑到每辆汽车的耗油情况、司机的工资及道路通行费用等，公路运输的单位成本相对较高。其三，安全性不足。公路运输的风险概率较高，并且容易受到意外事故、自然灾害等因素的影响。目前，在国际贸易中，公路运输作为一种重要的陆上货物运输方式，弥补了其他运输方式的不足，尤其在边境贸易等短途跨境贸易中发挥了重要作用。

（二）内河运输

内河运输（Inland Water Transportation）是以江、河、湖泊及人工水道为线路、以船舶为运输工具的旅客和货物运输方式。内河运输是水上运输的重要组成部分，它将内陆地区与沿海地区相连接，在现代运输行业中扮演着重要的辅助作用。世界著名的内河运输航道有欧洲的莱茵河、多瑙河；非洲的尼罗河；北美洲的密西西比河；亚洲的湄公河；中国的长江、珠江、京杭大运河等。内河运输具有投资少、运量大、成本低等特点，在同特定国家或地区开展国际贸易时具有传统优势。

（三）管道运输

管道运输（Pipeline Transport）是一种利用管道来运输特殊商品的方式。管道运输通常适用于运输液体或气体物资，例如石油、天然气及化工原料等。近年来，随着技术的进步，煤炭、矿石等固体物资也可通过高压管道进行运输。管道运输具有众多优点，例如，运输量大、占地面积小、建设周期短、运输费用低、安全性较高、连续性较强等。但管道运输的缺点也不少，例如，专用性较强、灵活性较弱、固定投资较大等。目前，在国际运输领域，中俄、中蒙、中土等油气管线的建设将为区域内各国的发展创造机遇。在国内运输领域，中国已建成大庆至秦皇岛、胜利油田至南京等多条原油管道运输线，并在西气东输、北油南运等战略中发挥了重要作用。

（四）大陆桥运输

大陆桥运输（Land Bridge Transport）是一种利用横贯大陆的铁路或公路，将大陆两端的海洋接起来的集装箱连贯运输方式。一般为“海—陆—海”多式联运，陆路运输扮演着中间桥梁的特殊作用。大陆桥运输避免了远距离的海上绕行，从而能够缩短运输时间、降低运输成本。目前，世界著名大陆桥线路包括西伯利亚大陆桥、新欧亚大陆桥和北美大陆桥。

1. 西伯利亚大陆桥

这条运输线路以俄罗斯西伯利亚铁路为陆路桥梁，连接起太平洋远东地区与波罗的海、黑海及大西洋东岸地区。

2. 新欧亚大陆桥

这条运输线路以从中国山东省的日照市、江苏省的连云港市到荷兰鹿特丹港的国际化铁路为陆路桥梁，连接起太平洋西岸与大西洋东岸。中国国内的铁路干线为陇海铁路和兰新铁路。

3. 北美大陆桥

这条运输线路以美国和墨西哥的铁路和公路系统为陆路桥梁，连接起大西洋西岸与太平洋东岸。需要注意的是，使用北美大陆桥运输时，合同中会规定 OCP 条款（Overland Common Points），这是一种区别于多式联运的特殊运输方式。

阅读资料 11-1：中国货物运输概况

2018 年全年货物运输总量 515 亿吨，比上年增长 7.1%。货物运输周转量 205 452 亿吨公里，增长 4.1%。全年规模以上港口完成货物吞吐量 133 亿吨，比上年增长 2.7%，其中外贸货物吞吐量 42 亿吨，增长 2.0%。规模以上港口集装箱吞吐量 24 955 万标准箱，增长 5.2%。各种运输方式完成货物运输量及其增长速度见表 11-1。

表 11-1　2018 年各种运输方式完成货物运输量及其增长速度

指标	单位	绝对数	比上年增长（%）
货物运输总量	亿吨	514.6	7.1
铁路	亿吨	40.3	9.2
公路	亿吨	395.9	7.4
水运	亿吨	69.9	4.7
民航	万吨	738.5	4.6
管道	亿吨	8.5	5.4
货物运输周转量	亿吨公里	205 451.6	4.1
铁路	亿吨公里	28 821	6.9
公路	亿吨公里	71 202.5	6.6
水运	亿吨公里	99 303.6	0.7
民航	亿吨公里	262.4	7.7
管道	亿吨公里	5 862	22.5

数据来源：国家统计局《2018 年国民经济和社会发展统计公报》。

从 2009 年到 2018 年的十年里，中国的货物运输量保持了快速增长的趋势，相应统计指标见表 11-2、图 11-1。

表 11-2　2009—2018 年我国货物运输情况

年份	货物运输总量（亿吨）	货物运输周转量（亿吨公里）	规模以上港口完成货物吞吐量（亿吨）	外贸货物吞吐量（亿吨）	规模以上港口集装箱吞吐量（万标准箱）
2009 年	279	121 211	69.1	21.4	12 082

表11-2(续)

年份	货物运输总量（亿吨）	货物运输周转量（亿吨公里）	规模以上港口完成货物吞吐量（亿吨）	外贸货物吞吐量（亿吨）	规模以上港口集装箱吞吐量（万标准箱）
2010 年	320	137 329	80.2	24.6	14 500
2011 年	369	159 014	90.7	27.5	16 231
2012 年	412	173 145	97.4	30.1	17 651
2013 年	451	186 478	106.1	33.1	18 878
2014 年	439	184 619	111.6	35.2	20 093
2015 年	417	177 401	114.3	35.9	20 959
2016 年	440	185 295	118.3	37.6	21 798
2017 年	479	196 130	126.0	40.0	23 680
2018 年	515	205 452	133.0	42.0	24 955

数据来源：根据国家统计局历年统计公报整理。

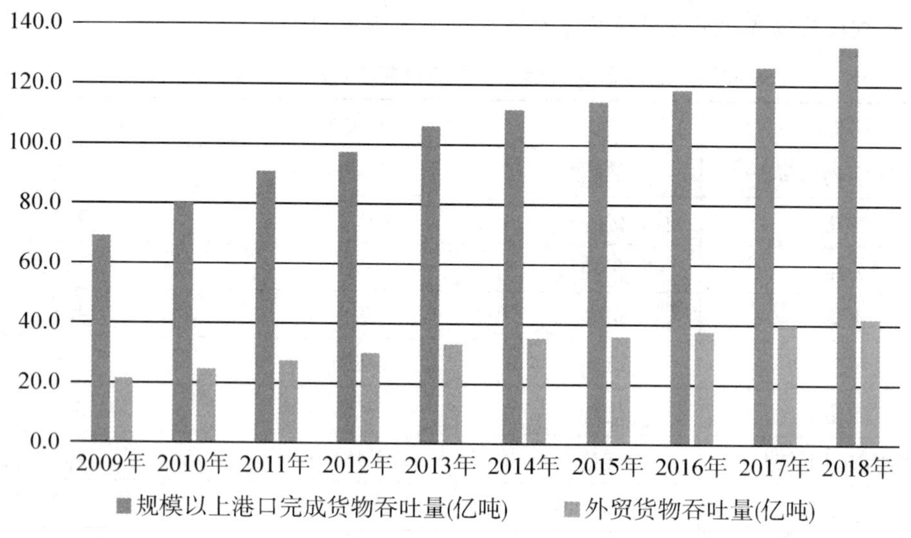

图 11-1　2009—2018 年我国规模以上港口完成货物吞吐量增长情况

——资料引用自国家统计局历年统计公报

（五）邮包运输

邮包运输（Parcel Post Transport）是一种利用邮局来办理货物运输的方式。这种方式适合于运输重量较轻、体积较小的商品，具有手续简便、费用低廉等优势。近年来，随着快递业务的兴起和发展，邮包运输的承运人也由邮局转变为了各类快递公司。在国际贸易中，诸如样品、图纸、说明书等物品，以及精密仪器、贵重商品等都可以选择快递运输。另外，邮包运输还是跨境电子商务的主要运输方式。

第二节 国际货物运输单据

一、海运提单

（一）海运提单的概念

海运提单（Ocean Bill of Lading，B/L），简称提单，是承运人或其代理人向托运人签发的一种证明文件，表示承运人已收到货物并保证完成运输。《中华人民共和国海商法》将提单定义为用以证明海上货物运输合同和货物已经由承运人接收或者装船，以及承运人保证据以交付货物的单证。提单既是货物收据、运输合同，也是代表货物所有权的物权凭证。提单持有人可据以提取货物，也可凭此向银行押汇，还可在载货船舶到达目的港之前进行转让。总之，提单是国际贸易中的基本单据，并在货物运输、货款收付、保险理赔及争议解决等方面具有重要作用。

（二）海运提单的性质与作用

1. 物权凭证

海运提单的根本性质是代表货物的物权凭证。提单的合法持有人对提单所载明的货物不仅拥有提货权，还拥有收益权、转让权、索赔权等。

2. 货物收据

海运提单由承运人或其代理人签发，签发提单的前提是货物已经装船或处于承运人的控制之下。承运人会按照货物的具体情况，在提单上列出明细，对货物的外部状况还会进行批注说明，以此来证明收到货物的具体情况。

3. 运输合同

海运提单是对承运人与托运人之间运输合同的一种证明。在租船运输方式下，运输合同的签订在前，而提单的签发在后，所以提单只是运输合同的证明，而不是合同本身。但是，在班轮运输方式下，往往没有专门签订的运输合同，此时，提单就是运输合同的一种特殊形式。

4. 其他作用

海运提单还具有一些其他作用。在信用证等各种结算方式中，提单是顺利收付货款的重要单据。当货物在运输过程中发生损失时，提单是索赔与理赔的重要凭据。当需要办理海关手续或进行日常业务联系时，提单也是一种常用的文件。

（三）海运提单的内容

海运提单一般由各国船公司自己制定，虽然在格式上有所差别，但是在内容上却大同小异。一般都包括正面内容和背面内容。

1. 正面内容

按照《中华人民共和国海商法》第七十三条的规定，海运提单的主要内容有 11 项，分别是：

（1）货物的品名、标志、包数或者件数、重量或者体积，以及运输危险货物时对危险性质的说明；

（2）承运人的名称和主营业所；

（3）船舶名称；

（4）托运人的名称；

（5）收货人的名称；

（6）装货港和在装货港接收货物的日期；

（7）卸货港；

（8）多式联运提单增列接收货物地点和交付货物地点；

（9）提单的签发日期、地点和份数；

（10）运费的支付；

（11）承运人或者其代表的签字。

除此之外，提单正面还可注明船长的姓名，运费支付的时间、地点、币种、汇率，到货港的被通知方，到货港的船务代理人名址，有关货物数量的争议解决办法等。

2. 背面内容

提单背面主要规定了承运人、托运人、收货人、提单持有人等的责权利关系。为统一在提单背面解释各方当事人的权利与义务，国际上先后有过三个国际公约：1924 年签署的《关于统一提单的若干法律规制的国际公约》，即《海牙规则》；1968 年签署的《布鲁塞尔议定书》，即《维斯比规则》；1978 年签署的《联合国海上货物运输公约》，即《汉堡规则》。

在提单背面，通常印有定义条款、首要条款、承运人责任和豁免、责任期间、包装和标志、运费和其他费用、自由转船条款、托运人责任、承运人赔偿责任限额、冰冻条款、舱面货条款、冷藏货条款、驳船费条款、装货、卸货、交货条款、留置权条款、共同海损条款、地区条款或美国条款、战争条款、罢工条款、互有过失碰撞条款、危险品和违禁品条款、索赔通知和诉讼时效条款、熏蒸条款等。

（四）海运提单的分类

1. 按照货物是否装船

（1）已装船提单。

已装船提单（On Board B/L、Shipped B/L）是指承运人已将货物装上指定的船舶后所签发的提单。提单需印有“已装船（On Board）”字样，并注明具体的装船日期、船名及船长签字等。按照《跟单信用证统一惯例》的规定，在使用信用证收款时，出口方向银行提交的提单应该是已装船提单。按照《国际贸易术语解释通则》的规定，在使用 CIF、CFR 等术语时，出口方也需要提供已装船提单来证明完成了交货。

（2）备运提单。

备运提单（Received for Shipment B/L）又被称为待装提单、收货待运提单，是指承运人在已收到货物但尚未装船时，应托运人的要求所签发的提单。备运提单没有注明装船日期，只能证明货物已经处于承运人的控制之下，但何时装船、何时运输还不确定。由于存在一定的风险，进口方及银行一般不愿意接受备运提单，但是随着集装箱运输在内陆地区的普及，承运人有时只能签发备运提单，因而备运提单也成了一种常用提单。

2. 按照收货人抬头不同

（1）记名提单。

记名提单（Straight B/L）又被称为收货人抬头提单，是指在提单的收货人一栏中明确填写了收货人名称的提单。使用这种提单时，承运人只能将货物交给特定的收货人，而提单的持有人也不能通过背书的方式将提单转让。有时，提单的持有人可以通过类似财产买卖的方式转让货物，其他人也可以通过担保方式提货，但这些特殊的转让方式会损害提单的物权性质，进而影响银行及托运人的经济利益。由于记名提单缺乏足够的流动性，因而在国际贸易中已很少使用。

（2）不记名提单。

不记名提单（Bearer B/L，Open B/L，Blank B/L）又被称为空白抬头提单，是指在提单的收货人一栏中不写任何具体的收货人，而是注明“提单持有人（Bearer）”字样或留作空白的提单。使用这种提单时，任何持有提单者，均可提取货物，转让货物也不需要背书，十分简便。然而，不记名提单常常在承运人放货之后产生纠纷，属于一类风险较大、漏洞较多的提单，因而在国际贸易中也很少使用。

（3）指示提单。

指示提单（Order B/L）是指在提单的收货人一栏中注明“凭指示（To order）”或“凭某人指示（Order of…）”字样的提单。使用这种提单时，可以通过背书的方式进行转让，具体的背书方式又分为“空白背书”和“记名背书”。空白背书的做法是由转让人（背书人）在提单的背面签名，而无须写明提单的受让人（被背书人）是谁。记名背书的做法则是由转让人（背书人）不仅要在提单的背面签名，而且还要写出提单的具体受让人（被背书人）的名称。记名提单可以通过背书方式多次转让，因而在国际贸易中很受欢迎。实际上，转让提单是对提单的物权凭证性质的具体应用，因为在转让提单的同时，提单所载明的货物物权也同时被转让。提单转让衍生出了单据买卖，从而促进了国际贸易的发展。

3. 按照有无批注

（1）清洁提单。

清洁提单（Clean B/L）是指货物在装船时外表状况良好，承运人据此开出的提单没有批注诸如货物残损、包装破裂、数量短缺等文字说明。清洁提单具有重要的实践意义，例如，银行在付款时一般只接受清洁提单，可转让提单一般也要求是清洁提单。对于承运人而言，更要慎重开出清洁提单，因为清洁提单意味着货物的任何损失都发生在运输过程当中，这将使承运人难以在发生争议时免责。

（2）不清洁提单。

不清洁提单（Unclean B/L）是指货物在装船时外表存在包装不牢、破残、渗漏、玷污、标志不清等瑕疵，承运人据此在提单上加以批注。由于银行及收货人通常并不接受不清洁提单，因此，当货物瑕疵将影响交货或结汇时，承运人会通知托运人及时换货、补货或采取补救措施。另外，对承运人而言，如实签发不清洁提单也是对自身利益的一种保护。

4. 按照运输方式不同

（1）直达提单。

直达提单（Direct B/L）又被称为直运提单，是指承运人将货物装船后，中途不经转船或停留，直接运输至目的港交货的提单。在直达提单上不得标注“转船”或“在某港转船”的字样或内容。凡在信用证或合同中规定不得转船时，必须使用直达提单。在国际贸易中，直达提单具有费用较低、风险较小、时间较短等特点，因而是最受欢迎的一类提单。

（2）转船提单。

转船提单（Transhipment B/L）又被称为转运提单，是指承运人将货物装船后，并不直接驶往目的地，而是需要在中途港口换装其他船舶。转船提单需注明“转运”或在“某港转船”的字样或内容，一般由开始第一程运输的承运人签发。在一些特殊情况下，比如船源紧张，货物又急需运输时，买卖双方也会同意使用转船运输，此时需在合同中明确规定转船提单的相应内容，避免在后续交易中发生争议。

（3）联运提单。

联运提单（Combined Transport B/L）是指货物运输过程包含了两种或两种以上的运输方式的提单。常见的联运提单有海陆联运提单、海空联运提单等。联运提单属于联合运输性质，当货物在不同运输方式间转换时，一般由上一程的承运人向下一程的承运人交接办理。

（4）多式联运提单。

多式联运提单（MultimodaL Transport B/L，Intermodal Transport B/L）也是一类货物运

输过程包含了两种或两种以上的运输方式的提单，但是这种提单一般包含了海洋运输方式，且主要适用于集装箱运输。与联运提单不同，多式联运提单并非是联合运输性质，而是将几段运输组合为一种运输。承运人只需签发一张提单，收取一次运费，即可负责将货物运输至指定目的地的整个过程。

5. 按照签发时间不同

（1）过期提单。

过期提单（Stale B/L）有两种情况：一种是出口商向银行交单的时间超出了银行规定的最迟交单日期；另一种是提单到达进口方的时间晚于货物到达目的港的时间。银行一般不接受过期提单，但是有一种特殊的例外情况，即近洋运输。在开展近洋运输的贸易合同中，通常会专门规定“可以接受过期提单”的条款。

（2）倒签提单。

倒签提单（Anti-dated B/L）指承运人或其代理人应托运人的要求，在货物装船完毕之后，以早于货物实际装船日期为签发日期所签发的提单。签发这种提单的最初动机是为了避免银行拒付货款，因为实际装船日期已经晚于信用证所规定的最迟装运时间。然而，倒签提单的本质还是托运人与承运人的一种合谋，属于篡改、伪造单据或欺诈行为。签发这种提单很容易引起严重的法律后果。对于承运人而言，签发倒签提单将增加风险，尤其是当倒签时间较长时，很容易被银行或进口方发现，并被追究运输延迟的违约责任。对于托运人而言，有时候倒签提单不但不能使其按时结汇，还有可能在货价下跌时被作为进口方拒付货款、拒收货物的正当理由。因此，在国际贸易实务中，承运人对于签发倒签提单十分慎重，一般也只会在有银行保函等少数情况下签发。

（3）预借提单。

预借提单（Advanced B/L）是指货物在尚未装船或尚未装船完毕的情况下，信用证规定的结汇期即将届满，托运人为了能够及时结汇，要求承运人或其代理人提前签发的已装船清洁提单。这一提单的本质是托运人为了向银行收款而向承运人借用的提单，至于何时完成装船或有无货物装船尚且未知。一般而言，签发预借提单有几种原因。其一，托运人未能及时备货；其二，船舶延误，不能按时到港装货；其三，估计装船完毕的时间已超过信用证规定的最后时间。不论是哪一种情况，不能按时结汇是根本原因。相比于倒签提单，预借提单同样属于篡改时间、伪造单据、合谋欺诈，更为严重的是，预借提单的风险将更大。如果托运人与承运人恶意合谋，通过签发没有真实货物的预借提单来诈骗善意第三方，则可能引发更为严重的经济损失和法律后果。因此，在国际贸易实务中，承运人不能轻易签发预借提单，如果签发，承运人将承担全部的货物损失责任、连带赔偿责任并丧失享受责任限制和援引免责条款的权利，从而将运输合同由有限责任扩大为了无限责任。在从事国际贸易业务时，进口方也应提高警惕，对提单信息要有所调查了解，避免遭遇预借提单。

（4）顺签提单。

顺签提单（Post-date B/L）是指当货物装船完毕后，承运人或其代理人应托运人的要求，以晚于货物实际装船日期为签发日期所签发的提单。由于提单所表明的装船日期被故意顺延，因此被称为顺签提单。顺签提单的签发动机是使出口方的交货时间能够符合合同的规定，但是这一做法却掩盖或篡改了货物运输的真实情况。如果货物在提单载明的日期前发生损失，承运人完全可以拒绝承担赔偿责任，从而扩大了托运人的风险和责任。

6. 其他类型的提单

海运提单还有一些其他分类方法。例如，按照收费方式的不同，海运提单可以分为运费预付提单、运费到付提单和最低运费提单；按照在使用中的有效性不同，海运提单可以分为正本提单和副本提单；按照格式的繁简不同，海运提单可以分为全式提单和简式提单；按照船舶的经营方式不同，海运提单可以分为班轮提单和租船提单等。其他的提单类型还有合并提单、并装提单、分提单、舱面提单、船东单、货代单等。

二、海运单

（一）海运单的概念

海运单（Sea Waybill）简称运单，是一种表明承运人已经收到货物或已将货物装船的具有海上运输合同性质的单据。海运单的正面内容与提单类似，但一般会印刷“不可转让”字样。海运单的背面内容主要包括承运人责任、义务与免责条款、装货、卸货与交货条款、运费及其他费用条款、留置权条款、共同海损条款等。需要注意的是，海运单不是物权凭证，也不具有可转让性。

（二）海运单的作用与优势

海运单的主要作用有两项。其一，作为证明承运人已接管货物的收据；其二，作为证明承运人与托运人已订立货物运输合同的证明。

海运单的优势体现为三点。其一，程序简单。海运单只有三方当事人，即承运人、托运人与收货人，法律关系简单，单据信息明确，易于签发和传递。其二，安全可靠。海运单不可转让，没有流动性，也不具有物权凭证性质，可以避免因遗失单据和伪造单据所产生的不良后果。其三，用途广泛。随着无纸化贸易的兴起，海运单在电子单据领域得到了广泛应用。

（三）海运单与提单的区别

第一，运单与提单都是承运人开出的货物收据和运输合同的证明，但提单是物权凭证，而运单不是。

第二，提单可以通过背书转让，具有流动性和价值性，而运单不可转让，没有流动性和价值性。

第三，提单持有人可凭提单收货，而运单持有人不能仅凭运单提货，还要出示适当的身份证明及提货通知等资料。

第四，提单有全式提单和简式提单之分，而运单多为简式，其背面内容一般没有全部印刷。

三、铁路运输单据

铁路运输单据主要是铁路运单（Railway Bill）。在国际铁路货物运输中，铁路承运人会在发运站签发带有运输日期印章的铁路运单，以此作为货物收据和运输合同的证明。铁路运单的收货人为记名抬头，一式两份。正本随货物运往目的地，并作为交给收货人的提货通知；副本交托运人保管，并作为证明其交货的凭据。需要注意的是，铁路运单不是物权凭证，也不可转让，但是仍然属于信用证和托收方式中的一种重要单据。

四、航空运单

航空运单（Air Waybill）由航空公司签发，是一种承运人与托运人之间的运输契约。与其他类型的运单类似，航空运单既不可以背书转让，也不是物权凭证，只是一种表明承运人已收到货物的收据。所不同的是，航空运单不仅要求承运人或其代理人签字，还要求托运人也要签字。航空运单通常一式三份，其中两份由托运人与承运人留存，另一份随货物运输后交收货人。航空运单一般又分为主运单和分运单。其一，航空主运单（Master Air Waybill）是指由航空公司签发的运单。主运单就是航空公司与托运人签订的运输合同，每一批航空运输货物对应着一份主运单。其二，航空分运单（House Air Waybill）是指由集中托运人签发的运单。在集中托运业务中，除了航空公司签发的主运单，集中托运人还需向各个零散货物的托运人分别签发运单，这便是分运单。

五、多式联运单据

多式联运单据（Multimodal Transport Document）是一种证明多式联运合同和承运人已接管货物并保证运输的运输单据。多式联运单据由承运人及其代理人签发，可以按照托运人的要求，设定为可转让单据或不可转让单据。多式联运单据的内容应载明货物的品类，识别货物所必需的主要标志，货物的数量，货物外表状况，多式联运经营人的名称和主要营业所，发货人名称，收货人的名称，多式联运经营人接管货物的地点和日期，交货地点，在交付地点交货的日期或期间，可转让或不可转让的声明，多式联运单据的签发地点和日期，多式联运经营人或经其授权的人的签字，每种运输方式的运费，预期经过的路线、运输方式和转运地点等。

六、电子提单

电子提单是一种利用电子数据交换（Electronic Data Interchange）技术生成的海上货物运输合同证明文件。电子提单不同于传统纸质提单，其传递过程依托于一定的数据信息、电脑程序和密码规则，不但传输速度较快，而且安全系数很高。一度被视为国际贸易无纸化发展的里程碑。从 incoterms 1990 到 incoterms 2010，电子提单得到了充分认可和大力推广。除此之外，1990 年，国际海事委员会通过了《国际海事委员会电子提单规则》（*Committee Maritime International Rules for Electronic Bills of Lading*），1996 年，联合国国际贸易法委员会又通过了《联合国国际贸易法委员会电子商务示范法》（*The United Nations Commission on International Trade Law Model Law on Electronic Commerce*）。这些国际法规都为电子提单的使用和解释提供了依据。

第三节 国际贸易合同装运条款

一、装运时间

装运时间（Time of Shipment）又被称为装运期，是指卖方将货物装上运输工具或交给承运人的期限，这是买卖合同的关键条件之一。对于装运时间的规定，合同表述必须明确、具体且具有可操作性。需要注意的是，装运期并不一定是交货期，这和合同所约定的贸易术语有关。例如，在使用 FOB、CIF、CFR 等装运合同性质的术语时，装运期就是交货期。但是，在使用 DAT、DAP、DDP 等到达性质的术语时，装运期早于交货期，二者不是一个概念。装运期的规定方法有三种。

第一种，具体规定某一时间段为装运期。为了便于卖方备货，并给予其一定的灵活性，买卖双方可以约定在一段时间内装运或最迟日期前装运。例如，若规定 8 月装运，则卖方可在 8 月 1 日至 31 日之间的任意时间完成装运；若规定 9 月 30 日前装运，则卖方最迟的装运日期是 9 月 30 日。

第二种，根据某一重要事件来确定装运期。国际贸易程序复杂，过于具体的装运期有时并不可行。为了督促卖方按时开来信用证，并方便卖方及时结汇收款，买卖双方常常在合同中约定以卖方收到信用证后若干天为装运期。例如，卖方应当于收到信用证后 30 天内装运完毕。类似的，卖方还可以以收到信汇、电汇或票汇后若干天为装运期。例如，收到电汇货款后 15 天内完成装运。

第三种，大致规定于近期装运。买卖双方可根据国际运输市场的行情、货物销售的变化趋势以及双方长期合作的基础，对装运期进行较为笼统的规定，以便双方都能随机应变。例如，使用立即装运、尽快装运、近期装运等表述。然而，这种方法容易产生争议，需谨慎使用。

总之，规定装运期时应充分考虑货源、船源、商品特性及贸易流程，并注意与信用证日期的合理衔接，切勿因盲目约定而造成损失。

二、装运港（地）和目的港（地）

装运港和目的港是确定货物运输起止地点的重要信息。在国际贸易实务中，装运港一般由卖方提出，而目的港一般由买方提出，经双方协商一致后，在合同中确定。约定装运港和目的港一般有三种方法。

第一种，只规定一个装运港和一个目的港。这种方法适用于线路单一、货物集中的国际贸易运输。例如，装运港为中国上海港，目的港为美国纽约港。

第二种，同时规定两个或两个以上的装运港和目的港。这种方法适用于货源地较多、销售地分散的国际贸易运输。例如，装运港为中国的连云港、威海港和烟台港，目的港为澳大利亚的悉尼、墨尔本。

第三种，按照航区来规定装运港和目的港。这种方法适用于装运港和目的港待定的情况。例如，装运港口为欧洲主要港口，目的港为中国主要港口。然而，这种方法过于笼统，容易在国际贸易中产生争议，一般很少采用。

买卖双方在约定装运港和目的港时，还需注意几个问题。

第一，约定的港口必须符合进出口双方的法律许可，不要选择无外交关系国家的港口或不具备通商条件的港口。

第二，要注意相关港口的具体条件，特别是采用集装箱运输时，对相应港口的运输条件、装卸设备、泊位状况及业务繁忙情况等都要有所了解。切忌选择位置偏远、设备落后的小港、旧港，以免上当受骗。

第三，合理规定选择港。当国外中间商不能确定最终目的港时，可以约定选择港。但是选择港的数量不宜超过三个，且必须在同一航区、同一航线之上。

第四，注意港口名称的完整、准确。一般应明确表述装运港与目的港的国别、地名及名称，避免因名称类似而发生错装、错运的情况。

三、分批和转运

分批装运（Partial Shipment）是指将同一合同中的货物分为多个批次运输。分批装运多见于对大宗商品的国际运输，是否被允许，取决于买卖双方对成交数量、运输条件和市场行情的综合考虑。一般而言，分批装运有三种规定方法。第一种，只规定“允许分批装运”，对具体分批方案等其他条件不做要求。第二种，规定分为多少批装运，但对每一批次的数量不做要求。第三种，规定每批装运货物的数量、时间，这也被称为定期定量分批装运。

转运又被称为转船（Transshipment），是指在货物的运输过程中存在转换船舶等运输工具的现象。转运是国际货物运输中的正常现象，转运的原因也有很多，比如两地之间没有直达运输航线，或转运能够缩短运输时间、避开热门航线等。是否允许转船由买卖双方在合同中约定，如果需要转运则要订立允许转船条款。

四、滞期和速遣

在租船运输方式下，为保证船公司的利益，贸易合同还要规定装卸时间、装卸率、滞期和速遣等内容。滞期是指在规定的装卸期内，租船人未能完成全部装卸工作，致使船舶不能按时起航。按照合同中的滞期条款，租船人将为此承担带有罚款性质的滞期费。速遣则与滞期相反，是指租船人在规定的装卸期内，提前完成了全部装卸工作，使得船舶可以提前起航。此时，船方将给予租船人一笔带有奖励性质的速遣费。一般而言，单日的滞期费是速遣费的两倍。关于装卸时间，通常有三种约定方法。第一种，按照日或连续日计算。例如，6月1日至10日，即为10个工作日。第二种，按照累计24小时的好天气为一个工作日。例如，在天气良好的前提下，某港口每天作业8小时，则每三天为一个工作日。第三种，按照连续24小时好天气为一个工作日。例如，在8月10日至11日的两天中，有12个小时的坏天气，则计为1.5个工作日。这种方法适合于昼夜连续作业的港口，是国际上普遍采用的一种方法。我国对于装运时间也采用此种规定。

五、装运通知

装运通知（Shipment Advice）也被称为装船通知，是指买卖双方在使用特定贸易术语时，为保证船舶、货物、货款、单据及保险等要素的相互衔接，而各自承担的相互通知义务。例如，FOB术语中的派船通知，CFR术语中的购买保险通知等。装运通知应及时、准确。具体内容一般包括合同号、商品名称、商品数量、发票金额、船名、航次、装运港、目的港、装运日期及开航日期等。若买卖双方中的一方未履行通知义务，它将赔偿由此所产生的经济损失。

本章小结

本章主要讲述了三个方面的内容。

第一，国际货物运输方式。主要运输方式包括海洋运输、铁路运输、航空运输、集装箱运输、公路运输、内河运输、管道运输、大陆桥运输及邮包运输等。其中，海洋运输包括班轮运输与租船运输两种方式，航空运输包括班机运输与包机运输两种方式，集装箱运输包括整箱运输和拼箱运输两种方式。

第二，国际货物运输单据。海运提单是承运人或其代理人向托运人签发的一种证明文件，表示承运人已收到货物并保证完成运输。提单具有物权凭证、货物收据、运输合同等作用，并在货物运输、货款收付、保险理赔及争议解决等方面具有重要意义。海运单是一种表明承运人已经收到货物或已将货物装船的具有海上运输合同性质的单据。运单不是物权凭证，也不可转让。

第三，国际贸易合同装运条款。合同中的装运条款应包括装运时间、装运港和目的港、分批和转运规定、滞期和速遣规定、装运通知等主要内容，国际贸易中的买卖双方应在签订合同时予以明确规定。

思考题

1. 请简述海洋运输、铁路运输、航空运输各自的优势与劣势。
2. 请简述班轮运输的主要特点和适用的贸易类型。
3. 请比较海运提单与海运单的相同点和不同点。
4. 试论述集装箱运输对国际贸易发展的积极影响。
5. 试论述签发倒签提单和预借提单含义、动因及风险。

第十二章

国际贸易保险

学习目标

XUEXI MUBIAO

熟悉风险的主要类型，掌握海上损失的具体分类，掌握我国海运保险、陆运保险、空运保险与邮包运输保险的基本险别，并且能够在国际贸易实务中正确运用、灵活运用相关保险知识。

学习重点

XUEXI ZHONGDIAN

风险的分类，海上损失的分类，我国海上货物运输保险中的平安险、水渍险和一切险，海洋运输保险实务中的险别选择、保险金额、保险费、保险单据、保险索赔、保险条款、保险期限及除外责任，陆运、空运货物与邮包运输保险的基本险别。

第一节　海洋运输保险的责任范围

一、风险

（一）海上风险

海上风险（Perils of the Sea）又被称为海难，是指船舶及货物在海上航行过程中所遭遇的风险，一般包括自然灾害和意外事故。

1. 自然灾害

自然灾害（Natural Calamities），也被称为天灾，是指因自然力量而引起的灾害。自然规律并不以人的意志为转移，常常难以预测且破坏力巨大。需要注意的是，海上运输保险所承保的自然灾害并非一切由自然因素所带来的损失，仅仅包括恶劣气候、雷电、洪水、海啸、地震、火山爆发及其他严重灾害等。一般的降雨、刮风、冰雹等不属于保险意义上的自然灾害。

2. 意外事故

意外事故（Fortuitous Accidents），也被称为人祸，是指船舶等海上运输工具因人为原因或意外原因所造成的事故。发生意外事故的原因十分复杂，多数属于人为的过错、失误，具有较强的偶然性和突发性。类似的，海上运输保险所负责的意外事故也有一定范围，仅仅包括船舶的搁浅、触礁、沉没、失踪、碰撞、倾覆、失火及爆炸等灾难事故。一般的货物损失并不属于保险意义上的意外事故。

（二）外来风险

外来风险（Extraneous Risks）是指船舶及货物所遭受的自然灾害和意外事故之外的由其他外来原因所引起的风险。外来风险具有不可预测性，一般又可分为一般外来风险和特殊外来风险。

1. 一般外来风险

一般外来风险（General Extraneous Risks）来源于一般的外来原因。常见的风险有偷窃、提货不着、淡水雨淋、短量、混杂、玷污、渗漏、碰损、破碎、串味、受热、受潮、包装破裂、钩损及锈损等。

2. 特殊外来风险

特殊外来风险（Special Extraneous Risks）来源于特殊的外来原因，主要涉及军事、政治及国家的政策法律等因素。常见的风险有战争、罢工、提高关税、货物被没收、船舶被扣押等。

二、海上损失

海上损失（Average，Marine Loss），简称海损，是指船舶及货物在海上航行过程中因遭遇自然灾害或意外事故而引起的损坏、灭失及额外支出。按照损失的类型，海上损失可以分为物质损失和费用损失。按照损失的程度，海上损失又可分为全部损失和部分损失。

（一）全部损失

全部损失（Total Loss），简称全损，是指在海上运输过程中，被保险的整批货物或一批不可分割的货物发生全部灭失或等同于全部灭失的情况。全部损失又分为实际全损与推定全损两种类型。

1. 实际全损

实际全损（Actual Total Loss）是指海上运输的货物完全灭失、完全变质、完全失去使用价值，或完全被海盗劫走、完全被政府没收、完全失踪、完全丧失所有权等。例如，运载货物的船舶在海上沉没且无法打捞，即构成实际全损。当货物发生实际全损时，被保险人最高可获得全部损失的赔偿。

2. 推定全损

推定全损（Constructive Total Loss）也被称为商业全损，是指海上运输的货物虽然没有实际全损，但是实际全损已不可避免，或施救、修复及继续运输的费用将超过货物本身的价值。例如，鲜活易腐类商品在运输过程中开始变质，虽然并未完全变质，但全部变质已不可避免，此时，再将其运输至目的港已无太大商业价值，因而可以认定为推定全损。在保险实务中，当货物发生推定全损时，既可以按照部分损失向保险公司索赔，也可以委付（Abandonment）方式将物权转让给保险公司，并按照全部损失理赔。

（二）部分损失

部分损失（Partial Loss）是指在海上运输过程中，货物的一部分发生了损毁或灭失。此时，货物并未达到全部损失的严重程度。部分损失又分为单独海损和共同海损两种类型。

1. 单独海损

单独海损（Particular Average）是指由承保风险直接造成的货物或船舶的部分损失。单独海损的受害方往往是单一的，损失通常由某一具体的利益方承担，如某一货主，相关后果并不涉及其他货主和船方。例如，几袋食品在运输过程中受潮、一箱工艺品在装运港被盗等，都属于单独海损。

2. 共同海损

共同海损（General Average）是指当船舶在航行途中遭遇到自然灾害或意外事故，并威胁到船方和货方的共同安全时，船长为了维护共同安全和保障继续运输不得已而主动采取了合理的救难措施，因此而产生的损失和费用。共同海损与单独海损不同，具有多个受损的利益方，属于一种特殊情况下的特别牺牲。需要注意的是，构成共同海损也需要一定条件。其一，遭遇的海上风险必须真实存在，并危及船货的共同安全；其二，采取的救难措施必须是主动的、合理的；其三，产生的损失和费用必须与救难措施直接相关，并具有额外性质；其四，产生的损失和费用必须对船货获救有用。另外，按照国际贸易惯例，共同海损应由船方与货方等所有受益方按比例共同分担，分担的相应方法涉及共同海损分摊（General Average Contribution）问题。

三、海上费用

海上费用主要是指保险承保范围内的因海上风险而产生的海上运输费用。在海上货物运输保险的理赔范围中，保险公司除了按照一般财产保险的原理向被保险人补偿货物损失外，还要负责赔偿相关的额外支出费用。常见的海上费用主要包括施救费用和救助费用。

施救费用（Sue and Labor Expenses）是指当保险标的在遭遇保险责任范围内的风险事故时，被保险人或其代理人为挽救商品价值或防止损失扩大而采取各种抢救或防护措施所产生的额外费用。按照国际保险惯例和各国保险企业的实际操作经验，保险公司应当赔偿施救费用，但施救费用的总额不能超过保险金额。需要注意的是，不论抢救措施是否有效，施救费用都应得到赔付，这既有利于激发被保险人与承运人的主观保护意识，也有利于保险人控制损失程度、减少赔付金额。

救助费用（Salvage Charge）是指当保险标的在遭遇保险责任范围内的风险事故时，由保险人和被保险人之外的第三人来施救所产生的额外费用。救助费用通常为支付给救助方的经济报酬，可以列入共同海损的支出范围。在海上保险实务中，一般要求救助措施应当有效，对于成功施救所产生的费用，保险公司应当赔付。

第二节 我国海运保险险别

在国际贸易合同中，买卖双方需订立保险条款。同时，保险人的承保责任范围也是由保险条款来规定的。国际上，许多国家或地区的保险组织都制定有各自的保险条款，其中，影响力最大、应用范围最广的是英国伦敦保险协会制定的《协会货物条款》（*Institute Cargo Clause*，ICC）。我国的外贸保险业务最常使用的是《中国保险条款》（*China Insurance Clause*，CIC），其中包括海洋、陆路、航空及邮包运输等各种运输方式的保险条款。在海上运输领域，中国人民保险公司（The People's Insurance Company of China，PICC）制定的《海洋运输货物保险条款》(*Ocean Marine Cargo Clauses*)为我国的进出口商拟定保险条款提供了具体参考。我国海上货物运输保险主要包括基本险和附加险两个类别(表 12-1)。

一、基本险

中国人民保险公司将基本险规定为三种,分别是平安险(Free from Particular Average, FPA)、水渍险(With Particular Average, WPA)和一切险(All Risks, AR)。

(一)平安险

平安险的名称来源于长期的保险实践,是一种约定俗成的习惯表达。平安险的实际含义是指该种保险不负责赔偿单独海损,与货物是否平安并没有直接联系。早期的单独海损就是部分损失,因而平安险只负责赔偿全部损失。后来,随着相关保险条款的不断修订和补充,平安险的承保范围也不断扩大。今天的单独海损只是部分损失中的一种类型,因此平安险除了负责赔偿全部损失之外,还要负责赔偿部分损失中的共同海损。具体而言,平安险的责任范围主要包括以下内容。

第一,保险标的物在运输过程中因遭遇恶劣气候、雷电、海啸等自然灾害而产生的全部损失,包括实际全损和推定全损。

第二,保险标的物因船舶等运输工具发生搁浅、触礁、沉没、碰撞、失火、爆炸等意外事故而遭受的全部或部分损失。

第三,船舶等运输工具已遭遇搁浅、触礁等意外事故,保险标的物在此前后又因遭遇恶劣气候、雷电、海啸等自然灾害而产生的部分损失。

第四,保险标的物在装卸或转船过程中,发生一件或数件货物落海而产生的全部或部分损失。

第五,当保险标的物遭遇保险责任范围内的风险时,为解除危险或减轻损害,被保险人对货物采取施救措施时所支付的合理费用,但费用总额不应超过保险金额。

第六,船舶等运输工具在遭遇自然灾害或意外事故后,保险标的物在避难港进行装卸操作时所发生的全部或部分损失,以及在避难港产生的仓储物流等额外费用。

第七,在自然灾害或意外事故中发生的共同海损,包括牺牲、分摊及救助费用等。

第八,按照运输合同中的船舶互撞责任条款,货方应当承担的损失费用。

(二)水渍险

水渍险的名称同样来源于长期的保险实践,也是一种约定俗成的习惯表达。水渍险的实际含义为该种保险负责赔偿单独海损,与货物有无水渍、是否发生水灾并无直接关联。因此,水渍险除了包含平安险的全部保险责任外,还要负责赔偿保险标的物在运输过程中因遭遇恶劣气候、雷电、海啸等自然灾害而产生的部分损失。可见,水渍险承保了自然灾害下的全部损失和部分损失,其责任范围大于平安险,相应的保险费率也更高。也可将其表述为,水渍险等于平安险加上单独海损。

(三)一切险

一切险又被称为综合险,其责任范围是在水渍险的基础上,再加上保险标的物在运输过程中因一般外来风险而遭受的全部或部分损失。常见的一般外来风险包括偷窃、提货不着、淡水雨淋、短量等,但不包括战争、罢工、拒收等特殊的外来风险。因此,一切险也是三种基本险中责任范围最大、保险费率最高的一种。我们也可将其表述为,一切险等于水渍险加上 11 种一般附加险。

二、附加险

国际贸易的买卖双方可以单独投保三种基本险中的任何一种,而对于附加险却不能单独投保。尤其是当基本险因失效、解约或满期等原因而效力终止或中止时，附加险效力也随之终止或中止。投保附加险需要在投保基本险之后另行加保。基本险主要负责承保货物在运输过程中可能遭遇的自然灾害或意外事故，即海上风险。而附加险主要负责赔偿货物在运输过程中所遇到的外来风险，从而补充并完善了海上保险的作用与效果。按照中国人民保险公司的《海洋运输货物保险条款》，附加险又分为一般附加险和特殊附加险两类。

（一）一般附加险

一般附加险（General Additional Risk）也被称为普通附加险，主要承保由一般外来原因所造成的全部或部分损失。一般附加险全部包含在一切险中，若投保的是平安险或水渍险，则需按照实际需要酌情加保若干项目。一般附加险一共有 11 种。

1. 偷窃、提货不着险

偷窃、提货不着险（Theft, Pilferage and Non-delivery Risk，TPND）是指保险人负责赔偿货物因被偷盗或无法交货而产生的损失。需要注意的是，对于偷盗情况的赔偿，被保险人必须在提货后 10 日内向保险公司申请；对于提货不着情况，应为整件货物未交，并且被保险人也必须按时向保险公司提交证明材料。

2. 淡水雨淋险

淡水雨淋险（Fresh Water and Rain Damage Risk，FWRD）是指保险人负责赔偿货物因遭遇雨水、淡水或雪水所产生的损失，比如大雨对货物包装的破坏，船舶的淡水管线破裂漏水对货物的浸泡等。类似的，被保险人也必须在损失发生后的 10 天内向保险公司申请赔偿，并提供相应的证明材料。

3. 渗漏险

渗漏险（Leakage Risk）是指保险人负责赔偿液体类货物因包装容器破损而发生的渗漏损失，或其他与渗漏有关的变质损失等。这一险别常用于对油类商品的运输过程中。

4. 短量险

短量险（Shortage Risk）是指保险人负责赔偿货物因运输包装破损而发生数量损失或重量短缺的情况。这一险别常用于对只有简单包装或没有包装的散装货物的运输过程中。需要注意的是，短量险并不负责因货物的物理化学特性而发生的自然损耗。

5. 混杂、玷污险

混杂、玷污险（Inter-mixture and Contamination Risk）是指保险人负责赔偿货物因混入杂质或被其他物质玷污而产生的质量损失。这一险别常用于对食品、布匹、服装、纸张等易污损商品的运输过程中。

6. 碰损、破碎险

碰损、破碎险（Clash and Breakage Risk）是指保险人负责赔偿货物因震动、颠簸、碰撞、挤压而造成的损失。这一险别常用于对易变形、易损坏类商品的运输。由于个别国家或地区的运输企业存在野蛮装卸的情况，在一些重要商品的长途运输中也会加保碰损、破碎险。

7. 串味险

串味险（Taint of Odour Risk）是指保险人负责赔偿货物因受到其他货物的影响而产生的损失。这一险别常用于对食品、粮食、茶叶、药材、香料、化妆品、香水等商品的运输过程中，因为这些商品在与其他商品一同运输时，很容易与其他商品串味而丧失使用价值。

8. 受潮受热险

受潮受热险（Sweat and Heating Risk）是指保险人负责赔偿货物因气候炎热或环境潮湿而发生的变质损失。货物在海上运输过程中，很有可能途经热带地区或遭遇高温天气，若船舶的通风设备故障或运输条件不佳，货物则容易发生损失。这一险别常用于对皮草、粮食、纺织品等商品的运输过程中。

9. 钩损险

钩损险（Hook Damage Risk）是指保险人负责赔偿货物因使用手钩、吊钩装卸货物而导致包装破裂及货物损坏的损失和费用。这一险别常用于对粮食、水泥、工业原料等袋装、箱装或捆装货物的运输过程中。例如，吊钩造成粮食包装破损，产生粮食外漏的损失和重新包装的费用。

10. 包装破裂险

包装破裂险（Breakage of Packing Risk）是指保险人负责赔偿货物因包装破裂而产生的损失。包装破裂通常由装卸、搬运作业不慎造成，除了对货物本身造成损失外，还会增加重新包装的额外费用。

11. 锈损险

锈损险（Rust Risk）是指保险人负责赔偿货物因生锈而产生的损失。这一险别常用于对金属货物或具有金属包装的货物的运输过程中。需要注意的是，生锈必须发生在保险期限内，对于装运前的生锈或生锈隐患，保险公司一般不负责赔偿。

（二）特殊附加险

特殊附加险（Special Additional Risk）主要承保由特殊外来原因所造成的全部或部分损失。特殊外来风险主要来自国家政府层面，相应损失一般由政治、军事、国家政策法律、行政措施等方面的原因造成。常用的特殊附加险一共有 8 中，分别是战争险（War Risk）、罢工险（Strikes Risk）、舱面险（On Deck Risk）、进口关税险（Import Duty Risk）、拒收险（Rejection Risk）、黄曲霉素险（Aflatoxin Risk）、交货不到险（Failure to Deliver Risk）、货物出口到香港（包括九龙）或澳门存仓火险责任扩展条款（Fire Risk Extension Clause For Storage of Cargo at Destination HongKong, Including Kowloon, or Macao, FREC）等。需要注意的是，在平安险、水渍险及一切险等基本险中都不包括特殊附加险，国际贸易中的买卖双方需根据实际情况另行加保。

表 12-1 我国海运保险的险别与承保范围一览表

<table>
<tr><th colspan="4" rowspan="2">风险与损失</th><th colspan="3">基本险</th><th colspan="2">附加险</th></tr>
<tr><th>平安险</th><th>水渍险</th><th>一切险</th><th>一般附加险</th><th>特殊附加险</th></tr>
<tr><td rowspan="4">海上风险</td><td rowspan="4">海上损失</td><td rowspan="2">全部损失</td><td>实际全损</td><td>√</td><td>√</td><td>√</td><td></td><td></td></tr>
<tr><td>推定全损</td><td>√</td><td>√</td><td>√</td><td></td><td></td></tr>
<tr><td rowspan="2">部分损失</td><td>共同海损</td><td>√</td><td>√</td><td>√</td><td></td><td></td></tr>
<tr><td>单独海损</td><td></td><td>√</td><td>√</td><td></td><td></td></tr>
<tr><td rowspan="2">外来风险</td><td colspan="3">一般外来损失</td><td></td><td></td><td>√</td><td>√</td><td></td></tr>
<tr><td colspan="3">特殊外来损失</td><td></td><td></td><td></td><td></td><td>√</td></tr>
</table>

资料来源：编者整理。

第三节 海洋运输保险实务

一、险别选择

投保海上货物运输保险时，应综合考虑各项因素。

第一，选择险别应结合货物本身的特性。不同种类的货物具有不同的性质和特点，投保人尤其需要在投保平安险或水渍险并加保附加险时注意。例如，农产品害怕受热受潮，并且容易发霉变质，投保人投保海上保险时应加保受热、受潮险；纺织品容易被燃料、汽油等其他商品污染，投保海上保险时应加保混杂、污损险；羊毛、棉花等商品容易受到湿度变化的影响，并且包装比较简易，投保海上保险时应加保短量险和钩损险。

第二，选择险别应考虑货物的包装情况。运输包装是货物抵御各类风险的最后屏障，包装破损也是造成货物损失的常见原因。在投保保险时，不同类型和材质的包装，保护商品的效果也不相同。若仅仅投保平安险或水渍险，则对于采用麻袋、捆绳、纸箱等简单包装的货物应加保包装破裂险。需要注意的是，如果造成损失的原因是包装不良或包装不满足运输要求，则属于发货人的责任，保险是不负责赔偿的。

第三，选择险别应考虑运输的具体过程。国际货物运输通常为距离较远的跨国运输，涉及不同的运输方式、复杂的自然地理环境及众多的不确定因素。在投保保险时，投保人应结合运输季节的气候和天气状况、运输船舶的人员和设备条件、运输港口的政局和政策态势及运输路途的安全状况等，综合选择最适当、最经济的险别组合。例如，班轮运输和租船运输在船舶、航线及港口等方面就存在一定差异，发生风险的概率也各不相同。如果运输线路途经国际敏感地理区域，还应加保战争险、罢工险等特殊附加险。

第四，选择险别应结合国际贸易惯例。按照不同的贸易术语惯例，投保保险的责任将分别由买方或卖方负责。例如，在 FOB、CFR 术语下，由买方根据自身需要自愿投保；在 CIF 术语下，则由卖方负责投保。当由卖方投保时，卖方往往按照习惯做法选择承保范围最小、费率最低、手续最简单的险别，并且一般投保附加险的类别十分有限。若买方对此另有要求，则需提前在合同中予以约定或委托卖方代为投保。除了在贸易术语方面的差异外，相关人员选择保险险别还要注意各国贸易商的其他习惯做法，对当地的保险实务也应有所了解。

总之，对于保险险别的选择也不是越多越好、越贵越好，而是应在实用性和经济性之间找到最优的组合。

二、保险金额

保险金额（Insurance Amount）也被称为投保金额，是保险学中的一个重要概念。它是指保险人按照保险合同的约定应当承担赔偿或给付保险金责任的最高限额。由于海上货物运输保险属于财产保险的范畴，因而其保险金额具有补偿性特征，并不能过分超过保险标的物的价值。保险金额是保险公司收取保费的计算基础，保险金额乘以保险费率即等于保险费。按照一般保险原理，在足额投保的情况下，保险金额等于保险标的物的价值；在部分投保的情况下，保险金额等于按投保比例计算的实际投保金额。

在国际货物运输保险实务中，保险金额并不完全等于承保货物的基本价值，而是一项包括保险费、运费及预期利润等的综合价值。这样一来，运输保险既补偿了贸易货物的损失，也考虑到了运输和保险环节的费用支出。这种计算方法是在国际贸易的长期实践中逐渐形成的习惯做法，并被世界各国普遍采用。具体而言，保险标的物的综合价值通常以贸易商品的 CIF 或 CIP 术语价格为基础，再按比例加上一项保险加成率，其具体计算如公式 12-1 所示。

公式 12-1：综合价值 = 保险金额 = CIF 价格 ×（1 + 保险加成率）

需要说明的是，保险加成率一般为 10%，当国际贸易的预期利润较高时，保险加成率也可适当提高。另外，当国际贸易没有按照 CIF 或 CIP 术语成交时，需要将其他贸易术语换算为 CIF 或 CIP 术语，具体换算如公式 12-2 和公式 12-3 所示。

公式 12-2：

$$\text{CIF 价格} = \frac{\text{FOB 价格} + \text{运费}}{1 - \text{保险费率} \times (1 + \text{保险加成率})} = \frac{\text{CFR 价格}}{1 - \text{保险费率} \times (1 + \text{保险加成率})}$$

公式 12-3：

$$\text{CIP 价格} = \frac{\text{FCA 价格} + \text{运费}}{1 - \text{保险费率} \times (1 + \text{保险加成率})} = \frac{\text{CPT 价格}}{1 - \text{保险费率} \times (1 + \text{保险加成率})}$$

三、保险费

保险费（Insurance Premium）是指被保险人或投保人按照保险公司的保险费率交付的投保费用。保险费也是购买保险产品的价格，当保险标的物遭遇保险责任范围内的风险损害时，保险公司将给予赔偿。一方面，按照保险原理，保险费具有必须性和保障性。必须性是指被保险人只有支付了保险费，保险才能发挥作用；保障性则是指保险费的作用是预防风险和损失，如果风险或损失没有发生，保险费也并不退还。另一方面，保险费的金额大小受到多种因素的影响，通常与保险金额的大小、保险险别的多少、保险费率的高低及保险期限的长短等成正比关系。保险费的基本计算见公式 12-4。

公式 12-4：保险费 = 保险金额 × 保险费率

由于在国际贸易及国际运输业务中，保险金额多为商品的 CIF 或 CIP 术语价格，相应保险费的计算公式也有所变化，具体见公式 12-5。

公式 12-5：保险费 = CIF 或 CIP 价格 ×（1 + 保险加成率）× 保险费率

【例题 12-1】我国某公司以每箱 30 欧元 CIF 鹿特丹出口某商品共一万箱，货物出口前，由我公司向中国人民保险公司某分公司投保了水渍险、串味险及淡水雨淋险，其保险费率分别为 0.7%、0.3%和 0.2%，按发票金额 110%投保。试计算该批货物的保险金额和保险费。

解：在本案中，保险金额=CIF 价格×（1+保险加成率）×10 000 箱=30×（1+10%）×10 000=330 000 欧元；

保险费=保险金额×保险费率=330 000×（0.7%+0.3%+0.2%）=3 960 欧元。

四、保险单据

保险单据（Insurance Document）也被称为保险证券，是指投保人或被保险人与保险人达成保险合同并交付保险费后，所取得的一系列带有证明性质的单据。保险单据的主要内容为保险合同当事双方的权利、义务和责任，其作用是保险合同的证明、损害赔偿的凭据及处理争议的依据等。保险单据也具有价值性和流通性，可通过背书方式对相关权益进行转让。常用的背书方式包括空白背书、记名背书和记名指示背书等。在信用证收付款方式下，相关业务人员一定要注意保险单据内容与信用证要求的一致性，特别是保险单的开具日期不应迟于货物的装运期。在保险实务中，保险单据的主要类型包括保险单、保险凭证、联合凭证、预约保单及批单等。

（一）保险单

保险单（Insurance Policy）也被称为大保单、保单，是一种较为正式的保险合同。海上货物运输保险的保险单的内容主要包括：

第一，被保险人或投保人的名称，保险人的名称与地址，以及双方确立保险合同的文字表述与签章。

第二，保险标的物的情况，即被保险货物的名称、品牌、数量或重量、包装等。

第三，货物运输的情况，即载货船舶的船籍、船名、起运地、目的地、船期等。

第四，保险产品的内容，即保险险别、保险金额、保险费率、保险期限等，以及理赔地点和保险人的免责申明等。

第五，规定保险人与被保险人、受让人之间的权利与义务关系的依据。这部分内容一般印制在保险单的背面。

由于保险单的内容全面、条款详细、格式完整，因而是国际贸易运输中最为常用的一种保险单据。

（二）保险凭证

保险凭证（Insurance Certificate）也被称为小保单，是一种简化形式的保险合同。保险凭证一般不再列出完整的保险合同条款，但是仍然需要载明被保险人的情况、保险标的物的情况、货物运输的情况及保险产品的情况。其法律效力与保险单相同，对保险人和被保险人均有法律约束力。

（三）联合凭证

联合凭证（Combined Certificate）也被称为承保证明，是一种比保险凭证还要简化的保险单据。联合凭证的形式较为特殊，保险公司通常将被保险人投保的具体险别、保险金额、保险费率及保险业务编号以加注的形式印制在货物的商业发票上，并加盖印戳。一切保险信息以发票为准，而不再单独开立保险单据。目前，此类凭证多应用于出口到中国香港、中国澳门地区的货物运输业务中，其他国家或地区已很少使用。

（四）预约保单

预约保单（Open Policy）也被称为开口保单及预约保险合同，是一种由被保险人与保险人订立的运输保险总合同。与其他保险单据类似，预约保单也应载明保险标的物情况、运输情形、承保险别、保险费率、保险金额等内容。预约保单多应用于进口贸易业务，保险人承诺在一定期限内，货物一旦起运，按照预约保单规定的保险产品将自动生效。需要注意的是，被保险人必须在货物装运时将相关信息以书面形式通知保险人，这是预约保单发挥作用的前提。这一书面通知也被称为保险声明（Insurance Declaration），并且是银行付款的一种单据，具体包含了该批货物的名称、数量或重量、保险金额、船名、起讫港口、航次、开航日期等内容。总之，预约保单解决了货物运输期限与保险期限的差异问题，使货物运输与运输保险紧密衔接，从而简化了保险手续、保障了货物安全。

（五）批单

批单（Endorsement）是一种关于保险合同内容的补充凭证，并不是一种独立的保险单据。在保险实务中，被保险人常常因为某种原因需要对保险合同的原有内容进行补充或修改，此时，被保险人可向保险人提出申请，相应变更在获得同意后生效。批单即是保险人开出的新的保险凭证，一般粘贴在原保险单之上，并加盖骑缝章，从而与原保单组成一套新的完整的保险合同。批单对保险人和被保险人同样具有法律约束力。

五、保险索赔

保险索赔（Insurance Claim）是指当保险标的物因遭遇保险承保范围内的风险而发生损失时，被保险人、投保人或受益人向保险人提出的赔偿要求。保险索赔应以保险单据为依据，保险人也只负责赔付其责任范围内的损失和费用。在保险实务中，被保险人进行保险索赔时，应注意一些具体问题。

第一，及时向保险人报案。当货物在运输过程中发生损失时，被保险人应立即了解相关情况并尽快通知保险公司。《中华人民共和国保险法》（简称《保险法》）第二十一条规定："投保人、被保险人或者受益人知道保险事故发生后，应当及时通知保险人。"通知方式一般为书面形式的损失通知，有时因情况紧急，被保险人也可先发出口头通知，再发出书面通知。对于"及时"的解释，各国法律略有不同，被保险人需留意保险理赔的时效性问题。

第二，及时向承运人核实。由于货物损失发生在运输途中，因而承运人是相关事件的直接当事人。当货物发生损失后，被保险人应立即向承运人核实情况并索取货损货差证明。货损货差证明将被作为向保险人受理索赔的重要证明。

第三，积极施救并保护现场。保险标的物受损后，被保险人应立即开展或督促承运人开展施救措施，对受损货物进行清理、打捞或抢救，尽量挽回损失并防止损失扩大。若保险人对施救措施有明确要求，则应优先按要求办理。与此同时，被保险人还应负起保护事故现场的责任，注意保留证据、等待定损。保险人一般会安排专人查勘现场，并以此判定赔付标准和赔偿金额。

第四，备妥索赔单证。当保险人完成定损工作后，被保险人应在规定时间内向保险人提交全套索赔资料。索赔资料主要包括五类单证。第一类是保险合同，具体包括保险单、批单等保险单据；第二类是运输合同，具体包括提单、运单、装箱单、重量单等；第三类是贸易单据，具体包括商业发票、合同副本等；第四类是损失证明，具体包括货损货差证明、出险原因调查报告、损失程度技术鉴定等；第五类是其他证明材料，具体包括海事报告摘录、索赔清单等。单据是否齐全往往会影响保险人理赔的进度与程度，缺少关键单证甚至会导致保险人拒赔，因此需要引起被保险人的充分重视。

六、保险条款

在国际贸易买卖合同中，一般要为国际货物运输环节订立专门的保险条款。保险条款的内容主要包括保险险别、保险金额、保险费、保险单证等。由于保险条款与运输条款、价格条款密切相关，所以在不同条件下其订立方法也不尽相同。例如，当贸易合同所约定的价格术语为 EXW、FAS、FOB、FCA、CFR、CPT 时，买方承担货物在运输过程中的一切风险，合同的保险条款可以明确规定运输保险由买方自行投保。当贸易合同所约定的价格术语为 DAT、DAP、DDP 时，卖方承担货物在运输过程中的一切风险，合同的保险条款可以明确规定运输保险由卖方自行投保。当贸易合同所约定的价格术语为 CIF、CIP 时，卖方负责投保运输保险，买方需要承担运输中的其他风险，买卖双方则应在合同中协商拟定保险条款，使之能够兼顾买卖双方的利益。另外，保险条款还应明确投保的具体险别、确定保险金额的方法及保险的适用条款等。常用保险条款举例如下：

第一，保险由买方办理（Insurance is to be covered by the buyers）。

第二，保险由卖方办理（Insurance is to be covered by the sellers）。

第三，由卖方按照发票金额的 110% 投保水渍险和战争险、罢工险、进口关税险，按中国人民保险公司海洋运输货物保险条款投保（Insurance is to be covered by the sellers for 110% of the invoice value against WPA, war risk, strikes risk and import duty risk as per ocean marine cargo clauses of the People's Insurance Company of China）。

七、保险期限

保险期限（Insurance Period）也被称为保险期间，是指保险发挥保障作用的具体时间段。保险期限一般有三种确定方法。第一种是按时间段计算。例如，火灾保险、车辆保险等普通财产保险都是以一段具体的时间来确定保险期限，通常为三个月、半年、一年等。第二种是按工程进度计算。一般以某段具体的施工期限来确定保险期限，常用于建筑工程保险、安装工程保险等。第三种是按航程计算。一般以完成某段具体航行路程的时间作为保险期限，主要应用于国际贸易运输中的货物保险。

根据我国海洋货物运输保险条款的规定，保险期限按照“仓至仓”条款（Warehouse to Warehouse Clause）这一国际惯例来确定。所谓“仓至仓”条款，是指保险人的保险责任从货物离开起运地的发货人仓库开始，包括全部运输过程，至货物到达目的地的收货人仓库为止。这是一个将空间概念与时间概念相结合的综合期限，满足了运输保险标的物的流动性特征。需要注意的是，“仓至仓”条款并不意味着保险期限可以被无限延长，一般最长期限为卸离海轮后 60 天。在以下四种情况下，“仓至仓”条款的保险期限结束。

第一，货物运达保险单所载明的目的港（地）收货人仓库。

第二，货物运达保险单所载明的目的港（地）或中途其他仓库，这些仓库被用作正常运输以外的货物储存、分配、分派或分散转运使用。

第三，货物若未抵达上述仓库或储存场所，则以被保险货物在最后卸货港全部卸离海轮后满 60 天为止。

第四，若在上述 60 天内，被保险货物被转运至非保险单载明的其他目的地时，保险责任自开始转运时终止。

除此之外，我国海洋货物运输保险条款也对非正常运输情况下的保险期限做出了规定。如果在运输途中发生了被保险人无法控制的运输延迟、被迫卸货、航程变更等意外情况，被保险人可以通过向保险人发送通知、加付保费等方式，变更或延长保险期限。

八、除外责任

除外责任也被称为保险责任的免除（Exemption of Insurance Liability）。事实上，运输保险并不能避免运输过程中的全部风险，除外责任就是在被保险人投保保险后，保险人仍然不予赔偿的责任范围。除外责任通常是一些非意外的、非偶然的特殊风险责任。主要包括以下情形。

第一，由被保险人的故意行为或过失行为所导致的货物损失。例如，被保险人故意使用不合格的运输包装或不按合同印制唛头，导致货物发霉变质或被错装、错卸的损失。

第二，由发货人的责任所导致的货物损失或费用开支。例如，发货人未及时办理出口海关手续所引起的运输延迟，进而产生额外的仓储费用等。

第三，在保险责任开始之前，被保险货物已经存在的品质不良或数量短缺等问题。例如，因货物本身质量低劣，运达目的地后被发现与样品品质不符，保险公司将不会赔偿。

第四，由被保险货物的自然损耗、本质缺陷、特性及市价低落、运输延迟所导致的损失或费用。例如，货物的价格在运输过程出现明显下跌，进口方并不能以此为由要求保险公司补偿损失；船舶在航行过程中为了尽量多地招揽货源而随意增加停靠港口，造成的运输时间延迟也不属于保险的赔偿责任。

第五，由战争险条款和罢工险条款所规定的责任范围。例如，对于发生战争、武装冲突等不可抗力引起的损失和费用，保险公司也不会赔偿。

不难看出，产生上述损失或费用的原因均不属于自然灾害或意外事故，虽有部分外来风险，但要么属于不可抗力，要么能找到具体的责任主体，所以都不属于保险应该负责的范围。

第四节 陆运保险、空运保险与邮包运输保险

一、陆上运输货物保险

陆上运输货物保险是指承保铁路、公路等陆上运输方式中的货物损失的一类保险。按照中国人民保险公司制定的《陆上运输货物保险条款》，我国的陆上运输货物保险主要有陆运险和陆运一切险两类基本险，另有专门的陆上运输冷藏货物险及相应附加险等。

（一）陆运险

陆运险的承保责任范围与海洋运输保险中的水渍险类似，主要负责货物在运输途中因遭受暴风、雷电、地震、洪水等自然灾害，以及由运输工具发生碰撞、翻车、出轨、抛锚、塌方、失火、爆炸等意外事故所造成的货物全部或部分损失。另外，保险人也负责赔偿被保险人因采取施救措施而产生的合理的额外费用，但费用总额不超过保险金额。为防范外来风险，被保险人还可加保若干附加险。

（二）陆运一切险

陆运一切险的承保责任范围与海洋运输货物保险中的一切险类似，其责任范围不仅包括陆运险的全部内容，还要负责赔偿货物在运输过程中因遭受一般外来风险而产生的全部和部分损失。陆运险与陆运一切险均适用于铁路和公路运输方式，保险人的除外责任与海洋运输保险的除外责任基本相同。

（三）陆上运输冷藏货物险

陆上运输冷藏货物险是针对冷藏货物运输的专门险别，其承保的责任范围是因陆上运输工具的冷藏设备遭遇自然灾害、意外事故而导致的货物损失或费用支出。这一险别既可以在陆运险的基础上附加投保，也可以单独投保。索赔时效为被保险货物在最后目的地被全部卸下运输工具后的两年之内。

（四）保险期限

陆上运输货物保险的保险期限与海洋运输保险的“仓至仓”条款类似，保险责任从货物运离起运地的发货人仓库开始，至货物运达目的地的收货人仓库为止。若货物并未抵达保险单所载明的最后仓库，则以货物运抵最后卸载车站满60天为止。需要注意的是，当加保战争险时，保险期限与“仓至仓”条款略有区别，是以货物置于运输工具为限，即以被保险货物装上运输工具时开始，至卸下运输工具时为止。

另外，被保险人在向保险人索赔时，必须提供全套单证，主要有保险单正本、提单、发票、装箱单、磅码单、货损货差证明、检验报告及索赔清单等。若涉及第三者责任，被保险人还须提供向责任方追偿的有关文件。

二、航空运输货物保险

航空运输货物保险是指承保航空运输方式中的货物损失的一类保险。按照中国人民保险公司制定的《航空运输货物保险条款》，我国的航空运输货物保险主要分为航空运输险和航空运输一切险两类基本险，以及相应的附加险。

（一）航空运输险

航空运输险的承保责任范围与海洋运输保险中的水渍险类似，主要包括货物损失和费用支出两项内容。其一，被保险货物在运输过程中所遭受的雷电、火灾、爆炸等自然灾害，或飞机在遭受恶劣气候等危难事故时对货物的抛弃，或因飞机遭遇碰撞、坠落、倾覆或失踪

等意外事故而产生的损失，各种损失均包括全部损失和部分损失。其二，被保险人在货物遭遇风险时因采取各种抢救措施而产生的合理费用，并且费用总额不超过保险金额。

（二）航空运输一切险

航空运输一切险的承保责任范围与海洋运输保险中的一切险相似，其责任范围除了包括航空运输险的全部内容之外，还要负责赔偿货物在运输过程中因遭受一般外来风险而产生的全部和部分损失。航空运输险与航空运输一切险的除外责任与海洋运输保险的除外责任基本相同，诸如因被保险人的故意或过失行为、被保险货物的自然损耗、本质缺陷、运输延迟等原因所造成的损失，保险人将不负责赔偿。

（三）保险期限

航空运输货物保险的两种基本险按照“仓至仓”条款来确定保险期限，但航空运输的“仓至仓”条款并非海洋运输保险的“仓至仓”条款。主要区别表现在两个方面，其一，若货物运达保险单所载明的目的地而未运达收货人仓库，则以被保险货物在最后卸离飞机后满 30 天为止。若在上述 30 天内货物被转送到非保险单所载明的目的地，则以开始转送时终止。其二，由于被保险人无法控制的运输延迟、被迫卸货、转运等情况所造成的运输目的地变更，若被保险人及时通知保险人并加付保险费，原保险单可以继续有效，相应的最后时间均以 30 天为限。

三、邮包运输货物保险

邮包运输保险是指承保邮包在海、陆、空等多种运输方式中遭遇风险及损失的一类保险。按照中国人民保险公司制定的《邮包保险条款》，我国的邮包运输货物保险主要包括邮包险和邮包一切险两类基本险。

（一）邮包险

邮包险（Parcel Post Risks）的承保责任范围与海洋运输保险中的水渍险类似，主要负责赔偿被保险邮包在运输过程中因恶劣气候、雷电、海啸、地震、洪水等自然灾害或运输工具遭受搁浅、触礁、沉没、碰撞、倾覆、出轨、坠落、失踪、失火、爆炸等意外事故所导致的全部或部分损失，以及被保险人因采取施救措施而支付的合理费用。相关损失和费用均不得超过保险金额。

（二）邮包一切险

邮包一切险（Parcel Post All Risks）的承保责任范围与海洋运输保险中的一切险类似，其责任范围除了包括邮包险的全部内容之外，还要负责赔偿货物在运输过程中因遭受一般外来风险而产生的全部和部分损失。类似的，邮包险与邮包一切险的除外责任也与海洋运输保险的除外责任基本相同，诸如因为发货人的责任、保险责任开始前的损失、货物市价跌落等原因所造成的损失，保险人将不负责赔偿。

（三）保险期限

由于邮包运输通常涉及多种运输方式，因而发生风险的概率相对较高。在邮包运输实务中，承运人通常采用“门到门”方式开展运输，保险期限的确定方法也比较特殊。一般而言，保险责任自被保险邮包在保险单所载明的起运地由寄件人向邮局交货时开始，至邮包运达保险单所载明的目的地，收货人从邮局签收时结束。若收货人未按时收取邮包，则保险期限以邮局发出收货通知书后 15 天为限，收货人一旦签收，保险期限也随即结束。

（四）保价

在邮包运输实务中，还要注意保险与保价的区别。保险的赔偿责任人为保险公司，而保价的赔偿责任人一般为邮局等承运人。所谓保价，是指托运人可向邮局额外支付一笔费用，并且这一费用与托运人对邮递货物的估价有关，并可在邮包发生遗失或损坏时，获得邮局一定金额的赔付。例如，邮包估价为 10 000 元，保价费按照千分之五收取，即为 50 元，当货物遗失时，寄件人可获得最高 10 000 元的赔偿。保价是一种被广泛应用于邮政运输业务的加价保障服务，多用于对贵重物品、易损包裹的邮递运输。然而，在有的国家或地区，保价金额受到严格限制，往往低于邮包的实际价值，此时，托运人必须投保保险才能有效防范国际运输过程中的各类风险。有时，托运人也可同时采用保价和保险两种做法。例如，按照中国人民保险公司的规定，凡进行保价的邮包，还可享受保险费减半的优惠措施。

本章小结

本章主要讲述了四个方面的内容。

第一，海洋运输保险的责任范围。海上风险是指船舶及货物在海上航行过程中所遭遇的风险，一般包括自然灾害和意外事故。外来风险是指船舶及货物所遭受的自然灾害和意外事故之外的由其他外来原因所引起的风险。海上损失是指船舶及货物在海上航行过程中因遭遇自然灾害或意外事故而引起的损坏、灭失及额外支出，一般分为全部损失和部分损失。

第二，我国海运保险险别。我国海上货物运输保险主要包括基本险和附加险两个类别。基本险包括平安险、水渍险和一切险；附加险包括一般附加险和特殊附加险。

第三，海洋运输保险实务。险别选择应当结合货物本身的特性，考虑货物的包装情况，考虑运输的具体过程并结合国际贸易惯例。保险金额是指保险人按照保险合同的约定应当承担赔偿责任的最高限额。保险费是指被保险人或投保人按照保险公司的保险费率交付的投保费用。保险单据是指投保人或被保险人与保险人达成保险合同并交付保险费后，所取得的一系列带有证明性质的单据。“仓至仓”条款是我国海洋货物运输保险确定保险期限的主要方式。

第四，陆运保险、空运保险与邮包运输保险。陆上运输货物保险是承保铁路、公路等陆上运输方式中的货物损失的一类保险。航空运输货物保险是承保航空运输方式中的货物损失的一类保险。邮包运输保险是承保邮包在海、陆、空等多种运输方式中遭遇风险及损失的一类保险。

思考题

1. 请简述海上风险的主要内容。

2. 请简述保险单据的主要形式。

3. 请简述平安险、水渍险和一切险的承保范围，并阐述这些保险险别与海上损失的关系。

4. 试论述选择海洋运输保险险别需要注意的问题及其原因。

5. 试论述以“仓至仓”条款来规定国际货物运输保险期限的原因与意义。

第十三章 国际贸易商品价格

学习目标

XUEXI MUBIAO

熟悉国际贸易商品价格的含义与影响因素，掌握国际贸易商品价格的作价原则与方法，能够正确拟定国际贸易合同中的价格条款。熟悉佣金与折扣的计算方法，掌握出口商品价格核算的各种方法。

学习重点

XUEXI ZHONGDIAN

价格的含义与影响因素，作价原则与作价方法，佣金与折扣的规定方法，出口商品的价格构成，贸易术语间的价格换算，出口盈亏率、出口换汇成本、出口创汇率、进口商品盈亏率及进口赔赚额的计算方法。

第一节 作价的原则与方法

一、价格的含义

价格（Price）是指买卖双方进行交易时，买方需要付出的代价或价款。按照经济学原理，商品价格是商品价值的货币表现，反映了市场上对商品数量的供需情况。对于国际贸易商品，价格直接关系到买卖双方的经济利益，是国际贸易合同的关键内容之一。

在国际贸易合同的价格条款中，买卖双方需明确规定商品的价格，具体包含了单价和总价两项基本内容。一方面，进出口商品的单价又包含了四项内容，分别是货币名称、单价金额、计量单位和贸易术语。例如，每公吨500美元CFR新加坡（USD500 per Metric Ton CFR Singapore），其中，货币名称为美元，单价金额为500，计量单位为公吨，贸易术语为CFR。另一方面，进出口商品的总价为单价与合同数量的乘积。依前例，若成交数量为1 000公吨，则总价=单价×数量=500×1 000=500 000美元。除此之外，价格条款还可对佣金与折扣进行规定。需要注意的是，商品价格并非一项单纯的数字概念，而是一种重要的市场竞争手段。掌握并用好商品的作价方法，有利于在企业层面进一步实现购销意图，在产业层面进一步增强竞争优势，在国家层面进一步发展对外贸易。

二、价格的影响因素

对于外贸商品，影响商品价格的因素不仅来自商品本身，还包括运输、外汇等外部因素。

（一）商品质量

商品本身的品质或质量是决定商品价格的重要因素。按质论价是国际市场上的基本作价原则。一般而言，商品的质量既包括商品的等级、规格、成分及性能等内在品质，也包括商品的品牌、包装、配套及服务等外在品质。相应质量越高，商品的价格也越高，反之则越低。

（二）成交数量

成交数量不仅与商品总价密切相关，在一定条件下也能影响商品单价的高低。按照国际市场惯例，合同中的成交数量越大，商品的单价越低；合同的成交数量越小，商品的单价越高。这是因为较大的成交数量往往可以获得更优惠的交易条件，例如，更高的折扣、更低的运输成本等。出口商为了鼓励进口商扩大进口数量，常常会将价格与数量相联系，而没有数量差别的统一作价方法是不恰当的。

（三）运输条件

进出口商品价格与国际运输也存在较强的关联。运输环节的影响因素主要包括运输距离、运输方式与交货地点。第一，运输距离与商品价格成正比。运输距离越长，相应的运费、保险费也越高，较高的运输成本将最终反映在商品的价格当中。第二，运输方式与商品价格直接相关。对于相同的货物运输距离，运输成本会因采用的运输方式不同而不同。一般而言，对于单位货运周转量的运费，航空运输成本最高，铁路、公路运输成本其次，海洋运输成本最低。第三，交货地点也会影响商品价格。例如，按照不同的贸易术语，FOB、CFR、CIF等装运合同性质的术语在装运港船上交货，DAT、DAP、DDP等到达合同性质的术语则在目的地交货。由于运输过程中的风险分别由进口方和出口方负责，因而商品的价格也应有所区别。

（四）季节因素

国际贸易中的商品往往具有明显的时令性和季节性特征，存在销售商品的旺季和淡季。在旺季时，商品销售供不应求，此时的作价原则是适当涨价，以便扩大利润、积累资本；在淡季时，商品销售供大于求，此时的作价原则是适当降价，以便收回成本、消化库存。进出口商应充分了解相关商品的季节性需求变化，并利用这一季节性价格差异，实现企业的最优外贸策略。

（五）支付条件

进出口商品的价格还会受到支付条件的影响。具体而言，支付条件包括货款的结算货币和结算方式。一方面，价格与计价货币的选择有关，因为汇率的波动会对商品的实际成交价格产生明显的影响。例如，以趋于贬值的外汇作价时，价格会偏高；以趋于升值的外汇作价时，价格会偏低。另一方面，不同结算方式下的价格也不相同。例如，赊销的价格往往偏高，预付款的价格往往偏低。类似的，远期付款与即期付款的价格不同，托收、汇付与信用证付款的价格也有所不同。总之，贸易商在作价时应充分考虑外汇汇率与收付款方式对价格的影响，尽量防范风险、保证利润。

（六）其他因素

另外，影响商品价格的其他因素还有很多，需要在作价时综合考虑。例如，应充分了解商品销售的目标国情况。世界各国在历史、文化、民族、风俗等方面存在多元化差异，同类商品在不同国家或地区应差别定价，从而满足不同地域消费者的效用偏好。除此之外，对于长期合作的国外客户和第一次合作的新客户，商品价格也应有所区别，从而体现出不同的营销策略与优惠意图。对于国际市场价格的动态变化也应密切关注，特别是诸如原油、贵金属等大宗商品，还应注意其在期货市场与现货市场上的价格差异，避免在签订贸易合同后因价格剧烈波动而产生经济损失。

总之，进出口商品的定价是一项复杂且重要的工作，需要买卖双方通盘考虑、充分沟通，并在合同的价格条款中予以明确表述。

三、基本作价原则

（一）以国际价格为基准

国际价格（International Price）也被称为国际市场价格，是一定时期内某种商品或服务的国际价值的货币表现。进出口商品的价格应以国际市场价格为基准，因为国际市场价格是对国际市场供求关系的直接反映。国际市场价格具有客观性、代表性和普遍性特征，若商品定价过分偏离这一公认价格，不论是过高还是过低，都会影响商品销售。同时，国际市场价格的波动具有一定的周期和规律，正确掌握国际市场价格的变动趋势将有利于贸易商从贸易中获益。

（二）以地域差异为依据

地域差异（Regional Differences）本是一个地理学概念，是指世界上的不同国家或地区在自然、经济、人文、社会等诸多方面所呈现出的不同特征。在国际贸易中，贸易商对进出口商品作价时不能忽略不同目标国市场的地域差异，既要结合一国的对外贸易政策和与目标国的经贸关系，还要考虑目标国的经济发展水平、购买力条件及社会文化特征等因素，并对不同的目标国市场进行差别作价。

（三）以国际营销为目标

国际营销（International Marketing）是指企业通过一系列诸如计划、作价、促销和互动等环节，将产品或服务提供给外国客户或消费者并从中获利的贸易活动。进出口商品的作价应当以国际营销为目的，充分反映贸易企业的购销意图与经营策略。例如，商品作价可以使用国际营销学中的降价策略与提价策略。当需要开拓外国新市场时，作价应略低，以便通过价格优势迅速获得当地消费者的认可。当需要提高利润水平时，作价应略高，从而在短期内迅速实现资金回笼和产品升级。

四、作价方法

（一）固定价格

固定价格是指买卖双方在协商一致的情况下所确定的、任何一方不得擅自变更的商品价格。按照《联合国国际货物销售合同公约》的规定，合同中关于固定价格的规定应明确、具体，双方一旦确定价格，就必须严格执行。在国际贸易实践中，固定价格历史悠久、应用广泛，其明确性、不变性特点不仅有利于国际贸易的成本与利润核算，更能够防止争议、避免误解。然而，固定价格也存在一定不足。例如，当国际市场上的价格或汇率发生剧烈波动时，提前约定的固定价格往往难以变通，不能调整，这有可能导致在贸易中受损的一方借机寻找借口，故意拖延对合同的执行，甚至出现刻意违约的情况。因此，鉴于国际市场瞬息万变，贸易商在使用固定价格这一作价方法时，不但要慎重选择贸易伙伴，而且要做好相关调查分析，并预设一定的补救措施。

（二）非固定价格

为降低价格风险、汇率风险，并增加合同价格的可操作性，国际贸易的买卖双方还可使用非固定价格进行作价。

1. 待定价格

待定价格是指买卖双方在合同中只规定未来确定交易价格的方法和依据，而不用列出具体的价格数字的一种定价方法。待定价格通常可分为两种具体方法。其一，明确规定定价方法和定价时间。例如，"装船前30天，以当地市场价格为参考，经买卖双方协商确定正式价格""以签发提单当日的国际市场价格为正式价格"等。其二，只规定作价时间，不规定具体方法。例如，"正式价格由买卖双方于2020年3月1日协商确定"等。需要注意的是，由于第二种方法对作价依据并没有做出明确规定，这很容易在贸易过程中引发误解或争议，因而只适用于长期合作的贸易商按照习惯价格进行交易的情况。

2. 暂定价格

暂定价格是指买卖双方在合同中只规定一个初步的参考价格，并以此作为开立信用证和初步付款的依据，待双方确定最后的正式价格以后再进行多退少补的结算。例如，"单价暂定200英镑/箱，CIP伦敦，以伦敦交易所未来3个月期货价格计算正式价格，买方按照此暂定价格开立信用证"。这一定价方法，既明确了成交价格的大体水平，也预留了一定的价格调整空间，因而在国际贸易中也得到了广泛应用。

3. 部分固定、部分非固定价格

部分固定、部分非固定价格结合了固定价格与非固定价格两种作价方法，兼顾了价格的明确性和机动性。这一定价方法多用于国际贸易中的分批交货情况，即对近期交货的商品按照固定价格方法作价，对于远期交货的商品则按照非固定价格方法作价。显然，部分固定、部分非固定价格具有诸多好处。其一，有助于贸易谈判的进行。买卖双方若因价格而产生分歧，可以暂时放下争议，先就其他贸易条件达成一致。其二，有助于贸易合同的签订。由于远期价格待定，价格风险可控，因而买卖双方可以签订长期的贸易合同。

（三）滑动价格

滑动价格（Sliding Price）是一种较为复杂的作价方法。一般而言，贸易合同从签订到履行，需要经过一段较长的时间。在这一期间，与产品生产有关的原材料、劳动力、能源、管理等价格或费用都有可能出现上涨情况。为了避免此类生产、流通环节的价格风险，买卖双方可以在合同中约定一个基础价格（Basic Price），同时规定，最终的正式价格将根据原材料价格和工资等的变动情况来计算。价格条款中有关滑动价格的内容也被称为价格调整条款（Price Adjustment Clause），基本计算见公式13-1。

公式13-1：$P_1 = P_0 \times (A + B \times \frac{M_1}{M_0} + C \times \frac{W_1}{W_0})$

P_1：商品交货时的最终价格；

P_0：签订合同时的基础价格；

M_1：计算最终价格时的物价指数；

M_0：签订合同时的物价指数；

W_1：计算最终价格时的工资指数；

W_0：签订合同时的工资指数；

A：管理费及利润在价格中的比例；

B：原材料在价格中的比例；

C：工资在价格中的比例。

另外，A、B、C 三项比例之和为 100%，并且已在签订合同时确定不变。

（四）计价货币的选择

计价货币（Money of Account）是开展国际贸易的买卖双方在合同中约定的用来计算价格的货币。一般而言，计价货币就是最后的支付货币（Money of Payment），但是当贸易合同另有约定时，支付货币也可采用计价货币之外的其他货币。买卖双方既可以约定以其中一方所在国的货币为计价货币，也可以预定以第三国货币为计价货币。目前，国际上通用的货币主要有美元、欧元、英镑、日元、港元等，这些货币都是可自由兑换的国际货币。

选择计价货币时，如果贸易双方所在国政府已经签订了贸易协定，则应使用贸易协定所规定的货币作为计价货币；如果贸易双方所在国政府没有签订贸易协定，则可由买卖双方协商确定计价货币。除了尽量选择国际通用货币外，确定计价货币还有几点注意事项。

第一，出口贸易首选"硬币"，进口贸易首选"软币"。习惯上，汇率稳定或趋于升值的货币被称为"硬币"，币值波动或趋于贬值的货币被称为"软币"。这里的"硬"和"软"并非简单的优与劣，而是各有各的作用与好处。当开展出口贸易时，为保证预期利润不会因货币贬值而减少，应选择"硬币"作为计价货币；当开展进口贸易时，为了尽量减少未来支付货币的本币价值，应选择"软币"作为计价货币。然而，卖方希望选择"硬币"，买方却希望选择"软币"。若这一相互矛盾的目标无法在合同中实现，则买卖双方还可以通过适当降低或提高商品价格来防范汇率变动的潜在风险。

第二，"硬币"与"软币"结合使用。贸易双方还可以在合同中约定使用不止一种货币作为计价货币及支付货币。例如，可以设置一个货币计价比例，即部分货款用"硬币"作为计价货币，部分货款又用"软币"作为计价货币，从而既兼顾了买卖双方的利益，又冲抵了不同货币间汇率波动的风险。

第三，订立外汇保值条款，预防汇率波动风险。外汇保值条款能够运用汇率策略来保障买卖双方的经济利益，通常有三种具体应用方式。其一，当计价货币与支付货币都是"软币"时，在合同中规定此"软币"价格可按照某种"硬币"的汇率进行折算，一旦将来发生"软币"贬值的情况，则按当时的"硬币"汇率支付"软币"。其二，当计价货币为"软币"，支付货币为"硬币"时，一旦将来发生"软币"贬值的情况，则可将合同签订时的商品价值折算成"硬币"，并最终按照此"硬币"价格进行支付。其三，采用"一揽子货币保值"（Package Money Value-preservasion）策略。选择若干种货币并设置固定权重，组成一揽子保值货币组合。当汇率发生波动时，各种货币可以相互抵消贬值风险（例题 13-1）。

【例题 13-1】 假设计价货币与支付货币均为欧元，当时每公吨棉花的价格为 100 欧元，人民币的权数为 1/4，签订合同时的汇率为 1 欧元 = 8 人民币，而支付货款时 1 欧元 = 5 人民币。请问采用这"一揽子货币保值"策略可和减少多少汇率损失？

解：

签订合同时，人民币的权重为：100 欧元×1/4 = 25 欧元；25 欧元×8 = 200 元人民币。

支付货款时，人民币的权重为：200 元人民币÷5 = 40 欧元。

欧元贬值前后，人民币的权重发生的变化为：40 欧元-25 欧元 = 15 欧元。

最后的支付货币由 100 欧元增加为了 115 欧元。

因此，采用"一揽子货币保值"策略减少了 15 欧元的汇率风险。

五、约定价格条款的注意事项

（一）注意合同条款的一致性

价格条款应与合同中的其他条款保持一致，避免出现相互矛盾的情况。一方面，买卖双方在约定价格条款时，所使用的计量单位应与数量条款中的计量单位一致，避免产生单位换算的问题。例如，数量条款中规定的单位是长吨，那么价格条款中的单价也应按照长吨表示，而不宜使用短吨等其他重量单位，否则总价的计算将变得十分复杂。另一方面，买卖双方若在合同的品质条款、数量条款中规定了机动幅度，则应规定对相应变化情况的作价方法，以便在合同的履行过程中保持充分的可操作性。

（二）注意价格条款的明确性

价格是国际贸易合同的关键内容之一，买卖双方须在交易磋商中协商一致，并在贸易合同中明确规定。单价中的货币名称、单价金额、计量单位、贸易术语及佣金、折扣等，也应完整、明确。例如，对于具体金额，为防止误解或篡改，除使用阿拉伯数字表示外，其还应使用中文大写或英文字句进行准确表述。

（三）注意计价货币的合理性

计价货币是影响价格高低及其未来变化趋势的重要因素，关系到买卖双方的切实经济利益。一般而言，买卖双方在协商价格条款时都应慎重选择计价货币，买方力争选择“软币”，而卖方力争选择“硬币”。当买卖双方不能选择对自己有利的计价货币时，则应充分利用保值条款或定价策略来预防汇率风险。

（四）注意对市场行情的充分调研

商品的价格主要受国际市场的供求关系影响，价格条款中的商品价格是否合理，将最终由市场来检验。在定价之前，买卖双方需要对商品在国际市场上的历史价格、当前价格和未来价格进行调查分析，并结合自身的营销策略或购销意图，确保合同中的价格能够做到最优化，切忌盲目定价、凭经验定价及单方面定价。

第二节　佣金与折扣

佣金与折扣是国际贸易合同中价格条款的常见内容，当商品价格包含折扣时，被称为含折扣价；当商品价格包含佣金时，则被称为含佣价；当商品价格不含有折扣和佣金时，被称为净价（Net Price）。

一、佣金

（一）含义

佣金（Commission）是指国际贸易中的代理人或经纪人向委托人收取的业务报酬。众所周知，国际贸易中的买卖双方往往相距遥远且分散各国，这一障碍为国际贸易中间商提供了业务空间。中间商以代理人身份在国际市场上介绍生意、代买代卖，不仅促进了国际贸易的开展，也形成了一套拥有庞大业务量的中间人市场。中间商在买卖双方之间搭建起信息、资金、管理及服务的桥梁，其佣金便是进出口商向其支付的劳动报酬。

按照佣金是否在价格条款中被明确表述，佣金可以分为明佣和暗佣两种类型。前者是指买卖双方须在合同的价格条款中明确规定付给中间商的佣金费用或佣金率，并将其作为商品价格的组成部分。后者则是以口头方式或习惯做法暗中约定佣金费用或佣金率，而并不在合同或价格中直接反映出来。佣金既可以向买卖双方中的一方收取，也可以向双方收取，向

买卖双方收取的佣金被称为双头佣。

佣金对商品价格会产生直接的影响，正确合理地使用佣金不但不会削弱商品价格的竞争优势，反而能够起到加速成交、扩大交易等积极作用。

（二）规定方法

1. 佣金率

佣金率是一种用百分比来表示佣金的常用方法，通常以商品含佣价的一定比例作为应当支付的佣金额度，一般可以在价格条款中完整表述或缩写表述。例如，当采用完整表述时，可规定“每公吨 50 加元 CFR 魁北克包括 3%佣金（C $ 50 per Metric ton CFR Quebec including 3% commission）”。当采用缩写表述时，可规定“每公吨 50 加元 CFR C2%魁北克（C $ 50 per Metric ton CFR Quebec including 2% commission）”，即用字母 C 表示佣金。

2. 佣金额

佣金额是一种用绝对数来表示佣金的方法，通常以某一固定的费用作为应当支付的佣金额度，一般在价格条款中直接表述。例如，“每公吨支付佣金 30 港元（A Commission of HK $ 30 per Metric ton）”。需要特别注意的是，按照中国人民银行 1996 年制定的《结汇、售汇及付汇管理规定》，其中第十三条第六点和第十五条第二点规定，出口项下不超过合同总金额 2%的暗佣（暗扣）和 5%的明佣（明扣），或者虽超过上述比例但未超过等值 1 万美元的佣金，持出口合同或者佣金协议、结汇水单或收账通知从其外汇账户中支付或到外汇指定银行兑付；对于超过上述规定比例和金额的佣金，则由外汇局审核其真实性后，从其外汇账户中支付或者到外汇指定银行兑付。可见，买卖双方对于佣金的约定应科学合理，过高的佣金不仅不利于商品的销售，也可能受到外汇审核等政策法规的限制。

（三）佣金的计算

计算佣金的常用方法有两种，一种是按照贸易合同的金额乘以一定的佣金率来计算，另一种是按照贸易合同的数量乘以单位数量的佣金额来计算。包含佣金的商品价格称为含佣价，不包含佣金的商品价格则称为净价。

当按照佣金率计算时，佣金的计算见公式 13-2、13-3。

公式 13-2：佣金 = 含佣价 × 佣金率

公式 13-3：净价 = 含佣价 - 佣金

以上公式还可变形为公式 13-4 和 13-5。

公式 13-4：净价 = 含佣价 ×（1 - 佣金率）

公式 13-5：含佣价 = 净价 ÷（1 - 佣金率）

当按照佣金额计算时，佣金的计算见公式 13-6。

公式 13-6：佣金 = 单位商品佣金额 × 成交数量

在国际贸易实务中，佣金的计算基数一般是贸易商品的发票金额。需要注意的是，按照不同的贸易术语，佣金的计算基数也有所不同。按照商业习惯，以 FOB 或 FCA 术语价格作为计算基数是比较常见的，因为这类价格代表了出口商的实际销售收入，以此计算佣金简便且合理。当贸易合同按 CIF、CFR 等其他术语成交时，需将相应术语换算为 FOB 或 FCA，然后再计算出相应的佣金。常用换算方法见公式 13-7、13-8。

公式 13-7：FOB 价 = CIF 价 - 运费 - 保险费 = CFR 价 - 运费

公式 13-8：FCA 价 = CIP 价 - 运费 - 保险费 = CPT 价 - 运费

【例题 13-2】某货物的卖方报价为“每公吨 200 美元 FOB C2%舟山港”，请计算含佣价和佣金。

解：

含佣价=净价÷（1-佣金率）

FOBC2% = 200÷（1-2%）= 204.08（美元）

佣金 = 含佣价×佣金率

佣金 = 204.08×2% = 4.08（美元）

（四）佣金的支付

佣金一般有两种支付方式：一种是直接由中间商在货款中扣除佣金；另一种是在出口商收到货款后，再按照与中间商的协议另外支付佣金。在计算和支付佣金时，贸易商应注意避免发生错付、漏付等情况。

二、折扣

（一）含义

折扣（Discount）俗称打折，是指国际贸易中的卖方给予买方的一种价格优惠，表现为一定百分比的让利、减价或退款。事实上，折扣并不完全等同于降价，而是一种需要记账核算的名义金额。在长期的国际贸易实践中，折扣的种类逐渐丰富，除了最常见的普通价格折扣外，还有以扩大销售数量为目的的数量折扣（Quantity Discount）、以实施某种商业策略为目标的特别折扣（Special Discount）、以刺激淡季消费或消化库存为目的的季节折扣（Seasonal Discount）、以催促买方尽快付清货款为目的的现金折扣（Cash Discount），以及以鼓励和稳定经销商为目的的年终回扣（Turnover Bonus）等。

按照折扣是否在价格条款中被明确表述，其可以分为“明扣”和“暗扣”两种类型。前者是指买卖双方需在合同的价格条款中明确规定付给进口商的折扣额或折扣率，并将其作为商品价格中的优惠部分。后者则是以口头方式或习惯做法暗中约定折扣额或折扣率，而并不在合同或价格中直接反映出来。

折扣与商品的价格密切相关，折扣率越高，商品的实际成交价格越低，这有利于增强商品在国际市场上的价格优势与调动进口商对商品的购买积极性，从而起到扩大销路、加速成交的良好效果。因此，折扣是国际贸易中一种重要的价格工具，正确应用折扣将有利于国际贸易业务的顺利开展。

（二）规定方法

1. 折扣率

折扣率是一种用百分比来表示折扣的常用方法，通常以合同中商品价格的一定比例作为应当减让的折扣额度。类似于佣金，折扣率一般也可以在价格条款中完整表述或缩写表述。例如，当采用完整表述时，可规定“每公吨 300 欧元 CIF 阿姆斯特丹，减让 1% 折扣（EUR300 per Metric ton CIF Amsterdam including 1% discount）”。当采用缩写表述时，可规定“每公吨 300 欧元 CIF D1%阿姆斯特丹（EUR300 per Metric ton CIF D1% Amsterdam）”，即用字母 D 表示折扣。若折扣属于回扣（Rebate）形式，则用字母 R 表示。

2. 折扣额

折扣额是指用一项绝对数来表示每单位数量商品的折扣金额。一般在价格条款中以文字形式直接表述。例如，“每公吨的折扣为 10 港元（A discount of HK $ 10 per Metric ton）”。

当买卖双方以“明扣”方式规定折扣时，相应的价格条件较为明确，不易发生争议。当买卖双方以“暗扣”方式约定折扣时，相应的价格条件则没有书面协议，容易在交易过程中引起误解、造成损失。随着国际贸易环节的日趋规范化，“暗扣”已经属于不正当的竞争手段，有时甚至涉嫌腐败或欺诈，因而不宜再在国际贸易中继续使用。

（三）折扣的计算

计算折扣的方法一般是用国际贸易合同的总成交金额乘以一定百分比的折扣率来得出。合同的总成交金额通常就是发票金额，这一价格也被称为原价或含折扣总价。扣除折扣额后

的价格是净价。具体计算见公式 13-9、13-10。

公式 13-9：折扣额 = 含折扣总价 × 折扣率

公式 13-10：净价 = 含折扣总价 - 折扣额

以上公式也可变形为公式 13-11 和 13-12。

公式 13-11：净价 = 含折扣总价 ×（1 - 折扣率）

公式 13-12：含折扣总价 = 净价 /（1 - 折扣率）

【例题 13-3】某货物的卖方报价为"每箱 1 000 英镑 CIF D5%利物浦港"，请计算折扣额和净价。

解：

折扣额=含折扣总价×折扣率

=1 000×5%

=50（英镑）

净价=含折扣总价-折扣额

=1 000-50

=950（英镑）

（四）折扣的支付

折扣一般也有两种支付方式，一种是直接由进口商在支付货款时预先扣除折扣，这种方式多用于"明扣"；另一种是在进口商支付货款后，出口商再按照事先预定的折扣额度另外向进口方支付，这种方式多用于"暗扣"。在计算和减让折扣时，贸易商也需要注意避免发生错扣、漏扣等情况。

第三节　出口商品的价格核算

一、出口商品的价格构成

出口商品的价格构成包括三个部分，分别是成本、费用和利润，即公式 13-13。

公式 13-13：出口商品价格 = 成本 + 费用 + 利润

（一）成本

成本（Cost）是商品价值的重要基础，是生产商品所耗费资源的货币衡量。对于国际贸易中的出口商品而言，可将成本按照来源的不同分为生产成本、购货成本和加工成本三种类型。其一，生产成本（Production Cost）也被称为制造成本，是企业为生产产品而产生的成本。对拥有进出口经营权的制造企业而言，生产成本就是出口商品成本。其二，购货成本（Purchase Cost）也被称为进货成本，是指贸易商向生产商或中间商购进商品的价格。当购货成本中已含有增值税时，核算实际成本时应扣除出口退税额。对没有生产能力的外贸企业而言，购货成本就是出口商品成本。其三，加工成本（Processing Cost）是指企业在加工产品的过程中所产生的除原材料成本以外的其他成本，具体包括成品的加工成本、半成品加工成本、车间加工成本及代工成本等。对从事加工贸易的企业而言，加工成本加上原材料、零部件等的购货成本就是出口商品成本。

（二）费用

费用（Expenses）是指商品在流通过程中所产生的中间环节支出。中间环节越多、越复杂，所产生的费用也越多，因而费用亦是影响商品价格的重要因素。按照产生费用的环节不同，与商品出口有关的费用主要包括运输费、仓储费、保险费、包装费、商检费、关税、通信费、管理费及其他杂费等。有时，为便于成本核算，出口商品的费用可以划分为国外费用和国内费用两类。

（三）利润

利润（Profit）是企业开展生产经营活动的直接目标，亦是商品价格的重要组成部分。在价格一定的情况下，利润不仅会受到成本与费用的影响，还会受到市场供需情况的左右。因此，出口商品的利润具有较强的预期性和不确定性，完成一份国际贸易合同最终能否盈利，需要经过具体核算才能得出结论。一般而言，其表现在商品价格中的利润多为预期利润。

需要注意的是，在对出口商品进行成本核算时，出口总成本既包含了全部成本，也包含了一切费用，只是不包含预期的利润。

二、贸易术语与价格构成

（一）贸易术语的价格构成

按照《国际贸易术语解释通则 2010》（Incoterms 2010）的规定，贸易术语一共有 11 种。在每一种贸易术语下，买卖双方各自承担着不同的风险、责任和费用。每一种贸易术语的价格构成也有所不同。具体情况如下：

1. FOB、CFR 和 CIF

FOB 价＝购货成本（含增值税）－出口退税额＋国内费用＋预期利润

　　　＝实际成本（不含增值税）＋国内费用＋预期利润

CFR 价＝实际成本（不含增值税）＋国内费用＋预期利润＋国际运费

CIF 价＝实际成本（不含增值税）＋国内费用＋预期利润＋国际运费＋国际保险费

2. FCA、CPT 和 CIP

FCA 价＝购货成本（含增值税）－出口退税额＋国内费用＋预期利润

　　　＝实际成本（不含增值税）＋国内费用＋预期利润

CPT 价＝实际成本（不含增值税）＋国内费用＋预期利润＋国际运费

CIP 价＝实际成本（不含增值税）＋国内费用＋预期利润＋国际运费＋国际保险费

3. EXW、FAS、DAT、DAP 及 DDP

EXW 价＝实际成本（不含增值税）＋预期利润

FAS 价＝实际成本（不含增值税）＋国内费用＋预期利润

DAT 价＝实际成本（不含增值税）＋国内费用＋预期利润＋大部分国外费用

DAP 价＝实际成本（不含增值税）＋国内费用＋预期利润＋大部分国外费用

DDP 价＝实际成本（不含增值税）＋国内费用＋预期利润＋全部国外费用

（二）贸易术语间的价格换算

在国际贸易实务中，进出口双方常常会对同一批商品按照不同贸易术语进行报价，这就涉及不同贸易术语之间的价格换算问题。最常见的是在 FOB、CFR 和 CIF 之间，以及在 FCA、CPT 和 CIP 之间进行换算。具体换算公式如下。

1. FOB、CFR 和 CIF 之间的换算

（1）FOB 与 CFR。

CFR 价＝FOB 价＋主运费

FOB 价＝CFR 价－主运费

（2）FOB 与 CIF。

CIF 价＝FOB 价＋主运费＋保险费

FOB 价＝CIF 价－主运费－保险费

（3）CFR 与 CIF。

CIF 价=CFR 价+保险费

CFR 价=CIF 价-保险费

（4）扩展变形。

需要注意的是，由于保险费=CIF 价×（1+保险加成率）×保险费率，因此，以上公式中的后两组还可进一步扩展为：

CIF 价=（FOB 价+主运费）/［1-（1+保险加成率）×保险费率］

FOB 价=CIF 价×［1-（1+保险加成率）×保险费率］-主运费

CIF 价=CFR 价/［1-（1+保险加成率）×保险费率］

CFR 价=CIF 价×［1-（1+保险加成率）×保险费率］

【例题 13-4】中国一外贸公司销售儿童玩具的对外报价为 15 美元/套，按 CIF 价格的 110%投保一切险，保险费率为 0.8%，后来外国商人要求改为 CFR 价格，请问我方应如何报价？

解：

CFR 价=CIF 价×［1-（1+保险加成率）×保险费率］

=15×［1-110%×0.8%］

=14.868（美元）

答：我方的 CFR 术语报价为 14.87 美元/套。

2. FCA、CPT 和 CIP 之间的换算

（1）FCA 与 CPT。

CPT 价=FCA 价+主运费

FCA 价=CPT 价-主运费

（2）FCA 与 CIP。

CIP 价=FCA 价+主运费+保险费

FCA 价=CIP 价-主运费-保险费

（3）CPT 与 CIP。

CIP 价=CPT 价+保险费

CPT 价=CIP 价-保险费

（4）扩展变形。

需要注意的是，由于保险费=CIP 价×（1+保险加成率）×保险费率，因此，以上公式中的后两组还可进一步扩展为：

CIP 价=（FCA 价+主运费）/［1-（1+保险加成率）×保险费率］

FCA 价=CIP 价×［1-（1+保险加成率）×保险费率］-主运费

CIP 价=CPT 价/［1-（1+保险加成率）×保险费率］

CPT 价=CIP 价×［1-（1+保险加成率）×保险费率］

【例题 13-5】俄罗斯一外贸公司向欧洲出口羊毛的报价为每公吨 200 欧元，按 CIP 价格的 110%投保铁路运输一切险，保险费率为 0.6%，国际运输费用为每公吨 30 欧元，后来欧洲商人要求改为 FCA 价格，请问俄罗斯商人应如何报价？

解：

FCA 价=CIP 价×［1-（1+保险加成率）×保险费率］-主运费

=200×［1-1.1×0.006］-30

=168.68（欧元）

答：俄罗斯商人的 FCA 术语报价为 168.68 欧元/公吨。

三、常用价格核算方法

（一）出口报价核算

1. 成本核算

在核算出口商品的成本时，对于生产成本与加工成本可按照品种法、分批法、分步法等计算方法来核算，对于购货成本则应增加对增值税和出口退税的考虑，常用公式如下：

公式 13-14：购货成本（含增值税）= 进货价格（不含税）+增值税税额

=进货价格（不含税）×（1+增值税税率）

公式 13-15：进货价格（不含税）= 购货成本（含增值税）/（1 + 增值税税率）

公式 13-16：实际购货成本 = 购货成本（含增值税）- 出口退税额

公式 13-17：出口退税额= 进货价格（不含税）× 出口退税率

= 购货成本（含增值税）/（1 + 增值税税率）× 出口退税率

2. 费用核算

一方面，国内费用核算主要包括下列费用。

（1）包装费（Packing Charges）：进口商如果对出口货物的运输包装和销售包装有一定要求，除基本费用外，还会产生额外的加工费、制作费等。

（2）国内运输费（Inland Transport Charges）：出口商将出口货物运输至沿海港口或边境口岸等交货地点的运输、仓储费用。

（3）港口费（Port Charges）：出口货物在装运港滞留、装卸等所产生的各项费用。

（4）海关费（Customs Charges）：出口商为商品办理出口报关手续而支付的费用，以及可能产生的海关仓储费等。

（5）商检费（Commodity Inspection Charges）：出口商将商品送至国内商检机构进行检验检疫所产生的费用。

（6）认证费（Certification Charges）：出口商办理出口许可证、原产地证书、出口配额及其他手续文件的费用。

（7）关税等税款（Tariff and Other Taxes）：出口国对出口商品征收、代收或退还的各项税费，如出口关税、出口退税、增值税等。

（8）利息费（Interest Charges）：出口商因垫付资金、贷款购货等所产生的利息费用。

（9）银行费（Bank Charges）：出口商委托银行办理信用证结算、国际保理、银行保函等服务而支付的费用。

（10）其他杂费（Other Incidental Expenses）：出口商在办理各项国际贸易业务时产生的通信费、交通费、差旅费、管理费及国内保险费等。

另一方面，国外费用核算主要包括下列费用。

（1）国际运输费（International Freight Charges）：将货物运输至国外目的港或目的地的费用，如海洋运输中的租船费、班轮费以及其他运输方式的运费等。

（2）国际保险费（International Insurance Premium）：为出口货物投保各种保险所支付的费用，如按照保险费率计算的海上货物运输保险的保费。

（3）佣金（Commission）：向国际贸易中的代理人、中间人所支付的佣金。

（4）其他费用（Other Charges）：出口货物在国际运输中的周转地、转口港及目的地产生的额外费用。

3. 利润核算

出口商需对出口商品的预期利润进行估算，并在价格中留有余地。通常按照公式 13-18 计算。

公式 13-18：预期利润 = 出口报价 × 预期利润率

对于预期利润的核算应结合商品的具体生产过程及成本费用构成，并且充分考虑未来市场行情的变动趋势，力争做到合理可控、盈亏平衡。

综上，成本、费用和利润三项指标共同构成了出口商品的价格。再结合外汇汇率，出口商品的报价公式为：

公式 13-19：出口报价(外汇)= （实际成本 + 国内外费用 + 预期利润）/ 外汇的本币买入价

【例题 13-6】 四川省的 ABC 企业拟向波兰出口 5 000 件电子产品。其中，购货成本为人民币 100 元/件，含增值税 17%，出口包装费为人民币 10 元/件，国内运费共计人民币 8 000 元，出口商检费人民币 500 元，海关报关费人民币 100 元，其他各项国内费用人民币 2 000 元。另外，出口退税率为 14%，国际运输费用 2 000 欧元，保险按发票金额的 110%投水渍险和若干附加险，保险费率共计 1%，价格中包含 3%的佣金。预期利润为 10%，汇率为 1 欧元=7. 942 7 人民币。请问，ABC 企业应如何报价？试计算 FOB、CFR 及 CIF 报价。

解：

实际成本=购货成本-出口退税=购货成本-购货成本÷（1+增值税税率）×退税率=100-100÷（1+0. 17）×0. 14=88. 034（元/件）

国内费用=包装费+运费+商检费+报关费+其他费=5 000×10+8 000+500+100+2 000=60 600（元）

每件商品的平均国内费用=60 600÷5 000=12. 12（元/件）

每件商品的平均国际运费=2 000×7. 94÷5 000=3. 176（元/件）

另外，保险费=报价×110%×1%；预期利润=报价×10%；佣金=报价×3%。

（1）计算 FOB C3%报价。

FOB C3%报价=实际成本+国内费用+佣金+预期利润=88. 034+12. 12+FOB C3%报价×3%+FOB C3%报价×10%

FOB C3%报价=100. 154/（1-13%）= 115. 12（元/件）

折合欧元为每件 14. 49 欧元。

（2）计算 CFR C3%报价。

CFR C3%报价=（实际成本+国内费用+佣金+预期利润）+国际运费=88. 034+12. 12+CFR C3%报价×3%+CFR C3%报价×10%+3. 176

CFR C3%报价=103. 33/（1-13%）= 118. 77（元/件）

折合欧元为每件 14. 95 欧元。

（3）计算 CIF C3%报价。

CIF C3%报价=（实际成本+国内费用+佣金+预期利润）+国际运费+保险费=88. 034+12. 12+CIF C3%报价×3%+CIF C3%报价×10%+3. 176+CIF C3%报价×110%×1%

CIF C3%报价=103. 33/（1-13%-1. 1%）= 120. 29（元/件）

折合欧元为每件 15. 14 欧元。

答:按照三种术语,分别报价为:每件 14. 49 欧元,FOB 中国北海,包括 3%佣金;每件 14. 95 欧元,CFR 波兰罗兹,包括 3%佣金;每件 15. 14 欧元,CIF 波兰罗兹,包括 3%佣金。

（二）进出口效益核算

对进出口商品进行经济效益核算，有利于相关企业控制成本、预测利润并防止亏损。这既是从事国际贸易业务的必须环节，也是衡量国际贸易绩效的重要手段。

1. 出口商品的经济效益核算

（1）出口盈亏率。

出口盈亏率也被称为出口商品盈亏率（Profit and Loss Ratio of Export Commodity），是一

种衡量出口商品究竟是盈利还是亏损的判断指标。具体而言，正的出口盈亏率代表出口商能够从国际贸易中获利，负的出口盈亏率则代表出口商在国际贸易中亏损，若出口盈亏率为零，实际上还是代表出口商亏损，因为国际贸易中的某些成本并不能用货币价值来准确度量。出口盈亏率的基本计算见公式 13-20。

公式 13-20：出口盈亏率 =（出口销售人民币净收入 - 出口总成本）/ 出口总成本 × 100%

注意，出口销售净收入通常为 FOB 价格或 FCA 价格，如果合同中使用了其他贸易术语，须将其换算为 FOB 价格或 FCA 价格。

【例题 13-7】我国一外贸企业购买某商品的购货价格为 RMB30 000，出口后外汇净收入为 USD4 500。此时，汇率为 1 美元 = 7.166 6 人民币。请计算该商品的出口盈亏率。

解：

出口商品盈亏率 =（出口销售人民币净收入-出口总成本）/出口总成本×100%

=（4 500×7.17-30 000）/30 000×100%

=7.55%

答：该商品的出口盈亏率 7.55%，盈利水平良好。

【例题 13-8】我国一外贸公司以每公吨 2 000 美元 CIF 纽约的价格出口某种商品，已知该笔业务每公吨需要支付国际运输费用 300 美元，保险加成率为 10%，保险费率为 0.8%，国内商品购货成本为 10 000 元人民币，其他杂费为 800 元人民币，汇率为 1 美元 = 7.166 6 人民币。请计算该笔业务的出口盈亏率。

解：

出口总成本 = 10 000+800 = 10 800（元）

出口销售净收入（FOB 美元价）= CIF 价-运费-保险费

= 2 000-300-2 000×110%×0.8% = 1 682.4（美元）

出口销售净收入（FOB 人民币价）= 1 682.4×7.17 = 12 062.81（元人民币）

出口盈亏率 =（出口销售人民币净收入-出口总成本）/出口总成本×100%

=（12 062.81-10 800）/10 800×100% = 11.69%

答：该商品的出口盈亏率 11.69%，盈利水平良好。

（2）出口换汇成本。

出口商品的换汇成本（Export Exchange Cost）是指某种商品的本币出口成本与外汇出口收益的比值。这一指标衡量了在一笔国际贸易业务当中，每换回一个单位的外币，花费了多少单位的本币。若这一比值高于银行的外汇牌价，则表示交易亏损；若低于银行的外汇牌价，则表示交易盈利。出口商品的换汇成本计算公式见公式 13-21。

公式 13-21：出口换汇成本 = 出口总成本（人民币）/ 出口外汇净收入（外币）

注意，出口外汇净收入通常为 FOB 价格或 FCA 价格，如果合同中使用了其他贸易术语，须将其换算为 FOB 价格或 FCA 价格。

【例题 13-9】我国一外贸企业出口某商品，购货成本为每打 RMB35，出口价为每打 USD5.2FOB 青岛。此时，汇率为 1 美元 = 7.166 6 人民币。请计算该商品的出口换汇成本。

解：

出口商品换汇成本 = 出口总成本（人民币）/出口外汇净收入（外币）

= 35/5.2 = 6.73

答：在这笔国际贸易中，出口换汇成本为 6.73，即每打商品用 6.73 元人民币便换回了 1 美元，而 6.26 低于银行的外汇牌价 7.17，说明该外贸企业出口略有盈余。

【例题 13-10】我国一外贸公司以每公吨 3 000 美元 CIF 旧金山的价格出口某种商品，已知该笔业务每公吨需要支付国际运输费用 400 美元，保险加成率为 10%，保险费率为 2%，国内商品购货成本为 16 000 元人民币，其他杂费为 1 200 元人民币，汇率为 1 美元=7. 166 6 人民币。请计算该笔业务的出口换汇成本。

解：

出口总成本=16 000+1 200=17 200（元）

出口销售净收入（FOB 美元价）=CIF 价-运费-保险费

=3 000-400-3 000×110%×2%=2 534（美元）

出口商品换汇成本=出口总成本（人民币）/出口外汇净收入（外币）

=17 200/2 534=6. 79

答：在这笔国际贸易中，出口换汇成本为 6. 79，即每公吨商品用 6. 79 元人民币便换回了 1 美元，而 6. 79 低于银行的外汇牌价 7. 17，说明该外贸企业出口略有盈余。

（3）出口创汇率。

出口创汇率（Forex Expansion Ratio in Export）也被称为外汇增值率，原本是指在加工贸易中，出口成品的外汇净收入与进口原材料的外汇成本的比率。后来，这一指标也被扩展应用于一般贸易，用来衡量国际贸易的增值率、创收率等。具体见公式13-22。

公式 13-22：出口创汇率 =（加工成品出口外汇净收入 － 进口原料外汇总成本）/ 进口原料外汇总成本 × 100%

注意，加工成品出口外汇净收入与进口原料外汇总成本的差额即出口创汇额，反映了该笔国际贸易的获利大小。同时，加工成品出口外汇净收入一般为 FOB 价格或 FCA 价格，进口原料外汇总成本一般为 CIF 价格或 CIP 价格，如果合同中使用了其他贸易术语，须对其进行换算。

【例题 13-11】我国一外贸企业进口羊毛，经过加工制成羊毛衫后出口。已知进口羊毛的费用为 285 000 欧元，加工后复出口的外汇净收入为 345 000 欧元。请计算该笔国际贸易的出口创汇率。

解：

出口创汇率=（加工成品出口外汇净收入-进口原料外汇总成本）/进口原料外汇总成本×100%

=（345 000-285 000）/285 000×100%=21. 05%

答：该笔国际贸易的出口创汇率为 21. 05%。这说明每进口 1 美元的原料，经加工后再出口，其成品的商品价值相当于 1. 210 5 美元，增值 21. 05%。

【例题 13-12】我国一外贸公司进口原材料的 FOB 价格为 1 000 元，经过加工后出口的 CIF 价格为 1 500 元。假设进口和出口的运费均为 100 元，进口和出口的保险费率均为 1%，保险加成率也均为 110%，请计算该笔国际贸易的出口创汇率。（货币单位为人民币元）

解：

进口原料外汇总成本（CIF 价）=FOB 价+运费+保险费=1 000+100+CIF 价×110%×1%

进口原料外汇总成本（CIF 价）=1 100/（1-0. 011）=1 112. 23（元）

加工成品出口外汇净收入（FOB 价）=CIF 价-运费-保险费=1 500-100-1 500×110%×1%=1 383. 50（元）

出口创汇率=（加工成品出口外汇净收入-进口原料外汇总成本）/进口原料外汇总成本×100%

=（1 383. 5-1 112. 23）/1 112. 23×100%=24. 39%

答：该笔国际贸易的出口创汇率为 24. 39%。这说明每进口 1 元人民币的原料，经加工后再出口，其成品的商品价值相当于 1. 243 9 元人民币，增值 24. 39%。

2. 进口商品的经济效益核算

（1）进口商品盈亏率。

类似于出口商品盈亏率，进口商品也可计算盈亏情况，所不同的是相比较的指标为国内市场销售收入与进口商品的购货成本。计算公式见公式 13-23。

公式 13-23：进口盈亏率 =（国内销售人民币净收入 - 进口人民币总成本）/ 进口人民币总成本 × 100%

【例题 13-13】我国一外贸企业在国内市场销售进口服装 1 000 套，国内销售收入为 120 000元人民币，进口该批服装的价格为 13 500 美元，汇率为 1 美元=7. 166 6 人民币。请计算该批商品的进口盈亏率。

解：

进口盈亏率 =（国内销售人民币净收入-进口人民币总成本）/进口人民币总成本×100%

=（120 000-13 500×7. 17）/（13 500×7. 17）×100% = 23. 97%

答：该批商品的进口盈亏率 23. 97%，盈利水平较好。

（2）进口赔赚额。

进口赔赚额是指在国际贸易中，每进口一个单位外币的商品所能赚取的本币金额。若这一指标大于零，则表示贸易盈利；若这一指标小于或等于零，则表示贸易亏损。计算公式见公式 13-24。

公式 13-24：进口赔赚额 =（国内销售人民币净收入 - 进口人民币总成本）/ 进口外币总成本 × 100%

【例题 13-14】我国一外贸企业在国内市场销售进口家用电器 2 000 台，国内销售收入为 450 000 元人民币，进口该批家电的价格为 60 000 美元，汇率为 1 美元=7. 166 6 人民币。请计算该批商品的进口赔赚额。

解：

进口赔赚额=（国内销售人民币净收入-进口人民币总成本）/进口外币总成本

=（450 000-60 000×7. 17）/60 000×100% = 0. 33（人民币/美元）

答：该批商品的进口赔赚额 0. 33 人民币/美元，表示每进口 1 美元的商品，可以在国内市场上盈利 0. 33 元人民。

本章小结

本章主要讲述了三个方面的内容。

第一，作价的原则与方法。价格是买卖双方进行交易时，买方需要付出的代价或价款。作价方法主要有固定价格、非固定价格及滑动价格。约定价格条款时应当注意合同条款的一致性、价格条款的明确性、计价货币的合理性及对市场行情的充分调研。

第二，佣金与折扣。佣金是国际贸易中的代理人或经纪人向委托人收取的业务报酬，分为“明佣”和“暗佣”两种类型。折扣是国际贸易中的卖方给予买方的一种价格优惠，表现为一定百分比的让利、减价或退款，分为“明扣”和“暗扣”两种类型。

第三，出口商品的价格核算。出口商品的价格构成包括三个部分，分别是成本、费用和利润。按照《国际贸易术语解释细则 2010》（Incoterms 2010）的规定，贸易术语一共有 11 种。不同贸易术语的价格构成各不相同，应熟练掌握不同贸易术语之间的换算方法。常用的价格核算方法分为出口报价核算和进出口效益核算两类。通过计算出口盈亏率、出口换汇成本、出口创汇率、进口商品盈亏率及进口赔赚额等指标，外贸企业可以掌握并评估每笔国际贸易的经济效益，进而为其改进贸易策略和提高国际竞争力提供依据。

思考题

1. 请简述国际贸易商品价格的含义及影响因素。

2. 请简述国际贸易商品价格的作价原则与主要方法。

3. 试论述国际贸易中的买卖双方应当如何选择计价货币。

4. 我国一外贸企业进口高级塑料，经过加工制成高档玩具后出口。已知进口塑料的费用为USD35 200，加工后复出口外汇净收入为USD62 800。请计算该商品的出口创汇率。

5. 某公司以每箱25英镑CIF悉尼价出口某商品1 600箱，含5%的佣金，请计算该公司应向中间商支付多少佣金。若该公司出口报价25英镑包含折扣2%，请计算单位货物折扣额和卖方实际净收入。

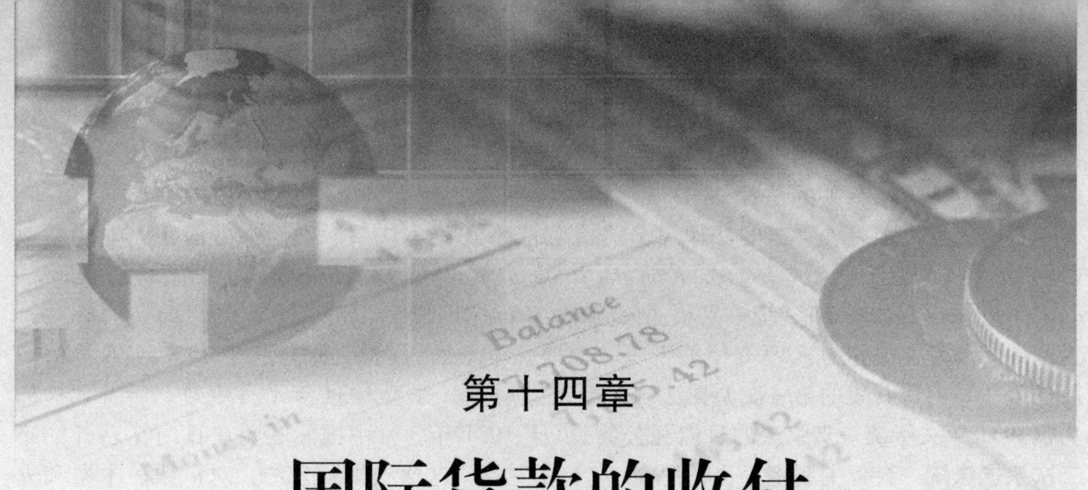

第十四章

国际货款的收付

学习目标

XUEXI MUBIAO

熟悉国际结算中主要票据的类型、特点和使用方法，掌握汇付、托收及信用证等收付款方式的基本原理和业务流程，了解国际保理、银行保函及出口信用保险的含义与作用，能够在国际贸易实践中正确使用各种收付款方式。

学习重点

XUEXI ZHONGDIAN

汇票、本票、支票的概念、种类及主要当事人，汇付与托收的主要类型与业务流程，信用证的概念、特点、种类、当事人及业务流程，国际保理、银行保函及出口信用保险的业务流程。

第一节　国际结算的票据

一、票据概述

（一）票据的含义

由于现金交易在国际贸易中并不适用，各类票据（Bill/Receipt）就成了国际货款收付的常用工具。广义的票据包括一切商业票据和银行票据，一般都是可转让、可流通的有价证券或权利凭证，如汇票、本票、支票、股票、债券、提单、保险单及发票等。狭义的票据则仅指与资金结算有关的票据，主要包括汇票、本票和支票。2004 年修订的《中华人民共和国票据法》对这三种票据进行了详细的解释和说明。本章所探讨的票据仅限于狭义票据。

（二）与票据有关的法律

目前，世界上有关票据的法律可分为大陆法系和英美法系两类。一方面，大陆法系以《统一汇票本票法公约》（*Convention on the Unification of the Law Relating to Bills of Ex-change and Promissory Notes*）和《统一支票法公约》（*Convention Providing a Uniform Law of Cheques*）为基础。前者也被称为《1930 年关于统一汇票和本票的日内瓦公约》，于 1930 年 6 月由国际联盟在日内瓦召集的第一次票据法统一会议上通过，并于 1934 年 1 月生效。后者也被称为《1931 年关于统一支票法的日内瓦公约》，于 1931 年 3 月由国际联盟在日内瓦召开的第二次票据法统一会议上制定，也在 1934 年 1 月生效。这两项国际公约，对汇票、本票和支票进行了法律规范，并形成了被法国、德国、意大利、比利时等欧洲国家广泛使用的票据法体系。另一方面，英美法系以 1882 年的《英国票据法》为基础，主要应用于英国、美国、加拿大、澳大利亚及部分英联邦国家。由于大陆法系和英美法系存在一定差异，因而在国际贸易中贸易商需特别注意相关票据的法律依据来源，避免因错用票据而产生贸易纠纷或经济损失。

我国于 1996 年颁布了《中华人民共和国票据法》（简称《票据法》），并于 2004 年进行了修订。开展国际贸易并使用票据应首先符合我国票据法的相关规定。

（三）票据的特点

1. 价值性

在国际货款的收付环节，开立票据的目的是收付一笔资金，因而对于各个关系人而言，票据的主要关系为财产关系或债权债务关系。在票据的使用过程中，持票人的核心权利是资金权利，并表现为一定的票面金额。例如，按照我国《票据法》的第十条规定，“票据的取得，必须给付对价，即应当给付票据双方当事人认可的相对应的代价”。第二十一条规定，“汇票的出票人必须与付款人具有真实的委托付款关系，并且具有支付汇票金额的可靠资金来源。不得签发无对价的汇票用以骗取银行或者其他票据当事人的资金”。因此，票据具有明确的价值性。

2. 要式性

票据是一种典型的要式证券，必须按照一定的法律格式来制作才能产生法律效力。例如，按照我国《票据法》的第九条规定，“票据上的记载事项必须符合本法的规定”。世界各国也有相应的票据法，对票据应当载明的内容、事项及相关人员的签章等都有明确规定，从而保证了票据的流通性和安全性。

3. 文义性

文义性是指票据的内容以票面文字为依据，具体又体现在三个方面。其一，票据关系人的全部权利与义务均来自票据所载明的内容。例如，按照我国《票据法》的第四条规定，“票据出票人制作票据，应当按照法定条件在票据上签章，并按照所记载的事项承担票据责任”。其二，票据的内容必须正确并一致，例如，按照我国《票据法》的第八条规定，“票据金额以中文大写和数字同时记载，二者必须一致，二者不一致的，票据无效”。其三，票据一旦开立，当事方不得擅自更改或拒绝执行相关内容。例如，我国《票据法》的第九条还规定，“票据金额、日期、收款人名称不得更改，更改的票据无效”。

4. 无因性

无因性是指票据的法定有效性并不因其存在缺陷或产生其他方面的问题而受到影响。只要票据的格式和内容合法合规，持票人就能享有票据所载明的各种权利。例如，进口商甲向出口商乙购买商品并开出汇票，即使这批商品出现了品质问题或数量问题，甲不再愿意向乙付款，汇票也依然有效，这并不能免除甲对乙的票据责任。

5. 流通性

票据还具有流通性特点。除非票据上已注明“不得转让”字样或其他形式的特别说明，票据权利可以通过背书等方式进行合法转让。例如，我国《票据法》的第二十七条规定，“持票人可以将汇票权利转让给他人或者将一定的汇票权利授予他人行使。出票人在汇票上记载‘不得转让’字样的，汇票不得转让。持票人行使第一款规定的权利时，应当背书并交付汇票”。另外，在实际业务中，票据的转让并不需要通知签发票据的债务人，为保护交易中的善意第三人，票据权利一般也不受转让前手的影响。因此，票据权利并不因转让而变更或削弱，这有利于票据受让人接受票据并继续转让票据，从而进一步扩大了票据的流通性。

二、汇票

（一）汇票的概念

汇票是国际结算中使用最广泛的一种信用工具。按照我国《票据法》的定义，汇票（Bill of Exchange，Money Order）是出票人签发的，委托付款人在见票时或者在指定日期无条件支付确定的金额给收款人或者持票人的票据。《英国票据法》则规定，汇票是一个人向另一个人开出的无条件书面命令，要求对方在见票时或将来某一时间将一定金额的货币支付给某人或其指定人或持票人。在国际贸易中，汇票一般由出口方向进口方开出，并要求进口方按时支付货款。

（二）汇票的当事人

汇票是一种无条件的支付命令，涉及三个主要当事人，分别为出票人、付款人和收款人。除了主要当事人外，汇票在流通过程中还产生了背书人、被背书人、持票人等其他当事人。汇票的各个当事人既可以是法人，也可以是自然人。

1. 出票人

出票人（Drawer）是签发汇票的人。汇票由出票人开立、签发并交付流通，因而出票人即为付款命令的发出人。出票人可以是国际贸易中的出口方，即信用证方式下的受益人或托收方式下的委托人，也可以是银行或其他商业企业。

2. 付款人

付款人（Payer）或受票人（Drawee）是接受汇票的人。当出票人发出支付一定金额货币的命令时，付款人或受票人将作为此项命令的接受者，完成向特定当事人的资金支付。付款人或受票人通常为国际贸易中的特定银行或进口方，例如，信用证方式下的开证行、托收方式下的进口商。

3. 收款人

收款人（Payee）是收取汇票指定款项的人，即汇票的受益人。作为一种收付款工具，汇票的基本作用是保证收款人能够按时收到相关款项。收款人通常为国际贸易中的出口方或其指定的银行，例如，信用证方式下的出口方、托收方式下的托收行。

4. 背书人

背书人（Endorser）是背书转让汇票的人。收款人可在汇票背面以签章加注的形式将汇票转让给第三人，使之成为汇票新的收款人。在多次转让汇票的过程中，会形成多个互为前手与后手关系的背书人。背书人通常为国际贸易中的出口方。

5. 被背书人

被背书人（Endorsee）是接受背书转让汇票的人，即被转让人或转让后手。被背书人既可以将汇票继续向其他人背书转让，从而成为新的背书人，也可以将汇票用于收回款项，进而成为新的持票人或收款人。被背书人通常为国际贸易中的代理商或中间商。

6. 持票人

持票人（Holder）是合法持有汇票并有权收款的人。按照汇票原理，持票人就是汇票的收款人或被背书人，即国际贸易中的出口商或中间商。

（三）汇票的内容

世界各国的相关法律对汇票内容都做出了一定要求，但基本内容相差不大，主要包括以下基本内容。

第一，明确表示的“汇票”字样。一般在汇票正面的中间位置印有汇票的中文或外文字样，用来表明票据的性质与作用。例如，注明“Bill of Exchange”。

第二，无条件支付的命令。汇票应表明其支付货币的功能是没有条件限制的，即票据的收款能力切实可靠，只要持有票据就能够兑现全部票据权利。

第三，确定的货币金额。汇票属于能够获得一定资金支付的有价证券，必须对具体的货币金额进行明确表示，而不能使用“左右”“大约”等模糊性词语。例如，汇票载明“出票金额为人民币贰拾万元整”，并以大小写两种方式表述。

第四，付款人名称。汇票应载明付款人的具体名称，例如，某外贸公司的全称、账号及开户银行等信息。

第五，收款人的名称。汇票也应载明收款人的具体名称，一般为签发汇票时的最初收款人。为便于汇票的流通，收款人栏目的填写方式有三种，分别为记名式抬头、不记名式抬头和指示性抬头。例如，“Pay to order of”就是典型的指示性抬头，这类汇票可通过背书进行转让。

第六，出票日期。汇票的出票日期即签发汇票的日期，这一时间需在合同规定的特定期限内，并符合国际货款收付的程序要求。

第七，出票人签章。汇票必须拥有出票人的签名或盖章方能生效。这也是判断汇票真伪的重要依据之一，能够有效防范收到伪造汇票的风险。

我国《票据法》第二十二条规定，汇票必须记载上述七项内容，若未记载其中任何一项或几项，汇票即无效。

除此之外，汇票内容还可涉及付款地点、出票地点及付款时间（到期时间）等。我国《票据法》第二十四条规定，“汇票上可以记载本法规定事项以外的其他出票事项，但是该记载事项不具有汇票上的效力”。第二十三条规定，“汇票上记载付款日期、付款地、出票地等事项的，应当清楚、明确”。例如，付款日期就有四种具体方式，分别是见票即付、定日付款、出票后定期付款及见票后定期付款。

（四）汇票的票据行为

1. 出票

出票（Issue）是指汇票的出票人填写并签发汇票。汇票出票后将交由收款人持有。出票具有明确的法律意义，是形成汇票的债权债务关系的主要票据行为。例如，银行汇票一旦出票，出票人即承担保证该汇票承兑和付款的责任。

出票时，收款人栏目有三种写法。第一种为记名式抬头，如“仅付某某公司”（Pay XX Co. only）。此类汇票通常不能通过背书方式进行转让，只能由抬头人收款。第二种为不记名式抬头，也被称为空白抬头，如“付给来人”（Pay Bearer）。此类汇票无须背书即可随意转让，相应的资金安全性较差。第三种为指示性抬头，如“付给某某公司的指定人”（Pay to the order of XX Co.）。此类汇票既可由抬头人收款，也可背书转让。

2. 提示

提示（Presentation）是指汇票的持票人在汇票到期日或之前将汇票提交给付款人并要求其承兑或付款的行为。付款人收到汇票被称为见票（Sight）。提示可按照汇票的期限不同分为两种情况。一种情况为付款提示，即持票人向付款人提交的是即期汇票或临近到期的远期汇票，付款人被要求立即支付相应款项。另一种情况为承兑提示，即持票人向付款人提交的是未到期的远期汇票，付款人被要求办理承兑手续并承诺到期付款。

3. 承兑

承兑（Acceptance）是针对远期汇票的特有票据行为，是付款人对远期汇票做出的到期付款承诺。当持票人向付款人提示远期汇票时，付款人需在汇票上写明“承兑”字样，并注明付款日期、付款人签章等信息。远期汇票一旦承兑，相应当事人的法律关系也会有所变化。承兑后，付款人将成为汇票的主债务人，而出票人将退居次债务人地位。

4. 付款

付款（Payment）是指汇票的付款人向持票人支付款项的票据行为。对于即期汇票，当持票人提示汇票时，付款人应立即向其付款；对于远期汇票，付款人应先承兑汇票，然后在汇票的到期时间内支付款项。汇票一旦经过付款环节，一切与汇票相关的债权债务关系便随之解除，汇票的作用完成。

5. 背书

背书（Endorsement）是指汇票的持票人向其他人转让汇票权利的法定行为。背书的一般做法是由持票人在汇票的背面签上自己的名字并加注被转让人的名字，以及将汇票交由被转让人。汇票的背书次数通常没有限制，但需要注意的是，无论汇票经过了多少次背书转让，其前手对后手始终负有担保汇票必然会被承兑或付款的责任。背书也有三种主要形式。其一，限制性背书（Restrictive Endorsement）。背书人在汇票背面注明“仅付某某人”或“付给某某人，不得转让”等类似字句，从而使汇票权利无法被第二次转让。其二，指示性背书（Demonstrative Endorsement）。这种背书方式也被称为记名背书，背书人在汇票背面既要注明自己的签名，也要注明被转让人的名字。指示性背书在允许汇票被连续转让并不断流通的同时，也使汇票拥有清晰的前后手关系，从而具有一定的资金安全保障。其三，空白背书（Blank Endorsement）。这种背书方式也被称为不记名背书，背书人只需在汇票背面签名，而不需写出被转让人的名称。由于空白背书只有第一背书人的签名，不能反映汇票的真实流通过程，因而存在较大的风险漏洞。为了保证持票的合法权利，尤其是对汇票权利的追索权，很多国家并不承认空白背书的有效性。

6. 拒付

拒付（Dishonor）也被称为退票，是指持票人向付款人提示汇票之后，没有得到付款人的承兑或付款，还遭到付款人的拒绝。引起拒付的原因十分复杂，通常包括票据失效、付款人死亡或破产以及付款人拖延等情况。

7. 追索

追索（Recourse）是指当汇票遭到付款人拒付后，持票人有权向汇票的背书人、出票人等前手要求偿付资金。有的国家规定，持票人行使追索权的前提条件之一是要出具拒付证书（Protest），这是一种由付款地的法定公证人或相应机构开出的证明拒付事实的文件。

8. 贴现

贴现（Discount）是指汇票的持有人为了提前获得相应票款，将未到期的远期汇票提前进行兑现的行为。贴现的一般做法是在汇票的背书转让过程中，被背书人按照汇票的票面金额扣除一定的贴现利息，并将剩余金额支付给背书人，从而取得汇票的票据权利。

（五）汇票的种类

1. 银行汇票与商业汇票

按照出票人身份的不同，汇票可以分为银行汇票（Bank Bill）与商业汇票（Commercial Bill）两种类型。银行汇票的出票人和付款人均是银行，签发汇票的银行被称为出票行，最终承兑和付款的银行被称为付款行。在国际贸易中，银行汇票多由进口商申请开立，用于对外支付货款。商业汇票的出票人一般为工商企业或个人，付款人既可以是工商企业或个人，也可以是银行。在国际贸易中，商业汇票多由出口商开立，用于向国外进口商或银行收取货款。

2. 银行承兑汇票与商业承兑汇票

按照承兑人的不同，汇票可以分为银行承兑汇票（Banker's Acceptance Bill）与商业承兑汇票（Commercial Acceptance Bill）两种类型。银行承兑汇票是指由银行承兑的远期汇票，相对容易贴现，属于安全性较高的银行信用。商业承兑汇票是指由工商企业或个人承兑的远期汇票，相对不易贴现，属于安全性较低的商业信用。

3. 即期汇票与远期汇票

按照付款期限的不同，汇票可以分为即期汇票（Sight Bill）与远期汇票（Time Bill）两种类型。即期汇票的付款期限为“见票即付”，即持票人在向付款人提示汇票时，当即获得支付。远期汇票的付款期限是出票后的一段时间、提示后的一段时间或将来的某一固定时间，持票人在向付款人提示汇票时，先应获得付款人的承兑，到期后才能获得支付。

4. 跟单汇票与光票

按照汇票有无附属单据，其又可分为跟单汇票（Documentary Bill）和光票（Clean Bill）两种类型。跟单汇票也被称为信用汇票或押汇汇票，是一种随附提单、保险单、商业发票等单据的汇票。在国际贸易中，跟单汇票以随附物权凭证为付款条件，是一种常用的信用工具和付款凭证。光票则与跟单汇票相反，本意为不附带任何商业单据的汇票，如一些银行汇票即是光票。在国际贸易中，光票也可指不附带象征物权的提单等关键运输单据的汇票。

三、本票

（一）本票的概念

本票亦是国际结算中的一种常用信用工具。按照我国《票据法》的定义，本票（Promissory Note）是由出票人签发的，承诺自己在见票时无条件支付确定的金额给收款人或者持票人的一种票据。《英国票据法》则规定，本票是一个人向另一个人签发的，保证即期或定期或可以确定的将来某个时间，向某人或其指定人或持票人支付一定金额的无条件书面承诺。在国际贸易中，本票一般由进口商或其指定银行开出，用于向出口商做出保证支付货款的承诺。

按照出票人的不同，本票可分为商业本票（Commercial Promissory Note）与银行本票（Bank Promissory Note）两种类型。商业本票也被称为一般本票，是由工商企业或个人签发的一类本票，主要用于清偿出票人自身的债务。商业本票的付款期限较为灵活，可以是即期本票，也可以是远期本票。银行本票是由银行签发的一类本票，只有即期本票，没有远期本票。银行本票一般为不记名本票，可随意流通，在使用中见票即付，与现金无异，因而需特别注意资金安全、票据真伪等问题。

（二）本票的内容

按照我国《票据法》第七十五条规定，本票必须记载下列六项内容，若未记载其中任何一项或几项，本票即无效。

第一，明确表示的“本票”字样。一般在本票正面的中间位置印有本票的中文或外文字样，用来表明票据的性质与作用。

第二，无条件支付的承诺。本票应表明其获得支付的功能是没有条件限制的。出票人需向持票人做出明确承诺，保证于见票之时付款。

第三，确定的货币金额。本票也属于能够获得一定资金支付的有价证券，必须对具体的货币金额进行明确表示，不能使用“左右”“大约”等模糊性词语。

第四，收款人的名称。本票应载明收款人的具体名称。本票具有流动性，一般也可以通过背书转让，对收款人抬头的书写方法与汇票类似。

第五，出票日期。本票的出票日期即签发本票的日期。需要注意的是，银行本票自出票日起，付款期限最长不得超过二个月。

第六，出票人签章。本票必须拥有出票人的签名或盖章方能生效，特别是对于流动性较高的银行本票，相应签章还具有防伪作用。

除以上六项关键内容外，本票内容还可包括付款期限、转账或现金、申请人名称等内容。

（三）本票的当事人与票据行为

一方面，关于本票的当事人，由于本票是一种无条件的支付承诺，因而仅涉及两方当事人，分别是出票人和收款人，而付款人就是出票人本人。

1. 出票人或付款人

出票人是签发本票的人。本票由出票人开立、签发并交付流通。按照我国《票据法》第七十四条规定，“本票的出票人必须具有支付本票金额的可靠资金来源，并保证支付”。可见，本票的出票人以自有资金为担保，承诺将有能力见票付款，因而出票人就是最后的付款人。按照本票原理，出票人既可以是国际贸易中的进口方，也可以是进口方银行。但在国际贸易实务中，应用最多的还是以银行为出票人的本票。

2. 收款人或持票人

收款人是收取本票指定款项的人，既是本票的受益人，也是本票的持票人。作为一种收付款工具，本票的基本作用是承诺收款人能够按时收到相关款项。因此，收款人或持票人在本票关系中处于债权人地位。例如，我国《票据法》第七十七条规定，“本票的出票人在持票人提示见票时，必须承担付款的责任”。在国际贸易中，收款人通常为出口方或其指定的银行。

另外，本票也可背书转让，相应的背书人、被背书人与汇票中的相关当事人一致。

另一方面，关于本票的票据行为，按照我国《票据法》第八十条的规定，本票的背书、保证、付款行为和追索权的行使，与汇票一致，对于汇票票据行为的规定同样适用于本票。在国际结算过程中，本票最主要的票据行为有两项——即出票和见票付款。

四、支票

（一）支票的概念

按照我国《票据法》第八十一条规定，支票（Cheque，Check）是由出票人签发的，委托办理支票存款业务的银行或者其他金融机构在见票时无条件支付确定的金额给收款人或者持票人的一种票据。《英国票据法》则规定，支票是一种以银行为付款人的即期汇票。在国际贸易中，支票的使用十分灵活，通常可由进口商向出口商签发，用以偿付国际贸易货物的价款。在支付佣金、折扣、保险费及运费等项目时，贸易商也可使用支票这一简便高效的支付工具。

（二）支票的内容

按照我国《票据法》第八十四条规定，支票必须记载下列六项内容，若未记载其中任何一项或几项，支票即无效。

第一，明确表示的“支票”字样。一般在支票正面的中间位置印有支票的中文或外文字样，用来表明票据的性质与作用。

第二，无条件支付的命令。支票是一种特殊的汇票，应表明其支付货币的功能是没有条件限制的。我国《票据法》第八十九条规定，“出票人必须按照签发的支票金额承担保证向该持票人付款的责任”。

第三，确定的货币金额。流通中的支票与现金相似，拥有明确的货币金额，不能使用“左右”“大约”等模糊性词语。

第四，付款人的名称。支票应载明付款人的具体名称，即承担付款义务的银行的具体名称。

第五，出票日期。支票的出票日期即签发支票的日期。需要注意的是，支票的付款日期一般为出票日期后的十天。

第六，出票人签章。支票必须由出票人签名或盖章方能生效，相应签章需与银行预先备份的签章一致。例如，我国《票据法》第八十二条规定，“开立支票存款账户，申请人应当预留其本名的签名式样和印鉴”。

除以上六项关键内容外，支票内容还可包括收款人名称、出票人账号、支票用途及借贷科目等内容。

（三）支票的当事人与票据行为

一方面，支票的当事人包括出票人、持票人和付款人。

1. 出票人

出票人是签发支票的人。签发支票的前提条件是必须在银行拥有足额的存款。我国《票据法》第八十七条规定，“支票的出票人所签发的支票金额不得超过其付款时在付款人处实有的存款金额”。若支票的票面金额超过了出票人在银行的存款金额，则被称为空头支票（an Empty Promise）。各国均禁止签发空头支票。

2. 持票人或收款人

持票人是持有支票的人。支票一经签发，可被转让并进行流通，而支票的最后持票人就是支票的收款人，银行将向其支付支票的票面金额。我国《票据法》第八十六条规定，“支票上未记载收款人名称的，经出票人授权，可以补记”。同时，出票人还可以在支票上将自己记载为支票的收款人。

3. 付款人

付款人是向收款人付款的人。支票的付款人只能是银行。付款人是否付款受到多种因素的影响。例如，付款金额以出票人的存款金额为限，付款时间以出票后的提示时间为限等。付款人一旦付款，支票的债权债务关系随即宣告终止，除非付款过程存在严重问题。例如，我国《票据法》第九十二条规定，“付款人依法支付支票金额的，对出票人不再承担受委托付款的责任，对持票人不再承担付款的责任。但是，付款人以恶意或者有重大过失付款的除外”。

另一方面，支票的票据行为主要包括出票和见票即付。按照我国《票据法》第九十三条的规定，支票的背书、付款行为和追索权的行使，与汇票一致，对于支票票据行为的规定同样适用于支票。

（四）支票的种类

1. 记名支票和不记名支票

按照支票抬头的不同，支票可以分为记名支票（Order Check）和不记名支票（Bearer Cheque）两种类型。记名支票是指在支票的收款人栏目中明确记载了收款人的名称，付款人只能向指定收款人付款并要求其在支票背面签章。不记名支票也被称为来人支票、空白抬头支票，是指在支票的收款人栏目中并不写明收款人的具体名称，只需注明“付来人”（Pay Bearer）即可。这种支票在转让和收款时均不需持票人签章，方便但不安全。

2. 银行支票和商业支票

按照支票的出票人不同，支票可以分为银行支票（Bank Cheque）和商业支票（Commercial Cheque）两种类型。银行支票是指由一家银行签发的，要求另一家银行见票付款的支票。这类支票的实质就是银行即期汇票。商业支票是指由工商企业出具的支票，这类支票仅在有些国家或地区使用，在我国使用的支票主要为银行支票。

3. 保付支票和不保付支票

按照支票是否取得银行担保，支票可以分为保付支票（Certified Cheque）和不保付支票（Unguaranteed Cheque）两种类型。保付支票是指取得银行保证付款承诺的支票。在国际结算业务中，为了防止因出现空头支票而被退票的情况发生，持票人或收款人常常会要求在支票上加盖“保付”戳记，从而确保支票一定能够得到银行付款。支票一旦获得保付，银行便成为主要债务人，不得拒付。不保付支票即没有取得银行付款承诺的一般支票。这类支票仍然存在被退票的可能。相比之下，保付支票的安全性更高、流通性更好，因此更受收款人的欢迎。

4. 现金支票、画线支票和普通支票

按照支票的用途不同，支票可以分为现金支票（Cash Cheque）、画线支票（Crossed Cheque）和普通支票（Open Cheque）三种类型。现金支票是只能支取现金的支票。当存款人需要现金时，可随时签发现金支票并凭支票向银行提取现金。画线支票也被称为转账支票，是只能转账不能提现的支票。通常在支票正面的左上角划两道平行线，因此得名画线支票。普通支票被称为未划线支票，是一种既可以支取现金，又可以转账付款的支票。需要注意的是，三种支票不能混淆，需在票面进行明确说明。例如，我国《票据法》第八十三条规定，“支票可以支取现金，也可以转账，用于转账时，应当在支票正面注明”。

五、汇票、本票和支票的比较

第一，基本性质不同。由于支票是一种特殊的即期汇票，因而其性质与汇票相同，都是无条件的支付命令。汇票与支票都是由出票人命令付款人支付一定金额的款项，属于委付证券的范畴。所不同的是，汇票的付款人可以是银行、工商企业或个人，而绝大多数支票的付款人都是银行。本票是无条件的支付承诺，出票人承诺自己一定按时完成支付，属于自付证券的范畴。本票的付款人也可以是银行、工商企业或个人。

第二，基本当事人不同。汇票和支票都拥有三方基本当事人，即出票人、收款人和付款人。而本票只有两方基本当事人，即出票人和收款人，其付款人与出票人为同一人。

第三，出票人承担的责任不同。由于付款时间存在即期与远期，因此各类票据的责任关系也各不相同。即期汇票与本票、支票的出票人，始终承担着票据关系中的主债务人责任。而远期汇票的出票人会因付款人承兑而退居次债务人地位，付款人将成为票据责任的主债务人。

第四，付款期限与票据行为不同。汇票与本票都有即期付款和远期付款两种形式，所不同的是远期汇票需要承兑，而远期本票没有承兑这一票据行为。支票的付款期限没有远期，只有即期，当持票人向银行提示支票时，银行一般会见票即付。

第五，当事人的资金关系不同。汇票的出票人和付款人之间，一般不必事先有资金关系，通常为债权债务关系。本票的出票人与付款人都是自己，不构成自己与自己之间的资金关系。支票的出票人必须与付款人形成资金存储关系，没有存款作为保障的支票只能是空头支票。

第六，出票份数不同。汇票一般为一式两份或一式多份。为防止寄单延误、遗失或损坏等情况的出现，汇票往往成套签发，备份使用。而本票和支票一般只有一份正本。

为进一步理解三种票据的异同，可参看表 14-1。

表 14-1 汇票、本票和支票的比较

比较内容	汇票	本票	支票
性质	委付证券	自付证券	委付证券
当事人	出票人、收款人和付款人	出票人和收款人	出票人、收款人和付款人
出票人责任	即期汇票为主债务人，远期汇票为次债务人	主债务人	主债务人
付款期限	见票即付和定日付款、出票和见票后定期付款	见票即付和定日付款、出票和见票后定期付款（不超过两个月）	见票即付（出票后十日内付款）
票据行为	出票、背书、提示、付款、承兑、拒付、追索等	出票、背书、付款、追索等	出票、付款
资金关系	不一定有	不构成	必须有
份数	一式两份	一份	一份

资料来源：编者整理。

第二节 汇付与托收

一、汇付

（一）汇付的含义

汇付（Remittance）也被称为汇款，是指付款人通过银行并使用一定的结算工具，如汇票、本票和支票，主动将款项汇给收款人的一种付款方式。在国际贸易中，汇付主要用于出口方向进口方支付定金、货款及向中间商支付佣金等，具有程序简单、方便快捷的特点。汇付属于商业信用，而且是顺汇结算，即资金的流动方向与票据等结算工具的流动方向一致。

（二）汇付的当事人

汇付的基本当事人有四个，一般为国际贸易的卖方、买方及各自所在地的银行。在汇付流程中，其名称有所不同。

1. 汇款人

汇款人（Remitter）是汇付流程中的付款人，属于债权债务关系中的债务人。在国际贸易中，进口方即汇款人，需承担进口商品后的付款责任。

2. 收款人

收款人（Payee）是汇付流程中的受益人，属于债权债务关系中的债权人。在国际贸易中，出口方即收款人，享有出口商品后的收款权利。

3. 汇出行

汇出行（Remitting Bank）是汇付流程中的汇款行。汇出行受汇款人的委托，将相关款项汇往国外指定机构。在国际贸易中，进口商所在地银行即汇出行。

4. 汇入行

汇入行（Receiving Bank）也被称为解付行（Paying Bank），是汇付流程中的付款行。汇入行受汇出行的委托，向收款人解付货款。在国际贸易中，出口商所在地银行即汇入行。

（三）汇付的类型及流程

1. 电汇

电汇（Telegraphic Transfer，T/T）是指汇出行按照汇款人的申请或委托，以电报、电传或环球银行金融电信协会网络（SWIFT）等方式委托外国汇入行向指定的收款人支付货款的一种汇付形式。电汇的优点是信息传递速度快、资金结算效率高，缺点是使用某些电讯手段的费用相对昂贵。电汇的具体流程见图 14-1。

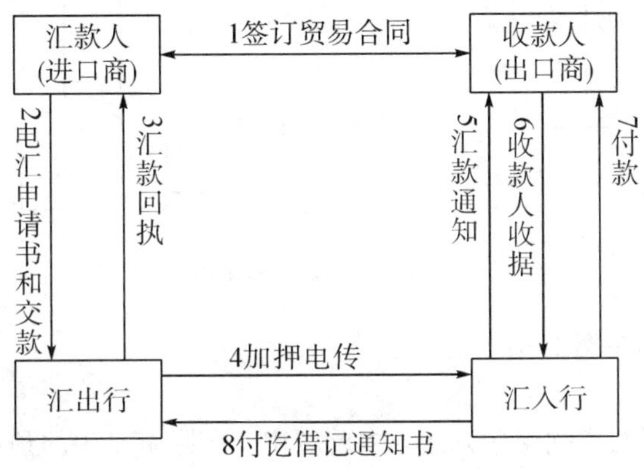

图 14-1　电汇的流程

2. 信汇

信汇（Mail Transfer，M/T）是指汇出行按照汇款人的申请或委托，将信汇委托书或支付委托书以银行信件方式寄送外国汇入行，并授权其向指定的收款人支付货款的一种汇付形式。信汇的优点是费用相对低廉，缺点是信息传递速度较慢。另外，由于信汇需要一段时间，因此银行可以短期占有信汇资金的使用权，从而使信汇的费用更为便宜。信汇的具体流程见图 14-2。

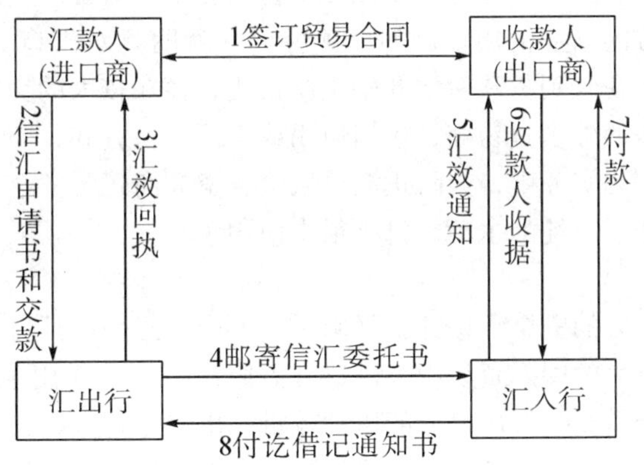

图 14-2　信汇的流程

3. 票汇

票汇（Demand Draft，D/D）是指先由汇款人向本地汇出行购买一张以外国汇入行为付款人的银行即期汇票，然后将此汇票寄送外国收款人并由其自行向银行收款的一种汇付形式。由于使用了汇票工具，因此造成了票汇与电汇、信汇的明显区别。其一，汇票要求收款人自行凭票收款，省去了汇款人与收款人之间的通知环节，使汇款手续更为简便。其二，汇票的寄送和取款需要耗费一段不短的时间，这使银行能够更为方便和稳定地占用资金。其三，汇票可以背书转让，使持票人可以将收款的权利进行转让，这增加了汇付流程中的复杂性和灵活性。票汇的具体流程见图 14-3。

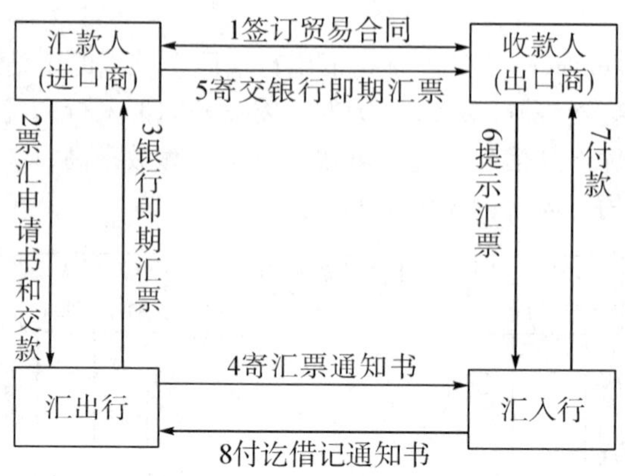

图 14-3　票汇的流程

（四）使用汇付的注意事项

1. 注意业务范围

汇付是一种单方面的货款支付方式，主要应用于国际贸易中的预付货款、赊销及支付佣金等业务。其一，预付货款（Advance Payment）也被称为“前 T/T”，是一种进口商预先支付全部或部分货款，出口商在收到货款后的一段时间内交付货物的结算方式。其二，赊销（Open Account）也被称为货到付款、延迟付款或“后 T/T”，是一种出口商先行发货，进口商在收到货物并验收合格后的一段时间内支付货款的结算方式。其三，向代理商或中间商支付佣金是国际贸易的惯例。当需要单独支付佣金时，汇付是一种较为理想的结算方式。

2. 注意风险防控

汇付属于典型的商业信用，相比银行信用的风险更大。在国际贸易中，对于预付货款的进口方和赊销商品的出口方，一旦付款或发货，将失去制约对方的实际能力，后续交易的结果也将完全依赖于对方的商业信用。例如，预付货款就明显对出口商有利，而对进口商不利，因为出口商往往是在收到货款后才开始生产备货，存在较大的交货风险。因此，对于资信状况较差或了解不深的外国贸易商，应当慎用或不用汇付方式，防止出现钱货两亏的不利情况。另外，在国际贸易实务中，为防止汇付风险，贸易商还常常会在汇付过程中同时使用银行保函或备用信用证，单纯的主动汇付已很少使用了。

3. 注意资金压力

汇付中，进出口双方的资金负担并不平衡。一方面，当采用预付货款时，进口方的压力较重。特别是在金额较大的国际贸易中，进口方需向出口方提供用于备货的绝大部分资金。另一方面，当采用货到付款时，出口方的压力较重。出口方在未收到足额货款的情况下，需完成贸易商品的生产、运输和交货，因而垫付了绝大部分资金。可见，汇付是一种占用单方面资金的结算方式，进出口商在约定汇付结算前，应做好充分的资金准备和预案措施。

值得一提的是，在长期的贸易实践中，还产生了“双汇付”的结算方式，俗称为“前 T/T+后 T/T”，具体做法包括三步。第一步，进口商向出口商预先支付占总货款金额 30%左右的定金，即“前 T/T”；第二步，出口商在收到进口方汇付的定金后，完成备货与发货；第三步，进口商在收到出口商发来的货物并验收合格后，汇付剩余的全部货款，即“后 T/T”。双汇付使进出口双方的资金压力相对平衡，风险也相应减少，因而是一种相对折中的汇付方式。

二、托收

（一）托收的含义

托收（Collection）即“委托收款”的简称，是指出口商开具以进口商为付款人的汇票，委托相关银行向进口商收取货款的一种结算方式。托收属于商业信用，进口商最终能否付款赎单，完全取决于其付款的愿望与能力。在托收业务中，银行虽然收款，但并不承担保证付款的责任，银行与出口商之间仅仅是委托代理关系。托收中所使用的汇票，通常为跟单汇票，即出口商在完成发货之后，需将包括提单在内的全套运输单据随附汇票。进口商一旦付款，将拥有货物的所有权。与汇付不同，托收是逆汇结算，即资金的流动方向与票据等结算工具的流动方向相反。

（二）托收的当事人

托收的基本当事人也有四个，一般为国际贸易中的卖方、买方及各自所在地的银行。在托收流程中，其名称又有所不同。除此之外，托收还可能涉及提示行、代理人等其他当事人。

1. 委托人

委托人（Principal）是托收流程中的收款人、受益人，属于债权债务关系中的债权人。在国际贸易中，出口方既是委托人，还是汇票的出票人。一般由出口商开出汇票并委托银行对外代收货款。

2. 托收行

托收行（Remitting Bank）也被称为寄单行，是托收流程中的最初接受收款人委托的本地银行。在国际贸易中，出口商所在地银行即托收行。

3. 代收行

代收行（Collecting Bank）也被称为收款行，是接受托收行委托向付款人收款的外地银行。在国际贸易中，进口商所在地银行即代收行。

4. 付款人

付款人（Drawee）是托收流程中的汇票付款人，属于债权债务关系中的债务人。在国际贸易中，进口方即付款人，需在银行向其提示汇票后，付款赎单。

5. 提示行

提示行（Presenting Bank）是托收流程中向付款人提示汇票和相关单据的银行。提示行既可以是代收行本身，也可以是其他与付款人有经常性业务联系的受委托银行。

6. 代理人

代理人（Agent）是由出口商指定的国外经纪人。在托收方式中，设置代理人是为了防止因付款人拒付货款而造成货物无人管理的情况。代理人将负责办理货物在国外的仓储、转运及转售等业务。

（三）托收的类型与流程

1. 光票托收

光票托收（Clean Collection）是指出口商仅凭光票汇票来办理的托收。光票汇票是不随附商业票据和运输单据的汇票。这种托收方式多用于国际贸易中的尾款催收、佣金催付和样品费用清算等金额较小的从属费用结算。

2. 跟单托收

跟单托收（Documentary Collection）是指出口商凭借跟单汇票来办理的托收。跟单汇票是随附商业票据和运输单据的汇票。这种托收方式主要用于国际贸易中主要货款的结算，具有明显的单据买卖特征。按照交单条件的不同，跟单托收又可分为两种类型。

（1）付款交单。

付款交单（Documents Against Payment，D/P）是指出口商委托银行要求进口商必须付清货款才能取得全套单据，即先付款、后交单。按照汇票期限或付款时间的不同，付款交单又可进一步细分为两种类型。第一种为即期付款交单（D/P at sight），即出口商开具即期汇票，进口商见票即付，并立即取得商业单据。第二种为远期付款交单（D/P after sight），即出口商开具远期汇票，银行向进口商提示汇票后，进口商承兑，并于汇票到期日付清货款和领取商业单据。需要注意的是，在远期付款交单中，进口商即使承兑汇票也不能领取商业单据，出口商仍然保留了对货物的控制权。若进口商资信状况良好，并且汇票规定的最后付款日期晚于货物的实际到达日期，则出口商也可同意进口商变通操作。例如，进口商可以通过提前付款的方式节省一部分利息费用，也可以通过出具信托收据先行借单提货，待货物出售后再付清货款。

（2）承兑交单。

承兑交单（Document Against Acceptance，D/A）是指代收行向付款人提示远期汇票后，付款人只要承兑汇票即可取得全套单据，即先交单，后付款。付款人对远期汇票进行承兑后，便可领取商业发票、提单、保险单等各种单据，从而获得提取货物的权利。可见，承兑交单有利于进口商在资金不足的情况下开展国际贸易。进口商完全可以先出售货物，再支付货款，从而将全部风险转嫁给出口商。因此，承兑交单是一种对出口商风险较大的托收方式，使用前需对进口商的资信状况、经营作风及业务现状等进行全面调查和了解，确保钱货的安全。

托收的基本流程见图 14-4。

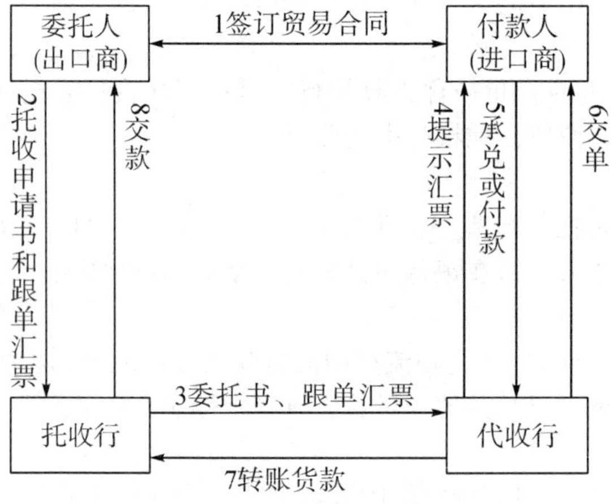

图 14-4　托收的流程

（四）使用托收的注意事项

1. 调查进口商

出口商应当慎用托收方式。在不得已使用托收的情况下，出口商应注意对进口商的调查了解。调查的内容包括市场背景、资信状况、经营作风、不良记录、业务现状等，尤其对于初次合作的贸易伙伴，更加不能忽略调查了解的环节。另外，当需要快速成交而无法调查时，托收的金额不宜过大，以免超过进口商的支付能力。

2. 注意外汇管制

在托收方式下，出口商往往是先发货，后收款。若进口商来自进口管制或外汇管制措施比较严格的国家或地区，则应注意相关政策是否会影响托收，避免出现货到之后无法收款的情况。

3. 注意外贸习惯

在不同的国家或地区，托收的习惯方式各不相同，特别是在习惯采用远期付款交单或承兑交单的国家或地区，还要防范因进口商在实际付款前提前取得货物的所有权而产生的更大的付款风险。

4. 注意贸易术语

在托收方式下，出口商应尽量选择按照 CIF 或 CIP 术语成交，而不宜使用 FOB、FCA 等术语。为防止进口商与承运人相互勾结，实施诈骗，出口商应自行租船订舱并投保保险，从而确保货物能够安全顺利地运抵目的地。同时，为防止因进口商不购买保险并拒绝付款而导致货物损失无法追索的情况，出口商也应自行投保并掌握保险凭据。

5. 注意保障措施

对于出口商，托收是一种风险较大的结算方式。在国际贸易实务中，为保障出口商的收款安全，还可综合运用多种保障措施。常用措施包括投保出口信用保险、办理出口保理业务，以及合理运用进出口托收押汇措施等。除此之外，出口商还应建立和健全自身的托收业务管理制度，并定期检查托收业务的进度和状态，做到既有方案也有预案，一旦发现问题，能够及时采取有效的补救措施。

第三节　信用证结算

一、信用证概述

（一）信用证的含义

无论是汇付还是托收，买卖双方总有一方处于风险较大的不利地位。在长期的国际结算实践中，人们逐渐探索出一种可以基本实现“一手交钱、一手交货”的结算方式，即信用证收付款方式。信用证以银行居中担保，卖方获得了付款保证，买方获得了收货保证，从而使买卖双方在交易过程中能够权利相当、地位平等。

信用证（Letter of Credit，L/C）是一种由银行开立的在一定条件下承诺付款的书面文件。在国际贸易中，信用证由银行按照进口商的要求和指示开出并交给出口商，出口商在按照信用证的要求完成备货与发货后，凭信用证及各类单据向银行要求付款，最后进口商在银行处付款赎单，取得货物的所有权。在这一流程中，银行的付款条件就是出口商必须提供符合信用证规定的全套单据。只要出口商提供的单据合格，则银行保证一定付款。因此，与汇付和托收方式的商业信用不同，信用证属于更为安全的银行信用。

为调和世界各国当事人因使用信用证的不同产生的争议，国际商会于 1930 年制定了《跟单信用证统一惯例》（*Uniform Customs and Practice for Documentary Credits*，UCP），并建议各国银行参考使用。目前的最新版本为国际商会第 600 号出版物，即 UCP600，这是有关信用证业务的一项重要国际惯例。

（二）信用证的特点

第一，信用证是一种自足文件（Self-Sufficient Instrument）。信用证是独立于商品买卖合同的另外一份契约，其交易内容与买卖条件并不受买卖双方已经签订的合同的约束。银行的付款责任仅仅来源于信用证，审核的重点也只在于信用证与相关单据的一致性。

第二，信用证是一种单据买卖（Pure Documentary Transaction）。信用证方式不仅与买卖合同无关，而且与实际货物的交接情况也无关。银行在审核信用证及其单据时，将严格按照

"单证一致，单单相符"的原则。可以说，信用证是一种纯粹的单据买卖业务。例如，单据买卖存在两种特列：其一，只要出口商所提供的单据合格，即使货物发生损失甚至无法达到，银行也必须履行付款义务；其二，只要出口商所提供的单据不合格，即使货物安全运达目的地，银行也完全可以拒付货款。因此，在信用证方式中，出口商和银行都会特别重视单据的质量。

第三，信用证的开证银行将承担首要付款责任（Primary Liabilities for Payment）。信用证的实质是一种银行信用保证，其付款人只能是银行，并且其第一付款责任人是开立信用证的银行。尽管银行对于开立信用证有着严格的审核程序，但只要开出信用证，即使申请开证的进口商发生破产、倒闭等极端情况，银行也必须按照承诺进行付款。

（三）信用证的当事人

信用证业务的主要当事人有四个，分别是开证申请人、开证行、通知行及受益人。按照银行业务进行细分，还可产生议付行、付款行、保兑行、承兑行、偿付行等其他当事人。

1. 开证申请人

开证申请人（Applicant）也被称为开证人（Opener），是向银行申请开立信用证的人。在国际贸易中，进口商即开证申请人，它将承担按合同开证，向银行交付押金，以及按时付款赎单等义务。

2. 开证行

开证行（Issuing Bank）是按照开证申请人要求开立信用证的银行。开证行是信用证付款的第一责任人，并享有向进出口双方收取手续费的权利，拒绝向不合格单证付款的权利，以及向相关当事人进行追索的权利等。在国际贸易中，开证行通常为进口商所在地的银行。

3. 通知行

通知行（Advising Bank）是受开证行的委托，将开立的信用证转交给出口商的银行。通知行的主要责任是确保信用证的真实性和有效性，它发挥着传递信息、交接信用证的作用。在国际贸易中，通知行通常为出口商所在地的银行，多为开证行在当地的分行或代理行。

4. 受益人

受益人（Beneficiary）是能够使用信用证并最终获得信用证相应款项的人。受益人在收到信用证后，应立即将信用证内容与合同内容进行比对，若存在不同的地方应及时要求开证行改证。受益人在备齐信用证项下的全套单据后，应及时向银行申请付款，若遭遇银行拒付，应立即查找原因并及时采取补救措施。在国际贸易中，出口商即信用证的受益人。

5. 议付行

议付行（Negotiating Bank）也被称为购票行、押汇行、贴现行，是根据开证行的授权买入受益人提交的信用证及全套单据的银行。议付行需开证行指定，需对于受益人所提供的单证进行严格审核，并在审核通过后向受益人支付货款。需要注意的是，议付行所支付的货款需要扣除汇票到期日之前的全部利息，仅支付贴现金额。议付行在获得单证后，将向开证行寄单索汇，若开证行拒付，议付行还可向受益人追索。在国际贸易中，议付行可由通知行兼任，即由出口商所在地的银行来议付货款。

6. 付款行

付款行（Paying Bank）是信用证所规定的付款银行。付款行一般就是开证行，有时也可以是开证行指定的付款代理行。需要注意的是，付款行的付款行为对受益人不具有追索权，若付款出现问题，付款行只能向开证行追索。

7. 保兑行

保兑行（Confirming Bank）是按照开证行的要求对不可撤销信用证进行保兑的银行。当开证行无法履行付款义务时，将由保兑行代为付款。保兑行与付款行类似，若付款出现问题，不能向受益人或议付行追索，只能向开证行追索。

8. 承兑行

承兑行（Accepting Bank）是在远期信用证业务中承兑远期汇票的银行。承兑行既可以是开证行本身，也可以由开证行指定。若承兑汇票最终没有得到付款，则受益人可要求开证行承担最终付款的责任。承兑行需要对受益人提供的单证进行审核，对于不合格的单据，有权拒绝承兑。

9. 偿付行

偿付行（Reimbursing Bank）也被称为清算行，是受开证行的指示或授权，代其向议付行、付款行、保兑行及承兑行进行付款的银行。在国际贸易中，偿付行通常为进口商与出口商所在地之外的国际银行，因开证行与其有资金关系而成为清偿各类当事人垫付货款的最终银行。需要注意的是，偿付行的主要责任是结算货款，而并不审核信用证及相关单据，与受益人也无直接的业务关联。

（四）信用证的主要内容

第一，信用证是对信用证本身的说明。例如，信用证的种类、性质、编号、金额、开证日期、有效日期，以及到期地点等。

第二，信用证上有对标的物的相关要求。例如，商品的品名、品质、数量、包装以及价格等。

第三，信用证上有相关当事人的信息。例如，开证申请人、受益人、开证行、通知行、议付行、付款行、保兑行，以及偿付行等的名称和地址。

第四，信用证上有对货物运输的要求。例如，运输方式、运输工具、装运期限、装运地、目的地、运费支付情况等，以及是否允许分批运输或转船运输等。

第五，信用证上有对相关单据的要求。例如，单据的种类、名称、内容、分数以及是否正本等，具体种类涉及提单、运单、保险单、商业发票、海关单据以及其他与贸易有关的单据。

第六，信用证上有对相关票据的要求，主要是对出口人提交汇票的要求。例如，汇票的相关当事人名称、付款期限、金额，以及其他约束条款等。

第七，信用证上有对信用证的特殊要求。每份信用证可根据交易的具体情况，做出一些有针对性的规定。例如，是否要求保兑、限制议付或规定限制性的运输条件等。

第八，信用证上有银行的付款承诺。信用证上应载明开证行对受益人或汇票持票人的有条件付款承诺，并注明规范本信用证的相应国际惯例。例如，“本信用证受国际商会《跟单信用证统一惯例》地 600 号出版物的约束”。

第九，其他必要的内容。例如，银行间的电汇索偿条款等。

（五）信用证的优点与缺点

信用证的积极作用主要体现在三个方面。

其一，对于出口商，信用证保证了收款的安全。出口方只要按照信用证的规定，按时、保质、保量地交付货物并取得全套合格单据，就能保证获得银行的付款。由于单据传递的速度往往快于货物的运输速度，因而出口商不仅能够提前收回货款，还能避免因进口国临时采取限制进口或外汇管制等措施而发生的风险。另外，当出口商收到信用证后，还可凭信用证向出口地银行打包放款（Packing Finance）或出口押汇（Outward bill），发挥信用证的资金融通作用。

其二，对于进口商，信用证确保了收货的安全。按照信用证的原理，银行只有在审核单证无误后才会对外付款，因而进口商最终从银行处取得的全套单据一定是满足进口商要求的单据。换言之，进口商可以通过控制信用证的具体条款，达到控制出口商按时、按质和按量交货的效果，从而避免一般结算方式中因付款在前、收货在后而产生的损失或风险。另外，信用证对于进口商同样具有资金融通的作用。在申请开立信用证时，进口商一般并不需要向银行缴纳全部货款，而只需支付部分押金。若申请开立的是远期信用证，进口商还能拥有更长时间的资金周转时间，从而有利于促进国际贸易合同的签订和履行。

其三，对于银行，信用证拓展了银行的业务范围。银行在信用证业务中扮演着十分重要的作用。从某种角度讲，银行对进出口双方都做出了一定的承诺与担保。为此，银行需完成开立信用证、审核单证、融通资金、承兑付款等各项工作，这不仅扩大了银行的业务种类和工作量，而且还增加了银行因收取相关手续费、服务费、押金等而产生的利润。因此，开展信用证业务，对银行来言也是有益的。

信用证也有一些不足。

其一，信用证收付款的程序复杂、费用较高。信用证一般适用于国际贸易中相对陌生的进口商与出口商，采用信用证的最主要目的是为了钱货的安全。而对于拥有长期业务关系的进口商和出口商，相互间的信任度已经较高，在风险较小的情况下，更愿意选择效率较高、成本较低的其他商业信用收付款方式。

其二，信用证收付款方式毕竟是一种纯粹的单据买卖。国际货物贸易的实质还是具体商品的跨国交易。信用证下的单证审核与真实货物的运输交接相互分离，为一些国际欺诈行为埋下了隐患。例如，历史上就曾经出现过虚假出口商勾结承运人等伪造单据向银行实施信用证诈骗的案例。因此，使用信用证还需正确看待银行信用，并且不能放松对实际货物的监督与管理。

二、信用证的流程

由于信用证的相关当事人较多，类型也较为丰富，因而每种信用证的操作流程也各不相同，但都要经过申请、开证、通知、议付、付款及赎单等关键环节。这里以信用证主要当事人之间围绕“证”“款”“货”的操作流程为例，来解释信用证的基本业务流程（图 14–5）。

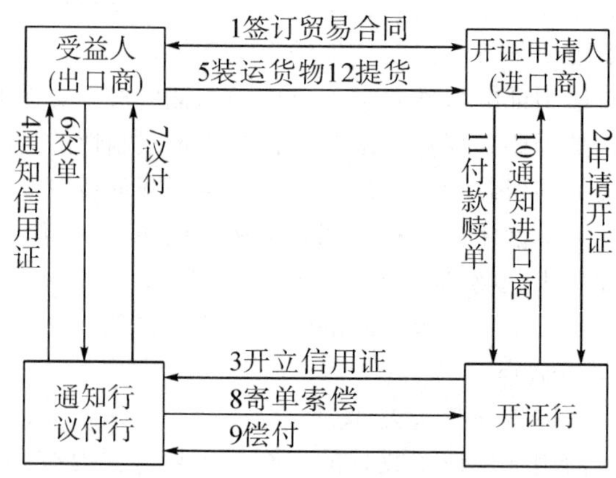

图 14–5　信用证收付款的流程

第一步，签订合同。国际贸易的买卖双达成贸易合同，并在合同中规定以信用证方式来收付货款。

第二步，申请开证。进口商向其所在地银行提交开证申请书和相应比例的押金，申请开立信用证。

第三步，开立信用证。开证行按照申请人的要求，向出口商开出正式的信用证。信用证原件需寄送至出口商所在地银行。

第四步，通知信用证。通知行在收到开证行寄来的信用证后，经检验无误，通知出口商领取信用证。若需保兑，可由相关银行保兑信用证。

第五步，装运货物。出口商在收到信用证后，将信用证内容与合同内容进行比对。若有问题，须退回信用证并要求开证行改证。若无问题，则应按照信用证的要求装运货物，并取得发货后的全套单据。

第六步，交单。出口商在完成发货后，备妥信用证及其规定的全套单据，开出汇票，于信用证有效期内向议付行交单并申请议付。

第七步，议付。议付行对出口商所提交的单证按照“单证一致，单单相符”的原则进行审核，审核合格后，按照汇票金额扣除利息和手续费之后，将剩余款项垫付给出口商。此时，出口商基本完成了交货与收款。

第八步，寄单索偿。议付行将索偿证明、信用证及相关单据寄交开证行，并要求开证行偿付货款。

第九步，偿付。开证行在收到议付行寄来的单证后，再次按照“单证一致，单单相符”的原则进行审核。若审核无误，开证行将按照汇票的期限向议付行承兑或付款。

第十步，通知进口商。开证行在完成偿付手续后，通知进口商单证已到，并向其提示汇票、要求付款。

第十一步，付款赎单。进口商在审核单证无误后，向开证行付清货款，并取得包括提单在内的全套商业单据。

第十二步，提货。进口商凭提单向承运人提货，获得对货物的实际控制权。此时，进口商完成了付款和收货。

三、信用证的种类

（一）跟单信用证与光票信用证

按照是否附有运输单据，信用证可以分为跟单信用证与光票信用证两种类型。跟单信用证（Documentary L/C）是银行按照跟单汇票或商业单据进行付款的信用证。这里的单据主要包括提单、保险单、商业发票等，代表了对贸易货物的所有权。跟单信用证是国际贸易货款收付中使用最多的一种信用证形式。光票信用证（Clean L/C）与跟单信用证相反，是银行仅凭光票即可付款的信用证。这类信用证不需随附提单等代表贸易货物所有权的商业单据，在国际贸易中的应用相对较少。

（二）保兑信用证与不保兑信用证

按照有无一家银行对信用证保证兑付，信用证可以分为保兑信用证与不保兑信用证。保兑信用证（Confirmed L/C）是指在开证行开立信用证之后，指定了另外一家银行对符合信用证规定的单据履行付款义务。这家额外的银行即为保兑行。保兑信用证的银行信用更高，一般更受出口商的欢迎。不保兑信用证（Unconfirmed L/C）与保兑信用证相反，是指没有其他银行加保的信用证。在国际贸易中，信用证的通知行可以兼任保兑行，若通知行不愿承担保兑责任，即使开证行提出请求，通知行也会在发给受益人的通知中明确说明其不付保兑责任。

（三）即期信用证、远期信用证与假远期信用证

按照付款时间的不同，信用证可以分为即期信用证、远期信用证与假远期信用证三种类型。

即期信用证（Sight L/C）是指开证行或其指定的付款行在收到符合信用证的跟单汇票和全套单据后，立即履行付款义务的信用证。远期信用证（Usance L/C）是指开证行或其指定的付款行在收到符合信用证的跟单汇票和全套单据后，并不立即履行付款义务，而是在一

段规定的期限内进行付款的信用证。

远期信用证又包括两种具体类型，一种是银行承兑远期信用证（Banker's Acceptance L/C），即以开证行或其指定银行作为信用证下远期汇票付款人的信用证。这类信用证的付款流程为先承兑，后付款。另一种是延期付款信用证（Deferred Payment L/C），这种信用证也被称为无汇票远期信用证，除了不要求受益人开具汇票外，其操作流程与银行承兑远期信用证类似。

假远期信用证（Usance L/C Payable at Sight）是指信用证规定受益人须开立远期汇票，但付款行可对此远期汇票进行贴现，从而将名义上的远期信用证转变为了实际上的即期信用证。对于贴现所产生的利息和费用，一般由开证申请人承担，所以对受益人而言，这种远期贴现汇票等于即期汇票。假远期信用证对进出口双方均有好处。对出口商而言，其不仅提前获得了货款，还节省了贴现的费用；对进口商而言，其不但利用银行融通了资金，甚至还可以提前获得相关单据，拥有提货的权利。

（四）可转让信用证与不可转让信用证

按照相关权利是否可以被转让，信用证可以分为可转让信用证与不可转让信用证两种类型。可转让信用证（Transferable L/C）是指信用证的第一受益人可以将信用证的权利全部或部分转让给第二受益人的信用证。可转让信用证只能被转让一次，并且必须注明“可转让”（Transferable）字样。可转让信用证多用于中间商贸易或转口贸易，其原理为：信用证的第一受益人为中间商，在收到进口商申请开来的信用证后，需要将信用证转让给真正提供商品的出口商，即该信用证的第二受益人。不可转让信用证（Non-Transferable L/C）与可转让信用证相对，是指受益人不能将信用证的权利转让给其他人的一类信用证。没有标注“可转让”字样的信用证都属于不可转让信用证。

（五）付款信用证、承兑信用证与议付信用证

按照付款方式的不同，信用证可以分为付款信用证、承兑信用证与议付信用证三种类型。付款信用证（Payment L/C）是指在信用证上明确指定了付款银行的信用证。付款信用证一般规定出口商只能向某一指定银行交单，并且这家银行往往为开证行的外国代理行。承兑信用证（Acceptance L/C）是指在信用证上明确指定了承兑银行的信用证。承兑银行将负责在受益人提示远期汇票时予以承兑，并于汇票到期日履行付款义务。议付信用证（Negotiation L/C）是指在信用证上明确规定了如何选择议付银行的信用证。又可进一步细分为自由议付信用证和限制议付信用证。前者是指任何一家银行都可作为信用证的议付行，后者则限制性规定了只有某一家银行可以作为信用证的议付行。需要注意的是，付款和议付是不同的概念。一旦支付款项，付款行没有向受益人追索的权利，而议付行保留了向受益人追索的权利。

（六）其他类型的特殊信用证

按照不同的作用，信用证在实际业务中还发展出了几种特殊类型，分别是循环信用证、对开信用证、对背信用证、预支信用证及备用信用证等。

循环信用证（Revolving L/C）是一种可以多次使用的信用证。这种信用证的金额在每次使用后会自动恢复至原有金额，并可重新使用，直到达到规定的次数或总金额为止。循环信用证能够节省开证、等证、审证的时间和相关手续费用，并提高单张信用证的使用效率，特别适合长期开展的、分批交货的、单一货品的大宗商品国际贸易。另外，循环信用证还可细分为按时间循环的信用证和按金额循环的信用证。其中按金额循环的具体方法包括自动循环（Automatic Revolving）、非自动循环（Non-Automatic Revolving）及半自动循环（Semi-Automatic Revolving）等。

对开信用证（Reciprocal L/C）是指国际贸易的进出口双方各自作为开证申请人，并互

以对方为受益人开立的两张流转方式相反的信用证。这两张信用证，金额大致相等，时间大致相同，第一张信用证的开证申请人是第二张信用证的受益人，而第一张信用证的受益人是第二张信用证的开证申请人。这种信用证多用于易货贸易、加工贸易及补偿贸易等。

对背信用证（Back to Back L/C）也被称为转开信用证，是指受益人在收到信用证后，以自己为开证申请人重新向另一个受益人开立的信用证。新的信用证以原信用证为基础，两者内容相似，但各自独立，并且金额与时间有所差别。对背信用证多应用于中间商贸易、转售贸易或沟通贸易等。需要注意的是，在对背信用证业务中，新证的金额应低于原证，以便中间商从中盈利；新证的装运期应早于原证，从而使中间商能够提前收到货物并按时进行第二次装运。

预支信用证（Anticipatory L/C）是指开证行授权通知行或保兑行在受益人交单之前就可预先取得信用证的全部或部分款项的一种信用证。这种信用证为出口方提供了融资服务，其特征是付款在前，交单在后。若受益人后续交单合格，开证行将向其支付剩余款项；若受益人未能顺利交单，已垫付款项的通知行或保兑行可向开证行及开证申请人追索。预支信用证多用于国际上紧俏商品的进口贸易，能够发挥搜寻货源、周转资金和促进成交等积极作用。由于传统预支信用证的部分条款用红色字体印刷，因而也被称为红色条款信用证（Red Clause L/C）。

备用信用证（Standby Credit）也被称为担保信用证（Guarantee L/C）、商业票据信用证（Commercial Paper L/C），是指开证行开立的对受益人保证承担某种付款义务的信用证。这种信用证并不以清偿商品交易的货款为主要目的，而是要发挥贷款融资或担保债务偿还等作用，是一种融合了支付、融资及担保的综合型信用证。备用信用证源自美国，由于美国曾经禁止商业银行办理担保业务，所以只能用备用信用证来替代银行保函。如今，在国际贸易中，若开证行出现违约的情况，备用信用证将发挥保证向出口商付款的作用。

需要注意的是，备用信用证与跟单信用证有着明显的区别。其一，若开证申请人履行了约定的付款义务，则备用信用证就成了备而不用的一种文件；其二，跟单信用证一般只适用于货物贸易，而备用信用证可适用于借款、投标、赊销、赊购等其他形式的交易；其三，备用信用证的付款依据是受益人开具的说明开证申请人未能履约的证明文件，而不同于跟单信用证所要求的严格相符的全套商业单据。

第四节　其他结算方式

一、国际保理

（一）国际保理的含义

国际保理（International Factoring）的全称为国际保付代理，也被称为承购应收账款，是一种由国际保理商来承担信用风险的出口融资业务。在国际贸易中，特别是在采用记账赊销和承兑交单等非信用证结算方式时，出口商在完成交货后，可以将贸易合同中的应收账款转让给国际保理商，并从保理商处获得大部分货款。如果将来发生进口商拒付货款的情况，则由保理商承担全部付款责任。除付款融资功能之外，国际保理还可向贸易商提供一系列综合服务，例如进口商资信评估、销售账户管理、信用风险担保、应收账款催收等。国际保理能够防范国际贸易中的收汇风险，实质上是一种引入第三方担保的收付款方式。

（二）国际保理的当事人

1. 受益人

国际保理的受益人是需要获得各项金融服务的人，即保理业务的委托人，债权债务关系中的债权人。在国际贸易中，出口商就是受益人。

2. 风险人

国际保理的风险人是可能发生信用风险的人，即保理业务的调查对象，债权债务关系中的债务人。在国际贸易中，进口商就是风险人。

3. 保理商

保理商是国际保理业务的受托人，是直接或间接向受益人提供各类服务的国际银行或其他金融机构。在一般情况下，保理商又可分为出口保理商和进口保理商两类，两者相互联系并共同组成了保证国际货款收付的跨国中介机构。

（三）国际保理的特点

1. 安全性

国际保理的主要作用是风险转嫁和付款担保。出口商通过与保理商达成保理协议，将应收账款卖断给保理公司，既提前获得了货款，也消除了潜在的信用风险，尤其适合于托收、汇付等依托商业信用的收付款方式。

2. 综合性

国际保理是一种内涵丰富、方法灵活的新兴国际结算方式，其业务范围涉及销售分户账管理（Maintenance of The Sales Ledger）、债款回收（Collection From Debtors）、信用销售控制（Credit Sales Control）、坏账担保（Full Protection Against Bad Debts）、资信状况评估（Credit Status Assessment）及国际贸易融资（International Trade Financing）等多种类型，能够满足进出口商的各种业务需要。

3. 简便性

相比同样具有较高安全性的信用证收付款方式，国际保理的手续更加简便、效率更加快捷。在国际保理方式中，贸易商无须向银行提供复杂而繁琐的各类单据，所交单据也不用经过各个银行的层层审核。出口商一般只需向保理商提供商业发票副本等简单单据便可获得付款。

（四）国际保理的种类

1. 单保理和双保理

按照办理保理业务的保理商数量不同，国际保理可以分为单保理和双保理两种类型。单保理也被称为单保理机制（Single Factor System），是指仅由一家保理商来完成的国际保理业务。双保理也被称为双保理机制（Two-Factor System），是指涉及出口保理商和进口保理商两家金融机构的国际保理业务。在国际贸易实践中，由于各国的商业环境在语言、文化、法律及习惯等方面存在一定差异，大多数出口商更愿意采用双保理形式，通过国内国外两家金融机构将出口商与进口商有效地联系起来，从而使各项业务的开展更加顺利。

2. 公开保理和隐蔽保理

按照货款的收付是否直接由国际保理商经手，国际保理可以分为公开保理和隐蔽保理两种类型。公开保理（Disclosed Factoring）是指出口商需将办理保理业务的相关事项以书面形式正式通知进口商，并要求其向国际保理商支付货款。按照保理合同，保理商已购买出口商的全套单据，成了进口商的新债权人。隐蔽保理（Undisclosed Factoring）则是指出口商不将保理商参与货款收付的情况通知进口商，货款仍然由出口商直接收取。在隐蔽保理业务中，进口商既不知情，也不参与，相关费用也只在出口商与保理商之间结算。在当前的国际结算中，大部分保理业务都属于公开保理业务。

3. 到期保理和预支保理

按照是否具有融资功能，国际保理可以分为到期保理与预支保理两种类型。到期保理（Maturity Factoring）也被称为定期保理，是指保理商并不向出口商提供预付款等融资服务，而是直到债务的到期日才向其支付票据款项的保理方式。预支保理（Financed Factoring）也被称为融资保理，是指当出口商向保理商提交单据时，保理商可在扣除相应利息与费用后向其预付货款，从而产生提前融资的作用。预支保理的融资比例通常为货款总金额的80%，剩余20%货款将在进口商付款后另行清算。

4. 有追索权保理和无追索权保理

按照保理商是否对出口商拥有追索权，国际保理可以分为有追索权保理和无追索权保理两种类型。有追索权保理（Recourse Factoring）是指当出口商向保理商转让债权并获得预付款融资后，若出现进口商拒付货款或无法付款等情况，保理商将有权向出口商追偿货款，享有追索权。这种保理并不具备信用担保功能，仅仅具有融资作用，因此并非完整意义上的国际保理。无追索权保理（Non-Recourse Factoring）则与之相反，是一种保理商放弃了向出口商追索的权利，独自承担收汇风险的保理形式。需要注意的是，国际保理商会对进口商的信用情况进行评估，保理商只承担信用额度内的风险，而对于信用额度外的风险则仍然保留了追索权。在国际贸易中，大部分国际保理都属于无追索权保理，因为无风险保付代理是国际保理的核心功能。

（五）国际保理的程序

鉴于保理的业务类型比较丰富，这里以无追索权的公开预支双保理为例，详细介绍了这一具有代表性的国际保理业务的具体流程（图14-6）。

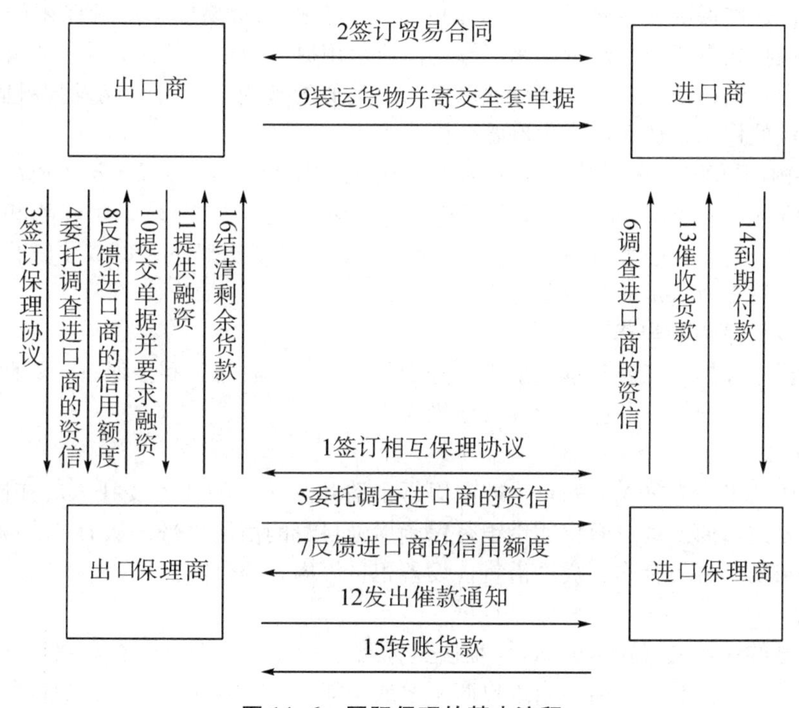

图14-6　国际保理的基本流程

第一步，出口保理商与进口保理商达成国际保理合作协议。

第二步，出口商与进口商在贸易合同中规定货款的收付将使用国际保理业务。

第三步，出口商与出口保理商签订国际保理协议。

第四步，出口商将需要调查的进口商信息交给出口保理商，委托其对进口商进行资信状况调查和信用额度评估。

第五步，出口保理商向进口保理商发出通知，委托其对相关进口商进行调查。

第六步，进口保理商对进口商进行资信调查，核定其信用额度。

第七步，进口保理商向出口保理商反馈对进口商的信用额度评估结果。

第八步，出口保理商向出口商反馈对进口商的信用额度评估结果。

第九步，出口商发货并将全套商业单据寄交进口商。

第十步，出口商向出口保理商提交商业发票副本并提出融资要求。

第十一步，出口保理商以预付款形式向出口商提供大部分货款融资。

第十二步，出口保理商向进口保理商发出通知，要求其向进口商按时催收货款。

第十三步，进口保理商向进口商催收货款。

第十四步，进口商向进口保理商到期付款。

第十五步，进口保理商将收到的货款转账给出口保理商。

第十六步，出口保理商在扣除手续费后将剩余货款支付给出口商，国际保理业务完成。

二、银行保函

（一）银行保函的含义

银行保函（Bank Guarantee）也被称为银行保证书，是一种由商业银行开出的担保相关受益人能够正常履行合同义务的书面证明。当受益人无法履行相关付款义务时，银行将代替其向相关债权人支付款项，从而保证了相关经济责任的确定性和安全性。银行保函由银行出具，属于银行信用；在实际业务中，具有保函作用的证明还可由保险公司、担保公司等其他机构出具，但这些保函大多属于商业信用的范畴。在国际贸易中，银行保函的应用十分广泛，在汇付或托收方式中，银行保函能够将商业信用提升为银行信用，从而保障相关受益人的经济权益；在信用证方式中，银行保函及与之类似的备用信用证又能发挥巩固银行信用、加强风险控制的作用，从而进一步保障合同当事人的经济利益。

2010年由国际商会修订的《见索即付保函统一规则》（*The Uniform Rules for Demand Guarantees ICC Publication No.* 758. 2010 *Edition*），简称《URDG758》，是规范和指导保函业务的国际惯例。其最初版本可追溯至1978年，之后历经多次修订，形成了现行的版本，是国际贸易中应用银行保函的重要参考文件。

（二）银行保函的当事人

银行保函业务拥有三方基本当事人，分别是申请人、收益人和担保行。除此之外，还可能涉及反担保人、通知行及保兑行等其他当事人。

1. 申请人

银行保函的申请人（Applicant）即向银行申请开立保函的业务委托人。在国际贸易中，申请人主要是进口商。进口商将凭借银行保函增强自身的信用水平，从而更为顺利地对外签订有关货物买卖、劳务合作、资金借贷、设备租赁等内容的合同。

2. 受益人

银行保函的受益人（Beneficiary）是接受保函并有权向相关银行索取款项的人。在国际贸易中，受益人主要是出口商。当进口商不愿或不能履行付款义务时，出口商将向出具保函的担保银行提出付款要求。

3. 担保行

银行保函的担保行（Guarantee Bank）是接受申请人委托向受益人出具保函的商业银行。担保行是银行保函业务的关键当事人，它将企业间的普通商业信用提升为安全性更高的银行信用，从而打消了债权人对债务人能否履约的顾虑，促进并保障了一系列交易的开展。

4. 反担保人

银行保函的反担保人（Counter Guarantor）也被称为指示人（Instructing Party），是按照申请人的要求向担保行开具书面反担保函的人。所谓反担保，是指当申请人因无法履约而造成担保行对外付款或赔偿后，申请人不能向担保行进行经济补偿时，相应款项或损失将最终由反担保人负责承担的一种担保方式。简言之，反担保人就是担保申请人能够补偿担保行的人。

5. 通知行

银行保函的通知行（Advising Bank）也被称为转递行，是按照担保行的要求将银行保函转交给受益人的银行。在国际贸易中，担保行往往是进口商所在地银行，而通知行一般为出口商所在地银行。

6. 保兑行

银行保函的保兑行（Confirming Bank）也被称为第二担保行，是按照受益人的要求对银行保函进行保兑的另一家银行。保兑行通常是具有雄厚的资金实力和较高的信用水平的大中型银行。在国际贸易中，只有当原担保行在信誉、资金及业务等方面相对较差时，其开具的银行保函才会被要求保兑。

（三）银行保函的内容

1. 当事人的名称和地址

银行保函应写明申请人、受益人、担保行及通知行等各种当事人的完整名称和详细地址，同时，规定相关当事人的主要责任与义务。

2. 保函的基本信息

银行保函应注明编号、开立日期、有效期、具体金额及相应货币等基本信息。其中，对于担保金额的规定应明确具体，并列明金额递减条款。

3. 开立保函的依据

银行保函应说明其开立依据、基本用途及适用的国际惯例等。尤其要阐明保函与合同的关系，务必将来源于合同的债权债务关系、权利义务关系等与银行担保相联系，并注明基础合同的内容、编号、当事人及签约日期等基本信息。

4. 保函的性质

银行保函应明确其性质是从属性还是独立性。从属性是指银行保函的付款责任依附于交易合同，只有当申请人违约时，银行才会承担付款或赔偿责任。独立性是指银行保函具有独立的契约特征，即拥有“见索即付保证”，其担保责任由保函本身决定，而并不与交易合同等其他契约责任直接关联。

5. 索款方法

银行保函应规定受益人向担保行索偿款项的具体方法和业务流程，确保受益人能够在遭遇付款风险时顺利得到担保银行的补偿。

6. 其他条款

银行保函还应列明索赔条件、仲裁方式、反担保措施等其他条款。

（四）银行保函的流程

这里以当事人较多的综合银行保函为例，详细介绍其具体业务流程（图 14-7）。

第一步，申请人向担保行提出开立银行保函的申请。

第二步，申请人应担保行的要求联系反担保人，办理反担保手续。

第三步，反担保人向担保行出具反担保证明，承诺当申请人无法向担保行支付款项时，相应支付或赔偿责任由反担保人承担。

第四步，担保人应受益人要求，联系保兑行对保函加保。

第五步，担保行将银行保函寄交通知行，要求其办理通知业务。

第六步，通知行向受益人发出保函通知，将保函转交受益人。

第七步，当申请人不愿或不能履行付款义务时，受益人凭保函向担保行、保兑行或具有

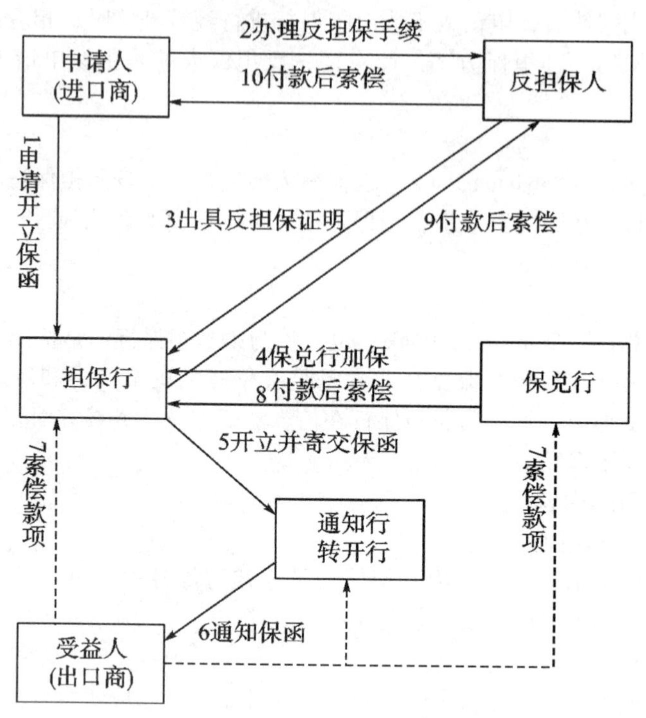

图 14-7 银行保函的业务流程

付款责任的通知行索偿款项。

第八步，保兑行在履行付款或赔偿责任后，向担保行索偿款项。

第九步，担保行在履行付款或赔偿责任后，继续向反担保人索偿款项。

第十步，最终由反担保人向申请人索偿款项。

（五）银行保函的种类

1. 借款保函

借款保函（Loan Guarantee）是担保银行按照借款人的要求向贷款人出具的还款承诺，保证当借款人到期不还款或无力还款时，银行代替其履行还本付息的义务。由于借款的用途并不确定，因而借款保函是一种风险较大的担保方式。

2. 融资租赁保函

融资租赁保函（Financial Lease Guarantee）是担保银行按照承租人的要求向出租人出具的租金支付承诺，保证当承租人不愿或无力向出租人支付租金时，银行代替其偿付租金或赔偿损失。融资租赁多用于进口商在资金不足的情况下对大型生产设备或交通运输工具的进口租赁，在较长时间内承租人能否坚持按时足额支付租金并不确定，因而需要银行保函进行担保。

3. 付款保函

付款保函（Payment Guarantee）是担保银行按照进口商的要求向出口商出具的国际贸易货款支付承诺，保证当进口商不愿或不能支付货款时，银行代替其偿付贸易货款及相关损失。付款保函是国际贸易中比较常用的一种银行保函。

4. 预付款保函

预付款保函（Advance Guarantee）是担保银行按照预付款的收款方的要求向付款方出具的特殊条件下的还款承诺，保证当收款方未能履行相关合同而不退还预付款时，银行代替其向付款方补偿损失。预付款多为国际贸易中的进口商向出口商预付的定金，当出口商违约时，需双倍返还定金，因而这类保函也被称为定金保函或还款保函。

5. 补偿贸易保函

补偿贸易保函（Compensation Guarantee）是在补偿贸易中，担保银行按照设备或技术的引进方的要求向设备或技术的提供方出具的补偿款项承诺，保证当进口商不能支付补偿设备款项、技术转让费用及相关利息时，银行代替其进行偿还并赔偿损失。补偿贸易的偿付周期一般较长，为保障技术或设备出口商的收汇安全，一般都会使用银行保函。

6. 投标保函

投标保函（Bid Guarantee Letter）是担保银行按照投标人的要求向招标人出具的付款承诺，保证投标人在开标前不撤标、不改标，在中标后不拒付保证金、不拒签中标合同等，若投标人违约，银行将代替其承担相关的付款责任。如果投标人未能中标，则投标保函提前失效。这类保函有利于维护国际贸易中的招投标规则，对招标人能起到较好的利益保障作用。

7. 履约保函

履约保函（Performance Guarantee）是担保银行按照申请人的要求向受益人出具的保证履约的承诺，申请人一旦出现违约情况，银行将赔偿受益人一定金额的经济损失。在国际贸易中，当进出口双方中的任何一方存在较大的违约风险时，另一方都可要求其出具银行保函，从而在一定程度上预防了货物或货款的损失。

8. 其他保函

除以上常用的银行保函外，还有质量保函（Quality Guarantee）、维修保函（Maintenance Guarantee）、留置金保函（Retention Guarantee）、保释金保函（Bail Guarantee）、关税保函（Customs Guarantee）等其他几种类型的保函，需在国际贸易中根据实际需要灵活应用。

三、出口信用保险

（一）出口信用保险的含义

出口信用保险（Export Credit Insurance）也被称为出口信贷保险，是一种向国际贸易中的出口商承保因进口商不愿支付货款或无力支付货款而产生的商业风险与经济损失的信用保险。与国际货物运输保险不同，这类保险并不承保国际贸易货物的风险或损失，而是负责国际贸易货款的收款安全。具体而言，出口信用保险的主要承保对象是出口企业的应收账款，承保的主要风险包括商业风险和政治风险。常见的商业风险由两方面的原因引起，一是进口商资金链断裂或破产等客观原因，二是进口商有意拖欠货款或拒绝支付等主观原因。常见的政治风险主要包括进口商所在国的各类突发性管制措施或政策变动，以及发生战争、罢工等属于不可抗力范畴的特殊风险。显然，这些特殊风险或损失是普通商业保险所不能承保的。因此，在我国，出口信用保险属于政策性保险的范畴，是国家推动出口贸易发展和保障企业利益的一种非营利性金融工具。需要注意的是，中国出口信用保险公司是我国唯一承办出口信用保险业务的政策性保险公司。

（二）出口信用保险的特点

1. 政策性强

出口信用保险不以营利为目的，是一种由政府支持和财政补贴的政策性保险。在国际贸易中，政府参与是出口信用保险的主要经营模式，一般又可分为政府直接办理、政府间接办理、政府委托商业保险机构代办和政府控股商业保险机构办理四种具体方式。

2. 风险性大

出口信用保险所承保的风险往往出险概率较大、损失程度较高，相应风险与损失也难以预测、难以防控，很多都属于商业保险不愿意或无能力承保的重大风险。

（三）出口信用保险的作用

1. 促进对外贸易签约

通过投保出口信用保险，国际贸易的出口商可以更为灵活地选择国际货款的收付方式，从而提高自身在国际贸易谈判中的竞争力。特别是当进口商不愿意采用信用证、保函等依托银行信用的付款方式时，出口商也完全可以接受赊销、托收等依靠商业信用的收款方式，从而既替进口商节约了成本与费用，又使自身在风险可控的前提下及时抓住商机，扩大出口贸易量。

2. 创造贸易融资机会

由于出口信用保险能够确保国际贸易中应收账款的收汇安全，从而使出口商具备了将应收账款转变为可抵押资产的基本条件。因此，出口商完全可以通过将相关债权抵押给银行来获得一定金额的贸易融资，发挥保险的金融衍生功能。

3. 防范重大商业风险

出口信用保险以政府政策为背景，具有完整的风险防控体系和损失补偿机制。出口企业通过投保出口信用保险，不仅可以防控来自进口商的商业风险与外国政治风险，而且能够提升企业在国内外市场中的信用评估等级，进一步在打包贷款、托收押汇、国际保理等业务中获得银行的金融支持。即使发生损失，出口商也可通过保险获得一定的经济补偿，因此小微型出口企业不至于因为一次贸易损失而破产倒闭。

（四）出口信用保险的流程

具体流程见图 14-8。

第一步，出口商委托银行向保险公司投保出口信用保险。

第二步，出口商向进口商发货，并取得全套商业单据。

第三步，出口商将应收账款转让给银行，包括全套商业单及出口信用保险所涉及的权利。

第四步，银行向出口商提供融资，出口商变相获得了出口商品的货款。

第五步，银行通知进口商付款赎单，但进口商拒绝付款或无力付款。

第六步，银行向保险公司索赔。

第七步，保险公司向银行理赔。

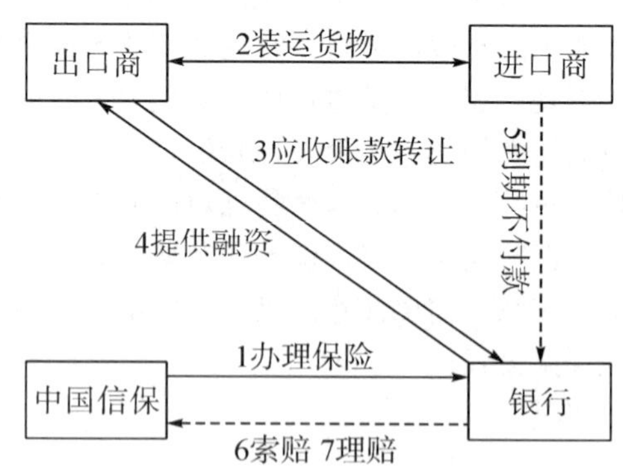

图 14-8　出口信用保险的流程

（五）出口信用保险的种类

1. 短期出口信用保险

短期出口信用保险是指国际贸易合同中规定的付款期限不超过 180 天的出口信用保险。在一些特殊情况下，保险人可应投保人的要求，同意其将付款期限延长至 360 天。这类出口信用保险适用于数量较大、批次较多的国际贸易商品，如廉价的初级产品、工业消费品等。短期出口信用保险是承保量最大的险种，并拥有标准化的保险单和相对统一的保险费率。

2. 中长期出口信用保险

中长期出口信用保险是指保险期限在两年或两年以上的出口信用保险。习惯上的中期为1~5年，长期为6~10年。这类出口信用保险适用于金额巨大、周期较长的大规模国际贸易，如对外大型工程建设、出口船舶制造等。

阅读资料 14-1：中国出口信用保险公司

中国出口信用保险公司（简称中国信保，英文 Sinosure）是我国唯一承办出口信用保险业务的政策性保险公司，也是我国四家政策性金融机构之一。其于2001年12月18日正式揭牌运营，公司资本金约300亿元，资本来源为出口信用保险风险基金，由国家财政预算安排。

中国信保的业务范围包括：中长期出口信用保险业务、海外投资保险业务、短期出口信用保险业务，国内信用保险业务，与出口信用保险相关的信用担保业务和再保险业务，应收账款管理、商账追收等出口信用保险服务及信息咨询业务，进口信用保险业务，保险资金运用业务，经批准的其他业务。中国信保还向市场推出了具有多重服务功能的“信保通”电子商务平台和中小微企业投保平台，使更多客户享受到更加快捷高效的网上服务。

中国信保现有15个职能部门，营业机构包括总公司营业部、18个分公司和6个营业管理部，已形成覆盖全国的服务网络，并在英国伦敦设有代表处。

公司的经营宗旨是：“通过为对外贸易和对外投资合作提供保险等服务，促进对外经济贸易发展，重点支持货物、技术和服务等出口，特别是高科技、附加值大的机电产品等资本性货物出口，促进经济增长、就业与国际收支平衡。”

——资料引用自中国出口信用保险公司网站

本章小结

本章主要讲述了四个方面的内容。

第一，国际结算的票据。汇票、本票与支票是国际贸易结算中的常用票据。汇票是出票人签发的，委托付款人在见票时或者在指定日期无条件支付确定的金额给收款人或者持票人的票据。本票是由出票人签发的，承诺自己在见票时无条件支付确定的金额给收款人或者持票人的一种票据。支票是由出票人签发的，委托办理支票存款业务的银行或者其他金融机构在见票时无条件支付确定的金额给收款人或者持票人的一种票据。三种票据在基本性质、基本当事人、出票人承担的责任、付款期限与票据行为等方面存在一定的区别，使用时不能有所混淆。

第二，汇付与托收。汇付是指付款人通过银行并使用一定的结算工具主动将款项汇给收款人的一种付款方式。汇付主要包括电汇、信汇和票汇三种方式。托收是指出口商开具以进口商为付款人的汇票，委托相关银行向进口商收取货款的一种结算方式。主要包括光票托收和跟单托收两种方式。汇付与托收都属于商业信用。

第三，信用证结算。信用证是一种由银行开立的在一定条件下承诺付款的书面文件。信用证是一种自足文件，信用证是一种单据买卖，信用证的实质是一种银行付款保证，因而属于更为安全的银行信用。常用的信用证类型包括跟单信用证、保兑信用证、即期信用证、远期信用证及可转让信用证等，而循环信用证、对开信用证、对背信用证、预支信用证及备用信用证等则是拥有特殊用途的信用证。

第四，其他结算方式，主要包括国际保理、银行保函和出口信用保险三种。国际保理是一种由国际保理商来承担信用风险的出口融资业务。银行保函是一种由商业银行开出的担保相关受益人能够正常履行合同义务的书面证明。出口信用保险是一种向国际贸易中的出口商承保因进口商不愿支付货款或无力支付货款而产生的商业风险与经济损失的信用保险。

各种收付款方式对进出口双方的利弊影响见图 14-9。

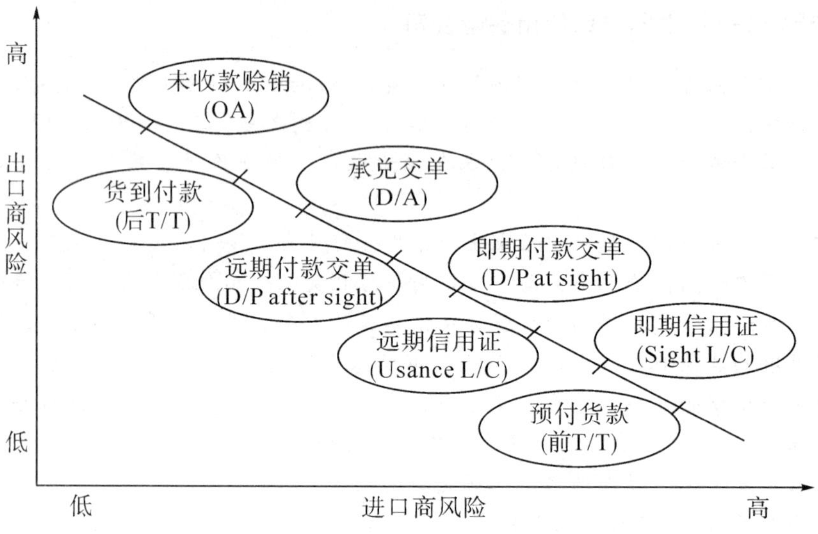

图 14-9　各种收付款方式对进出口双方的利弊影响

思考题

1. 请简述托收与汇付的特点，并分析其顺汇或逆汇原理。
2. 请简述信用证的基本业务流程，并作图说明。
3. 试辨析汇票、本票与支票的区别与联系。
4. 试论述国际保理对于国际贸易的主要作用与积极意义。
5. 试论述政策性出口信用保险对于外向型中小微企业发展的促进作用。

第十五章
国际贸易争议的预防与处理

学习目标
XUEXI MUBIAO

熟悉商品检验的含义、内容和机构，掌握商检条款的拟定要点。理解违约的含义、原因和后果，掌握索赔和理赔的具体方法。掌握不可抗力的含义、条件及处理方式。掌握仲裁等争端解决方式。

学习重点
XUEXI ZHONGDIAN

商品检验的机构、证书，拟定商检条款的注意事项；违约的原因，索赔和理赔的具体流程；违约金、定金的规定方法；不可抗力的构成条件；拟定不可抗力条款的注意事项；拟定仲裁条款的要点。

第一节　商品检验

一、商品检验概述

（一）商品检验的含义

商品检验（Commodity Inspection）简称商检，是指在国际贸易中，商检机构按照一定的法律、法规和惯例，对进出口商品的品质、数量、包装、安全及卫生等项目所开展的检验和鉴定工作。商品检验的目的包括三个方面。其一，进出口商品的相关指标是否符合合同的交货要求，相应的商检证书将作为进口商或银行是否付款的依据。其二，进出口商品的相关属性是否符合国家法律法规的要求，品类、规格、数量等指标需满足海关的具体要求。其三，进出口商品的成分、材料及包装是否含有危害人体健康或自然生态的病虫害，卫生检疫必须合格。可以说，商品检验既是保障一国经济、环境安全的重要业务环节，也是保证进出口企业顺利履行国际贸易合同的基本法律程序。

为加强国际贸易商品检验，规范并管理好我国的商检工作，我国于1989年2月颁布了《中华人民共和国进出口商品检验法》（简称《商检法》）。目前，最新版本为2018年12月通过的修订版《商检法》。

另外，《联合国国际货物销售合同公约》的第三十八条也规定，“买方必须在按情况实际可行的最短时间内检验货物或由他人检验货物”。可见，商品检验是国际、国内都有明确法律要求的重要的国际贸易环节，从事进出口贸易的各方当事人需对此高度重视并认真办理。

（二）商品检验的内容

1. 品质检验

品质检验是商品检验的重要内容。商检机构将按照贸易合同和有关商品检验标准的规定，并结合申请人的具体要求，对进出口商品的品质进行测试、检验和鉴定。品质检验的结果是判定商品质量是否符合贸易合同中品质条款的重要依据。它一般又可分为外观品质检验和内在品质检验两种类型。

（1）外观品质检验。

外观品质检验的检验内容包括商品的外观尺寸、造型特征、结构特征、款式样式、材料质地、色彩情况、光泽度、精细度、新鲜度、气味与口感、制作工艺等。这类检验的大多数指标结果可通过直接观测来获得。

（2）内在品质检验。

内在品质检验的检验内容包括商品的化学成分、物理性质及生物指标等。例如，重金属含量、酸碱度、微生物含量等。这类检验指标一般不能直接获得，需要借助一定的检验设备和检验方法。

需要注意的是，由于商品的品质与规格密切相关，因而在品质检验的同时，通常也会进行规格检验。规格检验的目的是确定贸易商品的具体品质范围，例如商品在体积、面积、长度、厚度及成分含量等方面的特征。相关检验一般只用来区分或确定商品的等级，并不直接评价商品质量的优劣。

2. 数量检验

数量检验亦是商品检验的重要内容，具体包括对数量与重量两项指标的检验。在国际贸易中，数量或重量关系国际贸易商品的总价，不仅是合同中的关键交易条件，也是一国海关征收关税的基本依据，因而是最容易产生贸易纠纷的因素之一。数量检验的内容包括商品的个数、件数、长度、面积、体积、容积、重量等。

3. 包装检验

包装是国际贸易合同的重要内容，贸易商品通常需要进行跨国长途运输，包装的质量与完整程度将直接影响商品在最终交货时的品质与数量。包装检验的目的就是检查商品包装的质量，判定商品的包装是否能够满足运输、储存和销售的要求，进而为划分国际贸易运输中的货物损失责任提供依据。包装检验的具体内容包括包装材料、包装类型、包装结构、运输标志、完整程度、牢固程度、防护措施以及销售包装等。

4. 安全卫生检验

安全卫生检验属于出入境检疫的范畴，涉及出入境货物、交通工具、商品包装及相关人员等各个方面。这项检验的目的在于确保国际贸易商品符合国家的安全标准与卫生标准，不得含有危害消费者的生命财产安全、自然环境安全、动植物安全的风险。安全卫生检验的项目一般较为复杂，随着科学技术的进步，相关指标也在不断变化和改进之中。例如，电器类商品不能存在漏电、自燃等安全隐患，食品类、保健类商品的添加剂成分、农药残留量、保质期、重金属含量等须符合国家的法律标准等。

5. 其他检验

除了以上商品检验内容外，商检机构还可按照申请人的要求开展海损鉴定、残损检验、运输条件鉴定、产地检验、价值评估等其他内容的业务，为国际贸易的顺利开展发挥积极作用。

二、商品检验的机构

商检机构是负责商品检验并出具各类商检证书的权威专业机构。

（一）外国商检机构

在国际上，商检机构的名称并不统一，常见的有公正行、实验室、检验公司、检验局、检验署、检验所等，可分为官方机构、半官方机构和非官方机构三种类型。

其一，官方商检机构是由国家政府直接设立的，依法强制检验检疫进出口商品的政府机构。例如，美国食品药品监督管理局（Food and Drug Administration，FDA）、美国农业部动植物检疫局（United States Department of Agriculture Animal and Plant Health Inspection Service，USDA APHIS）、美国粮谷检验署、法国国家实验室检测中心、日本通商产业省贸易局等。

其二，半官方商检机构是由国家政府授权的、代表政府行使贸易商品检验检疫工作的民间机构。例如，法国国际检验局（Bureau Veritas，BV）、美国保险人实验室（Underwrites Laboratories，UL）等。

其三，非官方商检机构是由私人创办的专业从事商品检验检疫服务的民间机构。例如，英国劳合社公正行（Loyd's Surveyor）、瑞士日内瓦通用鉴定公司（SGS）、日本海事鉴定协会（NKKK）、香港天祥公证检验行等。

（二）中国商检机构

1. 国家质检总局与海关总署

在我国，中华人民共和国国家质量监督检验检疫总局（General Administration of Quality Supervision，Inspection and Quarantine of the People's Republic of China，GAQSIQ），简称国家质检总局，是国务院主管商品检验的正部级直属机构，主管全国质量、计量、出入境商品检验、出入境卫生检疫、出入境动植物检疫、进出口食品安全和认证认可、标准化等工作并行使行政执法职能。2018 年 3 月，根据新的国务院机构改革方案，国家质检总局的出入境检验检疫管理职责和队伍划了入中华人民共和国海关总署（General Administration of Customs of the People's Republic of China）。海关总署下设卫生检疫司、动植物检疫司、进出口食品安全局、商品检验司等部门，专门从事与国际贸易有关的商检工作。

2. 中检集团

中国检验认证集团（China Certification & Inspection Group，CCIC），简称中检集团，是一家于 2003 年由国务院批准成立的跨国检验认证机构。这一机构按照公司化运营，并以“检验、鉴定、认证、测试”为主业，正在成为“中国第一，世界知名”的国际化检验认证企业集团。目前，中检集团拥有 CCIC 和 CQC 两项品牌，设有检验公司、中国质量认证中心（CQC）、测试公司等业务平台。集团业务覆盖世界上 30 多个国家或地区的主要口岸和货物集散地，并已拥有 2 万余名员工和 10 万余家客户。

三、商品检验的证书

（一）商检证书的概念

商品检验证书（Commodity Inspection Certificate）简称商检证书，是由商检机构在对国际贸易商品进行检验检疫后，出具的证明商品检验合格的书面文件。商检证书是国际贸易中的重要单证，具有多方面的作用。

第一，商检证书是报关验放的有效证件。在通关方面，众所周知，各国海关都会对外国商品进行依法检查，并重点查验商品的品质、数量、包装、安全及卫生等情况。只有当相关指标符合该国的法律标准时，商品才被允许进口，而相应的商检合格证书就是确保商品顺利通关的证明。在完税方面，商检证书是海关计算关税的重要依据。如果检验出的实际数量与合同中的申报数量存在差异，海关会对超出的数量进行加税或罚款，而对残损的数量进行退税。

第二，商检证书是履行国际贸易合同的基本依据。在履行交货责任方面，贸易商往往会依据商检证书所载明的商品品质、数量、重量、包装及卫生条件来验证或判断贸易合同的履行情况。对于出口商而言，商检证书也是最能够证明其按时、按质、按量交货的权威证书。在履行付款责任方面，贸易双方在最终结算货款和计算运费时，常常依据的是商检证书所载明的实际交货商品的等级、规格、数量、重量等信息。对于进口商而言，商检证书也是反映商品实际交货价值的权威说明。

第三，商检证书还是银行议付的重要单据。在信用证收付款方式中，出口商在发货后须持全套商业单据向银行议付，而出口国的商检证书就属于银行审核的单据之一。商检证书的相关内容需满足“单证一致，单单相符”的基本要求。

第四，商检证书是解决贸易争端的重要凭证。一方面，在通常情况下，商检证书有助于划分国际贸易责任。当商检结果不符合合同的交易条件时，贸易中的受损方会以商检证书为证据提出异议并要求相关责任人赔偿。另一方面，当发生国际贸易争议或纠纷时，商检证书又是客观反映交货质量与运输情况的权威文件。若进口商与出口商不能通过协商或调解方式化解纠纷，而选择仲裁或司法诉讼时，商检证书将是原被告向仲裁庭或法院举证的重要证据。

（二）商检证书的种类

商检证书的种类繁多，有的是带有强制性的法定证书，有的则是贸易商按照实际需求可自行选择的证书。商检证书的形式也比较灵活，有的是具有标准格式的证书，有的是加盖海关放行章的报关单，有的则是海关签发的检验情况通知单。常用的商检证书主要包括品质检验证书（Inspection Certificate of Quality）、数量检验证书（Inspection Certificate of Quantity）、重量检验证书（Inspection Certificate of Weight）、价值检验证书（Inspection Certificate of Value）、产地检验证书（Inspection Certificate of Origin）、包装检验证书（Inspection Certificate of Packing）、卫生检验证书（Sanitary Inspection Certificate）、兽医检验证书（Veterinary Inspection Certificate）、消毒检验证书（Disinfecting Inspection Certificate）、植物检验证书（Phytosanitary Certificate）、验残检验证书（Inspection Certificate on Damaged Cargo）、熏蒸检验证书（Inspection Certificate of Fumigation）等。在国际贸易实务中，出口商与进口商应在合同中明确规定商检证书的种类和形式，并注意相关国家的法律法规和贸易惯例等。

四、商品检验的时间和地点

（一）在出口国检验

1. 产地检验

产地检验也被称为工厂检验，是指在商品出口之前，由出口国的商检机构在产地或工厂对商品进行检验并出具商检证书。出口商将以商检证书作为完成交货的凭据，并且不负责商品在从产地或工厂起运后所出现的品质、数量及包装损失。这种检验方法适合于 EXW 等贸易术语，多见于机器设备、运输工具等需要生产厂商提前调试安装的商品的国际贸易。

2. 装运港检验

装运港或装运地检验是指在商品完成出口装运之前，由出口国的商检机构在装运港或装运地对商品进行检验并出具商检证书。出口商将以商检证书作为完成交货的凭据，并且不负责商品在完成装运后所出现的品质、数量及包装损失。这种检验方法适合于 FOB、FCA 等贸易术语，因而也被习惯性称为离岸质量、离岸数量或离岸重量等。

以上两种商检方法赋予了出口商优先检验权，排除了进口商的复验权，是两种明显有利于出口商而不利于进口商的商检类型。若贸易货物在运抵目的港或目的地后出现品质差异或数量短缺，除非进口商能够证明这类损失是由出口商直接造成的，否则将无权提出异议并要求赔偿。

（二）在进口国检验

1. 目的港检验

目的港或目的地检验是指当商品运抵目的地或目的港后，由进口国的商检机构对商品进行检验并出具商检证书。进口商将以商检证书作为判定出口商是否完成交货的凭据，并且要求出口商承担商品在国际运输过程中所出现的品质、数量及包装损失。这种检验方法适合于 CIF、CIP 等贸易术语，因而也被习惯性称为到岸质量、到岸数量或到岸重量等。

2. 营业地检验

营业地检验是指当商品运抵进口商的营业场所或最终销售地后，由进口国的商检机构对商品进行检验并出具商检证书。进口商将以商检证书作为判定出口商是否完成交货的凭据，并要求出口商承担商品在运抵其营业场所前的一切品质、数量及包装损失。这种检验方法适合于 DAP、DDP 等贸易术语，多见于成套设备、机电产品等需要拆卸运输并在目的地重新调试安装的商品的国际贸易。

以上两种商检方法赋予了进口商优先检验权，扩大了出口商的风险和责任，是两种明显有利于进口商而不利于出口商的商检类型。若贸易货物在运抵目的港或目的地后出现品质差异或数量短缺，进口商有权提出异议并要求出口商赔偿。

（三）出口国检验、进口国复验

这种做法是国际贸易商品先在出口国的装运港或装运地进行检验，以出口国商检机构出具的商检证书作为进出口双方收付货款的依据，待商品运抵目的港或目的地后，进口商可对其进行复检。若进口商在进口国商检机构复检后，发现商品存在质量或数量方面的问题，可凭复检证书向出口商索赔。这种两次商检的做法，兼顾了国际贸易买卖双方的权利，是一种相对公平合理的商检方式，并得到各国贸易商的普遍采用。

（四）出口国检验数量、进口国检验品质

这种做法是国际贸易商品先在出口国的装运港或装运地进行检验，以出口国商检机构出具的数量或重量检验证书作为出口商交货数量的依据，待商品运抵目的港或目的地后，再以进口国商检机构出具的品质检验证书作为判断出口商交货质量的依据。如果进口商在收货后发现商品的品质存在问题，可凭商检证书向出口商索赔；但是如果发现商品的数量或重量出现问题，则不可向出口商索赔。这也是一类两次商检的做法，并将数量检验权与品质检验权分别归属于买卖双方，在一定程度上调和了商品检验时间与地点的矛盾，主要应用于大宗商品的国际贸易。

五、拟定商检条款的注意事项

第一，明确商检机构。国际贸易中的买卖双方须在合同的商检条款中明确约定商检机构的名称和地址。除相关法律强制规定的机构外，应优先选择国际认可度高、专业技术强、地理位置方便的商检机构。

第二，明确商检证书。国际贸易中的买卖双方须在合同的商检条款中具体约定商检证书的类别与数量。选择哪些类型的商检证书，应根据相关国家的法律要求与商品的具体特性，并且注意准确性、合理性和经济性。商检证书的数量须满足相关部门的要求，例如，向银行提交的证书份数就应满足信用证的要求。

第三，明确商检费用。国际贸易中的买卖双方须在合同的商检条款中明确约定商检费用由谁来支付。商检费用通常由出口方负责，若进口方要求在进口地商检、额外复检或增加商检项目，则需规定相关费用继续由出口商负责还是由进口商自行承担。

第二节　违约与索赔

一、违约

（一）违约的含义

违约（Breach of Contract）也被称为违约行为，是指合同的一方当事人没有履行或完全履行合同义务，给其他当事人造成损失的行为。在国际贸易中，进口商或出口商常常会因为市场行情发生变化或自身状况出现问题等原因，不愿意或不能够继续履行合同所规定的义务。有的贸易商甚至会制造各种借口或寻找对方的过错，尽量为自己不履行合同开脱责任，从而构成违约行为。

（二）违约的分类

1. 出口商违约

出口商违约主要包括不交货、不按时交货及交货不符合合同要求等。其中交货不符又包括两种情况，一种是所交货物与合同规定不符，例如，在品质、规格、数量或重量、包装等方面存在问题。另一种是所交单据与合同规定不符，例如，提单、运单、发票、保险单、商检证书、完税证明等种类不齐全、份数不正确、属性存在差异等。贸易合同中凡是应当由出口商履行的义务而出口商没有履行的，都构成出口商违约。

2. 进口商违约

进口商违约主要包括不付款、不按时接货及不履行各项结算手续等。例如，在无正当理由情况下拒收货物，在 FOB、FCA 等术语条件下不按时组织运输，在信用证收付款方式下不按时开立信用证或付款赎单等。贸易合同中凡是应当由进口商履行的义务而进口商没有履行的，都构成进口商违约。

3. 双方违约

在国际贸易中，还可能存在出口商与进口商同时违约的情况。例如，当出口商与进口商就某项合同条款产生争议时，双方的主张各不相同，在达成一致之前，双方都不会履行合同义务，从而构成双方均有违约的情况。

（三）违约的原因

1. 主观原因

（1）资信状况不佳。

某些贸易商的商业信用不高，导致相关贸易合同的履行过程存在较大的不确定性。一旦市场行情出现波动，这类贸易商就会将经济利益放在契约精神之前，主动采取拒绝开立信用证、拒绝发运货物等单方面改变或终止合同的违约行为。

（2）办事疏忽大意。

国际贸易是一项需要各方当事人密切联系并相互配合的跨国交易活动。若一方当事人因办理业务疏忽大意或存在过错，也会导致合同违约。例如，在特定贸易术语下延误装船通知、忽略信用证有效期而被迫倒签提单、包装不严而引起货物串味、受潮等。

（3）合同条款缺陷。

国际贸易合同是规定相关当事人责任义务的主要依据。若合同内容模棱两可或简单空洞，就很容易使出口商与进口商在履约过程中产生误解、造成分歧和陷入争议。当这些问题无法协商一致时，违约行为就很难避免。例如，在表述合同的品质条款、数量条款、价格条款等关键内容时，使用了表意模糊的“大约”“左右”“习惯”等文字，以及出现对结算银行、商检机构、仲裁机构等未做明确指定等问题。

以上三个方面的因素主要由相关当事人主观形成，因而被归纳为引起违约的主观原因。

2. 客观原因

（1）不可抗力因素。

在国际贸易合同签订后，若出现当事人无法控制的不可抗力事件，也会导致合同义务无法履行的违约情况。例如，出口商因地震、洪水等严重自然灾害而无法按时交货，进口商因金融、贸易政策的突然变动而导致的无法按时付款等情况，都属于由不可抗力因素引起的违约。

（2）法律惯例因素。

由于国际贸易中的当事人来自不同的国家或地区，相应的法律体系与贸易惯例很可能并不一致，有时甚至会出现相互矛盾的情形。这类因素也常常在买卖双方的履约过程中引起误解或争议，从而导致国际贸易的相关当事人被迫违约。

（3）跨文化因素。

开展国际贸易的进出口商通常具有不同的文化背景，能够顺利开展跨文化沟通是签订并履行国际贸易合同的基本前提。如果买卖双方在文化沟通环节存在严重障碍或出现重大误解，进而使贸易合作困难重重，也会引起相关当事人出现违约。例如，双方在语言文字、表达方式及对待工作的态度上的差异，会在客观上影响贸易合同的履行。

以上三个方面的因素不受相关当事人的主观控制，因而被归纳为引起违约的客观原因。

（四）违约的法律后果

1.《联合国国际货物销售合同公约》的规定

《联合国国际货物销售合同公约》（简称《公约》）将违约行为划分为根本违约（Fundamental Breach of Contract）和非根本违约（Nonfundamental Breach of Contract）两种类型。《公约》第二十五条规定，“一方当事人违反合同的结果，如使另一方当事人蒙受损害，以至于实际上剥夺了他根据合同规定有权期待得到的东西，即为根本违反合同”。根本违约的构成条件是造成实质性损害，即合同的一方当事人主观上剥夺了另一方当事人对获得某项权利的期待，如无法交货或无法付款等。在实践中，人们往往以违约后果的严重性作为划分依据，即后果严重的为根本违约，而后果较轻的为非根本违约。对于违约的后续处理，《公约》指出，如果是根本违约，受害方可宣告合同无效并要求损害赔偿；如果是非根本违约，则受害人不能解除合同，只能要求损害赔偿。

2.《国际商事合同通则》的规定

国际统一私法协会1994年编撰、2004年修订的《国际商事合同通则》（简称《通则》）（Principles of International Commercial Contracts，PICC）将违约定义为“合同的不履行”。《通则》第七章规定，“不履行”是指一方当事人未能根据合同履行其任何义务，包括瑕疵履行和迟延履行。在实践中，按照违约后果的严重程度，不履行可分为根本不履行和一般不履行。当贸易合同的一方当事人根本不履行合同条款时，另一方当事人可以终止合同。而无论是根本不履行，还是一般不履行，国际贸易中的受损方都可以获得向相关当事人请求损害赔偿的权力。

3. 英美等国法律的规定

英国《货物买卖法》将违约行为划分为违反要件（Breach of Condition）和违反担保（Breach of Warranty）两种类型。违反要件是指违反了合同的主要条款，例如，品质条款、数量或重量条款、包装条款、价格条款等与商品直接有关的内容。违反担保是指违反了合同的次要条款，通常为合同中与商品不直接相关的内容。如果发生违反要件性质的违约行为，受损方有权解除合同并要求损害赔偿。如果发生违反担保性质的违约行为，受损方无权解除合同，只能要求损害赔偿。然而，在实践中，违反担保的具体标准并不明确，常常在处理贸易争议时带有一定的随意性。另外，美国《合同法》将违约行为划分为重大违约（Major Breach of Contract）和轻微违约（Minor Breach of Contract）两种类型。相应的法律后果与英国法律类似。

4.《中华人民共和国合同法》的规定

《中华人民共和国合同法》（简称《合同法》）第一百零七条规定，“当事人一方不履行合同义务或者履行合同义务不符合约定的，应当承担继续履行、采取补救措施或者赔偿损失等违约责任”。第九十四条规定，“当事人一方迟延履行债务或者有其他违约行为致使不能实现合同目的，当事人可以解除合同”。可见，我国《合同法》对违约行为及其后果也做出了明确规定。在实践中，当发生违约情况时，受损方可以根据实际损失的严重程度，要求解除合同或采取补救措施。

从以上各类法律对违约行为及其后果的解释来看，解除合同和损害赔偿是最为常用的两种方式。因此，索赔和理赔就成了发生违约后的重要业务环节。

二、索赔和理赔

（一）索赔和理赔的含义

索赔（Claim）是指受损的一方当事人向违约的一方当事人提出损害赔偿的要求。理赔（Settlement of Claim）则是指负有违约责任的一方当事人向提出索赔要求的受损方做出的赔偿处理。索赔与理赔共同构成了合同违约的损害赔偿互动机制。在国际贸易中，索赔的提出方可以是出口商，也可以是进口商，但鉴于交货过程比付款过程更加复杂，出口商向进口商理赔的情况更为常见。

（二）异议与索赔条款

异议与索赔条款（Discrepancy and Claim Clauses）的主要内容包括索赔依据、索赔期限、索赔方法及索赔金额等内容。

1. 索赔依据

索赔依据（Claim Foundation）是指索赔证据的形式与来源。例如，买卖双方应依据何种法律来划分违约责任，受损方用以证明遭受违约损害的凭据出自何种机构，买卖双方须承诺索赔依据的真实性和有效性等。

2. 索赔期限

索赔期限（Claim Period）是指受损方向违约方提出损害赔偿的有效期限。对于不同特性的贸易商品，买卖双方须科学合理地规定索赔期限，例如，以交货后或商检合格后的一段时间作为索赔期限。需要注意的是，若买卖双方未在合同中约定索赔期限，则按照法定索赔期限来执行。我国《合同法》第一百五十八条规定，当事人没有约定检验期间的，应在两年内通知出卖人。《公约》第三十九条也规定，“如果买方不在实际收到货物之日起两年内将货物不符合同情形通知卖方，他就丧失声称货物不符合同的权利”。

3. 索赔方法及索赔金额

索赔方法（Claim Methods）是指处理索赔的具体办法或流程。买卖双方需在合同的索赔条款中做出规定，承诺受损方有索赔权，违约方有复验权等。对于具体的处理流程，一般只做简单规定，并约定将按照违约行为的实际情况协商处理。索赔金额（Claim Amount）应根据损失的实际大小来确定，直接的货物损失一般不超过货物的实际价值，间接损失的大小则需要受损方通过详细举证来确定。

（三）罚金条款

罚金也被称为违约金（Liquidated Damages），是一种带有惩罚性质的违约处理措施，表现为一定金额的额外货币支出。罚金条款（Penalty Clause）则是指当国际贸易中的一方当事人出现违约行为并给另一方当事人造成损失时，违约方需向受损方支付一定金额的款项，并以此作为经济补偿的合同条款。

罚金条款的主要内容是规定罚金措施的适用条件、罚金金额的计算方法及罚金收付的主要形式等。需要注意的是，罚金是一种有限程度的违约惩罚措施，其设立目的并不是要解除合同或终止合同，而是要督促相关当事方按时、按质、按量地履行合同义务。因此，对于违约方而言，其在支付罚金之后，还须继续履行合同，直至交易的过程彻底完结。

我国《合同法》第一百一十四条规定，“当事人可以约定一方违约时应当根据违约情况向对方支付一定数额的违约金，也可以约定因违约产生的损失赔偿额的计算方法”。可见，设置违约金条款是我国合同法明文规定的惩罚措施。我国《合同法》进一步指出，“约定的违约金低于造成的损失的，当事人可以请求人民法院或者仲裁机构予以增加；约定的违约金过分高于造成的损失的，当事人可以请求人民法院或者仲裁机构予以适当减少”。可见，对于违约金金额的约定，相关法律规定兼顾了原则性和灵活性，合同中的买卖双方也应注意罚金金额的合理性、科学性。另外，在英美法系国家，只承认事后采取的损害赔偿措施，而不承认预先设定的罚金或违约金方式，因而在与这类国家或地区开展国际贸易时，应慎重约定罚金条款。

（四）定金条款

定金（Bargain Money）是以订立合同为目的而预先支付的特殊保证金。定金条款则是国际贸易合同中对定金的相关内容做出规定的条文。从法律角度讲，定金的实质是一种金钱担保，其担保内容是保证合同的订立、生效及履行。从一方当事人向另一方当事人支付定金时起，就意味着双方的合同关系在实质上已经达成并开始履行，如果任何一方当事人出现违约行为，将被要求向对方支付等同于定金金额的违约金。例如，我国《合同法》第一百一十五条规定，“当事人可以依照《中华人民共和国担保法》约定一方向对方给付定金作为债权的担保。债务人履行债务后，定金应当抵作价款或者收回。给付定金的一方不履行约定的债务的，无权要求返还定金；收受定金的一方不履行约定的债务的，应当双倍返还定金”。拟定定金条款有几点注意事项。

第一，应合理约定定金金额。事实上，法律上已明确规定了合同中定金的最高限额。例如，《中华人民共和国担保法》第九十一条规定，“定金的数额由当事人约定，但不得超过主合同标的额的百分之二十”。

第二，应正确使用定金字样。需要注意的是，定金并非订金，两者虽在文字上仅有一字之差，但在法律内涵与法律后果方面却并不相同。订金的实质是合同履行过程中的一种预付款，而且其约束力是单方面的，即只能约束订金的交纳方，不能约束订金的收取方。目前，法律界的共识是，除了定金，合同中的其余诸如留置金、担保金、保证金、订约金、押金等不属于定金性质的资金措施，都不具有双向的担保性质。

第三，定金条款与罚金条款不能同时使用。买卖双方在签订国际贸易合同时，不能混用定金条款与罚金条款，二者只能选择一项。例如，我国《合同法》第一百一十六条规定，“当事人既约定违约金，又约定定金的，一方违约时，对方可以选择适用违约金或者定金条款”。

第三节 不可抗力

一、不可抗力的含义

不可抗力（Force Majeure）也被称为人力不可抗拒，是一类不能预见、不能避免并不能克服的客观影响因素。不可抗力必须发生在合同的履行期间，引起不可抗力的原因不是合同当事人的主观因素，而是来自外在环境的客观因素。常见的不可抗力事件包括两类，一类是自然现象，如洪水、地震、台风、暴雪等；另一类是社会现象，如战争、罢工、政府禁令、政策变动等。由于不可抗力的出现具有偶然性和突发性，并远远超出了合同当事人所能掌控的范围，因而在法律上属于一种免责条款，即当合同的一方当事人因遭遇不可抗力事故而无法履行合同义务时，可以免除合同责任或延期履行合同责任。例如，《中华人民共和国民法通则》（简称《民法通则》）第一百零七条规定，“因不可抗力不能履行合同或者造成他人损害的，不承担民事责任，法律另有规定的除外”。我国《合同法》第一百一十七条规定，“因不可抗力不能履行合同的，根据不可抗力的影响，部分或者全部免除责任，但法律另有规定的除外”。

二、不可抗力的条件

构成不可抗力须具备四项条件，分别是不能预见性、不能避免性、不能克服性和履行期间性。我国《合同法》第一百一十七条规定，“不可抗力是指不能预见、不能避免并不能克服的客观情况”。

（一）不能预见性

不能预见性是指任何不可抗力事件的发生是合同当事人在签订合同之前所不能预先知晓的。例如，已经被权威部门预报过的暴风雨等恶劣天气，已经开始实施的新的进出口管制措施，以及大概率出现的责任事故等就不能构成不可抗力。

（二）不能避免性

不能避免性是指当不可抗力事件发生时，虽然相关当事人已经采取了预防措施并可进一步展开施救，但因灾难事故过于严重而在客观上不能阻止损失产生的被动处境。在国际贸易中，凡是能够通过预防和施救而避免发生的灾难事故，都不属于不可抗力的范畴。例如，当船舶在海上遭遇风暴时，因未采取呼叫救援或到临近港口避险等措施而遭受损失时，相关当事人不能依据不可抗力条款进行免责。

（三）不能克服性

不能克服性是指合同的当事人对因不可抗力造成的困难或损失不能克服。例如，由于外国政府临时关闭了合同中原计划的目的港，但是出口方可将货物运至相临近的外国港口卸货，从而克服因政策变动造成的困难。显然，这一政策变动就不属于不可克服的不可抗力事件。

（四）履行期间性

履行期间性是指不可抗力事件发生的时间必须处于贸易合同的履行期间，即从合同签订并生效时起，至合同的各项责任全部履行完成时止。例如，在合同签订之前的交易磋商阶段所发生的政策变动或重大自然灾害，都不能成为一方当事人在合同生效后拒不履行自身义务的不可抗力理由。再比如，我国《合同法》第一百一十七条规定，“当事人迟延履行后发生不可抗力的，不能免除责任”。

综上所述，这里可以用一个公式来描述不可抗力的构成条件，即：

公式 15-1：不可抗力=合同期间的（不能预见+不能避免+不能克服）的客观灾难事故

三、不可抗力的处理

不可抗力的法律后果是对其进行后续处理的主要依据。当发生不可抗力事件时，国际贸易合同的当事人有两种处理方式。第一种是解除合同，即宣告相关当事人之间因合同关系而产生的权利与义务就此终止。第二种是延期履行合同，即等待不可抗力事件彻底结束后再继续履行合同所规定的各项义务。在国际贸易实践中，买卖双方究竟应当如何处理不可抗力事件，还须结合具体的事故原因、损害程度及影响范围等实际情况。

在发生不可抗力事件后，相关当事人应立即发出通知，以便各方能够尽快对不可抗力事件展开处理。我国《合同法》第一百一十八条规定，“当事人一方因不可抗力不能履行合同的，应当及时通知对方，以减轻可能给对方造成的损失，并应当在合理期限内提供证明”。需要注意的是，无论是违约行为，还是不可抗力事件，贸易合同的当事人都有保护商品安全、防止损失扩大的责任。我国《合同法》第一百一十九条规定，“当事人一方违约后，对方应当采取适当措施防止损失的扩大；没有采取适当措施致使损失扩大的，不得就扩大的损失要求赔偿”。

四、拟定不可抗力条款的注意事项

（一）明确不可抗力的范围

国际贸易合同的不可抗力条款应对不可抗力的含义进行明确说明，并且将不可抗力事件的构成条件、基本类型等关键内容在合同中予以明确规定。我们对于不可抗力范围的界定，通常有定义式概括、案例式枚举、综合式表述三种方法。其中，综合式表述方法是国际贸易合同中规定不可抗力的最常用方法。阐述不可抗力的范围，不仅有助于避免履行合同过程中的异议与争端，更能够预防某些不诚信外商利用不可抗力条款的漏洞或错误来推卸责任，因而是拟定不可抗力条款关键的第一步。

（二）注意不可抗力的通知

与发生一般的海上风险类似，当遭遇不可抗力事件后，相关当事人应立即发出通知。在国际贸易中，通常为承运人通知出口商和出口商通知进口商。收到不可抗力通知的一方当事人也应尽快回复通知方，以便就提出异议或就后续处理方式等进行沟通、协商。在合同的不可抗力条款中，应明确规定相关通知的发出期限和具体方式，例如，相应条款可表述为“一方遭受不可抗力事件后，应以电报方式通知对方，并在15日内以航空邮件方式提供书面的情况说明等证明文件”。

（三）规定不可抗力的证明

由于不可抗力条款是一项免责条款，并涉及合同的重大变更和相关当事人的主要经济利益，因而需要严格规定证明文件和证明机构。按照国际贸易惯例，不可抗力证明通常由发生事故的当地商会或公证机构出具，为防止出现“不可抗力欺诈”，买卖双方应在合同中预先选择那些信誉度较高、规模较大的国际公认鉴定机构作为不可抗力的证明机构。在我国，中国国际贸易促进委员会（China Council for the Promotion of International Trade，CCPIT）及其分会是出具不可抗力证明的权威机构。

第四节 仲裁

一、国际贸易争议的解决方法

（一）协商

协商（Negotiation）也被称为友好协商、谈判协商等，是指在发生争议时，相关当事人基于自愿、平等、公平的原则，通过气氛友好的双边或多边沟通商讨，最终达成一致、化解争议。在国际贸易中，协商是解决争议的首选方式，具有程序简单、成本低廉、开诚布公等优点。若相关当事人能够通过协商解决问题，不仅能够使国际贸易合同继续履行，更有利于促进和发展彼此的合作互利关系。若相关当事人未能通过协商化解矛盾，则可进一步选择调解、仲裁及诉讼等其他方式。

（二）调解

调解（Conciliation）也被称为和解，是指在发生争议时，相关当事人共同委托第三方来协调处理彼此间的分歧与矛盾，引入外部力量来达成一致、化解争议。调解人是调解关系中的中间人，通常应具有一定的影响力或号召力。调解人在化解矛盾的过程中，应当时刻保持中立、客观的基本立场，以国家法律、法规、政策、贸易惯例及社会公德等为依据，倾听各方陈述并促进各方谅解，为实现争议各方能最终协商一致而做出努力。然而，调解并没有强制性，相应建议也对相关当事人没有法律约束力。若调解失败，相关争议方可选择继续调解或将争议交付更高级别的仲裁庭或法院。

（三）仲裁

仲裁（Arbitration）是指在发生争议时，相关当事人自愿将争议或矛盾提交给双方约定的仲裁机构来审理和裁决。这是一种拥有法律裁决力和约束力的特殊形式的第三方调解。自愿并协商一致是各方当事人选择仲裁方式的前提，仲裁机构将根据争议双方的陈述与举证，秉持客观、公正、合理的基本原则，理清各类矛盾的是非曲直，并最终做出裁决。相比于其他争议解决方式，仲裁具有效率高、费用低、效果好等优点，因而在国际贸易实务中得到了广泛应用。

我国于 1994 年 8 月颁布了《中华人民共和国仲裁法》（简称《仲裁法》），并在 2017 年 9 月进行了修订。《仲裁法》是我国规范经济纠纷仲裁方式、保护当事人合法利益的重要法律规定。

（四）诉讼

诉讼（Litigation）是一种法律程序。诉，是指申诉、控告的意思和行为，讼则是指法院进行审理和裁决的法律行为。因此，诉讼就是在发生争议时，相关当事人将争议或矛盾诉诸法院，并请求法院按照司法程序来审理和裁决的一种方式。诉讼的优势是具有法律的严肃性、公平性和强制性，判决结果对相关当事人的法律约束力也最强。然而，由于司法程序往往较为缓慢和复杂，诉讼费用也相对较高，因而诉讼并不是解决国际贸易争议的最佳方式。加之买卖双方一旦将矛盾诉诸法院，双边关系将很难缓和与改善。因此，除非协商、调解均告失败，万不得已的情况下才可考虑诉讼。

二、仲裁的特点

第一，仲裁具有自愿性（Voluntary）。发生争议的当事人应在自愿与协商一致的前提下选择仲裁的审理方式、有效时间与具体机构。相关仲裁条件的确定应充分体现当事人的自主性，任何一方当事人都无权强迫另一方接受某种仲裁条件，并且单方面的仲裁是无效的。我国《仲裁法》第四条规定："当事人采用仲裁方式解决纠纷，应当双方自愿，达成仲裁协议。没有仲裁协议，一方申请仲裁的，仲裁委员会不予受理。"

第二，仲裁具有终局性（Finality）。仲裁具有与司法判决相类似的强制约束力，并且相应的仲裁判决是终局的。所谓终局性，是指仲裁的判决结果是最后的裁决，争议方若不服判决将不能再次要求仲裁或诉诸法院。我国《仲裁法》第九条规定："仲裁实行一裁终局的制度。裁决做出后，当事人就同一纠纷再申请仲裁或者向人民法院起诉的，仲裁委员会或者人民法院不予受理。"

第三，仲裁具有专业性（Specialization）。仲裁机构相比于法院更具专业性特点，解决国际贸易纠纷的仲裁机构通常是针对国际经济与贸易问题的专门机构。参与国际贸易仲裁的专家裁判也大多是来自国际贸易领域的教授学者、行家里手及法律专家，其裁决结果具有较高的专业权威性。例如，中国国际经济贸易仲裁委员会下设三个专门仲裁委员会，分别是专家咨询委员会、案例编辑委员会和仲裁员资格审查考核委员会，相应仲裁庭均由知名专家组成，能够公正、独立地审理国际贸易类专业案件。数十年来，该仲裁机构的裁决结果在世界上 140 多个国家或地区得到了承认和执行。我国《仲裁法》第十三条规定，"仲裁委员会应当从公道正派的人员中聘任仲裁员"。仲裁员应当"具有法律知识、从事经济贸易等专业工作并具有高级职称或者具有同等专业水平"。

第四，仲裁具有灵活性（Flexibility）。由于仲裁程序可按照相关当事人的主观意愿进行充分协商，因而更具灵活性和针对性。相比于诉讼程序严格的要求和繁琐的步骤，仲裁程序的繁简程度完全取决于当事人和争议本身。例如，在仲裁期间，若相关当事人改变主意，愿意通过协商或调解方式来解决争议，则仲裁庭完全可以由裁决人转变为调解人。我国《仲裁法》第五十一条规定，"仲裁庭在作出裁决前，可以先行调解。当事人自愿调解的，仲裁庭应当调解。调解不成的，应当及时作出裁决"。

第五，仲裁具有经济性（Economy）。相比于诉讼的费用，仲裁的费用要低得多。这主要得益于仲裁的程序简单、耗时不长等优势。仲裁费是相关当事人应当向仲裁机构缴纳的费用，一般包括鉴定费、勘验费、测试费、旅差费和证人的误工补贴等。仲裁费一般按实际情况计算，并将最终按照判决结果在相关当事人之间进行分担，责任越大者分担的比例越重。

第六，仲裁具有保密性（Confidentiality）。仲裁一般采取不公开审理的方式，对相关当事人的商业活动、商业秘密及争议过程具有良好的保密效果。我国《仲裁法》第四十条规定，"仲裁不公开进行。当事人协议公开的，可以公开进行，但涉及国家秘密的除外"。另外，对于参与仲裁的裁判员、秘书员及其他工作人员的保密纪律，仲裁法律与仲裁规则也都进行了严格规定。这有利于降低国际贸易争议的负面影响，能够在一定程度上维护相关当事人的声誉、信誉等。

第七，仲裁具有独立性（Independence）。所谓独立性，是指仲裁机构与仲裁结果独立于其他争议解决方式。我国《仲裁法》第八条规定，"仲裁依法独立进行，不受行政机关、社会团体和个人的干涉"。第十四条规定，"仲裁委员会独立于行政机关，与行政机关没有隶属关系。仲裁委员会之间也没有隶属关系”。

除了以上主要特点外，仲裁还具有国际性、快捷性、规范性等其他特征。这些特点也促使仲裁逐渐成了一种具有独特优势的国际贸易争议解决方式。

三、仲裁条款的形式

（一）合同中的仲裁条款

仲裁条款（Arbitration Clause）是由买卖双方在国际贸易合同中提前约定的仲裁内容条款。买卖双方应明确表示，如果发生争议，双方均自愿将相关争议提交某一具体的仲裁机构，并接受仲裁的结果。由于合同签订在前，而争议发生在后，因而仲裁条款是一种预先约定。

（二）合同外的仲裁协议

仲裁协议（Arbitration Agreement）是由买卖双方在国际贸易合同之外另行约定的仲裁内容条款。买卖双方应明确表示，对于已经产生的争议，双方均自愿将相关争议提交某一具体的仲裁机构，并接受仲裁的结果。由于争议发生在前，而仲裁协议签订在后，因而仲裁协议是一种事后约定。

（三）仲裁条款的作用

第一，仲裁条款规定了合同的相关当事人应当通过仲裁方式来解决争议，并明确了仲裁地点、有效期、仲裁机构等具体内容。

第二，仲裁条款将仲裁规定为首选的或唯一的争议解决方式，从而排除了法院对相关争议的管辖权。

第三，仲裁协议明确了相关仲裁机构对争议的管辖权，并约束了争议双方必须严格执行仲裁机构的裁决结果。

四、仲裁的程序

（一）受理

当贸易合同的相关当事人发生争议后，双方需向事先约定的仲裁机构申请仲裁。申请仲裁的具体做法是向仲裁机构提交仲裁申请书。仲裁机构在对申请书进行审核后，对于符合条件的案件，一般将会在五个工作日内向相关申请人回复受理通知书，已表明正式受理案件。随后，相关当事人需预交仲裁费并提交书面答辩书、仲裁员选定书、法定代表人证明书、情况说明书、授权委托书等有关争议案件的详细资料。对于关键证据应当充分准备并妥善保管。

（二）组庭

申请仲裁的双方当事人应在规定的时间内确定仲裁庭的组成方式和人员情况。如果双方当事人未能协商一致或未按时组庭，则由仲裁委员会指定仲裁庭的具体人员。当仲裁庭完成组建后，将由仲裁委员会向相关当事人发出组庭通知书。若当事人对仲裁庭存在异议，可在首次开庭前提出回避请求，从而要求仲裁委员会重新安排仲裁员。需要注意的是，回避请求是否有效，最终决定权由仲裁委员会掌握。

（三）开庭

仲裁庭一旦完成组庭，便会着手开展审理案件的工作。仲裁庭将在规定的期限内向双方当事人发出开庭通知书。若当事人不能按时出庭，可申请延期开庭；若原告当事人拒不到庭或中途退庭，则视为撤回仲裁申请，仲裁程序随即终止；若被告当事人拒不到庭或中途退庭，并不能中断仲裁程序，仲裁庭可对其进行缺席裁决。在开庭阶段，仲裁庭将完成对争议案件的审理工作。另外，在开庭审理的过程中，双方当事人可以要求仲裁庭调解纠纷，仲裁庭将出具调解协议书，并以此作为制作最终判决书的参考依据。

（四）裁决

仲裁庭在审理相关争议案件后，将基于调查事实、双方举证及相关法规惯例等，经闭庭评议后，做出最后的裁决。仲裁庭的裁决可分阶段完成，即可以先行裁决事实清楚、没有异议的部分，而暂缓裁决尚未审理完成的部分。仲裁庭会在规定的期限内向相关当事人发出仲裁裁决书，当事人若不服裁决或存有异议，可在收到裁决书三十日内反馈信息。由于仲裁结果具有终局性和约束性，相关当事人应自觉履行仲裁裁决。

五、拟定仲裁条款的要点

（一）仲裁地点

由于不同的仲裁地点适用不同的仲裁法律与规则，因而在何处仲裁是仲裁条款中的一项关键内容。在国际贸易合同中，买卖双方来自不同的国家或地区，究竟是选择出口商所在地的仲裁机构，还是进口商在所在地的仲裁机构，抑或是第三地的仲裁机构，都会对贸易双方的实际利益产生影响。若各方当事人均要求选择对自己有利的仲裁地点，则很难协商一致。因此，为了维护相关当事人的自身权利，保证仲裁结果的公正性、合理性和客观性，国际贸易中的买卖双方应尽量选择双方都能接受的仲裁地点。

1. 在原告所在国仲裁

在原告所在国仲裁，往往有利于原告，而不利于被告。这种方式会使仲裁庭在调查事实、收集证据时产生一定困难，同时也增加了被告方出现拒不到庭审理或拒绝执行裁决等情况的风险。但贸易双方若在仲裁条款中如此规定，也能在一定程度上约束相关当事人不得违约。

2. 在被告所在国仲裁

在被告所在国仲裁，有利于争议双方及时进行沟通协调，能够方便仲裁庭审理和裁决争议案件。若被告方对争议的事实存在不同意见，还可随时举证或申诉，从而保障处理相关案件的效率与效果。这种方式也是国际上选择国际贸易仲裁地点的常用方式。

3. 在第三国仲裁

当国际贸易的双方都不同意选择对方所在国进行仲裁时，可选择第三国作为仲裁地点。选择时，应注意三个问题。其一，第三国的法律体系与仲裁规则是否适合于双方合同的具体内容；其二，第三国与贸易商所在国的外交关系是否友好，各项政府间的协议是否与双方合同的具体内容相适应；其三，第三国有无理想的仲裁机构，是否能够有效解决双方可能发生的贸易争议。

（二）仲裁机构

国际上的仲裁机构一般有两类，一类是常设仲裁机构，另一类是临时仲裁机构。

1. 常设仲裁机构

常设仲裁机构是一类依据国际条约或国内法律所成立的，拥有固定的名称、组织、地点和仲裁程序的永久性独立机构。常设仲裁机构是国际商事仲裁活动的主要机构，业务范围覆盖世界各国并涉及各行各业。目前，世界上较为知名的常设仲裁机构主要有国际商会仲裁院（The ICC International Court of Arbitration）、瑞典斯德哥尔摩商会仲裁院（Arbitration Court of Stockholm Chamber of Commerce）、英国伦敦仲裁院、美国仲裁协会、苏黎世商会仲裁院、日本国际商事仲裁协会、中国国际经济贸易仲裁委员会（China International Economic and Trade Arbitration Commission，CIETAC）及中国海事仲裁委员会（China Maritime Arbitration Commission）等。

2. 临时仲裁机构

临时仲裁机构是一类由合同的双方当事人临时组建的仲裁庭。这类仲裁机构在处理完相关争议后便自行解散，一般一事一议、一案一庭。贸易合同的当事人需在仲裁条款中明确约定临时仲裁机构的组成方式、人员构成、审案程序及法律依据等，避免在处理争议的过程中又产生围绕仲裁程序的新的争议。在国际贸易实践中，除非相关当事人的所在国家没有国际公认的常设仲裁机构，一般不宜选择组建临时仲裁庭这一处理争议的方式。

（三）仲裁费用

仲裁费用由仲裁机构收取，主要有三点意义。其一，仲裁费用能够保证仲裁机构顺利地开展并完成仲裁工作，是对仲裁成本的一种补偿。其二，仲裁费用能够明确并增加合同当事人的违约成本，从而使其更好地遵纪守法、诚信履约。其三，仲裁费用能够促进合同当事人主动通过协商、调解等更为友好的方式解决争议，从而基于经济性的考量而不会轻易将一般争议提交仲裁。因此，仲裁条款应明确规定仲裁费用的具体支付方式。例如，按照国际惯例，仲裁费用应当由仲裁案件中的败诉方承担，或者依据双方当事人的责任大小按百分比进行分担等。

（四）仲裁效力

由于仲裁具有终局性，并排除了法院对相关争议的管辖权，因而相关当事人并不能在仲裁机构做出最终裁决之后再向法院起诉。事实上，仲裁与诉讼都具有终局性，相应的裁决结果对相关当事人也都有约束力。所不同的是，诉讼是基于法律的强制性，而仲裁是基于当事人的自愿性。在世界范围内，即使有部分国家或地区的相关法律允许法院对仲裁结果进行审理，也仅仅涉及对仲裁程序的复核，而并不会重新审理相关案件的是非曲直。例如，我国《仲裁法》就赋予了相关当事人向仲裁委员会所在地的中级人民法院申请撤销仲裁裁决的权力，但仅限于伪造证据、隐瞒事实、受贿舞弊及缺少仲裁协议等特殊情况。因此，合同当事人一旦选择了仲裁这一解决争议的方式，就一定要尊重仲裁机构并配合相关的调查与审理工作。对于仲裁的结果，相关当事人更应当自觉自愿地如实执行，保证仲裁的效力不受影响。

（五）仲裁裁决

仲裁机构的裁决书是载明裁决结果的书面文件。我国《仲裁法》第五十四条规定，“裁决书应当写明仲裁请求、争议事实、裁决理由、裁决结果、仲裁费用的负担和裁决日期。当事人协议不愿写明争议事实和裁决理由的，可以不写。裁决书由仲裁员签名，加盖仲裁委员会印章。对裁决持不同意见的仲裁员，可以签名，也可以不签名”。仲裁机构所做出的最终裁决是相关当事人解决争议、化解矛盾的最终方案，应当予以不折不扣地执行。若一方当事人拒绝执行冲裁裁决，另一方当事人可向法院申请强制执行。例如，我国《诉讼法》第二百三十七条规定，“对依法设立的仲裁机构的裁决，一方当事人不履行的，对方当事人可以向有管辖权的人民法院申请执行”。需要注意的是，国际贸易中的仲裁往往是涉外仲裁。我国《仲裁法》第七十二条规定，“涉外仲裁委员会作出的发生法律效力的仲裁裁决，当事人请求执行的，如果被执行人或者其财产不在中华人民共和国领域内，应当由当事人直接向有管辖权的外国法院申请承认和执行”。第七十三条进一步规定，“涉外仲裁规则可以由中国国际商会依照本法和民事诉讼法的有关规定制定。”可见，涉外仲裁裁决的执行是一项难点，若相关当事人在仲裁机构管辖地没有足够的财产，相应的裁决将难以执行。

为保证仲裁裁决能够得到承认与执行，1958 年 6 月召开的联合国国际商业仲裁会议出台了《承认及执行外国仲裁裁决公约》（*the New York Convention on the Recognition and Enforcement of Foreign Arbitral Awards*）。我国于 1987 年 1 月加入该公约。该公约为处理国际贸易中的仲裁问题，特别是落实裁决结果的执行问题发挥了积极作用。

本章小结

本章主要讲述了四个方面的内容。

第一，商品检验。商品检验是指在国际贸易中，商检机构按照一定的法律、法规和惯例，对进出口商品的品质、数量、包装、安全及卫生等项目所开展的检验和鉴定工作。商检机构是负责商品检验并出具各类商检证书的权威专业机构。商品检验证书是由商检机构在对国际贸易商品进行检验检疫后，出具的证明商品检验合格的书面文件。

第二，违约与索赔。违约是指合同的一方当事人没有履行或完全履行合同义务，造成其他当事人损失的行为。从各类法律对违约行为及其后果的解释来看，解除合同和损害赔偿是最为常用的两种方式。索赔是指受损的一方当事人向违约的一方当事人提出损害赔偿的要求。理赔则是指负有违约责任的一方当事人向提出索赔要求的受损方做出的赔偿处理。罚金条款和定金条款是索赔条款的常见内容，需注意两者不能同时使用。

第三，不可抗力。不可抗力是一类不能预见、不能避免并不能克服的客观影响因素。在拟定不可抗力条款时应注意不可抗力的范围、不可抗力的通知及不可抗力的证明。

第四，仲裁。国际贸易争议的解决方法主要包括协商、调解、仲裁及诉讼四种类型。其中，仲裁是指在发生争议时，相关当事人自愿将争议或矛盾提交给双方约定的仲裁机构来审理和裁决。仲裁的特点包括自愿性、终局性、专业性、灵活性、经济性、保密性及独立性等。拟定仲裁条款时应注意对仲裁地点和仲裁机构等的选择。

思考题

1. 请简述在国际贸易中商品检验的作用与意义。

2. 请简述违约的含义、原因及法律后果。

3. 试论述违约金与定金的区别与联系，以及为什么不能在国际贸易合同中同时约定违约金与定金。

4. 试论述不可抗力的构成条件，并举例说明哪些事件属于不可抗力的范畴。

5. 试论述如何解决国际贸易争议，并比较各种解决方法的优点与缺点。

第十六章

国际贸易合同

学习目标

XUEXI MUBIAO

熟悉交易磋商的含义、形式及内容，掌握询盘、发盘、还盘及接受等交易磋商的步骤。掌握履行出口合同和进口合同的关键步骤，能够在实际工作中参与办理相关业务环节的具体手续。

学习重点

XUEXI ZHONGDIAN

询盘的注意事项；发盘的类型和要件；还盘的实质和构成条件；接受的含义与要件；履行出口合同的关键环节，包括货、证、运、款、赔；履行进口合同的主要环节，包括证、运、险、款、货、赔。

第一节　交易磋商

一、交易磋商概述

1. 交易磋商的含义

交易磋商（Business Negotiation）是指国际贸易中的买卖双方通过直接谈判或函电往来等形式，就某项具体的贸易活动进行协商沟通，以求最终达成合同并完成交易的过程。交易磋商是买卖双方签订国际贸易合同的必经环节，对于确定各项贸易条件具有重要意义。买卖双方应在交易磋商之前对市场行情与合作伙伴进行充分了解，在交易磋商之中对贸易条件与合同条款进行充分谈判，在交易磋商之后对签订合同与履行义务进行认真落实。

事实上，交易磋商属于国际商务谈判的范畴，具有涉外性、价值性、政策性和风险性等多重属性。买卖双方需根据实际情况灵活运用各种谈判技巧或策略，并注意克服跨文化障碍和政策法律差异，最终实现在经贸谈判中获得优势及达成目的。

2. 交易磋商的形式

交易磋商主要有两种形式，一种是口头磋商，另一种是书面磋商。

第一，口头磋商主要是指买卖双方通过面对面谈判或电话、视频等方式进行交易磋商。例如，在国际贸易博览会、展销会现场进行的磋商，国内外贸易商相互访问、参观过程中的磋商，以及双边贸易商专门举行的谈判会议、电话连线等，都属于口头磋商的形式。由于口头磋商是买卖双方面对面的直接交流，因而更容易就一些复杂的议题展开深入讨论并达成一致。因此，在国际贸易实践中，正式的口头磋商多适用于金额较大、问题较多及程序复杂的大中型国际贸易谈判项目，而非正式的口头磋商则更适用于对最新市场行情和潜在合作伙伴的探测了解中。

第二，书面磋商主要是指买卖双方通过信件、电报、电传等函电方式进行交易磋商。例如，在过去很长一段时间内，相互发送传真文件是买卖双方洽商交易条件的主要方式。近年来，随着计算机与互联网技术的飞速发展，电子邮件等无纸化新兴通信工具又成了买卖双方沟通意见的主要方式。由于书面磋商能够准确、清晰地表述意见并留存记录，因而可以提高效率、避免争议。长期以来，书面磋商也被视为国际贸易谈判的基本形式，并适用于几乎所有类型的国际贸易业务。

实际上，绝大多数的交易磋商过程既有口头磋商，也有书面磋商。通常的做法包含两个步骤。第一步，买卖双方先通过书面磋商取得初步的共识，比如确定标的物的种类、大致的数量、初步的价格等。第二步，再通过正式的口头磋商，对贸易合同的各项条款进行逐一讨论，比如品质条款、数量条款、价格条款、信用证条款及索赔条款等，并正式签订合同。

3. 交易磋商的内容

国际贸易活动中的交易磋商，其主要内容包括贸易合同的所有条款。按照重要程度的不同，可将合同中的各项条款划分为主要交易条件和次要交易条件两个类别。

一方面，主要交易条件是国际贸易合同中的关键条款，包括品名条款、品质条款、数量条款、包装条款、运输条款、价格条款、收付款方式条款等。

另一方面，次要交易条件是国际贸易合同中的辅助条款，包括保险条款、商检条款、索赔条款、不可抗力条款、仲裁条款等。

买卖双方需围绕贸易合同的各项条款，逐一展开商讨谈判，以求将来在履行合同的过程中能够顺利配合并避免争议。

二、交易磋商的步骤

在签订国际贸易合同之前，出口商与进口商需进行反复的交易磋商。一般而言，交易磋商的过程包括询盘、发盘、还盘及接受等几个关键环节。其中，发盘和接受属于法律意义上的“要约”和“承诺”，是交易磋商最关键的两个步骤。

（一）询盘

1. 询盘的含义

询盘（Inquiry）是指准备开展国际贸易活动的进口商或出口商向潜在的交易方询问交易条件的一种活动或行为。询盘既可以针对贸易条件中的一项，也可以包含若干项，主要涉及的内容包括商品的品质、规格、数量、包装、价格、运输、收付款方式以及样品资料等。在国际贸易实务中，由于询盘的主要内容常常以商品的价格为核心，因而也被称为询价。需要注意的是，询盘既不是国际贸易磋商的必须环节，也不具有法律上的约束力。接受询盘的一方既可以回复，也可以不回复。然而，询盘仍然具有重要的谈判价值，巧妙的询盘能够在打探贸易信息、了解贸易伙伴、试探交易诚意以及表达合作愿望等方面发挥出积极的作用。

2. 询盘的分类

（1）买方询盘。

买方询盘是由国际贸易中的进口商所发出的向外国出口商询购商品的函电。由于这类询盘表现为进口商主动要求出口商说明售货条件，因而也被称为邀请发盘（Invitation to Make an Offer）。买方询盘常见于“卖方市场”条件下，此时，商品销售供不应求，进口商需主动打听货源、比较价格并择机成交。例如，询购商品可以这样询盘：“请报汉中大米最新出售价格。”

（2）卖方询盘。

卖方询盘是由国际贸易中的出口商所发出的向外国进口商征询购货意见的函电。由于这类询盘表现为出口商主动要求进口商说明购货条件，因而也被称为邀请递盘（Invitation to Make a Bid）。卖方询盘多见于“买方市场”条件下，此时，商品销售供大于求，出口商需主动联系买家、推销商品并择机成交。例如，询售商品可以这样询盘：“兹可供四川峨眉一级绿茶，请递盘。”

3. 询盘的注意事项

首先，询盘可向多个交易对象同时发出。在国际贸易中，询盘也要注意“货比三家”“择优成交”。通过提前调研，贸易商可以选择若干个来自不同国家或地区的潜在交易对象分别询盘，以便能够更加全面地了解国际市场行情和选出最优的贸易伙伴。例如，在我国的对外贸易实务中，就习惯采用“订一询三”的做法。

其次，询盘应合理选择需要了解的内容。询盘通常只是一种成交意愿的主观表达，与最终达成的贸易合同可能还有很大差距。询盘的核心是交易价格，诸如数量、包装、运输等其他交易条件则可根据实际情况进行筛选，从而尽量做到重点突出、简单明确。例如，对于一般的贸易商品询盘，对品名、规格及价格等关键条件进行询问即可，而对于规格复杂或指标繁多的商品询盘，则除了询问价格之外，还应询问商品的其他具体指标，从而避免因信息遗漏或错误而引起反复磋商。

然后，询盘的发出者应注重自身的商业信用。询盘是国际贸易的开端，特别是对于进行初次接触的进出口商而言，询盘的发出与回复更是能给彼此留下良好印象、建立友好关系的“第一次见面”。任何询盘的发出都是出于国际贸易的需要，除了商业目的之外，还具有合作、互惠等特殊意义。因此，尽管询盘对交易磋商的双方并没有法律约束力，但相关当事人仍然需要坚持诚实守信的基本原则，切忌反复出现询而不买或询而不卖等有损自身国际信誉的情况。

最后，询盘还应注意应用一定的谈判策略。询盘具有国际商务谈判中的探询作用，能够了解商业信息、搜寻合作伙伴。除此之外，在询盘过程中，询盘的发出者可以通过灵活应用一些具体的谈判技巧，提高询盘的回复率和信息量。例如，当贸易商询购较为紧俏的国际商品时，可同时要求对方对几种商品进行报价，从而暂时掩盖自己的真实购买意向，避免对方有针对性地提高报价。

（二）发盘

1. 发盘的含义

发盘（Offer）也被称为发价、报价、报盘、递盘（Bid），是指准备开展国际贸易活动的进口商或出口商向选定的交易方发出具体交易条件的一种活动或行为。发盘在法律上被称为“要约”，《联合国国际货物销售合同公约》第十四条第一款款定，“向一个或一个以上特定的人提出的订立合同的建议，如果十分确定并且表明发盘人在得到接受时承受约束的意旨，即构成发盘”。在国际贸易实务中，发盘既可以由出口商发出，也可以由进口商发出。由进口商做出的发盘即为“递盘”。一方当事人既可以应对方的询盘做出回复性质的发盘，也可以在没有询盘的情况下直接向对方发盘。

2. 发盘的类型

（1）实盘。

实盘（Firm Offer）是指发盘的内容十分明确、肯定和完整。实盘具有三项基本条件：其一，实盘须有明确的有效期。发盘人在有效期内不得擅自撤销或变更发盘的内容，而受盘人在有效期内一旦表示接受，国际贸易合同便随即达成。其二，实盘的内容必须完整、明确，一般应包括国际贸易商品的品名、品质、数量、包装及价格等各项关键内容。其三，实盘的意思表达必须是肯定的、无保留条件的。实盘一旦送达受盘人，就会对发盘人产生法律约束力。此时，受盘人将掌握接受或拒绝该发盘的主动权。在国际贸易实务中，大多数发盘都属于实盘的范畴。

（2）虚盘。

虚盘（Non-Firm Offer）是指发盘的内容与条件对发盘人没有约束力。这类发盘仅仅是一种具体化、实际化的成交意愿，并不带有保证成交或承诺成交的性质。一般而言，虚盘具有三项明显的特征：其一，虚盘的内容并不十分明确或肯定。例如，在发盘中使用参考价格、适当数量、力争尽快交货等较为模糊的词句。其二，虚盘的主要交易条件并不十分完整。例如，发盘中缺少运输条件、付款条件等重要信息。其三，虚盘的接受并不意味着合同的达成。发盘人会在发盘中明确表达附带的保留条件。例如，使用须经我方确认、视我方进货情况而定等语句。

在国际贸易实务中，一方面，作为受盘人应准确识别一项发盘究竟是实盘还是虚盘，对于没有价值的虚盘应当果断放弃或拒绝。另一方面，作为发盘人则应根据实际需要灵活应用实盘和虚盘，虚盘在试探交易诚意、吸引潜在客户、调整贸易条件等方面仍然具有一定意义。

3. 发盘的要件

（1）发盘应当针对特定的人。

发盘应当向一个或一个以上的特定受盘人提出，并明确表示希望与其订立合同的意愿。所谓特定的人，是指受盘人的名称与地址必须十分确定。在国际市场上，需特别注意广告与发盘的区别，避免出现按宣传广告成交却无法满足商业要求的违约情况。从世界各国的相关法律来看，宣传广告是否构成商业发盘并没有一致的结论。在英美法系中，宣传广告只要内容明确、条件具体，在买卖双方无异议的情况下，是可以作为发盘来对待的。在大陆法系中，由于宣传广告没有特定的接受对象，只相当于一种对发盘的邀请，而不能够被视为直接有效的发盘。《公约》则采用了折中的规定，增加了一定的灵活性。例如，《公约》第十四条第二款款定，“非向一个或一个以上特定的人提出的建议，仅应视为邀请做出发盘，除非提出建议的人明确地表示相反的意向”。可见，广告在一般情况下并不是发盘，除非广告中含有“本广告相当于发盘”等明确表示接受相关条件约束的词句。总之，发盘是特意向一些具体交易对象发出的交易条件，应当具有较强的针对性。

（2）发盘的内容必须十分确定。

由于发盘是在开展国际贸易活动之前对各项交易条件的明确表述，因而发盘的内容必须“十分确定”。《公约》第十四条第一款规定，“一个建议如果写明货物并且明示或暗示地规定数量和价格或规定如何确定数量和价格，即为十分确定”。可见，发盘应至少阐明贸易商品的品名、数量、价格以及相关的规定方法等关键内容。但在国际贸易实务中，为了保证贸易合同的顺利履行，发盘的内容应尽可能详细，最好将品名、品质、数量、包装、价格、交货时间、交货地点、收付款方式及其他重要条件一一列明。需要注意的是，发盘一旦被接受，相应的贸易合同便宣告达成，买卖双方在法律上的责任、义务与权利也随即产生。如果发盘的内容存在缺失、模糊或相互矛盾等情况，即使被对方接受，也不能达成合同。因此，无论是从传递的信息是否完整，还是从贸易合同是否生效的角度看，发盘的内容都必须明确。

（3）发盘人必须表明接受约束的意思。

发盘必须明确表示出一旦被受盘人接受，即受到发盘内容约束的意思。发盘在法律上被称为“要约”。例如，我国《合同法》第十四条规定，要约是希望和他人订立合同的意思表示，该意思表示应当符合两个条件，一是内容具体确定，二是表明经受要约人承诺，要约人即受该意思表示约束。可见，发盘并非随意进行的交易磋商，而是一项具有法律意义、法律责任和法律后果的重要行为。在国际贸易实务中，发盘人还可在发盘中使用一些具体的词句来强调接受约束的意愿，例如不可撤销发盘、定货发盘等。若发盘人在发盘中使用了诸如仅供参考、交货条件以实际情况为准等带有保留条件的文字，则该项发盘不是实盘，而是虚盘，仅可作为一种邀请发盘。因此，发盘人需慎重提出发盘，并接受相应的法律约束。

（4）发盘必须送达受盘人。

发盘由发盘人向特定的受盘人发出，但是否最终生效还取决于受盘人是否收到该项发盘。在国际贸易中，发盘人与受盘人就是从事商品进出口业务的贸易商。由于相关当事人往往分属相距十分遥远的不同国家或地区，因而一项发盘从发出到送达不仅需要一定的时间，而且最后能否送达受盘人也并不确定。《公约》第十五条规定，“发盘于送达被发盘人时生效”。可见，无论出于何种原因，任何未能送达受盘人的发盘都是无效发盘。

另外，关于“送达”的具体含义，并不一定要求受盘人阅读发盘并作出回复，而是到达受盘人所能控制的范围内即可。例如，纸质版的发盘送达受盘人的邮政信箱，电子版的发盘进入受盘人的网络信箱。《公约》第二十四条规定，“发盘、接受声明或任何其他意旨表示‘送达’对方，系指用口头通知对方或通过任何其他方法送交对方本人，或其营业地或通信地址，如无营业地或通信地址，则送交对方惯常居住地”。

4. 发盘的生效时间与有效时间

（1）发盘的生效时间。

在国际贸易实务中，“发盘于送达被发盘人时生效”将对后续进行的交易磋商过程产生其他两个方面的影响：其一，影响受盘人对发盘的接受是否有效。众所周知，发盘是否构成法律意义上的“要约”取决于受盘人是否收到该发盘，即任何没有送达或尚未送达的发盘都是无效发盘。例如，如果受盘人在发盘到达之前已经掌握了发盘的内容，此时，即使表示接受，贸易合同也不能成立。其二，影响发盘人对发盘的撤回或修改是否有效。《公约》第十五条第二款规定，“一项发盘，即使是不可撤销的，得予撤回，如果撤回通知于发盘送达被发价人之前或同时，送达被发盘人”。发盘一旦生效，发盘人就不能撤回或修改发盘，而只能撤销发盘。

（2）发盘的有效时间。

发盘具有一定时间的有效期。在有效期内，受盘人可对发盘表示接受或拒绝；超过有效期，发盘自动失效，除另有约定的情况外，受盘人再对发盘表示接受一般将不再具有法律意义，也不构成合同关系。在国际贸易实务中，通常有两种规定发盘有效期的方式。第一种方式为规定收到接受的最迟期限。例如，在发盘中注明，“限某月某日复到此地。”第二种方式为规定收到接受的一段时间。例如，在发盘中说明，“本发盘的有效期为15天”“限8日内回复”等。《公约》对此也有明确规定。例如，第二十条第一款规定，“发盘人在电报或信件内规定的接受期间，从电报交发时刻或信上载明的发信日期起算，如信上未载明发信日期，则从信封上所载日期起算。发盘人以电话、电传或其他快速通信方法规定的接受期间，从发盘送达被发盘人时起算”。需要注意的是，有效时间并非构成有效发盘的必要条件。按照国际惯例，买卖双方应当在“合理时间”内对发盘做出及时地回复。

5. 发盘的撤回与撤销

（1）撤回。

发盘的撤回（Withdraw）是指一项发盘在由发盘人发出之后，尚未送达受盘人之前，发盘人对其做出了取消决定，以阻止其生效。显然，发盘的撤回发生在发盘生效以前。对于发盘的撤回问题，不同法律体系有不同的规定。英美法系认为，发盘对发盘人没有约束力。发盘只要没有被明确接受，就可以被撤回或修改。大陆法系则认为，发盘对发盘人具有约束力，除非发盘中包含了不受约束力的说明，一经发出就不得撤回或修改。而在《公约》中，发盘是可以被撤回的。我国《合同法》第十七条也规定，“要约可以撤回。撤回要约的通知应当在要约到达受要约人之前或者与要约同时到达受要约人”。因此，在国际贸易实务中，买卖双方应首先确定合同适用的法律体系，若按照我国法律和贸易惯例成交，一旦出现发盘有误或改变主意等情况，可适时撤回或修改发盘。

（2）撤销。

发盘的撤销（Revoke）是指一项发盘在由发盘人发出之后，并且已经送达受盘人生效，发盘人对其做出了取消决定，以终止其效力。显然，发盘的撤销发生在发盘生效以后。对于发盘的撤销问题，不同法律体系有不同的规定。英美法系认为，发盘只要没有被明确接受，就可以被撤销，这是一种明显有利于发盘人的法律规定。大陆法系则认为，发盘一旦生效便不得随意撤销，这又是一种明显有利于受盘人的法律规定。《公约》依然选择了折中的解释。《公约》第十六条规定，在合同尚未订立之时，如果撤销通知在受盘人发出接受通知之前送达受盘人，则发盘可以撤销。同时，《公约》也列出了两种不能撤销发盘的情况：其一，发盘写明了接受发盘的期限或以其他方式表示发盘是不可撤销的；其二，被发盘人有理由信赖该项发盘是不可撤销的，而且被发盘人已本着对该项发盘的信赖行事。另外，在我国《合同法》的第十八条、第十九条中，也对要约的撤销做出了类似的规定。

5. 失效

发盘的失效是指一项发盘失去了对发盘人和受盘人的法律约束力。失效的发盘不能被接受或拒绝，不能再成为订立合同的基本条件。《公约》第十七条规定，“一项发盘，即使是不可撤销的，于拒绝通知送达发盘人时终止”。另外，我国《合同法》第二十条也规定，在四种情况下，要约失效。其一，拒绝要约的通知到达要约人；其二，要约人依法撤销要约；其三，承诺期限届满，受要约人未做出承诺；其四，受要约人对要约的内容做出实质性变更。除此之外，若发盘人在发盘被接受前出现破产、倒闭以及死亡等丧失行为能力的情况，或遭遇重大灾害或政策变动等不可抗力事件，发盘也会失效。

（三）还盘

1. 还盘的含义

还盘（Counter Offer）也被称为还价，是指受盘人在收到发盘后，对原发盘的内容提出修改意见，并反馈给发盘人的一种活动或行为。《公约》第十九条第一款规定，“对发盘表示接受但载有添加、限制或其他更改的答复，即为拒绝该项发盘，并构成还盘”。在国际贸易实务中，还盘的内容与发盘相对应，可以针对商品的品质、规格、数量、包装、价格及收付款方式等各项交易条件提出变更要求。还盘既可以采用口头方式，也可以采用书面方式，且法律和惯例都没有规定还盘的次数，还盘之后还可再还盘，且买卖双方可根据合同的具体内容采用一次性还盘或逐一还盘的方式来订立合同。

2. 还盘的实质

当受盘人收到发盘后，通常有三种处理方法：第一种做法是接受。受盘人发出接受通知，表示接受发盘的全部交易条件，合同也随即达成。第二种做法是拒绝。受盘人发出拒绝通知或不予回应，表示不会按照发盘的交易条件开展合作，合同便不会成立。第三种做法是还盘。受盘人表示"接受"发盘的邀请，但对原发盘的交易条件提出了修改意见。此时，合同能否成立取决于原发盘人的态度与决定。不难发现，还盘的实质是受盘人对原发盘的拒绝，受盘人再以发盘人的身份重新发出一项新的发盘，而原发盘人在新盘中成了受盘人。

还盘在法律上并没有独立的含义，一般被视为一种反要约。还盘的构成要件、生效时间、有效时间、撤回、撤销及失效等与发盘基本一致。

3. 还盘的构成条件

在交易磋商中，对于发盘的修改究竟是否达到还盘的程度，法律上也做出了规定。《公约》第十九条第二款规定，"对发盘表示接受但载有添加或不同条件的答复，如所载的添加或不同条件在实质上并不变更该项发盘的条件，除发盘人在不过分迟延的期间内以口头或书面通知反对其间的差异外，仍构成接受。如果发盘人不做出这种反对，合同的条件就以该项发盘的条件以及接受通知内所载的更改为准"。可见，只有对交易条件的实质性变更才可成为还盘。《公约》第十九条第三款进一步规定，"有关货物价格、付款、货物质量和数量、交货地点和时间、一方当事人对另一方当事人的赔偿责任范围或解决争端等等的添加或不同条件，均视为在实质上变更发盘的条件"。

4. 还盘的注意事项

在使用还盘进行交易磋商时，也有几项需要注意的要点。其一，还盘是新的发盘。一项发盘一旦被还盘，原发盘也就自动失效。若原受盘人再对原发盘表示接受，能否成交则完全取决于原发盘人的意见。其二，还盘拥有特定的发盘人。一项发盘的还盘人只能是原受盘人，其他人对该项发盘的回复或修改无效。其三，还盘具有较强的灵活性。一项发盘的还盘既可以只针对原有交易条件中的一项或几项提出，也可在原有交易条件的基础上新增额外的交易条件。同时，还盘既可以是一项新的实盘，也可以是一项新的虚盘。例如，若在还盘中设置了保留条件或附加条件，则仅仅构成一项新的发盘邀请，而对原发盘人并不产生约束力。

（四）接受

1. 接受的含义

接受（Acceptance）是指受盘人在发盘的有效期内，明确表示完全同意发盘中的各项交易条件，并愿意就此签订合同的一种活动或行为。接受在法律上被称为"承诺"，发盘人一旦收到接受通知，合同随即成立。在法律上，任何合同的达成都必须经过"要约"和"承诺"两个环节，即必须完成发盘和接受两个步骤。我国《合同法》第十三条规定，"当事人订立合同，采取要约、承诺方式"。第二十一条规定，"承诺是受要约人同意要约的意思表示"。可见，发盘与接受既是国际贸易中的商业行为，也是需要承担责任的法律行为。

2. 接受的要件

（1）接受必须由受盘人提出。

在国际贸易中，买卖双方会事先选定潜在的合作伙伴，然后在有限范围内进行有针对性的交易磋商。因此，发盘通常具有特定的受盘人，而只有特定的受盘人才有资格接受、修改或拒绝发盘。例如，甲国的A公司向乙国的B公司发盘，丙国的C公司在打探到发盘的具体内容后，向A公司表示"接受"，则此项接受无效。合同只能由A公司与B公司签订。

（2）接受的内容必须与发盘一致。

接受是针对发盘的肯定回复，需表明对发盘内容的全部接受或完全同意。然而，在国际贸易实务中，受盘人也常常会在表示接受的同时，提出一些或大或小的修改意见，进而很可能将接受转变为还盘或拒绝。按照《公约》的规定，对于发盘内容的修改又可分为实质性变更和非实质性变更两种类型。凡是属于非实质性变更的修改意见，都不改变接受的法律意义，合同仍然可以成立。由于接受关系到合同的成立以及买卖双方的权利与义务，因而受盘人需慎重对待。一般而言，对于小额的国际贸易，交易条件相对简单，为提高效率，相应的接受也可适当简化。受盘人可对发盘进行整体接受，而无须在接受中详细复述发盘的各项交易条件。对于大额的国际贸易，交易条件相对复杂，为预防争议，相应的接受则应尽量详细。受盘人应对各项交易条件进行逐一确认，若有修改还应专门说明。

（3）接受必须在发盘的有效期内完成。

发盘的有效期往往具有两个方面的作用。其一，约束发盘人在有效期内不得随意撤销或变更发盘中的交易条件，确保了交易磋商的严肃性和公平性。其二，约束受盘人在有效期内尽快回复发盘人，受盘人只有在有效期内接受发盘，合同才能够成立。然而，在国际贸易实务中，常常出现接受通知不能按时送达发盘人的情况。在一般情况下，超过发盘有效期的接受是无效的，但《公约》却对此做出了较为灵活的规定。《公约》第二十条第二款规定，“在计算接受期间时，接受期间内的正式假日或非营业日应计算在内。但是，如果接受通知在接受期间的最后1天未能送到发盘人地址，因为那天在发盘人营业地是正式假日或非营业日，则接受期间应顺延至下一个营业日”。

（4）接受必须被明确表示

接受是具有肯定发盘的意思，且必须以一定方式被明确地表示出来。《公约》第十八条第一款规定，“被发盘人声明或做出其他行为表示同意一项发盘，即是接受，缄默或不行动本身不等于接受”。可见，接受必须是一种申明或行动。按照国际贸易惯例，接受与发盘应相互对应，除了应注意在内容上保持一致外，在形式上也应基本相同。例如，对于口头形式的发盘，可回以口头形式的接受；对于书面形式的发盘，则应以书面形式表示接受。受盘人一旦表示接受，交易磋商的基本流程也随即结束，买卖双方将进入签订和履行合同的环节。

3. 接受的生效时间

对于接受的生效时间，不同的法律体系做出了不同的规定。一方面，按照英美法系，有效的接受需符合“投邮原则”。所谓投邮原则，是指在发盘的有效期内，只要发盘人将“接受通知”通过邮局或电报局发出，无论发盘人最终是否收到相关邮件或信息，该项接受已然生效。可见，接受的生效时间为受盘人发出接受通知的时间。另一方面，按照大陆法系，有效的接受需符合“到达原则”。所谓到达原则，是指在发盘的有效期内，发盘人必须将“接受通知”送达发盘人，该项接受才能生效。可见，接受的生效时间为发盘人收到接受通知的时间。假如接受通知在邮寄的途中遗失，按照不同的法律体系，合同的成立与否将有不同的解释。《公约》采用了大陆法系的到达原则。《公约》第十八条第二款规定，“接受发盘于表示同意的通知送达发盘人时生效”。至于是否采用信件或电报等书面形式，《公约》也进行了解释，第十八条第三款规定，“如果根据该项发盘或依照当事人之间确立的习惯做法和惯例，被发价人可以做出某种行为，例如与发运货物或支付价款有关的行为，来表示同意，而无须向发盘人发出通知，则接受于该项行为做出时生效”。可见，接受的生效时间有几种确定方法，在交易磋商中应充分了解并灵活运用。

4. 逾期接受

逾期接受是指受盘人在发盘的有效期结束后所做出的接受。逾期接受本来是一种无效的接受，但根据国际贸易的实际情况，《公约》及各国法律大多对此做出了较为灵活的规定。其一，逾期接受是否有效，主要取决于发盘人的态度。《公约》第二十一条第一款规定，“逾期接受仍有接受的效力，如果发盘人毫不迟延地用口头或书面将此种意见通知被发盘人”。其二，逾期接受是否有效，还与产生逾期的原因有关。《公约》第二十一条第二款规定，“如果载有逾期接受的信件或其他书面文件表明，它是在传递正常、能及时送达发盘人的情况下寄发的，则该项逾期接受具有接受的效力，除非发盘人毫不迟延地用口头或书面通知被发盘人：他认为他的发盘已经失效”。总之，逾期接受的过错方是受盘人，而发盘人掌握了处理逾期接受的主动权。一旦发盘人表示拒绝或不予回复，则逾期接受依然为无效接受。

5. 接受的撤回

与发盘类似，接受也可以在生效之前被撤回。《公约》第二十二条规定，“接受得予撤回，如果撤回通知于接受原应生效之前或同时，送达发盘人”。需要注意的问题有两项：其一，撤回有不同的法律解释。特别是按照英美法系时，接受通知需符合投邮原则。由于接受通知一经投邮合同便立即成立，因而也就没有了撤回接受的可能。其二，接受并没有撤销环节。受盘人一旦接受发盘，合同随即成立，撤销接受无异于撕毁合同。因此，相关当事人一般并不能撤销接受，而只能撤销合同。

第二节　出口合同的履行

出口贸易合同的履行过程主要包括五个环节，分别是落实国际贸易货物、取得国际贸易信用证、安排国际贸易运输、收取国际贸易货款、发生违约后的索赔与理赔。为方便记忆，也可简单归纳为货、证、运、款、赔五个步骤。

一、落实国际贸易货物

（一）备货

备货是指国际贸易中的出口商按照合同的要求准备出口商品。出口商应在合同规定的装运期内完成备货，且出口商品的品名、品质、数量、包装等条件需符合国际贸易合同的相关条款。出口商一般应当在签订合同之时就落实好货源，如果是本厂产品，则应抓紧时间生产；如果是外厂产品，则应及时联系供应商。切忌只重视签订合同，而忽略落实货源的盲目做法。

出口商应严格按照合同或信用证规定来备货。备货的依据就是合同或信用证的相关条款，如果出口商在备货过程中出现违约行为，将无法完成交货责任并遭到进口商的索赔。《联合国国际货物销售合同公约》第三十五条第一款规定，“卖方交付的货物必须与合同所规定的数量、质量和规格相符，并须按照合同所规定的方式装箱或包装”。可见，为了避免违约并树立和维护好自身的国际信誉，出口商应当按时、按质、按量地认真完成备货工作。在具体操作中，出口备货也有几点注意事项。

第一，出口商应注意交货品质不会产生争议。出口商品的品质是最容易产生争议的交易条件，这与国际运输的距离、商品本身的特质以及运输包装条件等都有一定关系。因此，出口商应充分预计商品品质在运输过程中可能出现的变化，并以恰当的方式做好免责准备。例如，《公约》第三十五条第二款规定，若货物按照同类货物通用的方式装箱或包装，则不能判定卖方交货违约。同时，出口商也可灵活运用样品等表示商品品质的方法，《公约》第三十五条第二款还规定，若货物的质量与卖方向买方提供的货物样品或样式相同，则同样不能判定卖方交货违约。除此之外，交货品质还应符合进口国的商检标准，对此，出口商需充分了解并提前做好准备。可见，保证备货和交货质量是出口商的一项重要责任。

第二，出口商应注意交货数量不会产生争议。出口商品的数量或重量亦是一项关键的交易条件。交货数量既不能少，也不能多。对于多交货物的情况，《公约》第五十二条第二款规定，“如果卖方交付的货物数量大于合同规定的数量，买方可以收取也可以拒绝收取多交部分的货物。如果买方收取多交部分货物的全部或一部分，他必须按合同价格付款”。对于少交货物的情况，《公约》也规定，如果卖方只交付一部分货物，或者交付的货物中只有一部分符合合同规定，应当对买方进行补救。而《公约》第五十一条第二款规定，只有在卖方出现完全不交付货物或不按照合同规定交付货物等根本违性违约时，买方才可以宣告整个合同无效。总之，为避免产生争议和符合国际贸易惯例，出口商应当在数量上尽量做到足额备货，以便在发现货物短缺或损坏时能够及时补充或替换。

第三，出口商应注意交货时间不会产生争议。备货一定要及时，所谓的及时是指备货工作必须在信用证等文件所规定的最迟装运期之前完成。例如，按照 FOB、CIF 等装运合同性质的贸易术语，出口商应注意按时装货与船货衔接等关键问题，以便能够取得符合信用证要求的提单、运单等单据，并顺利向银行议付。出口商有时会因为装船延误或备货不足等原因而要求承运人开立倒签提单或预借提单。这类特殊的提单虽然能够掩盖违约、顺利结汇，但是却是一种错上加错并暗藏风险的做法，因而绝不能使用。

第四，出口商应注意商品包装不会产生争议。由于包装与商品往往是不可分割的一个整体，因而国际贸易商品的包装环节一般都是由出口商来完成的。无论是运输包装，还是销售包装，出口商的交货包装应符合合同的包装条款。特别是运输包装的材料、方法应满足国际货物运输的安全性、牢固性、经济性等要求，唛头等各类运输标志的设计与印刷也需满足字迹清楚、含义明确、图案醒目、费用节约等要求。

第五，出口商应注意收款的安全。由于出口商备货需要一定的流动资金或生产成本，为防止进口商出现违约或毁约等情况，出口商应设置一定的备货、发货条件，从而保障自身的货物与货款安全。例如，出口商可以要求进口商缴纳一定金额的定金、违约金或保证金；出口商也可以提出要求，必须在收到信用证之后才能发货；出口商还可以通过国际保理等方式对进口商进行资信调查，防止出口货物或反保证金被骗。

（二）报验

报验是指出口商向国家商检机构提出申请，委托其完成对出口商品的检验检疫并签发商检合格证书。商检是商品出口的必须环节，缺少相关合格证书的商品将不能出口。目前，我国出口商品的检验检疫需向海关总署申报。

1. 与报验有关的法规

出口报验涉及一系列法律法规，出口商务必做到充分了解。

第一，商品检验是一种法定检验，相应的报验环节需符合《中华人民共和国进出口商品检验法》的基本要求。其一，报验是国际贸易的必须环节。我国《商检法》第十五条规定，“本法规定必须经商检机构检验的出口商品的发货人或者其代理人，应当在商检机构规定的地点和期限内，向商检机构报检。商检机构应当在国家商检部门统一规定的期限内检验完毕，并出具检验证单”。其二，报验是法律上的强制要求。我国《商检法》第七条规定，“列入目录的进出口商品，按照国家技术规范的强制性要求进行检验；尚未制定国家技术规范的强制性要求的，应当依法及时制定，未制定之前，可以参照国家商检部门指定的国外有关标准进行检验”。其三，若出口商未按规定进行报验，将承担相应的违法后果。我国《商检法》第三十三条规定，“违反本法规定，将必须经商检机构检验的进口商品未报经检验而擅自销售或者使用的，或者将必须经商检机构检验的出口商品未报经检验合格而擅自出口的，由商检机构没收违法所得，并处货值金额百分之五以上百分之二十以下的罚款；构成犯罪的，依法追究刑事责任”。

第二，商品检验拥有严格的程序，相应的报验环节需符合《中华人民共和国进出口商品检验法实施条例》的基本要求。其一，出口商应当主动向海关报验。我国《商检条例》第二十四条规定，“法定检验的出口商品的发货人应当在海关总署统一规定的地点和期限内，持合同等必要的凭证和相关批准文件向出入境检验检疫机构报检。法定检验的出口商品未经检验或者经检验不合格的，不准出口”。其二，出口商品必须商检合格，方能出口。我国《商检条例》第二十七条规定，“法定检验的出口商品经出入境检验检疫机构检验或者经口岸出入境检验检疫机构查验不合格的，可以在出入境检验检疫机构的监督下进行技术处理，经重新检验合格的，方准出口；不能进行技术处理或者技术处理后重新检验仍不合格的，不准出口”。

第三，商品检验有一定的范围要求，报验时还需了解我国的《出入境检验检疫机构实施检验检疫的进出境商品目录》。我国《商检法》第五条规定，“列入目录的进出口商品，由商检机构实施检验”。海关总署会对目录进行调整，目录至少在实施之日30日前公布，但在紧急情况下，也可能在实施之日公布。因此，出口商需关注目录的最新变化，确保报验环节能够顺利完成。

2. 报验的具体步骤

出口商需明确掌握办理出口报验业务的具体步骤。

第一步，向海关提出商检申请。出口商需填制“出口检验申请书”并附上各种相关单证。例如，贸易合同、信用证、生产合格证、商业发票等。海关在完成对申请材料的形式审查后，若材料合格且无须整改，海关将正式受理该笔商检业务。

第二步，海关对出口商品进行抽样。海关将派出专人到出口商品的仓储场所提取样品。出口商需如实报告出口商品的存放地点及物流状况，配合海关人员完成相关调查与抽样工作。出口商不得隐瞒货物的真实情况。我国《商检法》第三十五条规定，“进口或者出口属于掺杂掺假、以假充真、以次充好的商品或者以不合格进出口商品冒充合格进出口商品的，由商检机构责令停止进口或者出口，没收违法所得，并处货值金额百分之五十以上三倍以下的罚款；构成犯罪的，依法追究刑事责任”。

第三步，海关对出口商品进行检验。海关将根据出口商品的特性展开针对性的专业检验。我国《商检条例》第九条规定，“出入境检验检疫机构对进出口商品实施检验的内容，包括是否符合安全、卫生、健康、环境保护、防止欺诈等要求以及相关的品质、数量、重量等项目”。

第四步，海关对商检合格的出口商品签发证书。商检证书既可以是专门印发的一种证明，也可以由海关在“出口货物报关单”上加盖放行章并附注说明。当出口货物取得各项法定及自选商检合格证书后，报验工作随即完成。此时，出口商方可在商检证书的有效期内将货物装运出口。

二、取得国际贸易信用证

（一）催证

催证是指出口商向进口商发出提示，要求其尽快按合同的内容开来信用证。按照国际贸易合同的规定，及时向银行申请开立信用证是进口商应当履行的基本义务。然而在实践中，进口商常常因为市场行情波动或资金周转困难等原因迟迟未能开来信用证。此时，出口商可以通过电传、电话、信函等方式对其进行催促，从而确保贸易合同能够如期履行。如果经过多次催证，进口商仍然不能开来信用证，出口商则应暂停交货并追究进口商的违约责任。另外，若出口商提前完成备货工作，也可向进口商催证，进而提前完成交货和收款的环节。

（二）审证

审证是指出口商在收到进口商开来的信用证后，需对该信用证的性质与内容进行认真审核。一般而言，信用证的内容应与合同的内容完全一致。然而在实践中，进口商常常因为一些主观或客观原因使开立的信用证与合同存在一定的不相符合现象。加之信用证又是独立于合同的另一份契约，这种差异将使出口商陷入两难的境地。若出口商继续按照合同发货，则得不到银行的付款；若出口商按照信用证发货，又违背了双方交易的真实意图。因此，出口商应当将信用证与合同进行核对，自行审查信用证是否符合双方的约定。具体而言，审证的内容一般包括以下几点：其一，审核开证行的业务背景与资信状况，如企业规模、国际声誉、业务范围等；其二，审核信用证的性质与效力，如可否撤销、是否保兑、可否转让等；其三，审核信用证的内容，如金额、有效期、装运期、议付行等；其四，审核信用证的单据要求，如随附单据的种类、性质、份数等；其五，审核与信用证有关的其他内容，如保险条款、适用法律、免责条款等。在实际业务中，通知行承担了一部分审证的责任，但出于审慎的考虑，出口商也不能忽略自行审证的环节。出口商一旦发现信用证与合同存在不符点，应立即通知进口商并要求其申请改证。

（三）改证

改证是指进口商在收到出口商提出的信用证不符点后，向开证行申请重新开立信用证。出口商一般通过向进口商发出修改通知书来反馈对信用证的修改意见。对于信用证中的问题，出口商应按照严重程度的高低分别对待。一方面，对于影结汇收款的问题，如在品质、数量、包装、装运期等关键交货条件中的问题，出口商必须要求进口商和开证行修改信用证。在重新开立的信用证到达之前，出口商不宜开展发货、交货等业务，以免遭遇银行拒付。另一方面，对于不会影响结汇收款的问题，例如不可抗力条款、违约条款等一般交易条件中的问题，出口商可在与进口商沟通协商后，灵活处理。

在办理改证业务时，也有几点注意事项。其一，改证必须及时提出。若过分拖延，则会致使对方误认为我方已经接受了信用证。其二，改证应当一次完成。出口商应将信用证的所有不符点一次性通知进口商，以免对方因多次修改而耽误国际贸易时间。其三，进口商应当明确回应改证要求。对于修改通知书中的若干问题，进口商要么全部接受，要么全部拒绝，而不能部分接受、部分拒绝。无论是接受还是拒绝，进口商都应向出口商做出明确表示，一般应当发出正式的书面通知。其四，出口商应注意改证环节的成本。由于重新开立信用证会增加进口商向银行支付的手续费，因而出口商需对不符点进行筛选，尽量只修改不良影响较大的问题。

三、安排国际贸易运输

（一）租船与订舱

当出口商收到通知行转交的信用证后，便可放心发货。此时，出口商需按照国际贸易合同中的运输条款安排租船与订舱。租船、订舱是采用海洋运输或内河运输等水运方式时的业务环节，前者适用于租船运输，而后者多运用于班轮运输。需要注意的是，不同的贸易术语对运输环节做出了不同的责任划分，例如，当使用 CIF、CFR 等贸易术语时，由出口商负责租船订舱。

出口商在办理租船订舱环节时，通常有两种方式。第一种方法是委托办理。出口商可以将国际货物运输环节委托国际货运代理人，由专业化的代理人代为办理。这种方法的优势是程序简单、效率较高，出口商无须在运输环节花费太多精力。第二种方法是自行办理。出口商自行联系国际货物承运人，直接将货物交由船公司运往国外。这种方法的优势是有利于出口商掌握国际运输的具体流程，能够最大限度地控制货物和防控风险。

出口商无论采用何种方式办理运输业务，都应注意几点问题。其一，出口商应提前掌握货运代理或船公司的船舶、航线、船期表，以便确保货物能够在信用证的有效期内完成装运或交货。其二，出口商应仔细办理租船订舱的各项手续，船与货的衔接应及时、准确并留有余地。对于承运人退载、变载等一些常见的突发情况能够有所预防。其三，出口商应向货运代理或船公司提前告知货物的运输要求，对于诸如散装货物、冷藏货物或鲜活易腐货物等更应专门设置运输条件，以免货物在运输过程当中发生损失。其四，出口商在完成租船订舱之后，应向进口商及时发出装船通知（Shipping Advice），以便对方及时接货并付款赎单。

租船订舱的基本程序分为三个步骤。第一步，出口商需填制托运单（Booking Note）。货运代理或船公司将根据托运单的内容和自身航运业务的安排，选择最为合适的船舶、舱位、航期及航线，并完成此项国际货物运输工作。托运单亦是信用证收付款环节的一项常见单据。第二步，货运代理或船公司在承揽运输业务之后，将向托运人签发装货单（Shipping Order）。装货单既是提示托运人尽快备货装船的通知，亦是载货船舶收货备运的凭证。第三步，待货物装船完毕后，船长或大幅将签发大副收据（Mater's Receipt）。待托运人结清运费后，持大副收据向船公司换取正本提单。此时，租船订舱业务完成。

（二）投保保险

为防范国际货物运输过程中的各类风险和损失，买卖双方需在贸易合同中约定保险条款。不同的贸易术语对投保保险的责任作出了不同的划分，当使用 CIF、CIP 等贸易术语时，由出口商负责办理国际货物运输保险。出口商需严格按照贸易合同与信用证的规定，向保险公司投保合适的保险产品，并确定货物名称、保险金额、保险期限、投保险别、载货船舶、运输路线、开航日期等关键内容。出口商在缴纳保险费后，取得相应的保险单据。保险单亦是信用证收付款环节的一项重要单据。另外，除了投保平安险、水渍险、一切险等国际货物运输保险，出口商还应注意灵活使用责任保险、保证保险、信用保险等其他类型的保险产品。

投保保险也有一些需要注意的问题。其一，投保一定要及时。出口商应当在货物开始运输之前完成投保手续，以免货物遭受损失而无法获得赔偿。同时，出口商还应特别注意保险单的日期不能晚于提单或运单的起运日期，以免因违背信用证的要求而遭到银行拒付。其二，投保要便于背书。出口商在投保时应以自己为受益人，以便能够在单据转让的业务中顺利将保险单背书转让。其三，投保应符合规定。出口商应严格按照合同和信用证的要求投保保险，不得擅自改变保险险种或承保公司，以免因违反合同中的保险条款而遭到进口商的索赔或拒付。同时，出口商也应主动缴纳保费，完成投保人义务，避免在出险时因保险手续不全而遭到保险公司的拒赔。其四，履行通知的义务。在投保环节，出口商一般应将投保情况通知进口商。特别是在使用 FOB、CFR 等由进口商自行购买保险的贸易术语时，出口商也不能忽视保险环节，更应及时发出装船通知，以便进口商及时投保。

（三）报关

报关是指进出口商向海关申报进出口货物的详细情况，待海关审查合格后，准予放行。除 EXW 等个别贸易术语外，出口报关通常都是由出口商来完成的一项贸易手续。出口报关是一项法定程序，《中华人民共和国海关法》第二十四条规定，“进口货物的收货人、出口货物的发货人应当向海关如实申报，交验进出口许可证件和有关单证。”同时，出口商还需及时报关，我国《海关法》第二十四条进一步规定，“出口货物的发货人除海关特准的外应当在货物运抵海关监管区后、装货的二十四小时以前，向海关申报。”出口报关的基本程序包括四个步骤，分别是申报、查验、征税和放行。

1. 申报

申报是指出口商向海关提交材料，申请对出口货物进行查验并放行的业务关节。第一步，出口商需填制报关单，报关单的内容应当与商业发票、提单、装箱单、保险单等其他单据的内容一致。第二步，出口商将报关单录入海关信息查询系统，向海关申请审单。第三步，出口商备妥全套随附单据，如商业发票、贸易合同、海运提单、报关单、出境货物通关单等。第四步，出口商向海关正式递单，申报货物出口。

2. 查验

查验是指海关在受理出口业务申报后，对相关货物进行实际检查、核对的一项法定监管工作。海关查验的重点是货物的实际情况是否与出口商的申报材料完全一致，若存在不符点，海关将采取进一步的管理措施。第一步，海关将在出口商的配合下完成对货物实际状况的检查，以防出现隐瞒、欺骗、错报、漏报等不实情况。第二步，海关将结合申报材料和实际查验的结果，给出结论，并以此作为进一步的征税、统计和管理工作的依据。另外，海关在完成查验后，会出具验货记录。验货记录的主要内容包括查验时间、地点、当事人的名称、出口货物情况、运输包装情况及有无不实问题等。出口商随后即可办理后续通关手续。

3. 征税

出口商应依法向海关缴纳出口关税。我国《海关法》第五十三条规定，“准许进出口的货物、进出境物品，由海关依法征收关税。”第五十四条进一步规定，“进口货物的收货人、出口货物的发货人、进出境物品的所有人，是关税的纳税义务人。”

4. 放行

当出口货物查验合格并缴足关税，且满足“单证相符、货证一致”的要求后，海关将向出口商办理放行手续。具体做法一般是由海关在完税货物的出口装货单上加盖“海关放行章”，出口商便可以此为凭证将货物起运出境。如果出口商改变主意需要退关，也可向海关提出申请，并在海关核准后将货物运出海关的监管场所。

四、收取国际贸易货款

（一）制单

首先，制单是出口商收取国际贸易货款的关键环节。在信用证收付款方式中，出口商应严格按照“单证一致，单单相符”的基本原则正确缮制各种单据，务必做到“正确、完整、简明、整洁”，并在信用证规定的有效期内及时向银行议付结汇。除了信用证外，出口商应备妥汇票、商业发票、提单、保险单、检验证书、装箱单和磅码单、产地证明书、普惠制单据等各项单证。所有单据上的内容需完全一致，一旦出现相互矛盾的不符点，都有可能引起银行的拒付。

其次，制单是单据买卖业务中的重要环节。由于信用证支付属于典型的单据买卖业务，银行并不会主动核查出口货物的实际情况。出口商即使存在违约行为，只要取得“表面相符”的全套单证，银行就一定会付款；反之，出口商即使完全履行了合同义务，只要单证存在任何不符点，银行也完全可以拒付。

其三，对于制单中出现的问题，可采取一系列补救措施。如果出口商在向议付行申请付款时发现单证不符，应立即整改。修改或补办单据的时间不应超过信用证的有效期，否则将影响收款。如果单证的不符点太多或已来不及更正，出口商还可以通过担保方式申请议付，但此时，信用证下的银行信用已被改为了出口商的商业信用。

（二）结汇

出口商完成制单后，即可向银行申请结汇。在信用证方式中，议付行将对审核无误的单证进行议付，出口商随即取得出口货物的应收账款。结汇通常有三种主要方式，分别为收妥结汇、出口押汇和定期结汇。

1. 收妥结汇

收妥结汇也被称为收妥付款，是指议付行在收到出口商提交的全套单证并审核无误后，并不立即付款，而是将单证寄送至付款行或开证行，待收到外国银行付来的货款后，再向出口商付款。收妥结汇的实质是一种委托银行开展的代收货款业务。采用这种结汇方式，银行既不承担收汇风险，也不用先行垫付资金，是一种有利于银行而不利于出口商的结汇方式。

2. 出口押汇

出口押汇也被称为买单结汇，是指议付行在收到出口商提交的全套单证并审核无误后，以全套单证为质押，将货款先行垫付给出口商，然后再向付款行或开证行寄单索汇。议付行在向出口商垫付货款的同时，保留了追索权，一旦开证行拒付，出口商仍然将承担制单不符的责任。出口押汇的实质是一种由银行提供的短期融资服务。采用这种结汇方式，银行承担了一定的收汇风险并垫付了大部分资金，是一种不利于银行但有利于出口商的结汇方式。

3. 定期结汇

定期结汇是指议付行在收到出口商提交的全套单证并审核无误后，一方面向付款行或开证行寄单索汇，另一方面按照预先确定的固定结汇期向出口商付款。议付行通常会按照不同国家或地区银行的商业习惯制定预计的结汇时间，待结汇期到期时，无论货款是否收到都主动向出口商付款。显然，定期结汇方式结合了收妥结汇和出口押汇两种方式的优点。对于银行而言，收汇风险更加可控；对于出口商而言，收汇时间也更加确定。

（三）退税

出口退税（Export Rebate）的全称为出口商品的退税与免税，是指海关对出口商品实施的退还产品税、增值税、营业税及消费税等国内生产流通环节的已纳税。除此之外，出口退税还包括向企业退还在加工贸易中因进口原材料、半成品等所缴纳的进口关税。由于出口退税政策在促进一国对外贸易发展、调动外贸企业出口积极性、增强本国产品国际竞争力等方面具有重要意义，因而得到世界各国的普遍采用。

出口退税的一般程序包括三个步骤。第一步，出口商按政策要求领取并填制出口企业退税登记表。第二步，出口商完成对登记表的相关签章后，备妥随附的批准文件、工商登记证明等资料，报送海关审核。第三步，海关在受理相关出口退税申请后，经审核无误，核准出口退税。

出口商办理出口退税手续的随附单据主要包括出口商品的报关单；商业发票；原材料或半成品的进货发票、合同及相关资料；收汇通知书；CIF 等术语下的出口保险单和运单；完税证明；其他与出口退税相关的材料。

总之，出口商应重视对出口退税政策的应用，使之成为打开国际市场销路、降低国际贸易综合成本、缓解国内外竞争压力的有效方法。

五、发生违约后的索赔与理赔

出口商在履行出口合同的过程中，常常需要针对进口商的违约行为进行索赔。进口商的违约行为主要包括延迟收货或拒绝收货、延迟付款或拒绝付款等。例如，在国际贸易合同签订之后，商品的国际市场价格发生了显著下降，此时进口商将不再愿意按照合同的价格进行交易，进而产生违约行为。当进口商违约时，出口商应立即查明违约原因，并依据合同或信用证的索赔条款进行索赔，避免因对方违约而造成自身的货、款损失。需要注意的是，在国际贸易实务中，进口商直接违约的情况并不多见。进口商出于自身经济利益的考量，往往会在交货品质、数量或重量、运输时间、包装质量以及其他方面寻找出口商的过失，从而将违约的责任转嫁给出口商。所以，出口商在履行出口贸易合同时，既要防止进口商直接违约，也要加强对自身履约过程的监督和管理，预防进口商借题发挥。另外，出口商还应了解针对违约行为的索赔工作，在索赔时既要据理力争，也要实事求是，合情、合理、合法地维护自身的经济利益和市场信誉。

在遭遇进口商索赔时，也有几点注意事项。其一，出口商应注意审核国外机构出具的各类单证，对相关机构的合法性、索赔证据的真实性进行仔细核查，防止对方弄虚作假、合谋欺诈。其二，出口商应注意调查发生违约及损失的实际情况，务必查明原因、弄清事实、分清责任。其三，出口商对于因自身过错或疏忽而造成的损失，应诚实守信、有所担当，应当赔偿的损失一定要赔偿，从而维护自身在国际市场的良好声誉。其四，出口商应合理确定赔偿的金额和赔付办法，并及时向对方进行赔付，从而尽快了结买卖双方的违约索赔事务。

第三节　进口合同的履行

进口贸易合同的履行过程主要包括六个环节，分别是开立国际贸易信用证、安排国际贸易运输、投保国际贸易保险、审单付款、报关与提货、索赔。为方便记忆，也可简单归纳为证、运、险、款、货、赔六个步骤。

一、开立国际贸易信用证

在履行进口贸易合同的过程中，进口商的主要责任是收取货物并支付货款。在信用证付款方式下，进口商需及时向开证行申请开立信用证。开立信用证也有一些注意事项。

第一，开立信用证应以贸易合同为基础。虽然在交易磋商环节，买卖双方已达成有关合同的各项交易条件，但是信用证是一种独立于合同的自足契约，因而信用证的内容必须与合同完全一致。进口商在申请开立信用证时，务必做到正确、清晰、完整地表述各项条款的内容和要求。

第二，开立信用证需及时联系相关银行。由于信用证业务一般会涉及出口地和进口地的多家银行，因而进口商应提前对办理信用证业务的相关银行进行充分了解。在合同中选定最合适的开证行后，进口商还需及时向开证行提交“开证申请书”，确保信用证的结转周期符合国际贸易合同的相关要求。

第三，开立信用证需明确相应的随附单据要求。由于信用证属于典型的单据买卖业务，进口商在开立信用证时应对随附单据的种类、数量、格式等要求进行详细说明。例如，《跟单信用证统一惯例》（UCP600）第十四条规定，提示信用证中未要求提交的单据，银行将不予置理。可见，进口商不能忽略对重要单据的要求。

第四，进口商需随时关注国际贸易货物的实际情况。由于银行只负责审核单证，而不负责检查货物，因而进口商在开立信用证的同时，不能放松对国际贸易货物在备货、装船、运输等环节的跟踪了解。进口商一旦发现出口商涉嫌违约或弄虚作假，应及时通知银行暂缓付款或拒付货款。

第五，进口商应慎重使用保兑信用证和可转让信用证。例如，在有的国家或地区，因法律法规上的区别或限制，开立的保兑信用证很有可能成为一种无效的信用证。

二、安排国际贸易运输

当国际贸易中的买卖双方按照 FOB、FCA、EXW 等贸易术语成交时，进口商将负责办理租船、订舱等国际运输环节的工作。对于进口商而言，需要注意几点问题。

第一，注意船货的衔接问题。由于国际贸易运输距离一般较长，由进口商在异地安排船舶的确需要克服一定困难。因此，进口商在安排货物运输时应密切关注出口商的备货进度，以便安排的船舶能够在最佳的时间段接收货物。在一般情况下，进口商可主动告知出口商自己的运输安排，即使不能掌握运输的具体时间，在收到出口商发来的装船通知时，也要做到能够迅速落实船源并按时接货。

第二，注意与承运人的联系问题。在货物运输的过程中，进口商还应保持与承运人的相互联系，随时关注货物在运输过程中的状况。这不仅是为了防范海上风险，也是为了在发生临时停靠、转船等状况时能够及时采取相应的保障措施。

第三，注意货物与保险的衔接问题。投保运输保险虽然不是进口商的合同义务，但是出于保障货物安全的考虑，进口商通常会主动投保保险。在实际操作中，进口商需关注国际贸易货物的装船和起运时间，并及时投保保险。务必要避免出现货物已经运输，而保险尚未购买的不利情况。

三、投保国际贸易保险

在以 FOB、FCA、CFR、CPT、EXW 等贸易术语成交的合同中，进口商需自行投保运输保险。在投保保险的工作中，进口商需注意几点问题。

第一，注意投保保险的险别应当恰当。我国的海洋运输保险险别主要包括平安险、水渍险及一切险，进口商应根据国际贸易运输的实际状况和贸易货物本身的特征选择最为合适的保险险别，务必兼顾投保保险的实用性、经济性和针对性。特别是在加保附加险时，切忌贪大求全、面面俱到，从而增加了不必要的成本和手续。

第二，注意投保保险的手续应当齐全。进口商在收到装船通知后，应将有关货物的品名、数量或重量、价值或金额、装运港、目的港、船舶名称、开航日期、提单号码等信息及时通知保险公司，在办理保险手续和付清保险费之后，取得保险单或其他保险凭证。

第三，注意对货物损失的防控和抢救。进口商在投保保险后，仍然不能放松对货物风险的警惕。货物一旦遭遇风险和发生损失，进口商应立即配合承运人采取保护货物和防止损失扩大的措施，并及时向保险公司报案和索赔。

四、审单付款

在信用证付款方式中，当出口商将全套单证提交给议付行要求付款后，议付行将把全套单证再寄交开证行申请付款。此时，国际货款的支付过程将包含审单和付款两个环节。

在审单环节，开证行将对全套单证按照"单证一致，单单相符"的原则进行严格审核。审单的结果有两种情况：其一，付款。如果审核无误，开证行将对外履行付款责任，并要求进口商按时付款赎单。其二，拒付。如果审核中发现不符点，开证行将立即向外国议付行发出异议通知书，并按照不符点的严重程度采取不同类型的拒付措施。常见的处理措施有货到检验合格后付款、国外议付行改单后付款、银行出具担保函后付款、直接拒绝付款等。

银行审单的主要单据包括汇票、提单、保险单、原产地证书以及其他商检证书等。概括而言，审核的关键内容主要有以下几点。其一，各项单证的金额应相互一致。例如，汇票的金额必须与信用证的金额相同，且应注意佣金与折扣不能影响二者的一致性。其二，各项单证的时间应相互印证。例如，提单的签发时间应在信用证的装运期内，若被发现是倒签提单或预借提单，将直接影响货款的收付。其三，各项单证的关键信息应完全一致。例如，商业发票所载明的品名、品质、数量、包装等条件应与保险单、商检证书、提单等的相应内容相同，若不同单据的计量单位不一致，也会影响银行对货款的结算。

在付款环节，进口商应合理把握银行拒付的适用情形。在实际操作中，尽管出口商力求做到全套单证的正确无误，但总有一些不符点会常常出现。虽然《跟单信用证统一惯例》第十六条规定，当银行确定提示不符时，不论是开证行、保兑行还是议付行，都有权拒绝兑付，但是当银行发现不符点后，通常会向进口商征求意见，因而是否拒付的最后决定权还是在进口商的手中。由于信用证属于银行信用，银行一旦对外付款，将丧失追索权，因此，作为开证申请人的进口商应审慎把握拒付的分寸，在兼顾原则性和灵活性的前提下，对于应当拒付的情况还是要果断拒付。

五、报关与提货

报关是指进口商需向海关申请办理进口货物的验放手续。进口商在办理报关手续时，有几点注意事项。

第一，进口商应注意申报时限。我国《海关法》第二十四条规定，进口货物的收货人应当自运输工具申报进境之日起十四日内，向海关申报。进口货物的收货人超过前款规定期限向海关申报的，由海关征收滞报金。

第二，进口商应注意申报单据。进口商需在货物到达海关口岸后，及时填报“进口货物报关单”，并随附商业发票、海运提单、装箱单、保险单、进口许可证、贸易合同、产地证书等资料。若进口商品属于法定商检商品，还需向海关提供相应的商检证书。待海关对各项单证及实际货物查验无误之后，海关将在相应运输单据上加盖放行章，货物即可进入国内市场。

第三，进口商应注意及时交税。我国《海关法》第六十条规定，进出口货物的纳税义务人，应当自海关填发税款缴款书之日起十五日内缴纳税款。逾期缴纳的，由海关征收滞纳金。

当进口货物完成报关、检验、完税及放行等必要手续后，进口商即可提取货物。

六、索赔

1. 进口索赔的主要类型

进口索赔一般由进口商提出，索赔的原因包括货物在品质、数量、包装等方面与合同规定的不符，或货物在运输过程中遭遇了自然灾害或意外事故等。按照索赔的对象不同，进口索赔又可分为向出口商索赔、向承运人索赔以及向保险公司索赔三种类型。

第一，向出口商索赔。凡是由出口商的责任而造成的交货不符或货物损失，都应当向出口商索赔。例如，货物的品质因出口商包装不严而发生改变；货物的数量因出口商疏忽而发生短缺；货物的到达时间因出口商未按时装运而发生延迟等。

第二，向承运人索赔。凡是由承运人的责任而造成的货物损失或运输延迟，都应当向承运人索赔。例如，货物的实际数量或重量与提单不符；因承运人的过失或故意行为所产生的货物损失；因承运人伪造运输单据而引起的损失等。

第三，向保险公司索赔。凡是属于投保保险的承保范围之内的风险或损失，都应当向保险公司索赔。例如，投保平安险后因遭遇自然灾害或意外事故而产生的全部海损；投保一切险后因遭遇受热、受潮等一般外来风险而产生的部分海损；投保特殊附加险后因遭遇战争、罢工等事件而产生的经济损失等。

需要注意的是，有时属于出口商或承运人责任的损失，保险公司也可能向进口商先行赔付。保险公司在取得代位追偿权后，再向直接责任人追索赔款。

2. 进口索赔的注意事项

进口商在索赔环节也有几点注意事项。

第一，索赔证据应当充分。进口商在遭遇损失后，应制定详细的索赔清单，并随附商检证书、商业发票、装箱单、提单副本、出险证明等材料。在向出口商索赔时，注意明确贸易术语的类型和责任；在向承运人索赔时，注意备好由船长签发的货物短卸或残损证明；在向保险公司索赔时，注意出具符合保险公司要求的检验报告等。

第二，索赔对象和金额应当合理。进口商应按照货物损失的责任范围正确选择索赔对象，避免因索赔无效而扩大经济损失。另外，进口商对于索赔的金额也应合理计算。进口商除计算货物本身的损失外，还应考虑施救费用、仓储费用、利息费用及预期的利润损失等。例如，《联合国国际货物销售合同公约》第七十四条规定，一方当事人违反合同应负的损害赔偿额，应与另一方当事人因他违反合同而遭受的包括利润在内的损失额相等。

第三，索赔的期限不能延误。在贸易合同的索赔条款中，一般会规定索赔的最长期限，相关当事人若未在该期限内提出索赔，将被视为放弃索赔的权利。因此，当发现货物损失或相关主体违约时，应立即向相关责任人提出索赔，从而维护好自身的经济权益。

本章小结

本章主要讲述了三个方面的内容。

第一，交易磋商。交易磋商是指国际贸易中的买卖双方通过直接谈判或函电往来等形式，就某项具体的贸易活动进行协商沟通，以求最终达成合同并完成交易的过程。交易磋商的过程包括询盘、发盘、还盘及接受等几个关键环节。其中，发盘和接受属于法律意义上的“要约”和“承诺”，是交易磋商最关键的两个步骤。

第二，出口合同的履行。出口贸易合同的履行过程主要包括五个环节，分别是落实国际贸易货物、取得国际贸易信用证、安排国际贸易运输、收取国际贸易货款、发生违约后的索赔与理赔，即货、证、运、款、赔五个步骤。

第三，进口合同的履行。进口合同的履行过程主要包括六个环节，分别是开立国际贸易信用证、安排国际贸易运输、投保国际贸易保险、审单付款、报关与提货、索赔，即证、运、险、款、货、赔六个步骤。

思考题

1. 请简述交易磋商的步骤，并解释“要约”和“承诺”分别对应哪个环节。
2. 请简述发盘的要件，以及发盘的生效时间与有效时间。
3. 试论述在履行出口合同过程中，应当如何办理有关信用证的业务。
4. 试论述在履行进口合同过程中，应当如何办理货物运输与保险业务。
5. 试论述索赔环节在履行国际贸易合同过程中的重要意义。

第十七章

国际贸易方式

学习目标

XUEXI MUBIAO

熟悉经销与代理、寄售与展卖、招投标与拍卖的含义、特点及分类，能够辨析各种国际贸易方式的异同。掌握期货交易、对销贸易和加工贸易的含义、特点及主要类型，能够结合一定案例阐述各种国际贸易方式的适用领域。

学习重点

XUEXI ZHONGDIAN

经销协议的内容，代理的种类，寄售的利弊，展卖的特点，招投标的方式，英格兰式拍卖和荷兰式拍卖，期货交易的特点，补偿贸易、易货贸易及互购贸易的异同，加工贸易的概念与分类。

第一节　经销与代理

一、经销

（一）经销的含义

经销（Distribution）是一种对外间接销售商品的贸易方式。出口商通过与外国经销商签订销售商品的合同，在合同中约定商品的种类、数量、市场区域及销售时间等条件，从而实现利用外国企业迅速打开当地市场的目的。

按照经销协议的不同，经销可以划分为定销（General Distribution）和包销（Exclusive

Distribution）两种类型。定销也被称为一般经销，是一种没有授予外国经销商独家经营权的经销模式。换言之，在同一区域内，出口商可以选择多个经销商同时开展销售商品的业务活动。按照定销协议的规定，经销商不仅能够在一定时间和区域内获得某种进口商品的销售权，而且可以在进口价格和支付条件等方面享受来自出口商的一定优惠。包销也被称为独家经销，是一种授予了外国经销商独家经营权的经销模式。简言之，在一定时间和区域内，包销商是唯一一家可以经销某种进口商品的企业，从而具有在货源和销售渠道两个方面的独特优势。

（二）经销的特点

第一，出口商与经销商的关系属于买卖售定关系。具体而言，经销商须垫付货款、买进货物，然后销售，并自担风险、自负盈亏。货物能否顺利销售并盈利，完全依靠经销商自身的能力与渠道。

第二，出口商与经销商按照经销合同确定销售业绩。经销商需按照合同规定的金额或数量销售商品。如果在规定的期限内未能完成预定指标，经销商需承担违约责任或自负损失；如果在规定的期限内超额完成预定指标，出口商需奖励经销商或给予更多优惠。

第三，出口商与经销商在销售商品的过程中构成了利益共同体。一般而言，消费者或客户并不清楚出口商与经销商的商业关系，通常会将经销商视为某种产品的直接提供者。可以说，经销商就是出口商在目标国市场的代言人、代理人，双方应当相互配合、密切合作，使相关商品的市场销售能够持续增长。因此，除了销售商品之外，经销商还需承担保护商标、广告宣传、质量维护及配套服务等方面的责任，并在经销协议中予以明确规定。

（三）经销协议

经销协议是确定出口商与经销商之间的法律关系和权利义务的契约文件。就国际贸易实践来看，一般包括以下几项关键内容。

第一，经销权限。究竟是独家经销还是一般经销，经销协议应明确规定。若是独家经销，还应详细规定出口商与经销商之间的专营权限，即是否限定出口商的专卖权和经销商的专买权等。

第二，商品范围。究竟是经销出口商的全部出口商品，还是其中的一部分，经销协议应明确规定。在国际贸易实务中，出口商一般会根据经销商的业务能力、经营状况、资信水平等综合判断，在经销协议中明确规定经销商能够销售的商品的种类、规格或品牌，并随时关注销售情况的变化趋势。

第三，地区范围。出口商需在经销协议中规定经销商开展业务的区域范围。规定地区范围应充分考虑各项影响因素，在宏观层面包括地理环境、交通条件、经济水平与文化差异等，在微观层面包括经销商的资产规模、经营能力、销售网络与市场声誉等。为维护出口商的利益，一般还应规定经销商不得跨区销售商品。

第四，数量或金额。经销协议应明确规定经销商销售商品的数量或金额，并对出口商与经销商同时具有约束力。一方面，经销商负责一定数量或金额的商品销售，若未能完成合同要求，则应承担违约责任；另一方面，出口商负责向经销商提供足够数量或金额的商品，若因出口商的责任而导致经销商断货，则由出口商承担违约责任。

第五，作价方法。经销协议还应规定经销商品的作价方法。常用方法主要有两种。第一种为固定作价法，即由出口商与经销商事先确定商品价格并固定不变。这种方法的优点是计算简单，缺点是不能适应市场需求的变化。第二种为分批作价法，即出口商与经销商在一定期限内，分批确定商品的最优价格。这种方法的优点是价格能够随市场行情的波动而动态调整，缺点是很难做到对销售利润的准确预测。

第六，其他重要条款。出口商和经销商还可根据经销商品和当地市场的具体情况补充规定一些责任条款。例如，为保障商品的顺利销售，经销协议一般会规定经销商的广告宣传、品牌维护等责任；为促进出口商与经销商能够长期合作，经销协议还可规定自动延期条款等内容。

二、代理

（一）代理的含义

代理（Agency）是一种常用的商业经营模式。在代理关系中，代理人（Agent）将按照委托人（Client）的授权，代替其独立开展商业活动，但委托人仍然需要承担由此产生的权利、义务和责任。在国际贸易中，代理的应用十分广泛，常见的代理种类包括销售代理、购货代理、货运代理、保险代理等。其中，销售代理是一种直接从事国际贸易商品买卖的代理种类，代理人通常为中间商，负责寻找并联系进口商，而委托人一般为出口商。出口商通过与进口商签订代理协议，授权进口商在一定时间和区域内代销指定的商品，从而能够更好地促进商品出口。

代理协议是确定委托人与代理商各项权利义务的主要依据。在拟定代理协议时，双方应当明确规定诸如代理权限、商品种类、代理区域、代理期限等关键内容，以免在代销商品的过程中产生争议或损失。

（二）代理的特点

第一，代理商与委托人的关系属于委托代办关系。实质上，代理商本身并不是进口商，而是代替出口商从事商品销售的中间商。一方面，对于国际贸易商品的销售情况，只要代理商没有违反代理协议的规定，则无论出口商品是盈利还是亏损，都由作为委托人的出口商自行承担。另一方面，对于与第三方开展的各项商业活动，代理商都不能以自己的名义对外签订合同，即使需要对外签约，也必须使用委托人的名义。

第二，代理商向委托人提供的是一种代理服务。一方面，代理商虽然获得了销售商品的权利，但是并不掌握商品的所有权，货物的所有权自始至终都掌握在委托人的手中。另一方面，代理商不一定是一个完整或独立的法人机构。在开展各项经营活动的过程中，委托人通常需向代理商提供必要的资金，以便代理商能够更好地从事代理业务。

第三，代理商拥有独立于国际贸易商品买卖的获利机制。一般而言，代理商并不从买卖商品的过程中直接赚取利润，其赚取的报酬原则上只能是委托人所支付的佣金或酬劳。

（三）代理的种类

1. 总代理

总代理（General Agent）是指代理商在指定的区域内和一定期限内享有代销指定商品的专营权，同时还可代表委托人开展各项商业与非商业活动。总代理是权限最大的一种代理类型，且在一定区域内具有排他性，因而有时也被称为全权代理。

2. 独家代理

独家代理（Solo Agency）是指委托人授权代理商在指定的区域内和一定期限内享有指定商品的专营权。代理商可以代表委托人从事商业活动，但一般不得开展非商业活动。独家代理同样具有排他性，即委托人不能在相同区域和时间内委托其他代理商。另外，代理商通常按照成交金额提取佣金，若代理商未能完成代理协议所规定的最低销售金额，委托人有权追究代理商的违约责任。

3. 一般代理

一般代理（Agency）是指代理商在指定的区域内和一定期限内享有代销指定商品的权利，但这种权利并非专营权。委托人可以在相同的区域和时间内委派多个代理商，各个代理商按照销售商品或服务的金额获取佣金，因而这种代理类型也被称为佣金代理。

（四）相关概念的比较

在国际贸易实务中，独家代理是一种十分常用的贸易方式。在使用过程中，需清晰把握独家代理同其他贸易方式的区别。

1. 独家代理与一般代理的区别

第一，在经营权限方面，独家代理中的代理商享有代销商品的专营权；而一般代理中的代理商没有这项特权。

第二，在收取佣金方面，独家代理的佣金既来源于自身开展的成交业务，也来源于委托人开展的成交业务；而一般代理的佣金只能来源于自身的成交业务，并不能从委托人处获得好处。为获得稳定的佣金，一般代理人还需要与其他代理商展开不同程度的业务竞争，因而获得高额佣金的难度更大。

2. 独家代理与总代理的区别

第一，在经营权限方面，独家代理只能从事商业活动，一般没有单独指定分代理的权利；而总代理不仅可以开展商业活动，还可代理各种非商业活动，在其权限内也可设置一定数量的分代理。

第二，在业务经营的优势方面，独家代理通常拥有较强的销售网络渠道，能够在营销环节促进商品或服务的销售；而总代理通常具有雄厚的资金实力和良好的商业信誉，能够在各个方面扩大商品或服务的知名度、影响力和市场销量。相比而言，出口商对独家代理的控制力要强于对总代理的控制力。

3. 独家代理与包销的区别

第一，在性质方面，独家代理中的代理商与委托人属于委托代理关系，而包销中的包销商与出口商属于买卖关系。

第二，在风险方面，独家代理中的代理商一般不承担经营风险，而包销中的包销商需垫付货款、自担风险并自负盈亏。

第三，在目的方面，独家代理中的代理商赚取的是代理服务所产生的佣金，而包销中的包销商赚取的是经营商品销售所带来的利润。

第四，在权限方面，独家代理中的代理商获得的是代销商品的专卖权，而包销中的包销商既享有销售商品的专卖权，还享有获取商品的专买权。

第二节　寄售与展卖

一、寄售

（一）寄售的含义

寄售（Consignment）是一种特殊的委托代理销售模式。一般由寄售人（Consignor）先将国际贸易货物运往国外寄售地点，委托当地的代销商（Consignee）按照寄售协议的相关条件代为销售货物，待寄售货物被售出后，寄售人再与代售人进行货款与佣金的结算。在寄售关系中，寄售人是委托人，而代销商即是受托人，这是一种常用的国际贸易货物销售模式。

寄售协议是确定寄售人与代销商各项权利义务的主要依据。在拟定寄售协议时，应当明确规定双方之间的委托代理关系、寄售商品的价格条款、佣金的计算方法、代销商保管货物的责任等关键内容，以免在寄售商品的过程中产生争议或损失。

（二）寄售的特点

第一，寄售环节并没有买卖货物。寄售商与代销商之间的法律关系是委托代理关系，而不是货物买卖关系。代销人虽然能够按照寄售协议取得货物的经营权或处置权，但在货物被销售之前，货物的所有权自始至终都属于寄售人所有。

第二，寄售是一种典型的现货贸易。寄售人需备好货物并运输至外国寄售地，进口商将在进口国国内同代销商展开凭实物的现货交易。

第三，寄售是一种权利义务并不对等的贸易形式。作为出口商的寄售商，通常需要负责国际贸易的全部环节，并承担货物在出售之前的一切风险和费用；作为中间商的代销商的责任、风险与费用则相对较少；而进口商几乎不承担风险。

（三）寄售的利弊

1. 优点

第一，寄售商掌握商品的所有权，有利于控制和调整商品的销售价格和供给数量，能够适应国际市场或当地市场的动态变化。

第二，寄售过程属于现货买卖，进口商或当地买主能够凭实物看货成交，有利于商品的对外宣传和推销，能够促进交易的快速达成。另外，对于新产品而言，由于寄售能够缩短商品与买主之间的物理距离和心理距离，因而相比于普通的国际贸易方式，更能够抓住先机、赢得客户，为新产品迅速开拓市场。

第三，外国代销商在贸易过程中几乎不承担风险与费用，既不需要垫付资金，也不用抵押财产，有利于调动代销商的经营积极性和主动性，能够更好地利用那些经济实力较弱但销售能力较强的当地商贸企业。

2. 缺点

第一，对作为出口商的寄售商而言，寄售的责任较重、风险较大、费用也较多。因此，在通常情况下，寄售商需要拥有充足的货源和雄厚的资金，对可能出现的风险也要做好充分的预案准备。有时，出口商为了减少库存积压或迅速回笼资金，也可根据实际情况选择寄售方式来销售商品。

第二，寄售是先运输货物、后销售货物，货款的回收较为缓慢。代销商一般按时间向寄售商结算货款，往往是先出售、后结算。由于寄售商并不与商品的买主直接联系，而是通过代销商间接销售商品，因而货款的结算情况完全依赖于代销商在当地市场的销售情况。若代销商出现经营困难或对货物保管不力，致使货物滞销或发生损失，则寄售商回收货款的速度将更加缓慢。

二、展卖

（一）展卖的含义

展卖（Fairs and Sales）也被称为展销，是一种利用商品展销会、博览会以及交易会等会展形式来销售商品的贸易方式。展卖既“展览”商品，也“售卖”商品，是一种将商品宣传与销售相结合的综合性商业活动。随着世界贸易活动的日趋活跃，展卖经济也得到了很大发展。特别是随着科技、信息、交通、物流及基础设施等条件的日趋完善，展卖正在成为各国贸易商推广商品、扩大销售和交流学习的重要贸易方式，并逐渐呈现出国际化、专业化、大型化和综合化的发展趋势。

（二）展卖的特点

第一，展卖具有展览性和宣传性。在展览性方面，展卖类似于现货交易，能够实现看货成交或凭样品成交。潜在的买家可以通过展会实际感受商品的品质、用途及效果等，从而在成交之前就能较为直观地认识和了解商品。在宣传性方面，展卖能够发挥良好的广告宣传作用。特别是对于一些新产品、新技术，还能够产生较好的市场示范效应。

第二，展卖具有交流性和沟通性。在交流性方面，由于展卖现场聚集了大量生产商和销售商，从而为国际贸易的参与者提供了一个良好的交流平台。这有利于各国企业相互学习、相互借鉴。在沟通性方面，展卖也在企业与客户之间搭建了一个直接对话的平台。从事国际贸易的企业可以在展会中和不同类型的客户开展面对面的沟通，从而掌握市场需求、调整营销策略。

第三，展卖具有专业性和综合性。在专业性方面，展会通常会按照不同的行业或产品进行组织，一些专业性的展会往往代表了相关领域的最新发展情况。例如，常见的专业性展会有农产品展销会、高新技术产品展销会、汽车展销会等。在综合性方面，一些较为大型的展会往往包含了各种行业或某个行业的各个环节，展销商品的种类、品牌等都十分齐全，能够使参与展会的买卖双方较为全面地了解市场情况。例如，中国进出口商品交易会（广州交易会）就是我国规模最大的综合性国际贸易展会。

第四，展卖具有国际性和地域性。在国际性方面，很多展会都具有涉外属性，常常邀请国内外的客商同时展销商品。例如，中国西部国际博览会（西博会）就是西部地区规模较大的国际性展会。在地域性方面，也有一些展会是专门针对某一地区商品的销售活动。例如，我国各个市县举办的展会，就属于以推广当地产品为主要目的的地方性展会。

（三）重要展会

1. 国际博览会

国际博览会是指在世界某一地点举办的邀请世界各国商人参加的国际贸易商品展销会。国际博览会一般选择在世界知名城市或港口定期举办，兼具商品展示、技术交流、国际贸易等多项职能，是一种规模较大、层次较高、影响较深的国际商务活动。

国际博览会一般可分为综合性国际博览会和专业性国际博览会两种类型。一方面，综合性国际博览会也被称为水平型国际博览会，一般规模较大、会期较长。在这类博览会上，展销的商品门类齐全、品种丰富，相互之间并无从属关联或生产顺序。另一方面，专业性国际博览会也被称为垂直型国际博览会，一般规模较小、会期较短。在这类展会上，展销的商品都属于同一门类，相互之间具有专业上的关联性。

2. 中国进出口商品交易会

中国进出口商品交易会（The China Import and Export Fair），即广州交易会，简称“广交会”。广交会于 1957 年在广州首次举办，以后每年春、秋两季各举办一次。2007 年 4 月广交会更名为中国进出口商品交易会。主办单位为中华人民共和国商务部和广东省人民政府，承办单位为中国对外贸易中心。中国进出口商品交易会是我国目前展销规模最大、商品种类最全、参加人数最多、影响范围最广、成交效果最好的综合性国际贸易展销会，

中国进出口商品交易会以出口贸易为主，以进口贸易为辅。除了现场进行的展销会，还有与之配套的网上交易会（Online Exhibition），除了国际贸易，还可开展多种形式的经济技术合作与交流，并涉及运输、保险、商检、银行、广告、咨询及商务等多种业务。可以说，这一交易会为中外企业提供了世界级的优质服务和可靠平台。

3. 中国国际进口博览会

中国国际进口博览会（China International Import Expo，CIIE）是由中华人民共和国商务部和上海市人民政府主办的世界上首个以进口为主题的大型国家级展会。2018 年 11 月，首届中国国际进口博览会在上海举行，博览会包括展会和论坛两个部分。展会为国家贸易投资综合展（简称国家展）和企业商业展（简称企业展），论坛为虹桥国际经贸论坛。国家展共有 82 个国家、3 个国际组织设立 71 个展台，展览面积约 3 万平方米，各参展国展示了国家形象、经贸发展成就和特色优势产品等。在展会上，中国设立了中国馆，中国馆以“创新、

协调、绿色、开放、共享”的新发展理念为主线，展示了我国改革开放的巨大成就，以及中国发展、共建“一带一路”给世界带来的新机遇。企业展分 7 个展区、展览面积 27 万平方米，有来自 130 多个国家的 3 000 多家企业参展。

中国国际进口博览会旨在坚定支持贸易自由化和经济全球化、主动向世界开放市场。值得一提的是，首届中国国际进口博览会还吸引了 58 个“一带一路”沿线国家的超过 1 000 家企业参展，为共建“一带一路”提供了一个重要平台。

2019 年 11 月 5 日至 10 日，第二届中国国际进口博览会在上海举办。

4. 中国西部国际博览会

中国西部国际博览会（Western China International Fair，WCIF），简称“西博会”，是由中国西部地区共办、共享、共赢的国家级国际性展会。西博会于 2000 年在四川成都首次举办，目前每两年举办一次。西博会既是我国西部地区开展国际贸易、国际投资的重要平台，也是西部地区对外开放合作的重要窗口。

第三节　招投标与拍卖

一、招投标

（一）招投标的含义

招标（Invitation to Tender）是指作为买方的招标人事先通过发布公告或邀请书等形式，对拟购买商品或服务的种类、数量等交易条件进行公开说明，并邀请作为卖方的投标人在规定的时间和地点按照一定的程序向招标人投标的行为。招标实质上是一种进口商对出口商的公开邀请发盘。

投标（Submission of Tender）是指作为卖方的投标人应招标人的邀请，按照招标公告或邀请书的规定，在规定的时间和地点向招标人递交投标文件以期达成交易的行为。投标实质上是一种出口商对进口商的应邀发盘或递盘。

招标和投标分别是国际贸易中相互对应的两个方面，二者共同构成了招投标制度。招投标制度是一种常见的国际商品买卖方式，招标人和投标人一般会经过招标、投标、开标、评标和定标等环节才能最终达成买卖合同。

（二）招投标的特点

1. 公平性

招投标制度的公平性特征表现在三个方面。其一，公平性是招投标制度的基本原则。《中华人民共和国招标投标法》第五条规定，“招标投标活动应当遵循公开、公平、公正和诚实信用的原则”。其二，招标人有义务保证招投标过程的公平性。我国《招投标法》第二十二条规定，“招标人不得向他人透露已获取招标文件的潜在投标人的名称、数量以及可能影响公平竞争的有关招标投标的其他情况”。其三，投标人也必须自觉遵守招投标制度的公平性。我国《招投标法》第三十二条规定，“投标人不得相互串通投标报价，不得排挤其他投标人的公平竞争，损害招标人或者其他投标人的合法权益”。总之，招投标制度以公开发布的招标邀请为基本交易条件，任何具备投标能力与资格的投标人均可公平地参与竞争。

2. 规范性

按照国际惯例和各国的具体法规，招投标制度已拥有相对一致的基本流程，招标人和投标人一般都不能对相应规则进行随意改变。程序化的招投标制度有利于国际贸易招投标业务的开展，许多国际性的招投标机构亦成为国际市场上从事招投标代理业务并提供相关服务的重要中介组织。

3. 一次性

对于一般的国际贸易合同，买卖双方需经历反复多次的交易磋商才能成交，但对于招投标方式而言，买卖双方并不需要交易磋商，在整个成交过程中也没有讨价还价的环节。出口商面对招标方的邀请发盘，只有一次递盘机会，相应的结果也只有成交与不成交两种可能。因此，招投标制度属于典型的一次性递价成交的贸易方式。

4. 竞争性

招投标制度是一种竞卖活动，因而具有显著的竞争性特征。一般而言，在众多的投标人当中，招标人会根据投标情况择优成交，因而只有一名投标人能够最终中标。可见，在投标人之间，为了能够获得售卖商品的机会，围绕交易条件的竞争势必会非常激烈。另外，我国《招投标法》还规定，招标人不得限制投标人之间的竞争。可见，招投标制度也是一种鼓励竞卖的成交方式。

（三）招投标的方式

1. 国际竞争性招标

国际竞争性招标（International Competitive Bidding，ICB）是指招标人通过制作和发布英文的招标公告，在世界范围内邀请投标人参与竞标。这类招投标活动的投标人一般较多，招标人将对来自国内外的所有合格投标人的标书进行比较，选择其中交易条件最优的投标人达成交易。通常又可进一步细分为两种类型。

（1）公开招标。

公开招标（Open Bidding）是指招标活动具有较高程度的公开性和透明性，需要招标人公开发布招标邀请并允许所有具备投标能力和资格的投标人自愿参加竞争。在招标邀请中，招标人应明确说明投标资格的确定办法和参与投标的基本程序，从而方便投标人及时申请和参与招投标活动。由于公开招标的影响范围较大、限制条件较少、竞争程度较高，因而也被列为无限竞争性招标（Unlimited Competitive Bidding）的范畴。

（2）选择性招标。

选择性招标（Selected Bidding）也被称为邀请招标，是指招标人需根据采购商品或服务的实际需求与潜在投标人的情报资料，经过筛选甄别和资格预审后，有选择性地邀请特定的投标人参与投标。在这类招投标过程中，招标人一般不会发布公开的邀请信息，竞争程度有限，因而也被列为有限竞争性招标（Limited Competitive Bidding）的范畴。

2. 谈判招标

谈判招标（Negotiated Bidding）也被称为议标、磋商招标，是指招标人通过市场调查或业务经验，直接选择少数几家有合作意向的企业展开谈判，并以谈判的成败来确定成交与否。谈判招标是谈判与招投标的综合应用，在投标者之间已几乎不存在竞争，相应的招标邀请也不再公开透明，因而也被列为非竞争性招标（Non-Competitive Bidding）的范畴。

3. 两段招标

两段招标（Two-Stage Bidding）是指招标人将招投标的过程划分为两个阶段，在第一个阶段采用公开招标方式，缩小潜在成交对象的范围；在第二个阶段采用选择性招标方式，在为数不多的投标者中进一步确定最终的成交者。这种招投标方式的优点是结合了无限竞争性招标和有限竞争性招标两种方式，既能广泛吸引大量的投标人前来参与竞争，又能有针对性地筛选出优质投标人并最终成交，因而适合于金额较大、技术要求较高的大中型招投标项目。

（四）招投标的程序

1. 招标

（1）发布招标邀请。在公开招标方式中，招标人应通过报纸、刊物、网站或其他媒体及时发布招标公告，邀请符合条件的投标人参与投标。

（2）审核投标人资格。招标人在发出招标公告后，会陆续收到投标人发来的投标申请书。招标人应对投标申请人进行资格审核，以确定其是否能够参与招投标活动。审核的重点内容包括投标人的注册信息、经营状况、业务水平、资金实力、信誉情况等。

（3）寄送标单。对于通过资格审核的投标申请人，招标人应及时寄送标单。标单的内容应包括本次招投标活动的基本须知、商品或服务的基本要求、相应合同的格式与条款等。

（4）收取保证金。招标人需向投标人收取一定金额的保证金，或要求投标人出具银行保函，从而确保投标人能够在中标后正常签约。

2. 投标

（1）研究招标公告。在投标阶段，投标人应认真阅读招标公告的全部内容和各项要求，并根据自身的经济能力决定是否参与投标。需要重点研究的交易条件包括供货价格、交货期限、商品品质、运输条件以及其他重要的技术要求等。

（2）编制投标文件。若投标人决定参与竞标，则应按照招标文件的具体要求制作投标单等投标文件。若招标的内容是购买商品，则投标单的主要内容应包括商品的名称、规格、品质、数量、价格、交货期以及付款条件等；若招标的内容是提供服务，则招标单的主要内容应包括项目的名称、价格、技术标准、提供方法、起止时间等。

（3）提交投标文件。投标人在完成投标单的编制后，应在招标的有效期内将其提交给招标人。同时，按照招标的具体要求交纳保证金和提供银行保函、资质证明、企业执照等相关材料。逾期提交投标文件和提交手续不齐全的投标文件都是无效的投标行为。

3. 评标、开标与定标

（1）比较投标文件。招标人在规定的招投标时间截止后，对收到的投标文件进行筛选和比较，并从中选出最合适或最有利于自己的中标人。在实践中，开标环节又可分为公开开标和秘密开标两种形式。公开开标是指招标人在公证人的监督下公开比较各个投标文件，整个开标过程公开透明；秘密开标则是指招标人并不公开比较投标文件，而是自行闭门筛选最终的中标人。

（2）宣布中标人。招标人在选定最后的中标人后，需公开宣布中标人。此时，招标人在经过邀请发盘、收到发盘并选择发盘后，明确表示了接受发盘的意思，买卖正式成交。

（3）签订买卖合同。招标人与中标人将按照招投标的具体交易条件达成书面合同。合同经双方签字后生效，双方随即进入履行国际贸易合同的阶段。

（4）宣布招标失败。如果招标人对所有投标文件均不满意，也可以予以全部否绝，并宣布本次招标无中标人，招标失败。一般而言，导致招标失败的原因主要有以下几点。其一，投标价格与招标人的期望价格或国际市场正常价格差距太大；其二，投标人提出的品质、数量、交货时间等交易条件不符合招标人的最低要求；其三，参与投标的企业数量太少或根本没有收到有效的投标文件。在宣布招标失败后，招标人可对招标的内容与条件进行调整，重新发布新的招标公告。

（5）退还保证金。无论招标的结果是成功还是失败，招标人都应将保证金及投标材料退还未中标的投标人。同时，与中标履约相关的银行保函等文件的效力也随即终止。

二、拍卖

（一）拍卖的含义

拍卖（Auction）是指卖方委托专门从事拍卖业务的机构，在规定的时间与定点，按照专门的流程和规则，以公开竞价和现场展示的方式，将商品卖给出价最优的买主的一种现货交易方式。拍卖关系包含了卖方、买方和拍卖机构三方当事人。拍卖机构作为重要的中介机

构，向买卖双方提供的是必要的交易服务，赚取的是一定价值比例的佣金或酬劳。整个拍卖过程也可以被概括为“事先看货、当场竞价、落锤成交”。在国际市场上，拍卖多见于对艺术品、房屋、土地等的买卖业务中。

（二）拍卖的特点

（1）拍卖是一种现货交易。在拍卖活动正式开始之前，拍卖机构一般会组织买主提前看货并详细了解待拍卖商品的品质、估价、背景、特性等情况。

（2）拍卖是一种竞价买卖。在拍卖商品的叫价环节，拍卖机构先给出被拍卖商品的起拍价，然后由各个买方同台竞价。经过几轮争相加价之后，被拍卖商品的最终成交价格往往会远远高于起拍价，从而最大限度地实现商品的经济价值。

（3）拍卖具有独特的法律规范。世界各国大多制定了专门针对拍卖活动的法律或法规。为规范拍卖行为，维护拍卖秩序，保护拍卖活动各方当事人的合法权益，我国于1996年7月颁布了《中华人民共和国拍卖法》，后来又有过数次修订。因此，拍卖是一种受法律约束的买卖方式，各方当事人均需按照法律要求在拍卖活动中享受权利和履行义务。拍卖一旦成交，有关被拍卖商品的买卖合同也随即成立，任何后悔或拒绝履约的行为都将属于违约行为。

（三）拍卖的方式

1. 英格兰式拍卖

英格兰式拍卖（English Auction）也被称为增加拍卖、买方叫价拍卖等，是指在拍卖过程中，拍卖机构首先宣布被拍卖商品的最低起拍价格，然后由各个买家以此为起点竞相加价，最后的最高出价者为购得商品的成交人。英格兰式拍卖是一种竞买价格从低到高依次递增的拍卖方式。拍卖机构通常会规定每次加价的最低金额，整个竞价过程会一直持续到无人加价之时。拍卖机构还会采取公开落锤或击掌等方式向所有参与拍卖的竞价人宣布成交情况。英格兰式拍卖是国际贸易中最常见的拍卖方式。

2. 荷兰式拍卖

荷兰式拍卖（Dutch Auction）也被称为“减价拍卖”，是指在拍卖过程中，拍卖机构首先宣布被拍卖商品的最高起拍价格，在无人接受的情况下，然后由拍卖机构逐渐降低叫价，直到有竞买人接受叫价、愿意成交时为止。若同时有两个以上的竞买人表示接受叫价，荷兰式拍卖则转变为英格兰式拍卖，采取递增叫价的竞拍方法。荷兰式拍卖是一种竞买价格从高到低依次递减的拍卖方式。拍卖机构通常也会按照事先规定的降价阶梯进行报价，整个竞价过程同样充满了竞争性。在荷兰式拍卖过程中，大多数竞买人会采取观望等待的沉默态度，希望拍卖价格能够尽可能地降低，因而使拍卖的激烈程度不如英格兰式拍卖。然而，作为一种重要的拍卖方式，荷兰式拍卖依然具有明显的优势，特别适合于程序化、电子化的无声式拍卖活动。

3. 招标式拍卖

招标式拍卖（Bidding auction）也被称为“密封递价拍卖”，是指在拍卖过程中，首先由拍卖机构公布拍卖活动的基本要求和被拍卖商品的具体情况，然后各个买方在规定的时间内将密封的报价单交给拍卖机构，最后由拍卖机构经过筛选比较来确定成交人。招标式拍卖属于一种不公开进行的竞买活动，它既是一种拍卖方式，也是一种招投标方式。在这种方式中，成交的比选条件不仅涉及价格，还有可能包含品质、数量等其他交易条件。一般多应用于拍卖政府或海关没收的物资。

第四节 期货交易、对销贸易和加工贸易

一、期货交易

（一）期货交易的含义

期货交易（Futures Transaction）与现货交易相对应，是指通过期货交易所买卖有关商品或有价证券的期货合约的交易方式。这里的期货合约即为期货，是一种由期货交易所统一制订的、在将来某一时间和地点进行交割的、以一定数量的实物商品为基础的标准化合约。期货合约对商品的品名、品质、规格、交易时间、交易地点等都作出了明确规定，唯一没有限制的是商品的价格。期货合约的持有者可以在期货市场上将其出售，买卖方式是以期货交易所为中介的公开竞价方式。期货交易并不是为了购买远期商品，其主要目的有两项。其一，期货交易可以规避因现货价格波动而产生的风险；其二，期货交易可以利用预期的供需结构变化赚取价格波动的差额。因此，期货交易的参与人往往会在期货合约到期之前以对冲或转手等方式了结期货交易，很少真正参与实物商品的交割活动。

（二）期货交易的特点

1. 期货交易的标的物是标准化合约

在期货交易中，买卖的是标准化的期货合约。这类合约除了价格之外，所有条款都由期货交易所事先统一规定，买卖双方均不能擅自修改期货合约的具体内容。标准化的合约使期货交易更加方便和高效。买卖双方并不需要对交易商品的具体条件展开交易磋商，从而既节约了成交时间，也避免了可能发生的争议和纠纷。

2. 期货交易的场所是期货交易所

期货交易必须在期货交易所内进行。世界各国的期货交易所大多实行会员制，即只有会员才能进场交易。各个会员一般都是期货经纪人或期货代理公司，市场上的其他客户只能委托他们间接从事期货交易。因此，期货交易是一种高度组织化、程序化的交易方式，期货交易所在期货交易过程中扮演了重要的平台作用。

3. 期货交易实行保证金制度

所谓保证金制度，也被称为杠杆机制，是指期货交易的买方并不需要支付期货合约的全部金额，而是只需按照合约价值的5%~10%交纳保证金。因此，在期货市场上，一笔资金往往可以完成数倍乃至数十倍的交易金额，从而像使用了杠杆一样将收益或损失成倍地放大。从这一角度看，期货交易也是一种高收益、高风险的交易方式。

4. 期货交易实行双向对冲机制

所谓双向对冲机制，是指双向交易与对冲机制。双向交易是指期货交易以买入期货合约或卖出期货合约为开端，既可以“买空”，也可以“卖空”。对冲机制是指期货交易并不需要在合约到期时对实物商品进行交割，而是通过采取与“买空”或“卖空”相反的交易来解除履约责任。例如，如果以买入期货合约为开端，只需在合约到期前卖出相同的合约即可冲销期货交易；如果以卖出期货合约为开端，则只需在合约到期前买入相同的合约即可冲销期货交易。期货交易的双向对冲机制带来了投机的可能，无论价格是上涨还是下跌，都能使投资者从期货市场中获利，从而使期货市场更加的活跃。

5. 期货市场实行每日盯市制度

每日盯市制度也被称为每日无负债结算制度，是指当每天的期货交易结束后，期货交易所将按照当天的收盘价格结算所有合约的盈亏情况，并将收益与损失反映在各个会员的保

证金中。各个会员也会按照同样的方式对各个委托人进行结算。需要注意的是，在每日结算之后，如果交易方发生亏损，其保证金金额低于交易所的要求，则交易所将通知其限期追加保证金，否则不能再参加下一交易日的期货交易。

（三）期货交易所

期货交易所是买卖双方进行期货交易的主要场所。世界各国的期货交易所共同组成了国际期货市场。世界主要期货交易所有美国的芝加哥期货交易所（CBOT）、纽约商业交易所（NYMEX）、欧洲期货交易所（EUREX）、伦敦金属交易所（LME）、国际石油交易所（IPE）、日本的东京工业品交易所（TOCOM）、东京国际金融期货交易所（TIFFE）、新加坡国际金融交易所（SIMEX）、韩国期货交易所（KOFEX）等。我国的主要期货交易所有上海期货交易所（SHFE）、郑州商品交易所（ZCE）、中国金融期货交易所（CFFEX）、上海国际能源交易中心（INE）、香港期货交易所（HKFE）等。

二、对销贸易

（一）对销贸易的含义

对销贸易（Counter Trade）也被称为对等贸易、互抵贸易、反向贸易等，是一种将进口贸易与出口贸易结合起来的，以出口的货物或劳务来偿付进口的商品或设备的特殊贸易方式。在对等贸易中，买卖双方一般并不使用外汇来直接结算货款，而是采用对相互交换的货物或劳务进行作价的方式来实现收支平衡。从国际贸易的实践来看，对等贸易大多适用于在发展中国家或地区之间开展的国际贸易，包括补偿贸易、易货贸易、互购贸易等具体类型，是一类重要的国际贸易形式。

（二）对销贸易的方式

1. 补偿贸易

（1）补偿贸易的含义。

补偿贸易（Compensation Trade）也被称为返销贸易，是指进口商通过信贷工具，向外国出口商购进机器、设备、品牌、技术、原材料及零部件等，并约定在一定的时期内用生产的商品或提供的劳务来偿还货款的一种贸易方式。这一贸易方式兴起于20世纪六七十年代。对于外汇紧缺的发展中国家而言，可以利用补偿贸易的方式迅速获得外国的先进设备或技术，从而在发展本国的制造业和出口贸易的同时，带动国民经济的快速增长。今天，补偿贸易在世界上依然十分常见，并逐渐成为一种国际金融与国际贸易相结合的新兴贸易方式。例如，进口商可通过融资租赁（Financial Lease）的方式先行取得进口设备的使用权，然后再利用该设备生产的产品并返销国外，用销售所得分期偿付购进设备的价款和利息，最终取得设备的所有权。

（2）补偿贸易的特点。

第一，补偿贸易以信贷为基础。在补偿贸易关系中，包含了进口商、出口商以及银行三方当事人。银行发挥着提供信贷工具的中介作用。

第二，补偿贸易表现为货物交换。在补偿贸易过程中，进口商购进的是机器或设备，支付的是产品或劳务，是一种将进口与出口相结合的特殊贸易方式。在通常情况下，机器或设备的出口商还需承诺回购进口商的产品或劳务。对于出口商而言，出口的目的是为了进口；而对于进口商而言，进口的目的则是为了出口。

第三，补偿贸易具有生产性特征。按照补偿贸易协议，生产产品是进口商的重要责任。任何一项补偿贸易的达成，都意味着将有新的产品被生产和销售。因此，补偿贸易有利于扩大生产和发展经济，是一种将生产与贸易相结合的贸易方式。

（3）补偿贸易的类型。

第一，直接产品补偿。设备的进口商与出口商在补偿贸易协议中约定，进口商负责利用购进的设备和原材料生产产品，出口商负责回购相应的产品并用其抵偿出口设备的价款。这是补偿贸易的最基本类型，但是具有一定的局限性，即要求设备的出口商正好需要相应的产品，且这些产品能够在市场上顺利地销售。

第二，其他产品补偿。设备的进口商与出口商在补偿贸易协议中约定，进口商可以通过向出口商提供其他产品来抵偿购进设备的价款。相比于直接产品补偿，这种补偿贸易方式更具灵活性和可操作性，特别适用于出口商不需要出口设备生产的产品或生产的产品销路不好的情况。这种方式也被称为产品互购。

第三，劳务补偿。设备的进口商与出口商在补偿贸易协议中约定，购进设备的价款由出口商先行垫付，进口商按相关要求加工生产出产品后，凭应收的加工费、劳务费来抵偿购进设备的价款。这种方式适用于带有加工、装配业务的中小型补偿贸易，是一种将加工贸易与补偿贸易相结合的贸易方式。

需要注意的是，在国际贸易实务中，各种类型的补偿贸易方式可以综合使用。例如，设备的进口商与出口商可根据实际需要在补偿贸易协议中约定，部分价款由直接产品抵偿，部分价款由其他产品抵偿，部分价款由加工费抵偿，还有部分价款直接使用外汇来结算。

2. 易货贸易

（1）易货贸易的含义。

易货贸易（Barter Trade）是指国际贸易中的买卖双方并不直接使用外汇进行结算，而是采用先将交易的商品进行估价，然后按照以货换货的方式进行贸易。易货贸易虽然是一种古老的商品交换方式，但是却能缓解进口商现汇不足的实际问题，因而依旧存在于今天的国际贸易当中。政府间的易货贸易以贸易协定和支付协定为基础，而民间的易货贸易则以贸易合同为依据。在实践中，易货贸易既可以单独进行，也可以作为其他贸易形式的一种补充。例如，在贸易结算中，可部分使用现汇，部分使用现货。

（2）易货贸易的类型。

第一，直接易货贸易。在国际贸易实务中，买卖双方一般通过对开信用证的做法来完成交易。在这种方式中，国际贸易的买卖双方既是进口商，也是出口商。买卖双方通过直接向对方发运货物的方式完成交易，具有同时发货、同时交货、同时结算的特点。然而，直接易货贸易也面临一定的困难。其一，买卖双方必须同时需要对方所能提供的商品，相应的品质、数量、包装、交货时间等也应恰好满足需要；其二，双方交易的商品需要具有相等的价格，而不同商品的价格很容易在交易过程中发生波动，从而在结算环节产生争议；其三，对开信用证相比于一般信用证将更加复杂，相应的费用更高、程序更多、实际操作也更难。因此，直接易货贸易是一种理论上可行，但实际上较为困难的特殊贸易方式。

第二，综合易货贸易。综合易货贸易也被称为记账式易货贸易，是指国际贸易中的买卖双方分别签订多项贸易合同，每次交易只做银行记账，而不支付现汇，待到年末或规定的时间再将银行记账进行冲抵的一种贸易方式。在通常情况下，开展国际贸易的国家需事先签订相应的支付协议，约定易货贸易的金额、内容及结算时间等。如果发生贸易不平衡现象，还应规定处理差额的具体办法。

（3）易货贸易的优点与缺点。

第一，易货贸易具有明显的优势。其一，节省了外汇支出。由于参与易货贸易的买卖双方并不需要相互支付现汇，从而有效缓解了外汇短缺国家，尤其是发展中国家发展对外贸易的困难。其二，实现了购销意图。由于易货贸易相当于同时进行了进口贸易和出口贸易，使一个国家在购进国内紧俏商品的同时，对外出口了相对过剩的国内产品，从而有利于发挥一个国家的比较优势。

第二，易货贸易也有一些缺点。其一，合适的贸易伙伴并不容易找到。在经济发展水平不同的国家或地区之间，双方同时需要对方产品的情况并不多见，特别是当双方在生产技术方面存在较大差异时，对等、平衡的易货贸易很难得到开展。其二，完全的贸易平衡很不容易做到。易货贸易的基本前提是买卖双方所交换的商品应金额相等，然而，由于存在交易的时间性和价格的波动性，在易货贸易的结算时间很容易出现贸易顺差或逆差情况。显然，在不支付现汇的情况下，逆差方获益，而顺差方受损，这种贸易不平衡现象将不利于易货贸易的持续开展。

近年来，随着互联网技术和电子商务平台的快速发展，古老的易货贸易再次迎来了新的发展。新型易货贸易充分利用了计算机网络，不仅逐渐克服了信息不对称、金额不对等的传统困难，而且在更大的市场范围里补充和完善了传统的国际贸易方式。

3. 互购贸易

（1）互购贸易的含义。

互购贸易（Counter Purchase）也被称为互惠贸易（Reciprocal）或平行贸易（Parallel Trade），是指国际贸易中的买卖双方相互约定，出口商与进口商同时签订两份金额相当、方向相反的贸易合同。为完成互购贸易，出口商需首先向进口商出口一定金额的商品并按照现汇方式进行结算，然后在一定期限内，出口商再以新的进口商身份购进对方一定金额的商品。两份贸易合同既相互独立，又相互联系，因而具有“互购”的特征。

（2）互购贸易的特点。

第一，互购贸易是现汇贸易。互购贸易是相互组合的两个贸易合同，均需按照现汇方式进行结算。在国际贸易实务中，互购贸易需使用信用证收付款方式，买卖双方都要准备货款并开立信用证。只是在开立信用证的顺序方面，后开证的一方可以在资金周转上获得一定的便利。现汇交易的特征也是互购贸易与补偿贸易的主要区别。

第二，互购贸易是相互购买。互购贸易具有两份方向相反的贸易合同，双方当事人既是买方，也是卖方。特别是对于第一份合同中的出口商而言，必须承诺以现汇方式购进进口商的商品，因而互购贸易是一种必须相互购买的贸易方式。

第三，互购贸易并不要求等价交换。一般而言，互购贸易的两份贸易合同可以金额相当，也可以存在一定差额。第二份合同所规定的购买金额可以低于第一份合同，即先出口的一方可以只用收到货款的一部分来购进对方的商品或劳务。因此，互购贸易并非是等价交换，这也是其区别于补偿贸易的一项特征。

（3）开展互购贸易需要注意的问题。

互购贸易是先后进行的两次国际贸易活动。在第一次国际贸易时，究竟是使用即期信用证还是远期信用证，会对买卖双方产生不同的影响。一方面，如果买卖双方使用即期信用证，则先出口的一方不但不需要垫付款项，还可利用收到货款而尚未用于互购支付的时间，临时占有并使用这部分资金。因此，对于先出口的一方而言，互购贸易有利于资金周转和贸易谈判。另一方面，如果买卖双方使用远期信用证，则不存在占用资金的问题。此时，互购贸易完全等同于两项先后开展的、相互独立的国际贸易活动。

在国际贸易历史中，一些发达国家常常依仗自身的生产技术优势，利用互购贸易方式向发展中国家出口一些机器、设备，如果使用即期信用证来收付货款，则发展中国家不但需要先行垫付购进设备的资金，还要承担一段时间的汇率风险、商业风险以及市场风险，发展中国家换得的仅仅是发达国家对于购进本国产品的一种承诺。因此，互购贸易在历史上并不是一种平等贸易，在采用这种贸易方式时应特别注意对风险的预防与控制。

三、加工贸易

（一）加工贸易的含义

按照国际贸易的目的不同，贸易可分为一般贸易（General Trade）和加工贸易（Processing Trade）两种类型。一般贸易是指单边输入关境或单边输出关境的进出口贸易方式，即进出口商品的目的是单纯的用于市场消费。而加工贸易是指进口商首先进口全部或部分的原材料、零部件、元器件、包装材料等料件，然后在国内进行加工或装配，待制成成品后再次出口的一种贸易方式。显然，加工贸易是一种先开展进口贸易，再开展出口贸易的特殊贸易方式。

（二）加工贸易的特点

1. 两头在外

所谓的两头在外，是指附加值较高的研发环节与销售环节在国外，而附加值较低的加工装配环节在国内。加工贸易是一种符合“微笑曲线（Smiling Curve）”理论的贸易方式（图17-1）。

2. 料件保税

世界上很多国家或地区都对加工贸易的进口料件进行保税管理。这种优惠政策既可以简化海关管理的手续、提高货物的通关效率，还可降低加工企业的生产成本、提升商品的出口竞争力。

3. 增值创收

从微观角度看，开展加工贸易的目的在于利用国内的生产要素优势来增加进口料件的附加值，从而赚取差价或加工费。从宏观角度看，开展加工贸易除了有利于发展国际贸易之外，还具有扩大就业、发展生产、引进技术、繁荣市场等诸多积极作用，有利于一国或地区的宏观经济发展。

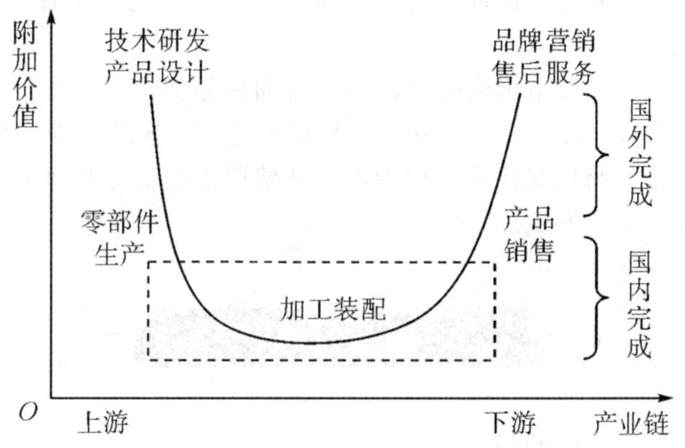

图 17-1　微笑曲线中的加工贸易

（三）加工贸易的分类

1. 进料加工

进料加工也被称为“以进养出”，是指进口商从外国进口原材料或零部件，利用本国的生产设备、劳动力及能耗资源进行加工或装配，待制成成品后再销往国外市场。实际上，进料加工包含了对原材料的进口和对制成品的出口两项国际贸易活动，是两笔既相互独立又相互联系的不同交易。对于企业而言，进料加工既要垫付原材料进口的成本，又要承担制成品出口的风险，是一种压力与困难都较大的贸易方式。

2. 来料加工

来料加工也被称为“委托加工”，是指国内企业接受外国企业的委托，使用外国企业提供的原材料、零部件及包装材料等料件，按照双方约定的质量、规格、款式来生产加工产品，并将成品运往国外。实际上，来料加工并没有真正进口原材料和出口制成品，而是通过利用国内相对廉价的生产要素来完成对商品的加工或装配，国内企业赚取的是提供劳务的加工费。在来料加工过程中，外国企业既可以提供全部原材料，也可以只提供部分关键原材料，有时甚至可以不提供任何原材料，而只是对制成品提出一定的品质或技术要求。相比于进料加工，来料加工基本上不需要垫付资金和承担风险，因而是一种较为容易开展的贸易方式。

3. 协作生产

协作生产是指由加工贸易的双方各自提供一部分原材料或零部件，利用一方所在国的生产场地和其他条件完成对商品的加工或装配。协作生产的制成品既可以在国内销售，也可以在国外销售，相应的品牌、价格、销售渠道等都由参与加工的双方协商确定。在国际贸易实务中，协作生产又包括三种主要形式，分别是原始设计制造商（Original Design Manufacturer，ODM）、原始设备制造商（Original Equipment Manufacturer，OEM）以及原始品牌生产商（Original Brand Manufacturer，OBM）。

其一，原始设计制造商是指国内企业按照国外企业对产品的品质和技术要求，独立完成从研发、设计到生产、制造的全部环节，外国企业仅负责采购并对外销售商品。采用这种方式进行协作生产时，国内企业的责任较重，需拥有较强的产品设计与生产能力，而外国企业则基本不需要为生产商品而花费精力。

其二，原始设备制造商是指国内企业按照国外企业的设计图纸、样品和对产品的品质、技术要求，主要完成商品的生产、制造环节，外国企业负责设计和对外销售商品。采用这种方式进行协作生产时，国内企业的主要责任是完成生产，而外国企业则需要负责产品的设计、研发以及销售。在习惯上，这种方式也被称为“代工”或“贴牌”，是加工贸易中的常见形式。

其三，原始品牌生产商是指国内企业自行创立商品品牌，并生产、销售拥有自主品牌的商品。采用这种方式进行协作生产时，相比于前两种方式，国内企业不但需要拥有更加完善的生产条件和营销网络，而且在经营过程中需要花费更大的精力和成本，因而协作生产并不是一种大量使用的加工生产方式。

本章小结

本章主要讲述了四个方面的内容。

第一，经销与代理。经销是出口商通过与外国经销商签订销售商品的合同，在合同中约定商品的种类、数量、市场区域及销售时间等条件，实现利用外国企业间接销售商品的贸易方式。代理是出口商通过与进口商签订代理协议，授权进口商在一定时间和区域内代销指定商品的一种贸易方式。

第二，寄售与展卖。寄售一般由寄售人先将国际贸易货物运往国外寄售地点，委托当地的代销商按照寄售协议的相关条件代为销售货物，待寄售货物被售出后，寄售人再与代售人进行货款与佣金的结算。展卖是一种利用商品展销会、博览会以及交易会等会展形式来销售商品的贸易方式。

第三，招投标与拍卖。招标和投标分别是国际贸易中相互对应的两个方面，二者共同构成了招投标制度。招标实质上是一种进口商对出口商的公开邀请发盘。投标实质上是一种出口商对进口商的应邀发盘或递盘。拍卖是指卖方委托专门从事拍卖业务的机构，在规定的时间与定点，按照专门的流程和规则，以公开竞价和现场展示的方式，将商品卖给出价最优的买主的一种现货交易方式。

第四，期货交易、对销贸易和加工贸易。期货交易与现货交易相对应，是指通过期货交易所买卖有关商品或有价证券的期货合约的交易方式。对销贸易是一种将进口贸易与出口贸易结合起来的，以出口的货物或劳务来偿付进口的商品或设备的特殊贸易方式，主要包括了补偿贸易、易货贸易、互购贸易等具体类型。加工贸易与一般贸易相对应，是指进口商首先进口全部或部分的原材料、零部件等料件，然后在国内进行加工或装配，待制成成品后再次出口的一种贸易方式，主要包括了进料加工、来料加工及协作生产等具体类型。

思考题

1. 请简述代理的种类，并比较各种代理方式的异同。
2. 请简述在国际贸易当中，寄售方式有哪些优势与劣势。
3. 请比较英格兰式拍卖、荷兰式拍卖与招标式拍卖的区别。
4. 试论述举办国际博览会对于发展国际贸易的积极作用。
5. 试论述期货贸易在当代国际贸易中的应用。

参考文献

[1] 缪东玲. 国际贸易理论与实务［M］. 3版. 北京：北京大学出版社，2019.

[2] 陈岩，李飞. 跨境电子商务［M］. 北京：清华大学出版社，2019.

[3] 杨斌，李东红，汤玲玲. “一带一路”：中国与中东欧国家的合作共赢［M］. 北京：清华大学出版社，2019.

[4] 罗立彬. 国际贸易理论与案例［M］. 北京：中国金融出版社，2019.

[5] 陈岩. 国际贸易理论与实务［M］. 4版. 北京：清华大学出版社，2018.

[6] 杨智华，张小衡. 国际贸易实务（英文版）［M］. 北京：清华大学出版社，2018.

[7] 杨海芳. 国际货物运输与保险［M］. 3版. 北京：清华大学出版社，2018.

[8] 中国国际经济交流中心课题组. E国际贸易——下一代贸易方式的理论内涵与基础框架［M］. 北京：中国经济出版社，2018.

[9] 孙勤，等. 国际贸易理论与实务［M］. 2版. 北京：机械工业出版社，2015.

[10] 黎孝先，王健. 国际贸易实务［M］. 5版. 北京：对外经济贸易大学出版社，2014.

[11] 屈海群. 国际贸易实务［M］. 北京：清华大学出版社，2014.

[12] 吴国新，毛小明. 国际贸易实务［M］. 北京：清华大学出版社，2014.

[13] 凌廷友. 国际贸易理论与政策［M］. 成都：西南财经大学出版社，2013.

[14] 战勇. 世界贸易组织（WTO）规则［M］. 大连：东北财经大学出版社，2013.

[15] 张亚芬. 国际贸易实务与案例教程［M］. 3版. 北京：高等教育出版社，2013.

[16] 刘宪. 国际货物运输［M］. 北京：清华大学出版社，2012.

[17] 胡锡琴，尹梦霞. 国际贸易理论与实务［M］. 成都：西南财经大学出版社，2010.

[18] 黄苹，陈兵，贺映辉. 国际贸易理论与实务［M］. 长沙：湖南大学出版社，2008.

[19] 尹忠明. 国际贸易学［M］. 成都：西南财经大学出版社，2005.

[20] 薛荣久. 国际贸易［M］. 成都：四川人民出版社，2002.

图书在版编目(CIP)数据

新编国际贸易理论与实务/左世翔编著．—成都:西南财经大学出版社,2020.1
ISBN 978-7-5504-4158-3

Ⅰ.①新…　Ⅱ.①左…　Ⅲ.①国际贸易理论②国际贸易—贸易实务
Ⅳ.F740

中国版本图书馆 CIP 数据核字(2019)第 225001 号

新编国际贸易理论与实务

左世翔　编著

责任编辑:何春梅
助理编辑:雷静
封面设计:杨红鹰　张姗姗
责任印制:朱曼丽

出版发行	西南财经大学出版社(四川省成都市光华村街 55 号)
网　　址	http://www.bookcj.com
电子邮件	bookcj@foxmail.com
邮政编码	610074
电　　话	028-87353785
照　　排	四川胜翔数码印务设计有限公司
印　　刷	四川五洲彩印有限责任公司
成品尺寸	185mm×260mm
印　　张	19
字　　数	521 千字
版　　次	2020 年 1 月第 1 版
印　　次	2020 年 1 月第 1 次印刷
印　　数	1— 2000 册
书　　号	ISBN 978-7-5504-4158-3
定　　价	49.80 元